L'EUROPE
ET LA
RÉVOLUTION FRANÇAISE

PAR

ALBERT SOREL

MEMBRE DE L'INSTITUT

QUATRIÈME PARTIE

LES LIMITES NATURELLES

1794-1795

PARIS

LIBRAIRIE PLON

E. PLON, NOURRIT ET Cⁱᵉ, IMPRIMEURS-ÉDITEURS

RUE GARANCIÈRE, 10

—

1892

Tous droits réservés

L'EUROPE
ET LA
RÉVOLUTION FRANÇAISE

L'auteur et les éditeurs déclarent réserver leurs droits de traduction et de reproduction à l'étranger.

Ce volume a été déposé au ministère de l'intérieur (section de la librairie) en janvier 1892.

DU MÊME AUTEUR :

Histoire diplomatique de la guerre franco-allemande, 2 vol. in-8°. E. PLON, NOURRIT et Cie, éditeurs. (*Épuisé.*)

La Question d'Orient au dix-huitième siècle, 2e édition. 1 vol. in-18. E. PLON, NOURRIT et Cie, éditeurs.

Essais d'histoire et de critique, 1 vol. in-8°. E. PLON, NOURRIT et Cie, éditeurs.

Précis du droit des gens, 1 vol. in-8°, en collaboration avec M. FUNCK-BRENTANO. 2e édition. E. PLON, NOURRIT et Cie, éditeurs.

Le Traité de Paris du 20 novembre 1815, 1 vol. in-8°. ALCAN, éditeur.

Recueil des instructions données aux ambassadeurs et ministres de France en Autriche, 1 vol. in-8°. ALCAN, éditeur.

Montesquieu, 1 vol. in-18. HACHETTE et Cie, éditeurs.

Madame de Staël, 1 vol. in-18. HACHETTE et Cie, éditeurs.

L'Europe et la Révolution française. PREMIÈRE PARTIE : **Les Mœurs politiques et les traditions**, 2e édition. 1 vol. in-8°. — DEUXIÈME PARTIE : **La Chute de la Royauté, 1789-1792**, 2e édition. 1 vol. in-8°. E. PLON, NOURRIT et Cie, éditeurs.

(*Ouvrage couronné par l'Académie française, grand prix Gobert, 1887 et 1888.*)

L'Europe et la Révolution française. TROISIÈME PARTIE : **La Guerre aux Rois, 1792-1793**, 1 vol. in-8°. E. PLON, NOURRIT et Cie, éditeurs.

En préparation :

L'Europe et la Révolution française. CINQUIÈME PARTIE : **Bonaparte, 1796-1804**, 1 vol. in-8°.

— SIXIÈME PARTIE : **Le Blocus continental. Les Traités de 1815**, 1 vol. in-8°.

PARIS. — TYPOGRAPHIE DE E. PLON, NOURRIT ET Cie, RUE GARANCIÈRE, 8.

L'EUROPE
ET LA
RÉVOLUTION FRANÇAISE

PAR

ALBERT SOREL
MEMBRE DE L'INSTITUT

QUATRIÈME PARTIE

LES LIMITES NATURELLES
1794-1795

PARIS
LIBRAIRIE PLON
E. PLON, NOURRIT et Cie, IMPRIMEURS-ÉDITEURS
RUE GARANCIÈRE, 10
—
1892
Tous droits réservés

LES
LIMITES NATURELLES

LIVRE PREMIER
LES DISCORDES DE LA COALITION

CHAPITRE PREMIER
LES PEUPLES ET LES COURS
1793-1794

I

Ce qui se passait en France était comme inintelligible au reste de l'Europe. D'après toutes les règles consacrées et selon l'exemple récent de la Pologne, la France aurait dû se consumer dans l'anarchie, s'ouvrir à l'invasion, s'offrir de soi-même aux partages. Tous les signes habituels s'y étaient manifestés : plus de gouvernement, plus de finances, plus d'armée, la guerre civile, des factions alliées à l'étranger. L'événement tournait contre les calculs des empiriques. Ils ne comprenaient pas plus que la France résistât à leurs troupes et trompât les spéculations de leurs diplomates, que les terroristes ne comprenaient qu'elle se refusât à leur utopie. Dans leur impuissance à embrasser et à pénétrer ce grand phénomène national, ils recouraient aux conjectures vulgaires, au mystère des complots.

à l'ascendant funeste de quelques ambitieux, au génie du mal, en un mot, répandu dans tout le peuple ou incarné dans un homme.

Ils sentaient l'influence de cette révolution pénétrer jusque dans leurs pays. La propagande organisée des Jacobins n'était guère qu'une fantasmagorie, et la police pouvait l'arrêter au passage; mais il y avait une autre propagande, insaisissable et insinuante, contre laquelle il n'existait ni lignes de douanes ni cordons sanitaires : c'était la propagande de l'exemple, celle qui s'opérait par le seul retentissement de la guerre. Les gazettes, même censurées, qui prêchaient la lutte contre la Révolution française, répandaient parmi les peuples la notion de cette révolution très simple qui déclarait tous les hommes égaux et affranchissait le paysan des charges seigneuriales. Il n'en fallait pas davantage pour que la révolution de France portât son écho jusqu'aux extrémités de l'Europe. Partout où il y avait de l'inquiétude et de la misère, partout où le régime seigneurial était abusif, où les impôts étaient onéreux, où les charges étaient injustement réparties, partout où les grands étaient odieux et les gouvernants détestés, la France trouvait des adhérents et des imitateurs. Les gouvernements commençaient à s'en rendre compte; mais, ne découvrant dans ce trouble des esprits qu'un signe de la méchanceté des peuples, au lieu d'y reconnaître les effets de leur propre médiocrité, ils n'y trouvaient d'autre remède que la compression et la violence.

En même temps, ils voyaient le pouvoir se concentrer et se fortifier en France. Jugeant ce pouvoir à la portée de ses coups, ils le jugeaient très puissant, et comme il fallait un nom au fantôme qui obsédait leurs imaginations, ils lui donnèrent le nom de Robespierre. Ils attendaient le dictateur qui, selon tous les précédents, devait usurper la République. Dès qu'ils virent Robespierre s'élever et sortir de la foule des démagogues, ils l'isolèrent aussitôt dans la Révolution, rabaissèrent tout autour de lui et le grandirent démesurément, empressés de faire rentrer cette révolution inexplicable dans les explications ordinaires, et comme soulagés, en déchirant le voile, d'apercevoir un homme. Les comparaisons historiques, depuis les révolutions de Rome jusqu'à celle d'Angleterre, soutenaient cette illusion. Le rapport du 17 novembre 1793 n'avait été en France qu'un épisode oratoire, et il s'était enseveli dans le fatras des déclamations terroristes ; vu de loin, il se détacha sur ce fond obscur, et sembla lumineux [1].

« Le rapport du citoyen Robespierre, écrivait un agent, excite une curiosité universelle ; il en est venu ici des exemplaires brochés qui se vendent six francs pièce [2]. » On y découvrait un désaveu de la propagande, une réaction pacifique vers l'ancienne politique française. La boursouflure et l'emphase du style ne choquaient point les étrangers : c'était, à quelques nuances près, qu'ils ne pouvaient saisir, le style commun des manifestes du temps. Le tableau banal que Robespierre faisait de l'Europe parut dévoiler de vastes pensées, parce qu'il dévoilait des pensées inattendues chez l'auteur. Le nom de Cromwell commença dès lors à s'associer à celui de Robespierre. Tout le monde en Europe avait lu l'*Essai sur les mœurs*. Princes, diplomates, généraux, ministres, avaient, en apprenant le français, récité ou bégayé au moins l'oraison funèbre de la reine d'Angleterre. Ils étaient prévenus ; c'est le portrait de Cromwell devant les yeux, qu'ils considéraient l'image vague et fictive de Robespierre que leur présentaient leurs gazettes. Tout leur semblait trahir en lui « le fanatique et le fourbe » de Voltaire, « l'hypocrite raffiné » de Bossuet ; ils y ajoutèrent la profondeur, l'audace, la politique. Dans ses discours, même les plus creux, et jusque dans ses injures aux rois, ils découvrirent cet « appât de la liberté » qui sert à prendre les multitudes, ces « mille personnages divers », ce docteur et ce prophète, qui servent à les conduire ; ils attribuèrent de la subtilité à ses actes les plus atroces, et ils y reconnurent les moyens, encore mystérieux, de quelque grande entreprise que la fin justi-

[1] Cf. t. III, p. 529.
[2] Rapport de Cacault, Florence, 25 décembre 1793.

fierait. C'était leur morale, elle ne les offusquait point chez autrui, même sous cette figure. « Toutes les nations, avait dit Voltaire, courtisèrent à l'envi le Protecteur. » Les gouvernements attendaient seulement, pour courtiser Robespierre, qu'il daignât se révéler. Celles qui inclinaient naturellement aux collusions s'y laissèrent plus aisément porter, et ce fut un nouveau ferment qui entra dans la coalition.

Anéantir la révolution en France et, si on ne le pouvait, l'anéantir chacun chez soi, ce que l'on pourrait à coup sûr; démembrer la France et, si on ne le pouvait, traiter avec elle en s'indemnisant aux dépens de quelque autre nation moins récalcitrante, voilà toutes les leçons que l'année 1793 avait apportées à l'Europe. Les coalisés auraient dû chercher dans la guerre un enseignement; ils n'y voulaient trouver que des occasions [1].

« On n'a pas assez réfléchi », écrivait un émigré, ancien secrétaire de Mirabeau, observateur sceptique et perspicace de ces temps, « aux suites que peut avoir cette physionomie uniforme qu'on remarque entre toutes les cours de l'Europe, et malheureusement trop semblable à celle de l'infortuné Louis XVI : même imprévoyance de l'avenir, même incrédulité pour les dangers les plus prochains, même aversion pour les mesures hardies, même espérance d'un changement favorable, qui, pourtant, a toujours amené un état pire que le précédent. Je pourrais dire encore : mêmes ministres et mêmes généraux [2]. » Si la coalition voulait vaincre les Français, elle devait leur opposer une force équivalente : on ne pouvait la tirer que de l'armement des peuples et de l'organisation d'un gouvernement de la coalition. « Passionner les âmes contre l'ennemi », écrit Mallet du Pan, former un Comité de salut public de l'Europe, « un congrès de plénipotentiaires munis d'instructions générales et absolues, maîtres de communiquer aux opérations une impulsion aussi prompte que les circonstances... » Il fallait davantage encore, le levier qui

---

[1] Cf. t. III, p. 504-606.
[2] Pellenc à Mercy, 29 octobre 1793. *Corr. de La Marck*, t. III, p. 451.

remuerait tout : intéresser, par des réformes hardies, l'indépendance même et le bien-être des peuples à la lutte, les rallier ainsi à leurs gouvernements et les entraîner dans les armées. Quelques publicistes l'entrevoient et le disent en 1794. Personne ne les écoute. La peur obscurcit les intelligences. Loin de prendre les devants et de tuer la propagande en supprimant les causes de révolution, les gouvernants arrêtent, au contraire, partout les réformes commencées. La Révolution française procède de l'esprit du dix-huitième siècle, c'est cet esprit qu'ils entreprennent d'étouffer.

La réaction est générale sur le continent. Quant à opérer une levée en masse des peuples, si quelques velléités en percent çà et là, l'effroi les réprime aussitôt. « On redoute, dit un contemporain, presque autant ses sujets que les ennemis [1]. » Le Congrès que réclame Mallet est impossible par l'effet même de la discorde à laquelle il devrait remédier. Il faut, à ces mesures de salut public, au moins le sentiment du péril public : l'Europe ne l'a point. Chacun a le sentiment du désordre de tous, mais chacun cherche dans ce désordre commun son propre intérêt. Il faudra vingt ans de guerre et de défaites continues, une propagande plus redoutable que celle des Jacobins et un dictateur qui dépasse Cromwell de toute la hauteur dont Cromwell lui-même dépasse Robespierre, pour souffler la guerre nationale aux princes, armer les nations de l'Europe et concentrer leurs forces entre les mains de quelques chefs unis et puissants. Ce jour-là, la révolution des peuples sera retournée contre la France, et la France sera vaincue. Mais en 1794, toute l'offensive nationale est aux Français. L'Europe continentale n'est que confusion, discorde et impuissance.

---

[1] Savous, *Mallet du Pan*, Lettres de mars 1794, t. II, p. 74-77 ; cf. t. I, p. 417-419. — *Corr. de La Marck*, t. III, p. 449. — Ranke, *Hardenberg*, t. I, 156-158. — Metternich, *Mémoires*, t. I, p. 336.

II

On le voit jusqu'en Russie, où le peuple est le plus inaccessible au prosélytisme jacobin et où règne la seule âme d'État qu'il y ait sur le continent. Catherine, jusque-là, avait su attiser les discordes et en tirer profit. La dépression générale semble gagner son empire et l'atteindre elle-même. « Nous seuls, disait Markof au ministre de Prusse, nous seuls entre les puissances, n'avons pas besoin de craindre et de combattre la Révolution française par rapport à nos sujets. » Ils la combattent cependant et l'étouffent partout où ils en croient découvrir quelque germe ou quelque symptôme. Les francs-maçons, bien que très russes de sentiment et fort autoritaires d'instinct, deviennent suspects : on les poursuit. L'un d'eux, Raditchef, est envoyé en Sibérie pour avoir discuté la question du servage, que naguère la « Société d'économie » avait mise au concours. Les théâtres, les livres, les propos, le costume même sont censurés, et tout ce qui sent de plus ou moins loin la république est proscrit sévèrement. Les Russes estiment que la philosophie s'est faite séditieuse : ils l'expulsent.

Catherine se divertissait naguère à tenir les philosophes à ses pieds, elle se plaisait à les voir danser devant l'arche byzantine et chanter l'*Allah Catharina!* de Voltaire et de Diderot. Elle voit dans la Terreur le naufrage de leurs systèmes, la catastrophe sanglante de leur magnifique utopie humanitaire. Elle en jouit. Elle s'est toujours plu à mettre ces fameux Français « à quatre pattes ». Elle triomphe de cette dégradation de leurs idées comme elle avait triomphé de la servilité de leurs personnes, mais brutalement, en marchant sur eux, la rudesse allemande se doublant chez cette grande parvenue, de la superbe de l'autocrate. Elle triomphe avec plus de complaisance encore de la déroute des rois ses confrères, de ceux d'Allemagne en particulier, qui fournissent tant de données nouvelles « au traité sur les moyens de perdre les empires ». Elle oppose, en sa verve caustique, leurs retraites compassées à l'activité de ces « brigands et démons qui savent marcher où ils veulent aller, malgré les pluies, les boues et le manque de vivres [1]... » Les Russes, ajoute-t-elle, auraient vite fait de les anéantir ; mais ils sont occupés autre part, et Catherine ne se juge point en état d'affronter la grande guerre européenne. Son trésor ne contient que du papier ; hors de son Empire, ce papier vaudra un peu moins peut-être que les assignats républicains. L'armée est revenue, indisciplinée et pillarde, de la guerre contre les Turcs ; les officiers se sont relâchés et abaissés à l'école de Potemkine. Tout est à refaire, et la réfection s'opère lentement [2]. L'impulsion d'en haut s'arrête ; la main qui la donnait commence à s'affaisser.

La volonté se détend chez Catherine, et avec cette volonté le ressort de l'empire. L'assassinat de Gustave III avait troublé la tsarine ; elle redoutait réellement les sectes et leurs complots, et il entrait une inquiétude personnelle dans la rigueur qu'elle prescrivait à sa police. Elle pense à la mort : on ne peut dire ce qu'elle en redoute davantage, les approches ou les suites : le déclin de la vie, la décrépitude, effroyable aux amantes surannées ; l'au delà de la vie, plus effroyable encore aux politiques qui ont vécu de la gloire, n'ont compté qu'avec la force et tremblent entre un néant, où leur orgueil s'abîme, et une justice éternelle devant quoi leur force ne compte plus. Catherine est agitée dans son cœur, et sa cour le remarque. « A l'âge de soixante ans, dit un témoin, on vit qu'à l'affaiblissement de sa santé se joignait celui de son esprit, l'ennui du travail, la satiété des jouissances et, peut-être plus que tout, les remords du passé et la terreur de l'avenir [3]. »

---

[1] *Correspondance de Catherine avec Grimm*, années 1793 et 1794. — Pingaud, *Les Français en Russie*, p. 174-177. — Rambaud, *Les libéraux russes et la réaction*, Revue politique, 1881. — Sybel, t. III, *Trad.*, p. 30-58.
[2] Lettres de Rostopchine, *Archives Woronzof*, t. XVIII, p. 53, 55, 75.
[3] Langeron, *Mémoires inédits* : Mon retour en Russie en 1793.

Elle laisse faire ; ses agents abandonnés à eux-mêmes suivent leurs penchants et leurs mœurs : leurs penchants, la spoliation, la déprédation, la concussion, en grand; leurs mœurs, « la grossièreté moscovite unie à la licence sceptique de l'Occident[1] ». Le gouvernement ne montre qu'une « scandaleuse cascade d'abus de pouvoir, d'oppression et de tyrannie... La Russie était devenue en Europe un second modèle du gouvernement vénal et arbitraire de la Turquie ; ce qu'on pouvait à peine croire du despotisme et de la cruauté des pachas était réalisé par quelques gouverneurs généraux[2]. »

Le pire scandale est à côté du trône, dans l'alcôve impériale, Platon Zoubof. Joli, svelte, frisé et paré comme un acteur en scène, aspergé de senteurs, arrogant avec nonchalance, langoureux et dédaigneux, cherchant à rendre autour de lui les femmes jalouses de sa personne et les hommes envieux de sa faveur, affectant, lorsque l'impératrice est absente, la lassitude de sa charge, et lorsque la souveraine paraît, étalant avec impudence son empressement d'amant à gages, ce favori, « chétive et triste caricature de Potemkine », joue désormais le grand vizir, tire tout à lui dans l'État, surtout les biens de fortune, dont il est insatiable. L'impératrice, qui l'aime assez aveuglément pour le croire sincère en son office, lui a tout prodigué : il est comte en Russie, prince en Allemagne, général en chef, grand maître de l'artillerie. Il occupe le rang d'un premier ministre; quant aux affaires, il les abandonne aux subalternes, surtout à Markof, qui est son agent de confiance. La tsarine a tenté de l'instruire de la politique : elle y a renoncé. Sa passion tient lieu de génie à son favori. Il ne veut du pouvoir que les profits et les dignités; il n'en exerce que l'insolence, mais il l'exerce démesurément. Il rejette l'avilissement de sa carrière sur ses courtisans et ses parasites : ils l'assiègent le matin à son petit lever, mendiant le salut qu'il daigne parfois leur adresser, par réflexion, dans le miroir où il se contemple et où il les

---

[1] ANATOLE LEROY-BEAULIEU, *La Russie*, t. I, p. 254-255.
[2] LANGERON, *id*.

voit, courbés derrière lui. Ce sont « tous les premiers seigneurs de l'Empire [1] ». Dans la cour, dans l'entourage du grand-duc héritier, particulièrement, on glose sur le favori ; mais dès que le nom de la souveraine est prononcé, les propos s'arrêtent, les sourires demeurent suspendus sur les lèvres, et les visages n'expriment plus que la soumission dévote et confondue. Dans le peuple, rien n'altère encore la foi superstitieuse à la quasi-divinité de l'autocrate. « Tout lui était permis, rapporte un contemporain, sa luxure était sainte. » Les philosophes, en la comparant à Sémiramis, ne songeaient qu'à la flatter ; ils la jugeaient, ils jugeaient son peuple et se jugeaient eux-mêmes. C'était la servitude byzantine dans le meuble et le costume du dix-huitième siècle. Robespierre, dans ce même temps, dressait les Français à la servitude césarienne dans le décor républicain.

Ce n'est donc point Pétersbourg qui régénérera l'Europe et la guidera. Justement parce qu'elle se sent décliner, la tsarine s'entête à ses derniers desseins. Sa vue se raccourcit, ses pas s'alourdissent, elle craint de s'écarter des chemins qu'elle s'est ouverts et qui l'ont élevée au prestige dont elle jouit. Toute son énergie s'est appliquée à embrouiller les affaires de l'Europe, pour démêler celles de la Pologne ; mais cette politique qui a contribué à nouer la coalition ne travaille plus qu'à la dissoudre. Les effets s'en font sentir à Vienne plus qu'en aucune autre cour.

III

La monarchie autrichienne supporte le poids principal de la guerre, et en reçoit les plus redoutables contre-coups. Les crises qui s'étaient déclarées dans plusieurs des pays hérédi-

---

[1] LANGERON, *Mémoires*. — PRINCE ALEXANDRE CZARTORYSKI, *Mémoires*, Paris, 1887, t. I, chap. III. — ROSTOPCHINE, loc. cit. — Papiers du duc de Richelieu : *Publications de la Société d'histoire de Russie*, t. LXX, p. 211. — Rapport de Cobenzl, juillet 1795, ZEISSBERG, t. V, p. 284.

taires à la suite des réformes de Joseph II, éprouvent une sorte de recrudescence. La guerre, qui affaiblit le gouvernement central, l'oblige à lever des hommes, à réclamer des subsides. La révolution de France excite les revendications nationales partout où elles couvent, même lorsque les peuples entendent tout autrement que les Français la liberté qu'ils revendiquent.

C'est le cas en Hongrie[1]. Léopold avait apaisé les Hongrois en rapportant les édits de son frère, mais il n'avait pas fait oublier ce qu'il y avait de pire dans ces édits, l'abus du pouvoir royal. Les réclamations élevées d'abord contre l'abus se continuent ensuite contre le pouvoir même qui était capable d'abuser. Les Hongrois demandent la convocation de leur diète, et le gouvernement n'ose convoquer cette assemblée, de peur qu'elle ne demande le rétablissement des anciennes libertés. Le clergé redoute la réunion de cette diète; pour la prévenir, il apporte à l'empereur un don considérable. Les comitats déclarent alors illicite tout appel aux subsides volontaires des particuliers. Les particuliers n'auront garde d'imiter le clergé. Les enrôlements fournissent peu de recrues. Les Hongrois s'armaient avec ardeur contre le Turc; ils auraient volontiers combattu le Prussien; ils n'éprouvent aucune haine contre les Français. Il est vrai que, très attachés à leur constitution aristocratique et à leurs croyances catholiques, les magnats ne ressentent que de l'éloignement pour une république niveleuse et antichrétienne. Les violences des Jacobins leur ont enlevé leurs illusions de 1789. Mais il reste dans la Révolution française un grand caractère de lutte pour l'indépendance qui émeut leurs passions les plus chères et qui, à leurs yeux, atténue les excès.

Il existe, d'ailleurs, en Hongrie, un parti de démocrates, peu nombreux, mais hardis, remuants, qui procèdent de Rousseau, professent des principes français et correspondent

---

[1] Voir t. I, p. 133 et suiv.; t. II, p. 20 et suiv., p. 150 et suiv. — SAYOUS, *Histoire des Hongrois*, p. 70 et suiv. — FOURNIER, *Historische Studien*. Illuminaten und Patrioten. — SYBEL, *Trad.*, t. III, liv. IX, chap. II. — *Revue historique*, t. XXXIII, p. 153 et suiv.

par l'entremise de Forster avec des républicains. Ce sont, avec quelques magnats mécontents et dévoyés, des prêtres impatients de la règle ou exaltés d'imagination, des gens de lettres surtout. Ils forment une société de *Jacobins hongrois,* qui compte soixante-dix adhérents. C'est une société secrète ; elle ne peut agir que par les affiliations et les complots. Les chefs y sont aptes. Martinovics, petit homme, maigre, bilieux, souple de sa personne, insinuant de sa parole, d'origine et de tempérament slaves ; élevé par les moines et les détestant ; mêlé de charlatan et d'utopiste, très ambitieux surtout ; chimiste de la cour sous Léopold II qui avait un fond de superstition pour « le grand œuvre », devenu grand prévôt titulaire de la cathédrale d'OEdenburg, il s'affilie aux *illuminés* d'Allemagne et échange des lettres avec des jacobins de France ; c'est l'homme de pensée dans la conspiration révolutionnaire de Hongrie. L'homme d'action est un ancien officier de la guerre des Turcs, patriote exclusif, logicien inflexible, grand écraseur de prêtres, Lazcovics : il s'est fait révoquer pour s'être plaint que les Hongrois fussent commandés par les Allemands, et il n'absout, parmi les rois, que Mathias Corvin et Joseph II, parce qu'ils ont combattu le fanatisme du clergé. Ajoutez deux sans-culottes hongrois, Hajnoczy et Szentmarjay, ce dernier gentilhomme, dont l'âge et l'esprit rappellent Saint-Just, qu'il a pris pour modèle, et qu'il rêve d'imiter. L'Église et l'État, l'inquisition monacale, la censure et la police leur font une guerre à mort. La Cour les redoute, et c'est assez pour que François hésite à demander à la Hongrie de nouvelles ressources.

Ce souverain doit, en même temps, contenir et gagner les Polonais de Gallicie. Les États provinciaux de Styrie, de Carinthie, de Carniole veulent des ménagements. A Vienne même, on découvre des machinations démocratiques et des traces de complots. L'empereur ne peut compter que sur la Bohême et les pays allemands ; mais ces pays ont donné tout ce qu'ils pouvaient ; en exiger davantage, ce serait les épuiser.

La Belgique coûte à la monarchie et la fatigue ; elle absorbe l'argent et les hommes, et elle ne rend plus rien[1]. A peine rentrés dans leurs domaines, les aristocrates belges et le clergé revendiquent leurs privilèges. Les provinces votent, dans l'été de 1793, un impôt de 8 millions de florins et un emprunt de 15 millions; mais c'est pour défendre leur indépendance, c'est-à-dire l'ancienne constitution. Il ne suffit pas aux meneurs violents de cette réaction d'avoir chassé les Français, d'avoir remis en vigueur les coutumes abrogées, d'avoir rétabli le régime de Marie-Thérèse, ils veulent la restauration des couvents supprimés, la contrainte des religieux sécularisés, l'épuration des administrateurs suspects de « joséphisme ». Le gouvernement impérial essaye d'apporter des tempéraments : ces fougueux aristocrates les lui imputent à trahison. Ils accusent l'empereur de vouloir trafiquer des Pays-Bas après les avoir rançonnés. S'estimant persécutés dès qu'ils ne sont pas libres d'être persécuteurs, ils en viennent à dire, comme un comte de Limmnighe à l'archiduc Charles, « qu'il préférait aux vexations actuelles le système des Carmagnols ». Ils refusent de payer. Une souscription, ouverte en janvier 1794, ne fournit, au printemps, qu'un million de florins sur 275 millions d'engagements. Une abbaye qui avait donné 300,000 florins pour combattre Joseph II, en apporta 40,000 pour lutter contre la Révolution. Les bourgeois ferment aussi leurs bourses. Les paysans répondent qu'ils donnent leur sang et que c'est assez. Les soldats et officiers allemands suspects d'hérésie sont traités comme l'étaient en France les huguenots au temps de la Ligue et, dans l'Allemagne catholique, les réformés au temps de la guerre de Trente ans. Les anciens « joséphistes », tout ce qui formait le parti de Vonck et s'était rallié à Léopold, se dégoûte, se décourage et désespère de concilier les réformes qu'ils désirent avec le maintien de la domination autrichienne. Les partisans et les agents de la Révolution se sont réfugiés sur le territoire français; ils s'y réorganisent, ils y préparent leur

---

[1] BORGNET, t. II, chap. XIX et XX. — *Politische Annalen*, 1794. Lettres de Belgique, t. VI, p. 146, 206. Janvier 1794.

revanche et ils profitent des mécontentements des démocrates belges pour les attirer à la République.

Il faudrait un régent à cette monarchie malade. François n'en est point un. Il a donné ce qu'il annonçait. Il est raide et incertain, timide et orgueilleux, paresseux d'esprit, minutieux et jaloux de son autorité; il ne sait rien décider sans conseils; il se méfie de tous les conseillers, et il décide dans les tiraillements, par lambeaux, toujours trop tard. Les hommes de ce caractère sont voués aux influences subalternes. L'influence qui domine sur François est celle de sa femme, épousée en secondes noces, l'année 1790. C'est sa cousine, une princesse des Deux-Siciles, fille de Ferdinand IV et de Marie-Caroline. Rien ne paraît en elle ni des brutalités de son père, ni des emportements maternels : elle est dévote et prude, austère dans ses mœurs; toute l'imagination et toute l'activité se répandent chez elle en intrigues et en extravagances ; elle est envieuse, bizarre, sournoise; elle ne se plaît que dans la compagnie des inférieurs; elle tracasse, se mêle de tout et embrouille tout; elle n'aime que les objets fantasques; elle rassemble des monstres ; elle peuple ses jardins de statues baroques et défigurées. Elle agite l'empereur et l'inquiète sur les gens et sur les choses.

L'ancien gouverneur de François, devenu vice-chancelier de l'Empire, le prince Colloredo, solennel, hypocrite et médiocre, endort l'empereur. Le vice-chancelier de cour et d'État, Philippe Cobenzl, bavard et superficiel, oppose à tous les mécomptes de la politique un optimisme béat. Dans l'armée, le vieux Lacy semble toujours préoccupé « d'abaisser les idées qui paraissent s'élever au-dessus des siennes ». La confiance de l'empereur est à son aide de camp Rollin, froid, taciturne, enclin aux cabales. L'espoir de l'armée repose sur le colonel Mack, « le fameux colonel Mack », comme on le nomme déjà, une sorte de Guibert autrichien, qui disserte brillamment sur la guerre dans les salons, déroule dans les conseils des plans captieux et élégants de stratégiste rhéteur, excelle à gagner l'opinion et devance les temps dans l'art de faire éclat de son génie dans les gazettes de l'Europe. Tout l'État reste concentré dans la personne de Thugut, qui n'a rien de l'homme d'État, qui n'est qu'un diplomate, qui dans sa diplomatie agit en spéculateur brouillon, et ne sait, quand il considère les plaies de l'armée et les vices du gouvernement, que se lamenter ou s'emporter en invectives stériles : « Physiquement parlant, nous n'avons pas le sou !... » — « Comment se flatter de parvenir jamais à l'exécution d'un plan raisonnable quand on a sans cesse les ennemis du dehors et les ennemis du dedans à combattre »,... « le scandaleux égoïsme » de tous; « la fatale inexécution des ordres de Sa Majesté [1] » ?

IV

Jusqu'à la fin de 1793, la conduite de la Prusse avait été subordonnée à son avidité, elle va l'être désormais à ses besoins [2]. Cette monarchie, la seule de l'Europe qui eût une épargne, marche, comme les autres, et pour les mêmes motifs, aux embarras et à la ruine. Il y a de la détresse et de l'agitation dans les provinces. Les tisserands de Silésie, dont l'industrie chôme, avaient commencé, dès l'automne de 1793, à se répandre par bandes dans les marchés. La fermentation gagna d'autres corps de métiers. Les troupes manquaient pour réprimer les mutins. Les autorités prussiennes procédèrent avec la même mollesse et la même incertitude que l'avaient fait les autorités françaises dans les dernières crises économiques du règne de Louis XVI. Moyennant une indemnité fournie par l'État, les marchands

---

[1] Sur l'empereur et la cour : *Mémoires du prince de Ligne*, dans VIVENOT, t. II, p. 872. — *Mémoires de Czartoryski*, t. I, p. 282. — ROSTOPCHINE, *Archives Woronzof*, t. XVIII, p. 73. — SYBEL, *Trad.*, t. II, p. 158. — *Id.*, 4ᵉ édition, t. I, p. 479. — HERRMANN, *Pol. corr.*, p. 217-221. — Sur Thugut : VIVENOT, *Thugut*, t. I. Lettres à Colloredo, 16 sept.-19 déc. 1793 ; 7 et 21 janvier, 10 avril 1794. — Thugut à Mercy, 1ᵉʳ avril 1794, ZEISSBERG, t. IV, p. 173.

[2] Voir PHILIPPSON, t. II. — RANKE, *Hardenberg*, t. I. — HÆUSSER, t. I, p. 530. — PERTZ, *Stein*. — TREITSCHKE, t. I, p. 134. — ZEISSBERG, t. IV, p. 53-54.

furent obligés de céder à bas prix le fil aux tisserands et de leur racheter la toile beaucoup plus cher qu'ils ne la pouvaient revendre. Alors le commerce s'arrêta tout à fait, et les marchands restant sans commandes de toiles, les tisserands restèrent sans fil. L'État contraignit les détenteurs de la matière première à en fournir aux ouvriers. Par l'effet même de la crise, le prix de ce fil montait toujours ; l'État fixa un *maximum*, comme on en avait fixé un en France sous Louis XV et sous Louis XVI, et comme on continuait, en grand, d'en fixer un pour toutes choses, sous la République. L'audace des mutins s'accrut. Il y eut, à la fin d'avril 1794, une véritable émeute à Breslau. Un compagnon tailleur avait été arrêté. La corporation le réclama, et tous les turbulents de la ville firent cause commune. La troupe hésita à tirer sur la foule. Le prisonnier fut relâché. Un fonctionnaire de la province, le comte de Kameke, dut le présenter lui-même au peuple et s'en aller ensuite trinquer, dans les cabarets, avec les insurgés. Pour terminer l'affaire, l'État paya aux artisans les quatre jours de chômage qu'avait entraînés l'émeute. Les mécontents en prirent courage. A Berlin et dans les grandes villes, on afficha des placards séditieux ; il y eut des attroupements dans les rues, des pétitions furent portées par la foule aux agents de l'État. Les paysans, qui avaient entendu parler du Code de Frédéric et des grandes réformes qui s'y annonçaient, appliquèrent d'avance et tout directement les réformes au point qui les touchait : ils commencèrent de refuser les redevances seigneuriales.

Frédéric-Guillaume prit peur. Il se vit inondé par la révolution. Il commença de sévir. Il fit suspendre les procédures de droit commun, ordonna que les mutins seraient passés par les verges, que des colonnes de troupes parcourraient, avec du canon, les districts turbulents de Silésie, et que des exécutions militaires auraient lieu, pour l'exemple, les jours de marché. La coterie bigote l'emporta sans contrôle. Le Code, indéfiniment ajourné depuis 1792, fut amendé, corrigé, restreint dans tout ce qui tenait aux principes généraux d'humanité et aux devoirs de l'État. L'inquisition théologique qui sévissait déjà avant la guerre, s'exerça brutalement sur les gazettes, sur les Églises, sur les Universités. Le mal venant de la licence des idées, l'État ne vit de remède que dans la discipline dévote, discipline toute formaliste d'une religion bureaucratique et policière : elle ne pouvait obtenir que l'obéissance hypocrite des hautes classes et la soumission muette du peuple.

Le gouvernement étouffe ainsi les réclamations ; mais il ne peut ranimer le commerce qui s'arrête et remplir les caisses de l'État qui se vident. Les récoltes, en maint district, ont pourri sur pied. Les impôts ne rentrent pas. Les finances prussiennes sont gérées avec intelligence et honnêteté par Struensée, ministre d'origine plébéienne, traité en parvenu, le ressentant, s'en humiliant, et réduit, faute de ressort, dans le caractère, à n'être qu'un excellent comptable, alors que son esprit et ses études pouvaient faire de lui un véritable administrateur. Les comptes de 1792-1793 se soldent en équilibre; mais il a fallu négliger nombre de dépenses d'intérêt public, pour subvenir à la fois à la guerre de Pologne, à la guerre de France et aux prodigalités galantes du roi.

Le trésor de guerre est réduit à 16 millions d'écus au commencement de 1794. L'État a fait, en 1792, un premier emprunt : il n'en saurait contracter d'autres. La Pologne, d'ailleurs, indépendamment des frais de conquête et de garde qu'elle exige, coûte en soi-même infiniment plus qu'elle ne rapporte. Tout y est à refaire, et tout s'y dérobe au gouvernement prussien. Les nobles ont tellement pressuré leurs paysans que l'État ne trouve plus rien à en extorquer. Ces nobles ont fait évaluer et taxer leurs biens fort au-dessous de la valeur réelle. Comme l'annexion à la Prusse les prive de leurs droits politiques, d'une partie de leurs privilèges et de toute leur indépendance, ils sont mécontents et payent très mal. Il en va de même, à plus forte raison, du clergé, spolié d'une partie de ses biens et contraint de subir la suprématie luthérienne. Les accises et les logements militaires écrasent les bourgeois des villes. Les agents prussiens, grossiers, ignorants de la langue et des usages du pays, insolents et despotiques, irritent les populations. Bref, les impôts ne rapportent à l'État que trois quarts d'écu par tête de Polonais, alors que dans les anciens États de la monarchie ils rendent trois écus et demi par tête de Prussien. Toutes les considérations se réunissent pour engager la Prusse à concentrer ses forces en Pologne et à y affermir sa conquête.

Les rapports des agents du fisc et ceux des administrateurs des provinces confirment les conseils que donnaient déjà les diplomates. La Prusse ne peut pas soutenir ensemble, par ses seules ressources, deux entreprises politiques. Il faut qu'elle opte entre la guerre de principes et la guerre de profits, entre la restauration de la monarchie française et l'acquisition définitive de sa part de Pologne. L'option s'impose. Le roi tient encore aux principes; ses conseillers lui représentent qu'il n'en saurait pousser le souci jusqu'à la ruine de la monarchie : il s'arrête à cette conclusion, de se faire payer la guerre par ses alliés ou d'abandonner l'alliance. Les militaires l'y poussent peut-être plus vivement encore que les diplomates et les administrateurs. Ils ont assez de la guerre de France, où ils ne portent point de passions politiques, où ils n'éprouvent guère que des déboires, dont ils n'espèrent plus ni honneur ni bénéfices. Brunswick, découragé par les cabales, abdique le commandement en chef. Le roi le remplace par Mœllendorf, et il place ainsi à la tête de ses troupes le chef du parti de la paix. Mœllendorf sera moins un général d'armée qu'un négociateur. Ce lieutenant de Frédéric était alors âgé de soixante-dix ans. Ce n'est plus le temps des aventures. Mœllendorf, cependant, avait encore de l'activité dans l'esprit et du goût pour la gloire; mais son activité se dépensait plus volontiers dans les intrigues que dans les combats, et de toutes les gloires il n'y en avait point qui le flattât davantage que celle d'un héros dont les « vertus » consolent, sur ses vieux jours, les hommes des maux que sa vaillance leur a fait souffrir dans sa jeunesse. Par-dessus tout, il détestait l'Autriche; cette haine, jointe à sa philosophie, lui faisait une sorte d'inclination pour la

France et le rendait indulgent à la Révolution. Il n'avait pas plus de scrupules à s'allier aux républicains pour humilier l'Autriche, qu'un Français, au temps de Mazarin, nourri dans la Fronde et libertin d'esprit, n'en avait à rechercher l'alliance de Cromwell pour humilier les Espagnols.

Cette rivalité, qui empêchait toutes les opérations des deux puissances allemandes, s'exerçait en Allemagne presque aussi activement qu'en Pologne. L'Empire demeurait l'objet commun de l'ambition de ces deux cours : l'Autriche pour le dominer en s'y étendant, la Prusse pour y restreindre la domination de l'Autriche. C'est là que les conseillers de Frédéric-Guillaume trouvèrent le chemin qui devait conduire ce prince à la paix. Le démembrement de la Pologne rendait cette paix nécessaire; la protection de l'Empire en fournit le prétexte, et ces Prussiens astucieux y trouvèrent le moyen infiniment subtil d'intéresser l'honneur de leur prince à sa défection.

L'empereur saisit la Diète, le 20 janvier 1794, de la proposition d'un armement général des peuples allemands. Hardenberg, qui était de plus en plus écouté à la cour de Berlin, n'eut pas de peine à démontrer au roi que cet appel aux armes serait la chose la plus vaine du monde et la plus impopulaire en Allemagne; que si, par aventure, les Allemands s'y prêtaient, l'Autriche en profiterait pour usurper la Bavière, abaisser la Prusse et accomplir les desseins cachés de « sa politique égoïste ». La Prusse, disait-il, y devait opposer une politique plus large et plus patriotique. L'Allemagne désirait la paix, la Prusse en avait besoin. Il n'était pas de l'intérêt prussien que la France fût diminuée; la France, lorsqu'elle serait rentrée dans l'ordre, reprendrait son influence en Europe, et cette influence tournerait naturellement à l'avantage de la Prusse. Les dédommagements que l'Autriche réclamait, et ceux que la Prusse devrait revendiquer, par compensation, devaient être recherchés, non en France, mais dans l'Empire même, au moyen de sécularisations opérées en grand, selon les précédents de la paix de Westphalie. Tous ces intérêts se pouvaient concilier aisément si la Prusse, en retirant ses troupes de la coalition et en préparant ainsi la paix générale, s'arrangeait de façon « à garantir du côté de l'ennemi, sinon l'Empire tout entier, au moins ceux des États qui invoqueraient sa protection ». Elle arriverait ainsi à s'assurer sa liberté d'action du côté de la Pologne, sans manquer à ses devoirs envers l'Empire. Elle défendrait l'Empire, au contraire, de la façon la plus opportune, car ce serait la façon dont l'Empire voulait être défendu. En suivant ses propres voies, elle accomplirait les projets conçus par Frédéric, ce *Fürstenbund*, cette *Confédération germanique* restreinte, sous l'hégémonie prussienne, qui devait être le couronnement de la politique du grand roi, et qui ouvrirait dans l'avenir aux Hohenzollern les avenues de l'Empire[1]. — Les motifs de Hardenberg étaient spécieux ; ses projets offraient du champ à l'imagination glorieuse de Frédéric-Guillaume. Hardenberg fut chargé, le 31 janvier 1794, de sonder secrètement les cours allemandes qu'il croirait favorables[2]. Ce n'était pas précisément la paix avec la France, mais c'en était le préliminaire. Une neutralité sous l'égide de la Prusse répondait beaucoup mieux aux dispositions de l'Allemagne qu'une levée en masse sous la direction et au profit de l'Autriche.

V

Il y avait toujours de l'inquiétude en Allemagne, mais c'était une inquiétude intellectuelle[3]. Il n'y avait guère qu'en Souabe où cette inquiétude eût pris quelque corps. Le voisinage de la France offrait dans ces pays plus de facilités aux

---

[1] Cf. t. I, p. 413, 468.
[2] Ranke, *Hardenberg*, t. I, p. 159-160.
[3] Voir t. II, p. 11-16, notes. — Articles sur Ehrard, *Deutsche Revue*, 1882. — Lévy Brühl, *L'Allemagne depuis Leibniz*. Paris, 1890, p. 177-186, 232-237, 249-251.

émissaires républicains et aux écrits de propagande. Les esprits y étaient plus enclins à l'enthousiasme; il y restait de vagues traditions d'indépendance; un patriotisme poétique y cherchait confusément sa voie entre la patrie restreinte, la Souabe, et la grande patrie, le genre humain. Il s'était formé çà et là des clubs d'étudiants : on y chantait la *Marseillaise*, on s'y exerçait à la vertu avec Rousseau, à l'héroïsme avec Plutarque, et l'on célébrait les victoires des Français. C'est ainsi que Schelling traduisit l'hymne de Rouget de l'Isle et que Hegel passa pour républicain. Lorsque la République se fit terroriste, et qu'avec la Gironde la poésie cosmopolite en parut bannie, l'admiration tomba en Allemagne. La Révolution y perdit sa meilleure clientèle, les rêveurs, et il ne lui resta plus pour adhérents que quelques énergumènes isolés.

Le petit foyer humanitaire de Mayence était éteint. Forster, après avoir tenté de se dépenser dans les missions fictives d'une diplomatie sans objet [1], était revenu à Paris isolé, misérable, usé, malade, dans le désenchantement des idées, la déception des hommes, le désespoir des choses. Il s'y consuma, et il mourut au mois de janvier. Adam Lux s'était fait un idéal de la Gironde ; il se fit une divinité de Charlotte Corday : on le guillotina. Les hommes qui avaient senti, comme lui, en Allemagne, se rétractèrent avec horreur devant ce reniement de la Révolution par elle-même. Klopstock ne maudit pas la liberté, mais il réprouve les Français qui en font un masque à la conquête; il les montre sous le joug, et il accuse de leur parjure leur caractère qui les porte successivement à l'enthousiasme et à la servitude [2]. Campe abjure : il fait couronner par l'académie de Berlin un ouvrage sur l'épuration de la langue allemande. Herder considérait les émigrés comme des traîtres ; il admirait la défense nationale des Français : il détourne les yeux. Stolberg dénonce dans les Français les Huns de l'Occident, et il enveloppe dans son anathème « les jacobins, les illuminés et les philosophes ».

[1] Cf. t. II, p. 420, 433.
[2] *Mon erreur.* — *Les époques.* — *La guerre de conquête*, Odes. — 1793.

Lavater écrit, en septembre 1793, à Herault Sechelles : « Vous tyrannisez les hommes dix mille fois plus que les tyrans. Depuis que vous agissez en inquisiteur de Lisbonne..., j'ai horreur de vous entendre parler de liberté. » « Je ne puis, disait Schiller dans le même temps, lire un journal français ; tous ces valets de bourreau m'écœurent. » Gœthe avait condamné depuis longtemps la révolution d'en bas. Il essaye d'en faire la satire dans son *Général-citoyen*. Ce qu'il pardonne le moins aux Français, c'est de troubler les méditations des penseurs, d'agiter le monde, d'interrompre la belle et calme culture des esprits. « Le sentiment de la joie était perdu », écrit-il en 1794 dans ses *Annales*. Il se distrait en composant le *Roman du renard*, où l'on voit les hommes changés en bêtes. L'apathie de l'Allemagne le réconforte, et dès qu'il se croit assuré de son repos, il en jouit avec un égoïsme qui n'a rien d'olympien : « Soyons heureux de voir le ciel serein au-dessus de nos têtes, tandis que d'effroyables ravages dévastent des contrées immenses. » C'est le *Suave mari magno*, traduit dans l'allemand de *Faust* :

> Rien ne m'amuse comme
> Un récit de combats, quand loin, bien loin de nous,
> A l'autre bout du monde, en Turquie, on s'assomme.
> Je m'en reviens le soir en bénissant la paix [1].

Gœthe se délecte en son orgueil de vivre. Kant se renferme et creuse sa mine. La révolution qu'il prépare dans les âmes est autre chose que celle qui s'agite à Paris. C'est à Dieu même qu'il s'en prend, à la réalité du monde, à la conscience du moi ; considérant qu'avec ses traits de plume il bouleverse la raison humaine, il goûte peut-être, dans sa retraite, l'indicible jouissance de penser qu'à côté de son œuvre, celle de Robespierre, de son Être suprême et de sa guillotine, qui ne coupe que des têtes, méritera un jour d'être qualifiée par un Allemand révolutionnaire d'œuvre de badaud [2]. En attendant, il se soumet très humblement à la censure de Woelner et à la

---

[1] *Faust*, traduction de Marc Mounier.
[2] HENRI HEINE, *De l'Allemagne*, 3ᵉ partie.

police prussienne. « Tout cela peut être vrai en théorie », dit-il lui-même de ses spéculations et de sa raison pure. La raison pratique, qui rétablira la réalité du monde et restaurera Dieu pour cause d'utilité sociale, veut qu'il y ait des barrières et des garde-fous. Le grand penseur attend tranquillement les jours prédits, où le projet de paix perpétuelle qu'il esquisse en ses loisirs, se réalisera sous la forme d'un grand empire allemand, exerçant la suprématie de l'Europe. « Toute crainte d'une révolution en Allemagne est une chimère, écrit un publiciste contemporain. Nous avons peu d'écrivains qui prêchent la révolte, et parmi ce peu de gens, il n'en est point qui fasse d'effet. Tous nos grands auteurs s'accordent à déclarer que la révolte est le plus horrible des crimes contre l'État et contre la société. Le grand Kant, pour ne citer qu'un exemple, l'a écrit : Cette prohibition est absolue [1]. » Fichte, à la vérité, publie, en 1792, son *Essai pour rectifier le jugement public sur la Révolution française* [2]; mais c'est une œuvre anonyme, et précisément de celles qui ne portent point. Il conclut d'ailleurs à la patience, et concilie le *Contrat social* avec le *Code* de Frédéric par cette formule : Le sentiment de la dignité de l'homme libre s'élève d'en bas, mais la délivrance ne peut, sans désordre, venir que d'en haut [3].

Ainsi la révolution girondine et cosmopolite avait été admirée des Allemands; la révolution niveleuse et terroriste est honnie par eux; cependant, la révolution militaire et conquérante retrouvera en Allemagne des apologistes et des admirateurs. C'est que l'Allemagne se plaît au spectacle de la force triomphante; mais contre cette révolution armée se dressera une Allemagne nouvelle qui couve dans les âmes, et dont le germe apparaît dans la fermentation obscure de ces temps. C'est le patriotisme allemand qui sort des *Droits de l'homme* comme les dissidences sortent du dogme dans les religions naissantes. Amis d'une foi commune en une vérité absolue et uni-

---

[1] *Politische Annalen*, janvier 1794, t. V, p. 21.
[2] *Berliner Monatschrift*. Septembre 1793.
[3] Treitschke, t. I, p. 116.

verselle, on voit procéder des sectes qui s'excommunient les unes les autres et se déchirent. Déjà, en 1792, lors de la première incursion des Français sur le Rhin, les enthousiastes des *Droits de l'homme* se demandaient avec inquiétude s'ils pouvaient, sans félonie, applaudir l'envahisseur [1]. Ils se poseront, avec plus d'anxiété, le même scrupule en 1794, et, tandis que quelques-uns passeront la frontière et deviendront Français, d'autres, plus nombreux, se diront, comme Ehrard de Nuremberg : « Les Allemands, à la fin, ne défendront-ils pas eux-mêmes leurs droits? Je ne suis point aristocrate, mais je ne puis consentir que la raison française prétende mettre en tutelle ma raison allemande. »

Herder ramène ses concitoyens à la patrie par l'étude même de la nature dans son phénomène social par excellence, la langue : « Nous avons à lutter contre une nation voisine, écrit-il en 1794; il ne faut pas que sa langue absorbe la nôtre. Éveille-toi, lion endormi, éveille-toi, peuple allemand, ne te laisse pas ravir ton palladium! » Il dépeint, dans l'Allemand, l'homme idéal de l'avenir. Il annonce la mission historique de sa patrie : être l'éducatrice intellectuelle du monde et la conscience vivante de l'humanité. Le rôle de la France est fini; celui de l'Allemagne commence : « Nous sommes arrivés trop tard, eh bien, nous en sommes d'autant plus jeunes. Nous avons encore beaucoup à faire, tandis que d'autres nations entrent dans le repos après avoir produit ce dont elles étaient capables. » L'Allemand, homme idéal de Herder, prépare l'Allemagne, peuple par excellence de Fichte. Ainsi fermente l'Allemagne nouvelle sous l'Allemagne cosmopolite du dix-huitième siècle. Lessing l'a affranchie des influences de l'étranger. Herder lui révèle son génie. Gœthe et Schiller consacrent son originalité. L'unité d'âme s'accomplit. Le patriotisme intellectuel est formé. Le patriotisme politique s'annonce sous sa forme embryonnaire, la haine de l'étranger.

Le vieux levain contre les Français se lève. On se plaît à se

---

[1] Cf. t. III, p. 102.

les représenter toujours inconsistants, frivoles même dans les forfaits « en gomme élastique », comme dit un Russe[1]; race de fantoches faits pour le divertissement ou le scandale du monde, toujours pour son mépris. Il faut posséder le génie de l'homme d'État pour discerner, dès 1794, avec Stein, que la guerre durant, elle profitera à l'Allemagne par la déroute même et l'abaissement qu'elle lui infligera[2]. Sans en avoir aussi nettement conscience, plusieurs y travaillent. Un Gagern, celui qui, en 1815, poursuivra avec tant d'âpreté l'humiliation et le démembrement de la France, en appelle déjà au sentiment national du peuple allemand, à l'unité de la patrie[3]. Un Gentz, celui qui sera le secrétaire du congrès en 1814 et le pamphlétaire ardent de la coalition, traduit, en 1793, Burke qu'en 1791 il voulait réfuter. La lumière s'est faite dans son esprit : il opposera désormais le droit historique et national de l'Allemagne aux *Droits de l'homme*, nationalisés à leur profit par les Français. Il n'aura qu'à fouiller dans la collection des vieux polémistes pour y retrouver des trésors d'arguments, et il lui suffira, pour réveiller les rivalités séculaires, de rajeunir, en les appliquant à la République, les diatribes des seizième et dix-septième siècles contre la monarchie française. Ce deviendra bientôt un lieu commun pour les libellistes autrichiens et impériaux que d'évoquer les souvenirs du Palatinat, de dénoncer la propagande révolutionnaire de Henri IV, la diplomatie subversive de Richelieu, et toute cette politique envahissante de la France, renouvelée de la république romaine[4]. Mais ce ne sont là que des tendances. Le présent est à la répression de la part des gouvernements, à la soumission de la part des peuples, à la peur à tous les degrés, et à la paix dans les vœux de tout le monde.

[1] Rostopchine, *Archives Woronzof*, t. XVIII, p. 96.
[2] Pertz, *Stein*, t. I, p. 77.
[3] Vœux d'un patriote pour la création d'une armée impériale, *Politische Annalen*, 1794, t. VI, p. 435. Cf. *id.*, t. IV, p. 89; t. V, p. 428-429; t. VIII, p 103.
[4] Cf. Janssen, *Frankreichs Rheingelüste*, p. 40-59 et suiv.

VI

Il n'y avait pas de pays mieux disposé au spectacle de la Révolution et à l'imitation de ce spectacle que l'Italie [1]. La grande tragédie romaine qui se déroulait à Paris trouvait là son public; mais ce n'était guère qu'un public de théâtre. Les Italiens tenaient des discours républicains et se glorifiaient du sang de Brutus; les hommes quittaient la perruque; les femmes, coquettes de nouveautés, se costumaient « à la guillotine ». « C'était alors une mode que la vertu », dit un contemporain. Cette vertu ne gênait les passions de personne. Le sang qui coulait en France n'offusquait point les Italiens; ce sang était français, il coulait loin d'eux, il régénérait l'humanité sans qu'ils en souffrissent; ils se préparaient à l'avènement de la « République bienheureuse » sans avoir à subir l'initiation de la République terroriste. Si d'aventure les Français envahissaient l'Italie, étant « inconstants de leur nature », ils s'en iraient comme ils seraient venus, et ils laisseraient, au moins, la place nette aux réformes. Ainsi raisonnaient les hommes « éclairés » et paisibles. Il y avait aussi des révolutionnaires fanatiques, des conspirateurs qui se piquaient de copier les Jacobins, qui souhaitaient l'affranchissement de leur patrie par une révolution et y travaillaient par une propagande active. Tilly, agent de la République à Gênes, correspondait avec eux et tenait les fils. Ils affichaient des placards et répandaient des écrits. Aucun de ces écrits ne fit plus d'effet que le *Tableau des mœurs et des gouvernements*, de Gorani, qui parut à l'automne de 1793 : les secrets des cours d'Italie, de celle de Naples en particulier, étaient dévoilés d'une main tout ensemble satirique et libertine. Mais, en Italie comme en Allemagne, l'idée maîtresse de l'avenir germait con-

---

[1] FRANCHETTI, t. I, ch. II. — BOTTA, liv. III. — SYBEL, t. III, liv. IX, ch. I

fusément au milieu des chimères du temps, et la fermentation cosmopolite annonçait déjà la révolution nationale qui en devait sortir. Les patriotes italiens, écrit Botta, qui vécut de leur vie et raconte leur histoire, étaient « persuadés que l'Italie était appelée à secouer le joug, à recommencer son existence, à ressaisir son ancienne supériorité. Enflammés par ces espérances, ils publiaient que le temps était venu pour l'Italie d'égaler la France et l'Allemagne en puissance, comme elle les égalait par la civilisation et le savoir. L'Italie moderne devait se montrer digne de l'ancienne... Et puisque la liberté ne se pouvait acquérir que par un bouleversement général, il fallait hâter la catastrophe, au lieu d'en reculer les effets. » C'est avec cette arrière-pensée que les Italiens songeaient à réclamer l'intervention de la République française ou se préparaient à la subir, et voilà tout le secret des éternels mécomptes des Français en Italie [1].

Ces idées étaient plus déclarées en Piémont qu'ailleurs, la nation y étant à la fois plus cohérente, plus cultivée et plus ouverte aux émissaires français. « L'ennemi, écrit un agent autrichien, a des relations alarmantes dans toutes les provinces... Les symptômes de révolte éclatent, de tous côtés, dans les villages de la frontière. » Le gouvernement essaya de réprimer ces mouvements : en mai 1794, il mit en jugement cent dix séditieux. Cet exemple ne servit à rien. Le gouvernement même se dissolvait. La cour de Turin montre, en raccourci, le désarroi de celle de Vienne. « Le désordre, rapporte le même agent autrichien, règne ici dans toutes les branches de l'administration publique; la présomption, l'esprit de rapine et de cabale se sont emparés de tous les ressorts de ce gouvernement; ils ont jeté les affaires dans la discorde et dans le délabrement. » Les levées ne se font pas, les magasins sont vides. Le roi « touche à l'état d'imbécillité ». Quand il est lucide, il parle d'abdiquer. Il a peur de la guerre et peur de la paix : la guerre, c'est l'alliance autrichienne; la paix, c'est

[1] Cf. t. I, p. 395-398.

peut-être la révolution. Le prince de Piémont n'est initié à rien. Il est lui-même bizarre et de volonté débile. Il est, rapporte un diplomate, « sujet à de fréquents maux de nerfs qui l'altèrent au point de le rendre pour quelques jours incapable de penser et d'agir ». Sa femme, qu'il aime tendrement, l'a jeté dans un ascétisme superstitieux et dans les austérités. Il se lève avant le jour et reste quatre heures en prières. Il porte un cilice, il se donne la discipline, jeûne, et se nourrit de légumes même aux temps non prescrits. Il vit dans la pénitence et la contemplation. Il est trop absorbé par le salut de son âme pour trouver le temps de songer au salut de l'État.

Dans les conseils de la couronne, les politiques songeaient à la paix. Le 16 février 1794, un des ministres, le comte Graneri, proposa au roi de la rechercher. Le Piémont, dit-il, n'a « rien à espérer et a tout à craindre de l'Autriche. Il est prouvé que ni les forces de cette monarchie, ni celles de toute l'Europe ne pourront dompter la France qui oppose l'esprit, l'union et la vigueur à la discorde et à la mollesse. La France sera république, et au moment où elle touchera à son but, toutes les puissances vaincues ou fatiguées s'empresseront de la reconnaître. » Elle voudra garder ses conquêtes ; l'Autriche voudra se dédommager de ses dépenses. Graneri était d'avis de ne se point laisser devancer ; il supplia le roi de prendre « un parti digne de la sagacité et de la prévoyance de ses ancêtres ». Victor-Amédée fit taire ce ministre pacifique ; mais le ministre de la guerre confessa qu'il était incapable de conduire les opérations dont il était chargé, « que tout était confusion et désordre dans son département ». Dans la Cour, surtout dans le public, où l'affaire se répandit, l'opinion donna raison à Graneri[1].

La Toscane s'était courbée sous l'orage[2] ; les Anglais se relâchèrent de leurs rigueurs, et l'on respira dans Florence. On n'y pardonnait point à lord Hervey ses hauteurs, ses menaces,

---

[1] Rapports de Gherardini, 13 et 27 janvier, 3 février 1794. ZEISSBERG, t. IV, p. 27, 29, 62, 67. — Cf. *id.*, t. V, p 294.

[2] Cf. t. III, p. 487.

la terreur qu'il avait répandue, et c'était une raison de plus pour qu'on désirât se rapprocher de la France. Manfredini y était enclin, pour peu que la France s'y prêtât, et il ne demandait qu'à procurer la pacification de l'Italie. C'était le contraire à Naples; le gouvernement, soutenu par une populace féroce et un clergé fanatique, saisissait avec avidité toute occasion de sévir et d'étouffer, sous le couvert de la Révolution, l'esprit de liberté et d'humanité qui avait fait l'honneur du siècle. Cette Cour aimait les supplices. La démagogie napolitaine applaudit à la Terreur royale et salua comme un instrument de salut public la fameuse junte d'État où siégèrent, avec le prince de Castelcicala, Vanini et le procureur Guidobaldo.

Ferdinand et Caroline comptaient que la distance les préserverait des armées républicaines et que la flotte anglaise les garderait du côté de la mer. La Cour de Madrid avait toutes raisons de redouter également le voisinage des Français et le secours de l'Angleterre.

Cette Cour avait essayé d'abord de fanatiser la guerre [1]. Les moines prêchèrent le combat, enrôlèrent des paysans, apportèrent de l'argent. Mais comme les Français n'entrèrent point en Espagne, le peuple se rassura; l'esprit d'indépendance qui avait soufflé se tourna contre le gouvernement, et l'on recommença de parler des anciennes franchises. Le gouvernement s'en alarma. Ce fut pour lui un motif de ne point pousser à fond la guerre contre la France. Il y en avait d'autres. La campagne de 1793 se terminait assez heureusement pour l'Espagne : elle avait pris Bellegarde; la campagne de 1794 s'annonçait mal : les troupes françaises se renforçaient toujours et s'aguerrissaient de toute façon; les troupes espagnoles, au contraire, ne s'amélioraient point. Cette armée demeurait ce qu'elle était

---

[1] Voir l'étude intitulée : La Diplomatie française et l'Espagne de 1792 à 1796, *Revue historique*, t. X, p. 306-314. — J'ai publié, dans cette revue, des études minutieuses et documentaires sur les négociations de la France, en 1794 et en 1795, avec l'Espagne, la Prusse, les États de l'Empire, l'Autriche. Je ne les reproduis point dans cet ouvrage. J'y renvoie le lecteur qui serait curieux de connaître non seulement l'ensemble et la suite, mais le détail, les sources et les pièces de ces négociations.

au temps de la guerre de Trente ans, disciplinée, dure aux fatigues, ferme au combat, mais lente en ses mouvements, n'avançant qu'avec tous ses bagages et ne combattant que derrière des retranchements. Cette tactique était bonne contre des adversaires brouillons et désorganisés; mais contre un ennemi qui prenait de l'élan et que ses chefs savaient conduire, la vieille machine de guerre s'embourbait et se disloquait, comme écrasée de son propre poids. L'Espagne menaçait de renouveler la fameuse expérience de Rocroy. Les officiers s'en préoccupaient. Le gouvernement se demandait si l'objet de la guerre valait la peine des désastres que l'on encourait, et si la victoire de la coalition ne serait pas plus redoutable à l'Espagne que le triomphe de la République.

L'Angleterre découvrait son jeu à Madrid : elle ne consentait à fournir des secours efficaces que si l'Espagne signait un traité de commerce. Ce traité, c'était l'abandon des colonies au négoce anglais, et, par suite, la pénurie du trésor espagnol. A Toulon, que les deux flottes avaient pris en commun, l'Espagne réclama la reconnaissance du régent; l'Angleterre refusa, et l'on ne douta point à Madrid que les Anglais voulussent garder la place. C'était donc pour assurer la suprématie de la Méditerranée à l'Angleterre que l'Espagne usait ses ressources et s'exposait aux représailles de la France! Cette opération, la seule qu'eût menée l'alliance, laissa les alliés très aigris l'un contre l'autre. Les Espagnols ne voulurent plus entendre parler de traité de commerce, ni les Anglais de subsides. Les hommes d'État qui, en Espagne, s'étaient opposés à la guerre, se remirent à parler de paix et réclamèrent des réformes constitutionnelles. Il s'ourdit une sorte de conspiration pour renverser Godoy. Aranda, autour de qui se rassemblaient les cabales, fut exilé[1]. Le parti de la guerre, représenté par Godoy, l'emporta encore dans les conseils qui furent tenus en février et en mars 1794. La reine était plus subjuguée que jamais, et plus jalouse aussi de son amant. Mais Godoy n'avait

---

[1] *Revue historique*, t. XXXI, p. 41 et suiv.

soutenu la guerre que pour asseoir sa domination, il commençait de voir que la guerre menaçait cette domination par les mécomptes militaires, l'épuisement du trésor, l'augmentation des impôts, la nécessité des emprunts, le sentiment enfin que tous ses sacrifices ne se faisaient que pour le profit de l'Angleterre. Le temps approchait où Godoy allait comprendre qu'il ne retrouverait plus que par la paix la popularité qui lui échappait.

VII

L'Espagne inclinait insensiblement aux mêmes transactions que la Prusse. L'idée de composer avec la République, dès que la République en offrirait l'occasion, pénétrait peu à peu dans les esprits. Les politiques qui y songeaient cherchèrent naturellement les voies qui y pouvaient conduire : c'est l'origine des insinuations pacifiques qui se produisirent, çà et là, dans l'hiver de 1793-1794. Il n'y faut point attribuer trop d'importance ; cependant, elles forment la transition et marquent la suite des vues qui, esquissées dès l'automne de 1792, se fixèrent à l'automne de 1794. La saison s'y prêtait, et c'était l'ancienne coutume des cours : tandis que les armées prenaient leurs quartiers d'hiver, les diplomates occupaient la scène et jouaient les intermèdes. Parmi ceux qui s'employaient à ces tentatives, il n'y avait point de plus « honnête homme » que le comte de Bernstorff, ni personne qui désirât plus sincèrement la paix. Ce n'est point que la guerre fût préjudiciable au Danemark[1]. Grâce aux soins et à la prudence de cet excellent ministre, le Danemark profitait de la ruine générale et s'enrichissait de sa neutralité. Mais Bernstorff était bon Européen et considérait les choses de loin. Il savait au prix de quels efforts il avait maintenu la neutralité danoise ; il voyait grandir le

---

[1] Allen, *Histoire du Danemark*, trad. fr., t. II, p. 217.

despotisme de l'Angleterre, et il se disait qu'après les grandes guerres, ce sont toujours les petits États qui fournissent la matière aux accommodements des grands. Il recueillait chez tous les peuples le vœu de la paix, et il n'y découvrait d'autres obstacles que le conflit des convoitises des gouvernements. Ce conflit lui semblait insoluble, tant que chacun maintiendrait ses prétentions. Comme personne n'était disposé à donner seul l'exemple du désintéressement, Bernstorff imagina de le faire donner par tout le monde à la fois. Il conçut le projet d'une déclaration, qui serait le préliminaire de la paix générale, et par laquelle les belligérants renonceraient respectivement aux conquêtes : ils décideraient de rentrer tous dans leurs anciennes limites et se garantiraient ensuite leurs possessions [1]. Les Assemblées françaises avaient pris l'initiative de déclarations de ce genre. Elles les avaient enfreintes un moment ; mais la Convention les avait renouvelées dans le mois d'avril 1793 ; le nouveau gouvernement semblait vouloir les maintenir, et cette fois, on pouvait le croire sincère, puisqu'il était victorieux. Bernstorff ne cacha point sa façon de sentir, et il ne se trouva pas seul à raisonner de la sorte. Tous ceux qui pensaient comme lui se tournèrent vers le Danemark. On savait que l'on y trouverait dans le ministre danois le plus digne et le plus loyal des intermédiaires, et dans le représentant de la République, un homme capable d'écouter avec intelligence et de répéter avec discrétion.

Cet agent, Grouvelle, n'était point reconnu officiellement ; mais il était reçu, à titre personnel, par Bernstorff. La confiance qui lui était témoignée par ce ministre et que justifiait sa bonne tenue, gagna peu à peu les membres mêmes du corps diplomatique qui, par suite de la guerre, ne fréquentaient point le ministre de la République. Il y avait, parmi eux, un ministre d'Espagne, Muzquiz, homme probe, dit Grouvelle, « né presque plébéien... pourvu des lumières de la philosophie », qui se faisait remarquer par la « décence et la modération »

[1] Rapports de Grouvelle, 14 janvier, 22 février 1794.

avec lesquelles il s'exprimait sur les affaires de la France. Il fit demander, au commencement de décembre 1793, un entretien secret à Grouvelle. Ils se rencontrèrent « la nuit, dans un lieu très écarté », où, « malgré un vent très violent », la conversation dura deux heures. Muzquiz montra de l'admiration pour la République : il ne doutait pas du succès de la France, il trouvait la guerre impolitique et désastreuse pour l'Espagne. Si, au début, dit-il, la France n'avait pas précipité les choses, elle aurait pu obtenir la neutralité de la cour de Madrid. Il demanda si la République serait disposée à une négociation qui se pourrait nouer par l'entremise de Bernstorff. Grouvelle n'avait aucune instruction, il répondit en termes vagues. Peu après, il reçut une dépêche de Deforgues, qui lui prescrivait de ne rien faire et de ne rien dire. Il revit Muzquiz à la fin du mois, et ne lui dit rien. Muzquiz déclara d'ailleurs qu'il ne pouvait s'agir que de la paix générale; Bernstorff confirma cette déclaration; il se porta le garant de l'Espagnol, et dit formellement à Grouvelle que les ouvertures étaient approuvées par la cour d'Espagne. Grouvelle demanda des instructions; comme il n'en reçut point, il fut pris de scrupules ou de craintes et cessa de voir Muzquiz jusqu'à ce qu'il y fût régulièrement autorisé [1].

Il continua de visiter Bernstorff; dans les mois de janvier et de février, ce ministre lui répéta, dans tous leurs entretiens, que le roi de Prusse était las de la guerre; que si les Français lui avaient seulement promis de ne point passer le Rhin, il se serait retiré; qu'il bornait son rôle à protéger l'Empire; que si on voulait négocier avec lui, il en était temps encore, mais qu'il fallait se hâter, car il y avait d'autres négociations engagées pour relier la Prusse à la coalition. « Bernstorff pouvait, disait-il, se charger de tout ce qu'on voudrait faire passer par lui; il était en état d'appuyer toute démarche de ce genre par des moyens très efficaces. » Il n'avait d'ailleurs, ajoutait-il, pris le parti de s'ouvrir ainsi à Grouvelle qu'après avoir sondé

---

[1] Rapports de Grouvelle, 10, 24, 31 décembre 1793. — *Revue historique*, t. XI, p. 309-312. — Cf. ci-après, p. 65, les instructions de Deforgues.

les dispositions de plusieurs cours et s'être assuré que la pensée de la paix générale, dont il avait eu la première idée, « était devenue non une simple hypothèse, mais une mesure susceptible de quelque effet, du moment qu'elle ne paraîtrait pas devoir être repoussée par la France [1] ».

Les mêmes informations arrivaient en Suisse. Le comte de San Fermo, diplomate vénitien, résidait à Bâle et y fréquentait Bacher. Il l'entretenait de la fatigue des puissances, de la possibilité de rompre la coalition, d'en détacher en particulier la Prusse et la Hollande. Il laissait entrevoir « que ses liaisons dans différentes cours de l'Europe le mettraient à portée de servir, sous ce rapport, la République française [2] ». A Cassel, à Gotha, les prisonniers français étaient traités avec des ménagements significatifs. Bacher, résumant les impressions que l'ambassade de Suisse recevait depuis près de quatre mois, écrivit à Deforgues, le 26 mars 1794 : « Toutes les lettres d'Allemagne continuent à répandre la nouvelle des intentions pacifiques du roi de Prusse et de ses dispositions à faire une paix séparée avec la République française. Les émissaires prussiens font circuler avec affectation que Frédéric-Guillaume ayant fait assembler sa Sorbonne politique, tous ses ministres avaient été d'avis que la raison d'État devait l'emporter sur toutes les autres considérations, et que la cour de Berlin pouvait même, suivant les principes du droit public, traiter avec le gouvernement provisoire établi en France. »

Il venait des rumeurs pacifiques des pays même d'où on les attendait le moins. Bacher écrivait, dès le 17 janvier 1794 : « Les puissances coalisées paraissent bien fatiguées de la guerre et disposées à se rapprocher de la République française. Des personnes qui ont des relations avec la maison d'Autriche ont cherché à me sonder pour voir avec qui il faudrait traiter dans le cas où il y aurait des propositions de paix à faire. » Bacher confirma ces propos quelques jours après

---

[1] Rapports de Grouvelle, 14 janvier, 18, 22 février 1794. — *Revue historique*, t. V, p. 276-277.
[2] 20 janvier 1794. *Papiers de Barthélemy*, t. III, p. 359

et ajouta : « Peut-être les puissances coalisées réclameront-elles l'intervention et la médiation de la Suisse. On se flatte même qu'un congrès pourrait se réunir à Baden, où le citoyen Barthélemy occupe en ce moment le logement du prince Eugène, qui fut chargé avec le maréchal de Villars, au commencement de ce siècle, de traiter des plus grands intérêts de l'Europe. » Les pacificateurs officieux ne devançaient les temps que d'une année, mais c'était une année qui, pour l'effusion du sang humain et l'importance des événements, comptait au moins double. Enfin, ils spéculaient sans l'Angleterre.

VIII

La campagne de 1793 finissait un peu moins mal pour les Anglais que pour les autres coalisés : ils avaient conquis Chandernagor, Pondichéry, Saint-Pierre, Miquelon, Tabago. Mais en Europe ils n'avaient éprouvé que des déceptions. Ils avaient échoué devant Dunkerque, ils avaient perdu Toulon, ils avaient laissé écraser les Vendéens : lord Moira et sa flotte n'avaient été en mesure que le 1er décembre, et ce jour-là, l'armée « catholique et royale » n'existait plus. Le pire à leurs yeux était le ressort que déployait la République. « Le développement de puissance que présente encore la France désorganisée imprime une sorte de terreur sur ce qu'elle pourra faire avec un bon gouvernement », écrivait Malouet, de Londres, où il s'était réfugié [1]. Pitt en conclut qu'il fallait redoubler de vigueur et de constance, et il le fit dire au roi Georges dans son discours d'ouverture de la session, le 21 janvier 1794. Fox et Sheridan en prirent acte pour attaquer le principe même de la guerre et critiquer la façon dont elle était conduite. — « Que voulait-on ? demanda Fox. Des indemnités ? On n'a pas su les prendre. L'anéantissement de la France ?

---

[1] *Mémoires*, t. II, p. 383.

On n'a pas soutenu la guerre civile. Rétablir Louis XVII? Comment concilier cette restauration avec des conquêtes? D'ailleurs, cela fait, rien ne sera fait. La France se retrouvera dans la situation où elle était en 1789, d'où sont dérivés tous les malheurs qui rendent aujourd'hui la guerre nécessaire et la paix impossible ; ainsi la politique du ministère roule dans un cercle éternellement vicieux. » Pitt répliqua : Que demandez-vous ? La paix ? Avec qui ? Avec une anarchie où les plus violents prévalent toujours. La Convention a interdit toute négociation avec un ennemi qui occupe le territoire ; elle exige la reconnaissance préalable de la République. Il faudra donc abandonner ce qu'on aura conquis, consacrer une révolution qui implique l'anéantissement de nos principes, pactiser avec des ennemis furieux de l'Angleterre, avec un peuple qui semble conjuré pour extirper de la surface de la terre tout honneur, toute justice, toute humanité ! — « Si la haine du vice était une juste cause de guerre, répondit Fox, avec lequel de nos alliés serions-nous donc en paix, juste ciel ? Je tremble, je l'avoue, pour le sort de l'Europe. » Il parla de la Pologne. Les Communes n'en furent point émues, et 277 voix contre 55 repoussèrent la motion pacifique. Stanhope développa la même proposition devant les lords : « On dit qu'il n'y a pas de gouvernement en France. Demandez au général Wurmser, à lord Hood, au duc de Brunswick, au roi de Prusse, aux royalistes de la Vendée. » 99 pairs contre 12 se prononcèrent pour le cabinet. Le 3 février 1794, il fut décidé que la flotte serait portée à 80 vaisseaux, 100 frégates et 85,000 hommes, l'armée de terre à 60,000.

On vit encore plusieurs tournois oratoires. Le 17 mars, Fitz-Patrick demanda que Lafayette fût mis en liberté ; les ministres répondirent qu'ils ne pouvaient s'immiscer dans les affaires de leurs alliés. Fox vengea du même coup la vertu de Lafayette et la mémoire des fameux promoteurs de la liberté anglaise, que Lafayette avait pris pour modèles. Il fut éloquent et ne convainquit personne. Il parla encore, le 30 avril, et n'empêcha point la Chambre de voter un crédit de guerre de 330 millions de francs, un emprunt de 275 millions et un impôt extraordinaire pour payer des subsides. Pitt proposait d'entretenir un corps de 40,000 Français, émigrés ou insurgés. « Si ces Français, dit Sheridan, sont pris et mis à mort par leurs compatriotes, appliquerez-vous la loi du talion aux soldats républicains qui tomberont en votre pouvoir? — Oui, répondit Burke. — Grand Dieu! poursuivit Sheridan, la vie de milliers d'hommes peut dépendre de ce seul mot... Vous introduisez en Europe le système des sacrifices humains. » Burke rétorqua, avec sa grande rhétorique, le galimatias de Barère. La rhétorique était supérieure, mais le fond était identique. « Je me réjouis, dit-il, du plan formé d'armer Français contre Français. Dieu nous garde de ne plus voir le meurtre retomber sur la tête de ses auteurs! La guerre ne doit pas s'arrêter au vain dessein d'opposer une barrière à la puissance sauvage et effrénée de la France. Elle doit tendre à la seule fin raisonnable qu'elle puisse avoir : la destruction complète de la horde scélérate qui a fait naître la lutte. »

La grande masse des Anglais sentait comme Burke et applaudissait aux mesures de Pitt. Le spectacle de la Terreur emporta ce qui restait de sympathies à la Révolution en Angleterre. Robespierre fit mettre à l'ordre du jour des Jacobins : « Les crimes du gouvernement anglais et les vices de la Constitution britannique. » Couthon adressa un appel aux anarchistes anglais : « Plus de rois! Plus de nobles! Plus de prêtres [1] ! » Quelques semaines auparavant, lord Lauderdale avait encore réuni 10,000 signatures pour une pétition en faveur de la paix. En 1794, il n'y fallut plus songer. Tout l'esprit public des Anglais s'enflamma contre l'ennemi héréditaire qui prétendait ruiner leur commerce, ruiner leur constitution, ruiner leurs croyances religieuses. Le *Pugnent ipsique nepotes* répondait au *Delenda Carthago!* anathèmes lancés avec autant de fanatisme d'un côté du détroit que de

---

[1] Discussions aux Jacobins, 10-20 janvier 1794.

l'autre, et l'on ne peut dire où ils trouvaient plus de retentissement dans les cœurs populaires. Les mêmes rumeurs d'or semé secrètement, d'émissaires, d'espions, de complots souterrains se répandaient dans les deux pays. Les Français voyaient partout la main de Pitt, les Anglais celle de Robespierre. La même haine de la pensée indépendante, le même mépris des opinions modérées s'observaient de part et d'autre.

« Les opinions libérales, écrit un historien anglais, furent frappées par le monde d'une sorte d'ostracisme. Ce n'était pas assez que tout homme se hasardant à les professer dût renoncer à toute ambition dans sa vie publique et professionnelle. Il était, en outre, mal vu dans le monde. Chacun l'évitait. On se disait à voix basse qu'il était non seulement un mécontent en politique, mais un libre penseur ou un infidèle en religion[1]. » « Les écrivains, dit Macaulay, qui exposaient des doctrines contraires à la monarchie et à l'aristocratie, étaient proscrits et punis sans miséricorde. Il était tout au plus sûr, pour un républicain, d'avouer sa foi politique, en mangeant son beef-steak et en buvant sa bouteille de porto dans une taverne. » On forma des associations « pour la protection de la liberté et de la propriété contre les républicains et les séditieux ». Elles fournissaient les espions, les délateurs, les accusateurs et les témoins. En Écosse, où Dundas exerçait une véritable dictature, cette chasse aux libéraux sévit avec un fanatisme particulier. Une « convention des Amis du peuple », formée de délégués venus de toute la Grande-Bretagne, s'était réunie à Édimbourg au mois de novembre 1793. Les délégués étaient cent soixante et discutaient, à portes closes, le principe du vote populaire universel. Leur assemblée fut dissoute, et les délégués de Londres furent condamnés à quatorze ans de déportation.

Au printemps, après nombre de poursuites, de procès et de condamnations, Pitt vint lire aux Communes un grand rapport du *Comité secret* sur les troubles du royaume. Il

---

[1] Erskine May, *trad.*, t. II, p. 41.

dénonça un vaste complot des démocrates, leur affiliation aux Jacobins, leur trahison enfin, et il présenta un *bill* qui investissait le gouvernement du droit de faire arrêter, sur un simple soupçon, tout homme dont les opinions lui paraîtraient dangereuses, voire les membres mêmes du Parlement. Il parut à Fox, à Grey, à Sheridan que la République française ne menaçait pas les libertés du peuple anglais d'un danger aussi grave que le faisait ce *bill*. C'était plus qu'une suspension de l'*habeas corpus*, c'était une suspension de la grande Charte. On alla aux voix, et il y en eut 201 contre 39 pour adopter le *bill*. Les lords résistèrent davantage ; mais les instances et les « abstractions » des Stanhope et des Lansdowne échouèrent devant l'entêtement d'une majorité décidée et taciturne. Il y eut treize scrutins ; le premier donna 201 voix contre 32, le dernier 146 voix contre 28 au *bill*. Il fut promulgué le 23 mai, et l'Angleterre eut sa loi des suspects [1].

Elle avait aussi sa Vendée, où le feu couvait toujours, l'Irlande. L'insoluble problème irlandais, le triple problème national, agraire et religieux s'y posait alors, comme chaque fois que quelque crise de l'Europe ou de l'Angleterre agitait les sentiments nationaux, secouait les intérêts, remuait les passions catholiques. La Révolution française avait aboli le régime seigneurial, transformé le tenancier en propriétaire ; elle avait fait de cette réforme sociale un droit de l'humanité ; elle annonçait la justice ; elle proclamait l'indépendance des peuples, et la République préparait publiquement une diversion en Irlande. Les Irlandais ne s'inquiétèrent point de savoir ce que les républicains faisaient en France de la liberté politique, de la liberté civile et de la liberté religieuse des Français ; ils ne songèrent qu'à une chose : ce qu'ils feraient eux-mêmes de la liberté de l'Irlande si, avec le secours des républicains, ils parvenaient à la reconquérir. C'avait été l'honneur de Pitt de considérer ces affaires irlandaises de haut, de les juger d'ensemble et de remon-

---

[1] Erskine May, *trad.*, t. II, p. 41 et suiv., 160 et suiv. — Stanhope, *William Pitt*, *trad.*, t. II, p. 208, 222 et suiv.

ter aux causes. En 1792, les Irlandais étaient encore sous la conquête; ils subissaient les charges de l'État; ils n'avaient point de droits dans l'État; leur culte public était proscrit, et les biens de leur clergé servaient à nourrir l'hérétique; le petit propriétaire était spolié de son bien par l'aristocrate anglais et réduit au rôle de tenancier opprimé; enfin la nation même était en interdit. Pitt comprit que dans sa lutte contre les Jacobins, il lui fallait l'alliance des catholiques irlandais, et pour s'en faire des alliés, il essaya d'en faire des citoyens. En 1792, il les affranchit d'une partie des incapacités civiles, celles qui touchaient à l'éducation des enfants et à la succession des biens. Il leur permit, en 1793, de voter pour le Parlement, sauf à prêter le serment d'allégeance. Il les admit aux carrières dont ils étaient exclus. C'est le fameux « redressement des griefs au profit des catholiques irlandais ». C'était une sage mesure, comme le fut en France l'édit de Louis XVI qui libérait les réformés du régime, fort analogue, d'ailleurs, auquel Louis XIV et Louis XV les avaient soumis.

Mais cette réforme venait beaucoup trop tard. La fermentation était trop profonde et trop invétérée dans le pays, les souffrances étaient trop anciennes, le vœu d'indépendance trop général et trop fervent pour que les adoucissements mêmes du joug anglais n'amenassent point une recrudescence d'agitation. C'est ainsi que se forma l'*Association des Irlandais unis,* qui revendiqua la liberté totale, noua des relations avec la France et s'achemina, par les complots, à l'insurrection politique d'accord avec l'étranger. L'antique esprit d'indépendance, l'attachement aux vieilles mœurs et à l'Église formaient là, comme en Vendée, le fond de la révolte. L'Irlandais s'armait contre l'aristocratie anglaise et la Chambre des lords, comme le Vendéen contre la République et la Convention. Le prêtre était l'allié naturel et le guide du paysan, il personnifiait l'oppression commune. Comme en Vendée aussi, on vit se joindre à la révolte religieuse ce fond de jacquerie qui fermente toujours dans les populations misérables : les bandes anarchiques et pillardes, les insoumis, les contrebandiers, ennemis éternels des propriétaires, quel que soit leur nom, et des gouvernants, quel que soit leur titre, sédition anarchique qui accompagne inévitablement les insurrections nationales. Les Anglais renoncèrent bientôt à réconcilier les Irlandais et ne songèrent plus qu'à les soumettre par les mêmes moyens que la Convention appliquait à la soumission de la Vendée [1].

Guerre de politique ou de suprématie, quel que fût l'objet de la lutte, Pitt y conduisait l'Angleterre, et toutes les classes formaient phalange autour de lui. Il groupait dans ses mains toutes les forces nationales du royaume, et tout ce qu'il faisait pour l'État contribuait à affermir son pouvoir, parce que ce pouvoir procédait de la volonté même de la nation, de la coalition des intérêts, des croyances et des passions. C'est ainsi que, selon le mot de Macaulay, il devint, par le jeu même des institutions qu'il prétendait défendre, « le plus puissant citoyen qu'il y eût en Europe ». Toute cette force, il la tirait de la nation anglaise : il gouvernait le Parlement par l'opinion; mais son prestige s'arrêtait aux points où cessait la juridiction de la Chambre des communes. Il parlait aux Anglais le langage qu'ils voulaient entendre, et l'Angleterre était à lui. Il tenait à l'Europe un langage étranger aux chancelleries, et l'Europe lui échappait.

L'histoire de ces années est remplie de ses tentatives impuissantes pour réunir ce qui se dissolvait de soi-même entre ses mains. Il échoua tant par défaut de génie que par la fragilité même des éléments qu'il essaya de mettre en œuvre. Pitt, à la tête d'une ligue européenne, restait un très grand parlementaire anglais; Guillaume III, sur le trône d'Angleterre, était resté le grand ligueur de l'Europe. L'œuvre de Pitt était tout anglaise, toute nationale; c'est pourquoi elle fut si redoutable à la République; mais c'est aussi pourquoi l'Europe ne s'y associa point. Pitt n'avait rien de ce président de

[1] Voir GREEN, *Histoire du peuple anglais*, trad. Monod, Paris, 1888, t. II, p. 395-399. — FRANCIS DE PRESSENSÉ, *L'Irlande et l'Angleterre*, Paris, 1889. — D'ARBOIS DE JUBAINVILLE, *Revue critique*, 1890, p. 285.

comité de défense que Mallet du Pan souhaitait à la coalition. En eût-il eu le caractère et les desseins, il est douteux que l'Angleterre l'eût compris, il est certain que l'Europe ne l'aurait point suivi. Il fallut près de quinze ans d'expérience pour que Wellington assumât ce rôle. Quand Wellington commença son entreprise, l'Europe le jugea insensé et l'Angleterre mit ce grand Anglais en accusation.

Pitt en était donc réduit aux vieux moyens de la diplomatie : l'orgueil et les conquêtes; mais l'avidité des alliés lui suscitait plus d'obstacles qu'elle ne lui présentait de ressources. Le paradoxe fondamental de la lutte entre la France et l'Angleterre sortait ainsi des conditions mêmes de la lutte. La France ne pouvait triompher qu'en conquérant l'Angleterre, et l'Angleterre lui était inaccessible; l'Angleterre ne pouvait vaincre la France qu'en l'envahissant; elle ne la pouvait envahir qu'avec les armées du continent; or, en prenant pied sur le continent, elle perdait son aplomb et s'enfonçait dans les sables mouvants.

CHAPITRE II

INSURRECTION DE LA POLOGNE

1794

I

Depuis la fin de novembre 1793, l'Angleterre avait à Berlin un ambassadeur extraordinaire, lord Malmesbury. Sa mission était de retenir les Prussiens dans la coalition et d'attiser le feu contre la République. L'homme était bien choisi, étant très hostile à la France, l'étant de naissance en quelque sorte, de tempérament et de carrière. Il l'avait montré lors des affaires de Hollande. On lit dans un mémoire composé par lui en 1785 : « Dix-huit années d'expérience m'ont appris à admettre dans toute sa force une vérité que John Bull suce avec le lait de sa mère : la France est notre ennemie naturelle, elle le restera tant que l'envie et la jalousie seront des attributs inséparables de l'esprit humain. » Voilà l'esprit que Malmesbury portait en Prusse. Il estimait que tout dans ce gouvernement était affaire d'argent, et il était disposé à payer, considérant les subsides comme une avance dont les banquiers se rembourseraient à la paix : « Toute la France, disait-il, doit être hypothéquée pour cela[1]. » Il aurait préféré, sans doute, que l'Autriche fît cette avance ; mais Haugwitz le mit en demeure : point d'argent, point de Prussiens !

Le bruit courut à Berlin que la cour de Vienne cherchait la paix et que l'électeur de Cologne avait entamé des pourpar-

---

[1] ZEISSBERG, t. IV, p. 11, note. — PIERRE DE WITT, *Une invasion prussienne en Hollande*, Paris, 1886, p. 170.

lers avec des émissaires de la Convention. Le 9 janvier 1794, les ministres prussiens déclarèrent à Lehrbach, l'envoyé de l'empereur, que décidément si le roi n'avait pas, avant le 31, les 22 millions d'écus qu'il réclamait, il serait forcé de rappeler « la majeure partie de son armée ». Malmesbury s'emporta : « Il faut, dit-il à l'Autrichien, leur demander tout court s'ils sont des sans-culottes et des jacobins. » Ils étaient simplement des Prussiens, qui ne pensaient pas à autre chose qu'à arrondir leurs terres et à remplir leur trésor[1].

Thugut était, à sa manière, aussi bon Autrichien que ses collègues de Berlin étaient bons Prussiens. Il s'indigna de découvrir chez autrui ses propres arrière-pensées ; il les devinait sous le masque de Lucchesini que Frédéric-Guillaume avait renvoyé à Vienne, et il les jugeait, comme c'est l'habitude en pareil cas, avec sévérité. « C'est, disait-il en parlant de Berlin, une cour artificieuse, dont la politique ténébreuse ne veut point être éclairée. » La voix publique accusait les Prussiens des plus noires machinations. « Que le bon Dieu nous conserve notre cher François, écrivait Wurmser ; si nous avions le malheur de le perdre, ils s'empareraient de la couronne impériale ; à les entendre parler, cela fait venir la chair de poule. » Mercy n'était pas plus confiant : « La Prusse n'a abouti qu'à ruiner la première campagne et à estropier la seconde ; il n'en irait pas mieux de la troisième. » Thugut fit répondre à Berlin que l'Autriche était épuisée et qu'elle ne donnerait rien. Pour que nul n'en doutât, il demanda lui-même des subsides à l'Angleterre. Puis il invoqua l'arbitrage de la Russie ; il pressa la tsarine de rassurer l'Autriche et de faire sur les frontières prussiennes des démonstrations militaires qui forceraient Frédéric-Guillaume à rentrer dans le droit chemin. Il insista particulièrement sur les indemnités territoriales que l'Autriche attendait : elles donneraient la mesure de la bonne volonté de la Russie et seraient la garantie de l'Autriche[2]. L'empereur,

---

[1] Rapports de Lehrbach, note des ministres prussiens, janvier 1794. ZEISSBERG, t. IV, p. 14, 18, 20, 25, 51, 60.

[2] Thugut à Cobenzl, 28 décembre 1793. — Wurmser à Ferrari, 15 jan-

écrit-il à Cobenzl, le 18 décembre 1793[1], est disposé à accéder au traité de partage du 23 janvier; mais il entend que le roi lui garantisse en France des acquisitions équivalentes à celles que ce traité procure en Pologne à la Prusse. L'étendue de ces conquêtes dépendra du succès de la campagne prochaine. Toutefois, l'empereur considère, « dès à présent », que, pour lui assurer une compensation proportionnée aux acquisitions des deux cours copartageantes en Pologne, ses possessions devraient être étendues, du côté des Pays-Bas, jusqu'à la Somme, et que, « des sources de cette rivière, la frontière fût portée sur une ligne directe vers Sedan ou Mézières sur la Meuse, et que le cours de cette dernière rivière devînt la limite des acquisitions de Sa Majesté, du côté de l'Allemagne ». Toutefois, c'étaient là des conquêtes éventuelles, « la résistance de l'ennemi paraît s'accroître à mesure que la guerre dure ». Le roi de Prusse retire ses troupes; on a même lieu de craindre qu'il « ne finisse par pousser plus loin ses collusions avec l'ennemi commun, en voulant se rendre l'arbitre de la conclusion ainsi que des conditions de la paix ». Afin de prévenir ces desseins perfides, l'empereur demande à la tsarine d'entretenir un corps de 80 à 100,000 hommes sur ses frontières de l'Ouest et d'étendre à la Prusse le *casus fœderis* du traité du 14 juillet 1792, qui oblige la Russie et l'Autriche à se défendre mutuellement contre les Turcs[2].

Catherine était préparée à ces insinuations. Les propos des Prussiens à sa cour n'avaient rien de rassurant. « Qu'on ne s'y trompe pas, disait Goltz à Markof, nos troupes se battent contre les Français par obéissance; mais il est d'autres ennemis contre lesquels elles se battraient avec joie comme des tigres[3]. »

vier 1794. Zeissberg, t. III, p. 458; t. IV, p. 37. — Mercy à Starhemberg, 15 novembre 1793. Thürheim, p. 170.

[1] *Archiv für œsterreichische Geschichte*, t. XLII, article de Vivenot sur Thugut. — Cf. Thugut à Starhemberg, 7 novembre. Zeissberg, t. III, p. 360. — A Colloredo, 4 décembre. Vivenot, *Thugut*, t. I. — Hüffer, *Die Politik der deutschen Mächte*, Münster, 1869, p. 84. Cf. t. II, p. 477, et t. III, p. 316, 325.

[2] Cf. Thugut à Cobenzl, 28 décembre 1793. Zeissberg, t. III, p. 456. — L'empereur à Catherine, Beer, p. 189. — Herrmann, *Pol. Corr.*, p. 434 et suiv.

[3] Sybel, *trad.*, t. III, p. 36.

La tsarine ne demandait pas mieux que de faire la leçon à ces Prussiens qui devenaient intolérables ; mais elle entendait la leur faire aux dépens des Turcs qu'elle soupçonnait de connivence avec eux et qu'elle suspectait de jacobinisme latent. Écraser la révolution à Constantinople après l'avoir anéantie en Pologne, entrait dans ses desseins ; l'Autriche lui en offrait un prétexte. Elle répondit le plus obligeamment du monde aux ouvertures de Thugut ; mais elle se réserva les moyens d'intervention. Elle annonça que sa flotte s'armerait au printemps ; elle envoya Souvarof en Crimée et nomma Soltykof général en chef d'une armée qui observerait la Turquie. « Notre vraie tâche, dit Zoubof à Cobenzl, est de contenir les Prussiens, les Turcs et les Suédois. » L'impératrice était même disposée à pousser plus loin les complaisances : que l'Autriche sécularisât des évêchés ou des abbayes en Allemagne, qu'elle démembrât Venise, partageât l'empire turc et dépeçât la France, tout était bon à donner, sauf la Pologne. Sur ce chapitre seul, Markof demeurait inaccessible. Aux réclamations de Cobenzl, il opposait toujours la même réponse. Sauf cette exception, « il n'est aucun projet d'agrandissement que vous puissiez avoir et que nous ne favorisions de tout notre pouvoir ». Il renvoyait les Autrichiens aux lettres de Joseph, en 1782, c'est-à-dire au grand projet grec et à ce fameux règlement de la succession du Turc, où la Russie eût gagné un empire. L'Autriche ne pouvait pas prétendre que la Russie portât ses troupes sur le Rhin. L'ambassadeur d'Angleterre, lord Whitworth, se risqua à en insinuer la demande, et il s'attira cette réplique de Markof : « L'impératrice est trop jalouse de la gloire de ses armes pour aventurer un petit corps de troupes dont les succès seraient absolument dépendants des mesures que prendrait l'Angleterre [1]. »

L'Angleterre se rejeta sur les Allemands, et tâcha, ne fût-ce qu'à titre de précaution, de les intéresser dans leur propre cause. Le 5 février, Malmesbury reçut l'ordre d'offrir aux

---

[1] Rapports de Cobenzl, janvier et février 1794. ZEISSBERG, t. IV, p. 5, 33, 59, 65, 74, 94.

Prussiens, pour l'entretien d'une armée de 100,000 hommes, un subside de deux millions sterling : l'Angleterre en fournirait les deux cinquièmes ; l'Autriche, la Hollande et la Prusse elle-même, à titre de coalisés, fourniraient les trois autres cinquièmes. Thugut, dès qu'il fut averti de cette proposition, poussa les hauts cris. 100,000 hommes! c'était beaucoup trop de Prussiens, à son gré. « Le roi, à la tête d'une masse si considérable de ses forces, prétendrait diriger toutes les opérations de la campagne, traverserait les plans et les succès des autres, sans faire lui-même plus qu'il ne lui conviendrait, et finirait par dicter des lois quand il s'agirait de la paix. » Il s'accommoderait, au besoin, avec les Français « par une collusion d'inaction » réciproque ; avec ses 100,000 hommes ainsi ménagés, il se rejetterait sur l'Allemagne qu'il envahirait impunément, et sur les possessions autrichiennes que rien ne protégerait plus contre « sa jalousie et sa cupidité ». L'Autriche, ajoutait Thugut, ne réclame de la Prusse que son contingent d'Empire et les 20,000 hommes promis par le traité de 1792. Que l'Angleterre, qui a de l'argent de reste, soudoie si bon lui semble des milliers de Prussiens! L'Autriche y applaudira si les Prussiens sont employés à soutenir la cause commune. Mais comment prétendre qu'elle subvienne elle-même à l'armement d'une rivale, qui ne songe qu'à l'humilier et à la perdre?

Le roi de Prusse répliqua, le 27 février, par une dépêche adressée à Lucchesini : Si Lehrbach n'avait pas reçu, le 16 mars, les pouvoirs pour conclure la convention de subsides proposée par Malmesbury, les troupes prussiennes seraient rappelées [1]. Thugut ne s'en émut point. Il se dit que le roi de Prusse n'oserait jamais en venir là, qu'il se décréditerait dans l'Empire par cette défection, qu'il avait besoin de l'argent anglais, que l'Angleterre avait besoin de l'armée prussienne, et que ces deux alliés arriveraient inévitablement à s'accorder sans que l'Autriche fût forcée de se compromettre dans leurs arrangements. Elle en profiterait, sans bourse délier. Le calcul était

---

[1] Thugut à Starhemberg, 16 janvier 1794. — Observations sur les propositions de lord Malmesbury. ZEISSBERG, t. IV, p. 44, 107 et suiv., 124.

juste. Le roi de Prusse offrit aux Anglais de maintenir sur le Rhin les 20,000 hommes promis à l'Autriche par le traité de 1792, et de garder près de Wesel, moyennant un subside de l'Angleterre et de la Hollande, 50,000 hommes qui protégeraient la Hollande, et pourraient, le cas échéant, frapper un coup décisif aux Pays-Bas. Les Anglais adoptèrent le principe de cette transaction. Au milieu du mois de mars, Haugwitz et Malmesbury partirent pour la Haye, afin d'y négocier le traité avec la République des Provinces-Unies. Le roi de Prusse annonça que lui-même irait bientôt se remettre à la tête de ses troupes.

François, averti, dans le même temps, que le Comité de salut public porterait sur les Pays-Bas tout l'effort de la prochaine campagne, décida de s'y rendre pour y assurer l'unité de commandement. Il partit de Vienne le 30 mars. Thugut, cependant, était loin d'être rassuré. Il redoutait l'empressement des Russes à combattre la révolution en Turquie. Les armements de Catherine pouvaient amener les Turcs à quelque mesure imprudente qui donnerait prétexte à les attaquer. Justifiant ainsi le calcul que les diplomates français faisaient depuis le commencement de la guerre, il voyait dans une guerre en Orient une diversion très redoutable pour les coalisés. « Considérez, disait Cobenzl à Markof, que dans ce moment-ci une guerre entre vous et la Porte entraînerait une paix précipitée et désavantageuse avec les scélérats de Français[1]. » La diversion vint d'autre part ; mais elle produisit toutes les conséquences que craignait Thugut. Le 29 mars, la veille du départ de François, on apprit à Vienne que des troubles graves éclataient en Pologne. L'empereur se mit néanmoins en route, toutefois Thugut estima prudent de suspendre la marche des renforts destinés à l'armée du Rhin[2]. Les Polonais allaient, encore une fois, détourner de la France le coup dont les coalisés s'apprêtaient à la frapper.

---

[1] Rapport de Cobenzl, 20 mars 1794. ZEISSBERG, t. IV, p. 155.
[2] Thugut à Colloredo, 29 mars 1794. VIVENOT, *Thugut*, t. I. — Cf. ZEISSBERG, t. IV, p. 171-179.

II

La tsarine avait, le 16 octobre 1793, imposé à la diète de Grodno un traité qualifié de traité d'alliance. C'était, dans la réalité, un aveu d'hommage et de vasselage livrant à sa discrétion ce qui subsistait de la République. Une armée russe de 40,000 hommes, vivant sur le pays, y demeura sous les ordres d'Igelstrœm. Le résident, Sievers, qui pourtant avait fait ses preuves dans le maniement de la Diète, fut soupçonné de modération et d'indulgence. Igelstrœm n'en était point suspect. L'impératrice concentra tous les pouvoirs dans les mains de ce général, qui devint le tyran de la Pologne. Catherine entendait que cette République s'écroulât dans la honte et pérît par le suicide. Elle avait rendu la Diète félone, elle la fit renégate. Cette assemblée vota, le 23 novembre 1793, le décret suivant : « Pour ne pas laisser à la postérité de traces de la diète ordinaire ouverte en 1788, convertie ensuite en diète révolutionnaire le 3 mai 1791, nous déclarons, du consentement unanime des états assemblés, cette diète comme non avenue. » La diète de Grodno avait démembré la Pologne ; elle livra ce qui en restait à l'anarchie : son œuvre était accomplie, elle se sépara.

L'armée polonaise comptait environ 30,000 hommes : ils étaient destinés au licenciement, c'est-à-dire à la misère ou à l'incorporation dans les armées russes, ce que la plupart de ces Polonais considéraient comme pire encore. Cette armée devint un foyer de mécontentement. Elle fournit des cadres aux complots, en attendant qu'elle en fournît à une insurrection. Complots et insurrection étaient inévitables. Les Russes, après avoir assujetti cette malheureuse nation, semblaient décidés à l'exaspérer. C'était le régime de la conquête opérée par l'étranger, ennemi militaire, ennemi national, ennemi religieux, au profit d'une faction aristocratique, servile, cupide et arrogante. La Pologne donna le spectacle qu'aurait présenté la France, si les plus véhéments des émigrés étaient parvenus, au milieu des baïonnettes prussiennes, autrichiennes et russes, à rétablir dans l'État démembré, sous une monarchie avilie, l'ancien régime de leurs rêves. Le roi, Stanislas-Auguste, servait, sans dignité et sans courage, de scribe au commandant russe. Les propriétaires étaient ruinés par les réquisitions, les pillages, l'abandon des terres, la faillite des banques. Ajoutez l'occupation militaire odieuse, outrageuse, horrible. « On ne peut, écrivait un Russe, au mois de mai 1794, se faire une idée des troupes et des officiers; ce sont toujours les mêmes hommes, mais dénués d'âme, devenus plutôt voleurs de grands chemins que soldats. A Varsovie, on enlevait des femmes à leur mari et des filles à leur père, sans que le droit de se plaindre fût accordé. Les paysans étaient pillés, poussés au désespoir, et les nobles se voyaient traités pires que leurs esclaves [1]. » La souffrance était telle que l'esprit de révolte gagna même le bas peuple, jusque-là indifférent aux querelles des étrangers et des seigneurs qui l'opprimaient également. Les patriotes se rapprochèrent. Il se forma des sociétés secrètes. On en compta bientôt sept cents qui embrassaient dix mille affiliés. Tous reconnaissaient pour chef un gentilhomme que son dévouement à la cause nationale avait condamné à l'exil, Kosciusko [2].

Il s'était retiré à Leipzig. Il y suivait avec anxiété les préparatifs de l'insurrection; il s'efforçait d'en réunir les fils, d'en retarder l'explosion, et de se procurer des secours sans lesquels cette suprême tentative ne serait qu'un acte de folie. Kosciusko avait une âme pure, vaillante et désintéressée, mais une âme

---

[1] Rostopchine, *Archives Woronzof*, t. XVIII, p. 89.

[2] Affaires étrangères : *Corr. de Pologne*, notamment le mémoire intitulé : *Histoire de la dernière révolution de Pologne et de nos relations avec les Polonais*, nivôse an III. — *Précis de ce qui s'est passé relativement à la Pologne*, germinal an II, par REINHARD. — *Tableau général de la Pologne*, par PARANDIER, vendémiaire an III. — *Lettres de Parandier*. — FERRAND, liv. XIII. — SYBEL, liv. IX, ch. III; liv. X, ch. I. — LELEWEL, *Histoire de Pologne*, Paris, 1844, t. II.

moyenne en politique : la conception vraie et facile ; capable d'héroïsme, incapable de calcul, d'audace et de ces résolutions énergiques qu'on doit prendre quand on est chef de faction et qu'on mène une guerre civile. Il avait beaucoup de Lafayette, près de qui il avait combattu en Amérique, rien d'un Danton ni d'un Charette, c'est-à-dire rien de ce qu'il faut pour entraîner la plèbe révolutionnaire des villes et pour fanatiser les insurgés des campagnes. Il raisonnait, en homme sage et en bon citoyen, de l'entreprise à laquelle il était décidé à sacrifier sa vie. Il jugeait que la révolution ne pouvait réussir que si elle était générale et nationale. Il aurait voulu plus de temps pour la préparer. Il voyait la noblesse, encore que mécontente, s'effrayer à l'idée d'armer les paysans et de les soulever par des promesses de réforme. Il voyait ces paysans mêmes, encore qu'opprimés par la conquête, trop abrutis par la servitude, pour être bons à autre chose qu'à un coup de jacquerie. Il redoutait ces coups-là. Il redoutait davantage la populace anarchique des villes. Il ne comptait réellement que sur l'armée et la petite noblesse. Il ne pouvait se passer de subsides : il les demanda à la France. Il en attendait aussi une grande et décisive diversion qui, retenant sur le Rhin la Prusse et l'Autriche et poussant la Russie vers l'Orient, dégagerait les parties conquises de la Pologne et permettrait aux patriotes de reconstituer une nation. Les succès des armées françaises à la fin de 1793 lui rendirent du courage. L'agent secret de la République en Saxe, Parandier, le voyait souvent ; il soutenait ses espérances. Il l'entretenait de la prochaine entrée en campagne des Turcs. Il écrivait lettre sur lettre à Paris, afin d'obtenir des armes et de l'argent. Il montrait de quelle importance serait pour la République l'événement qui s'annonçait. Il fit si bien que Deforgues l'autorisa à venir à Paris et à y amener un Polonais, Barss, ami et confident de Kosciusko.

Ils arrivèrent au commencement de février ; mais leurs démarches furent vaines. « Les patriotes polonais », disait Parandier, dans un des Mémoires qu'il remettait périodiquement à Deforgues [1], « les patriotes polonais, en s'adressant à la République française, par leur loyauté et leurs sentiments, méritent d'obtenir ce que les Américains obtinrent autrefois des despotes de Versailles. » — La République, lit-on dans des notes écrites en réponse à ce Mémoire, ne peut soutenir efficacement les armements des Polonais ; les Polonais, d'ailleurs, ne sentent ni ne connaissent la souveraineté du peuple ; ils ne parviendront pas à fomenter une insurrection en Russie, « vu les aveugles préjugés du soldat et la manière dont il est tenu » ; l'hypothèque qu'ils proposent sur les starosties et les biens nationaux, pour les douze millions dont ils demandent l'avance, est « trop vague et peu sûre pour pouvoir y compter ». — L'hiver se passa de la sorte. La réalité est que les Polonais faisaient, à leurs risques et périls, les affaires de la République française, et qu'il n'était pas besoin, pour les utiliser, de pactiser avec une insurrection qui ne s'accomplissait point selon les principes. Carnot en put profiter pour sa stratégie sans que Robespierre y compromît son incorruptibilité. « Notre silence, dit un agent français, n'opéra aucun changement dans les résolutions qui avaient été prises. » Les esprits étaient montés en Pologne, et un incident obligea Kosciusko à entrer en campagne plus tôt qu'il ne l'aurait voulu.

Igelstrœm invita le conseil permanent qui était l'instrument de ses œuvres en Pologne, à réduire l'armée polonaise à 9,000 hommes et la lithuanienne à 6,000. Kosciusko comprit qu'il lui fallait se hâter, s'il voulait user de cette armée, et qu'il ne devait pas perdre l'occasion du mécontentement qui s'y répandait. La brigade de Madalinski refusa de se laisser licencier. Cet officier marcha sur Cracovie avec 4,000 hommes. Les Russes, qui ne s'y trouvaient pas en nombre, évacuèrent la ville. Kosciusko y arriva dans la nuit du 23 mars. Le 24, l'acte d'insurrection fut signé. Kosciusko fut porté au commandement en chef. Il se chargea d'organiser un gouvernement provisoire sous le nom de Conseil suprême national, et un

---

[1] 25 janvier-12 février 1794.

tribunal criminel suprême ; il déclara la guerre à la Russie et à la Prusse, et annonça qu'après la délivrance de la République, la nation déciderait de son gouvernement. Il invita toute la Pologne à se confédérer. Le mouvement gagna très vite les palatinats voisins de Cracovie et s'étendit jusqu'aux provinces récemment conquises par la Prusse. Telles étaient les nouvelles que l'on reçut à Vienne le 29 mars.

III

Kosciusko réunit un petit corps de 6,000 hommes de troupes, auxquels se joignirent des paysans armés de faux et de piques. Ils rencontrèrent, le 4 avril, l'avant-garde de l'armée russe à Raslovice, et la mirent en déroute. Igelstrœm était un soudard féroce, bon aux opérations terroristes, mais bête et débauché. Il donnait des fêtes à Varsovie. Les Polonais y venaient afin de l'étourdir. Il se trouva des Polonaises pour entrer dans la conjuration. Igelstrœm se flattait d'avoir dompté ou séduit cette noblesse ; il se réveilla tout d'un coup au milieu d'un peuple en armes. Bien qu'il disposât, à Varsovie, de 7 à 8,000 Russes, avec du canon, il perdit la tête et ne prit point de mesures. Les soldats polonais casernés dans la ville se révoltèrent le 17 avril; le peuple les soutint. On se battit dans les rues. Les Russes perdirent 2,000 hommes tués, en abandonnèrent 2,000 qui furent faits prisonniers, et s'en allèrent le 19 avril. Depuis le commencement de la Révolution française, Catherine ne cessait d'opposer la vigueur de son gouvernement à la faiblesse de celui de Louis XVI : si les Jacobins avaient eu affaire seulement à un escadron de Cosaques, disait-elle souvent, ils seraient depuis longtemps réduits à merci. Elle comptait ses troupes de Pologne parmi les meilleures de son armée. Voilà ce qu'en fit en deux jours l'insurrection de Varsovie, et cependant les Polonais avaient eu à combattre des adversaires plus redoutables que les invalides de la Bastille et même que les Suisses des Tuileries. Wilna suivit l'exemple de la capitale. Les Russes en furent chassés le 23 avril.

On vit alors toutes les suites naturelles des victoires populaires et tout l'appareil révolutionnaire que les Français avaient remis à la mode. La populace de Varsovie pilla les maisons des magnats du parti russe, menaça celles des aristocrates, arrêta des nobles et pendit le général Kossakowski, un des signataires de la confédération de Targovitz. Un tribunal criminel fut établi pour modérer l'exercice de ces vengeances. On arrêta les personnes suspectes, afin de les soustraire à la vindicte publique, et, le 9 mai, quatre magnats furent mis à mort, afin d'apaiser la colère des vainqueurs. Makanowski, appelé par les insurgés au gouvernement de la ville, parvint à y ramener un peu d'ordre et s'occupa de préparer la défense.

Il était aisé d'imiter les excès de la Révolution française. Les Polonais n'avaient, pour y réussir, qu'à s'abandonner à leurs propres passions. Il leur était plus difficile de reproduire l'énergie des patriotes français. Il leur aurait fallu, pour le faire, ce qu'avaient ces patriotes : l'unité nationale, fondée par des siècles de gouvernement monarchique, le sentiment exalté de leurs droits et de la grandeur du pays, l'instinct d'État, la jalousie de l'égalité sociale et les mœurs de la liberté civile. Ces ferments n'existaient point en Pologne; l'élément même des révolutions fécondes, la nation, demeurait stérile, étant incohérente et dispersée. La liberté civile n'est qu'une lettre morte, là où la propriété n'est point répandue dans le peuple. Il n'y avait en Pologne aucune attache pour ces liens d'intérêt, de dignité, de foi, d'orgueil même qui unissaient si fortement les Français à leur révolution. Rien non plus de ces traditions qui poussaient les Vendéens à placer leurs nobles de campagne à la tête de leurs bandes. Enfin, le moteur principal, l'indépendance nationale, qui emportait tout en France, n'avait pas de prises dans les couches profondes du peuple polonais. C'était encore un privilège et un caractère d'aristocratie, en Pologne, que le patriotisme. Quelques paysans furent entraînés, et comme ils l'étaient autant par la haine des magnats que par la haine des Russes, ils firent peur et éloignèrent beaucoup de nobles de la révolution. La grande masse des serfs demeura passive. Le succès de l'insurrection avait été rapide : il s'arrêta brusquement. Tout se ramena très vite aux conditions des insurrections du moyen âge, c'est-à-dire aux mœurs mêmes de la Pologne. Ce que l'on vit ressembla beaucoup moins à la révolution française de 1794 qu'aux révolutions de France au temps de la guerre de Cent ans, où les factions déchiraient les villes, où la démagogie se ruait brutalement à l'assaut dès que le frein se relâchait, où il n'y avait pour combattre qu'une noblesse vaillante et brouillonne, des bourgeois turbulents, des milices citadines, en proie au soupçon, exposées aux paniques, tandis que les grands cabalaient les uns contre les autres, intriguaient avec l'ennemi, préféraient la domination étrangère qui leur garantissait leurs privilèges, à l'indépendance nationale achetée par l'émancipation du peuple, et ne s'accordaient enfin que contre la jacquerie, plus redoutable pour eux que la conquête.

Stanislas-Auguste accepta la révolte de ses concitoyens comme il avait accepté le démembrement de sa patrie, avec servilité. Kosciusko rassemblait tout l'État dans sa personne, et dans son âme toute la Pologne. De haute taille, de physionomie sévère, rapide malgré la goutte qui le travaillait, fastueux avec générosité, glorieux avec désintéressement, aimant le peuple et la popularité, qu'il ne distinguait guère l'un de l'autre, ce héros polonais avait deux lieutenants, ses compagnons d'exil à Leipzig, qui représentaient chacun une des faces de leur peuple et un des caractères de la révolution qu'ils essayaient de diriger. Tous les deux, et c'était un trait des temps, avaient été destinés à l'Église. Ils gardaient l'empreinte du séminaire ; leurs études de théologie avaient fait du premier un mystique et du second un fanatique. Ignace Potocki, né aux premiers rangs, avait vécu à Rome ; il était doux, aimable, séduisant, mobile d'imagination, incertain de conduite, méfiant de lui-même, avec des connaissances étendues, le goût des grandes idées et de la magnanimité, l'enthousiasme des *Droits de l'homme*, un Girondin de la Pologne; Hugues Kollontay, parti de bas, monté par la force du poignet jusqu'au rectorat de l'Université de Cracovie, passant pour athée dans l'Église, pour vénal dans la République, grossier de façons et de mœurs, ignorant de l'Europe, mais connaissant « la Pologne » et tenant qu'on ne pouvait la tirer de sa torpeur que par les moyens d'intrigue et les mesures de violence : une sorte de Montagnard polonais. Kosciusko envoya ces deux lieutenants à Varsovie. Ils y arrivèrent le 18 mai et y installèrent, le 30, le Conseil suprême, formé de huit conseillers : Kollontay prit les finances et Potocki les affaires étrangères.

Kosciusko restait à l'armée; mais la nation n'y venait point. Il réunit, à grand'peine, 17,000 hommes, médiocrement armés : c'était trop peu. Il n'espérait guère davantage. S'il promettait la propriété aux paysans, afin de les intéresser dans la guerre, les nobles lui reprocheraient de semer la sédition dans le pays et de conspirer leur ruine. Il tâcha de négocier à Vienne et d'obtenir la neutralité de l'Autriche. Les ménagements qu'il observait de ce côté ne lui permettaient pas de se mettre ostensiblement en rapport avec le Comité de salut public. Barss reçut cependant des pouvoirs pour traiter secrètement d'un subside qui serait fourni par la France, et d'une diversion qui serait opérée par les Turcs.

Catherine para le coup. La déroute de son armée de Pologne la blessa au vif; mais elle ne perdit point son temps en colères inutiles, et elle montra que si, dans l'intérieur de l'État, son énergie première s'était affaissée, son génie d'intrigue diplomatique conservait tout son ressort. « Pour notre guerre avec les Turcs », écrivit-elle à Grimm, afin qu'il le répandît en Allemagne, « elle n'aura pas lieu... à moins que les nouvelles fredaines de l'*égrillarde* n'y donnent lieu et n'engagent les Turcs à la commencer. » L'*égrillarde*, c'était la Pologne patriote et insurgée. Il fallait prévenir ces « fredaines » et leurs conséquences; il fallait, du même coup, dégarnir la frontière turque, en rappeler l'armée qui s'y était concentrée, et la porter en Pologne. Catherine tenait l'Autriche en suspens depuis plus d'une année : elle résolut de la rassurer, en la comblant. Elle écrivit à François II et réclama les secours promis par leur traité d'alliance; elle fit, en même temps, écrire par Ostermann à Galytzine : le chancelier protesta du zèle de sa souveraine pour les intérêts de l'Autriche : « En un mot, disait-il, il ne sera rien statué, ni réglé, à cet égard, que dans le concert le plus intime et le plus parfait avec la cour impériale de Vienne. » Nassau-Siegen reçut l'ordre d'animer le roi de Prusse à soutenir la cause commune : — Plus de routines, plus de petites jalousies, écrivait la tsarine. « Il faut une réunion générale et cordiale contre l'hydre armée principalement contre les rois et la puissance légitime [1]. »

Frédéric-Guillaume n'avait pas besoin de cet aiguillon russe; l'aiguillon prussien lui suffisait. Dès le 7 avril, Lucchesini lui avait annoncé la révolution de Pologne. Cet Italien était de ces gens qui, en matière de partages, entendent l'herbe pousser. Il tira, avec sa logique frédéricienne, toutes les conséquences de l'événement. Il montra à son maître l'Autriche jalouse des acquisitions de la Prusse, la Russie mécontente de la politique prussienne, toutes deux prêtes à s'entendre et à retourner contre la Prusse le jeu que la Prusse avait, en 1793, joué avec la Russie contre l'Autriche. Les Polonais se révoltaient; ils seraient écrasés et la Pologne subirait un dernier démembrement; mais l'État qui écraserait la révolution dicterait aussi les conditions du partage [2]. Frédéric-Guillaume sentit la sagesse de ce langage, différa son départ pour la guerre de France et manda à Mœllendorf de ménager son armée du Rhin. Le parti de la paix avec la France, réduit jusque-là aux insinuations, commença d'élever la voix, comprenant que la force des choses travaillait pour sa politique.

Thugut se proposait de tenir à son maître les mêmes discours

---

[1] Dépêche d'Ostermann, 25 avril 1794. MARTENS, t. II, p. 218. — Catherine à François, 27 avril. BEER, p. 191. — Rescrits des 23 mars et 6 avril à Nassau-Siegen. MARTENS, t. VI, p. 165.

[2] Rapport de Lucchesini, 7 avril 1794. HERRMANN, *Dip. corr.*, p. 465.

que Lucchesini tenait au sien. Il partit pour les Pays-Bas. Avant de partir, le 10 avril, il écrivit à Cobenzl que si un nouveau partage était inévitable, l'empereur s'accommoderait de façon à y obtenir « un lot convenable et propre à compenser les inconvénients des successifs agrandissements de la Prusse »; que si le roi de Prusse portait ses troupes en Pologne, l'empereur y ferait entrer les siennes, et que si la Russie ne mettait ordre à toutes ces usurpations prussiennes, la paix avec la France pourrait s'imposer à la cour de Vienne comme une nécessité. Tel serait le cas, si les Turcs entraient en guerre. « La cupidité prussienne, poursuivait Thugut, s'occuperait de nouvelles vues de rapine. L'Autriche, forcée de s'y opposer, obligée de courir au plus pressé, se trouverait hors de mesure de continuer la guerre avec la France ; des défaites ou un accommodement avilissant pour tous les souverains assureraient le triomphe de la démocratie [1]. »

Ainsi, dans le même temps, les conseillers de François II admettent l'hypothèse de la paix avec la France comme le seul moyen de s'opposer aux invasions de la Prusse en Pologne, et les conseillers de Frédéric-Guillaume considèrent cette paix comme la condition du succès des opérations de la Prusse contre les Polonais. La coalition, à peine renouée, va donc se rompre encore une fois. Les préoccupations des affaires polonaises vont, encore une fois, ralentir tous les mouvements et les déconcerter. Les Prussiens s'étaient arrêtés dans leur retraite vers Cologne et avaient commencé de refluer sur les Pays-Bas : ils vont rester en route, ils se contenteront d'observer les Français. Les Autrichiens vont suspendre la marche des renforts destinés à la Belgique. En Belgique même, ils vont opérer avec méfiance, cherchant moins à anéantir l'ennemi qu'à se conserver eux-mêmes ; l'esprit distrait, et comme étourdis par l'obligation où ils sont de se retourner sans cesse afin d'épier les Prussiens ; inquiets des mouvements de leur allié, plus encore peut-être que de son inaction. C'est

---

[1] Hüffer, *Die Politik der deutschen Mächte*, p. 227 et suiv.

sur cette armée autrichienne, vacillante sur elle-même et sans soutien de ses coalisés, que les armées républicaines, renforcées par la grande levée de 1793, réorganisées par l'amalgame, aguerries par le succès, dirigées par une seule main, et une main très ferme, conduites par des chefs ardents, confiants et jeunes, vont se précipiter d'une seule masse et d'un seul élan. C'est la victoire assurée pour la République, la déroute nécessaire pour la coalition.

C'est davantage; c'est, à l'insu de tout le monde, la guerre qui va se perpétuer, se transformer, absorber la France et l'Europe, au moment où la France semblera avoir atteint son but, l'indépendance, et où la coalition touchera le sien, le lucre. « Comment, écrivait le vieux Mercy, la France ou les scélérats qui la gouvernent consentiraient-ils à poser les armes? Que feraient-ils de 800,000 soldats? Comment les contenir au dedans, sans les occuper au dehors? Quel aliment à leur agitation autre que la guerre? Quelle récompense autre que les pillages et les invasions?... Comment arrêter ce mouvement rapide, accéléré depuis quatre années, pour former au centre de l'Europe une République militaire et conquérante? » Et la grande Catherine : « Si la France sort de ceci, elle aura plus de vigueur que jamais; elle sera obéissante comme un agneau; mais il lui faut un homme supérieur, habile, courageux, au-dessus de ses contemporains et peut-être du siècle même; est-il né? ne l'est-il pas [1]? » Il était né, et les terroristes lui dressaient les avenues en nivelant l'État, en concentrant la République dans les armées, en faisant de la guerre l'idéal de la Révolution et de leur règne le monstre de la liberté, en s'exterminant eux-mêmes afin d'achever l'ouvrage et de simplifier l'avenir. Dans ce chaos des peuples et des gouvernements de l'Europe, la gravitation mystérieuse des atomes ordonnait sourdement les mouvements des masses, et la force des choses emportait tout : les Polonais au partage, les coalisés aux dissensions, et les Français à la dictature militaire.

---

[1] Mercy à l'empereur, 9 mars 1794. ZEISSBERG, t. IV, p. 129. — Catherine à Grimm, février 1794, *Corr.*, p. 592.

CHAPITRE III

FLEURUS

1794

I

Le territoire de la France était délivré ; les insurrections royalistes étaient étouffées ; l'armée vendéenne était anéantie ; Louis XVI et Marie-Antoinette étaient tués ; leurs enfants au Temple ; les princes étaient reniés ou abandonnés de l'Europe ; le clergé réfractaire déporté ou prisonnier ; les nobles proscrits, dépouillés ou enfermés ; les fédéralistes dispersés et vaincus ; Roland s'était poignardé ; Condorcet s'était empoisonné dans sa prison ; la nation, obéissante, était tout entière en armes ; la levée en masse avait produit tous ses effets ; les ennemis, divisés et découragés, faisaient parvenir des insinuations de paix, et ils semblaient n'attendre pour les préciser que la constitution d'un gouvernement dans la République. Robespierre avait allégué le salut public et la nécessité de faire peur, afin de s'emparer du pouvoir : le Salut public voulait désormais que Robespierre abdiquât pour rassurer. L'heure de Danton semblait revenue. Mais l'objet de Robespierre et des terroristes n'était point le salut de l'État, c'était leur propre salut, et ils ne le voyaient que dans la proscription des modérés, des pitoyables et des politiques. Robespierre décida la perte de Danton, justement parce que Danton lui paraissait capable de faire la paix, de mettre fin à la Terreur et d'organiser la République. Toutefois il avait à détruire auparavant d'autres adversaires plus dangereux qui le pressaient plus directement : c'était la faction même qui l'aidait à assujettir la Convention et qui prétendait à son tour assujettir le Comité ; le bas-fond de la Révolution, qui se soulevait sous l'effort de la marée et venait battre la côte ; la lie de la pensée et la lie du peuple, la dernière couche qui voulait conclure et dire le dernier mot : les hébertistes. Ils entendent pousser jusqu'à son terme la souveraineté du *moi ;* ils se proposent d'accomplir la Révolution en la débauchant dans une grande orgie ; ils sont les hiérophantes du culte crapuleux de la nature bestiale : athées furieux, zélateurs féroces d'une religion libidineuse et sanguinaire dont, à la même heure, le marquis de Sade rédigeait le Coran et Carrier inaugurait le culte [1].

Le puritain propret, en Robespierre, abhorrait Hébert, Chaumette et les mystères de leur Raison lascive ; le rhéteur, rampant sur les mots vides, détestait et redoutait la sève, la force d'action, l'invention pratique, l'esprit d'État, l'extraordinaire puissance d'assimilation que manifestait Danton. Hébertistes et dantonistes menaçaient sa dictature ; il résolut de les perdre les uns par les autres. Il y parvint par une conduite qui passerait pour un chef-d'œuvre d'artifice si elle n'était tout simplement l'ouvrage du plus subtil et du plus impérieux des instincts, celui de la conservation. Cet instinct, qui gouvernait tous ses actes et dictait tous ses discours, Robespierre ne le connaissait point. En y obéissant, il se figurait qu'il obéissait à son génie et qu'il remplissait une mission. Il s'enveloppait de grands motifs empruntés à la Révolution ; il les déduisait dans des harangues laborieusement imitées des auteurs. Il invoquait la République, l'humanité, la vertu. Il poursuivait réellement sa propre sécurité, qu'il identifiait avec le salut de la République ; la perte de ses ennemis qu'il confondait avec le bonheur du genre humain ; la satisfaction de ses ambitions et de ses passions qu'il confondait avec le règne de la vertu. Il disait tout ce qui était nécessaire au succès de ces désirs qu'il ne s'avouait pas à lui-même, et il croyait tout ce qu'il

---

[1] Cf. t. I*er*, p. 237.

disait, première dupe de son utopie et de sa rhétorique. Ce fanatique inquiet et cauteleux était au fond un très médiocre machiavéliste ; il n'y avait rien en lui du sang-froid, du conseil, de la volonté d'un Borgia qui raisonne et concerte tous ses actes, qui les juge avec la même fermeté qu'il les exécute, qui scrute son âme d'un regard aussi perçant qu'il scrute celle d'autrui, détermine son but, y marche directement et dirige tous ses moyens vers sa seule fin qui est luimême. Robespierre ne pensait que par sophismes et n'avançait que par détours, à la suite d'un fantôme. Il était sincère dans son personnage, mais ce personnage était artificiel. Il marchait dans la Révolution comme un Messie de seconde main, obsédé par les visions des prophètes, et qui croit accomplir les prophéties. Rousseau avait lancé l'anathème tout ensemble contre les encyclopédistes, contre Diderot, contre d'Holbach, contre Voltaire. Robespierre excommunia du même coup et voua aux mêmes supplices tout ce qui se réclamait contre lui de la raison et de la nature : l'athéisme et le scepticisme, la politique et l'intrigue, la foi, l'humanité, la clémence, l'esprit, le talent, le vice, la débauche, et jusqu'à la frivolité [1].

Danton était revenu d'Arcis-sur-Aube rempli « de résolutions généreuses et magnanimes [2] ». Le spectacle de mensonge, de cruauté, d'hypocrisie, de sottise qu'il aperçut, révolta son bon sens et son patriotisme. La vertu lui parut hideuse sous le masque de Robespierre. « Qui hait les vices, hait les hommes », répétait-il après un ancien, louant ainsi, non la licence, mais la pitié. Que devenait dans cet effroyable carnaval spartiate, dans cette résurrection de la plus dure et de la plus étroite des tyrannies antiques, cette révolution de liberté dont il rêvait de « faire jouir » la France? Que devenait, au milieu des bourreaux et des échafauds, cette « splendeur » qu'il avait rêvée pour la République et que les armées républicaines con-

---

[1] Voir Quinet, *La Révolution*, liv. XIV : *Les supplices*, ch. IV : *Avènement de Robespierre*.
[2] *Mémoires de Garat*, dans Buchez et Roux, *Histoire parlementaire*, t. XIX.

quéraient à la France? Assez de sang avait coulé depuis septembre. Il était temps de s'arrêter. Danton le dit, le 26 novembre 1793 ; il réclama la fin des « mascarades irréligieuses » et dénonça les faux prêtres de l'incrédulité. « Le peuple, ajoutait-il, veut... que la Terreur soit reportée à son vrai but. Le peuple ne veut pas que celui qui sert sa patrie de tous ses moyens, quelque faibles qu'ils soient, le peuple ne veut pas qu'il tremble. » Camille Desmoulins suivit Danton en cette campagne ; il fit dans son *Vieux Cordelier,* non la palinodie, mais la juste et courageuse contre-partie des *Révolutions de France et de Brabant;* il écrivit, le 20 décembre : « Je suis certain que la liberté serait consolidée et l'Europe vaincue si vous aviez un comité de clémence. » Tandis que les dantonistes attaquaient ainsi de front l'hébertisme et la Terreur, Hébert dénonçait Danton et Camille Desmoulins comme les fauteurs nouveaux de l'éternel complot de l'aristocratie.

Robespierre voulait que la guerre continuât, car la guerre seule, avec ses périls, ses crises, son accompagnement sourd de complots, pouvait légitimer le gouvernement révolutionnaire. C'est pourquoi, le 22 janvier 1794, Barère, annonçant la libération complète de la frontière de l'Est, ajouta : « Dans les guerres ordinaires, après de pareils succès, on eût obtenu la paix. Les guerres des rois n'étaient que des tournois ensanglantés. Mais dans la guerre de la liberté, il n'est qu'un moyen, c'est d'exterminer les despotes... Qui donc ose parler de paix? Les aristocrates, les modérantins, les riches, les conspirateurs, les prétendus patriotes... Il faut la paix aux monarchies; il faut l'énergie guerrière aux républiques. »

Quelques jours après, le 1ᵉʳ février, rapportant que des insinuations pacifiques avaient été recueillies par des agents de la République : « Ombres funestes de Brissot et des fédéralistes justiciés, s'écria-t-il, vous avez donc remplacé leur génie conspirateur dans le conseil des tyrans de l'Europe? » C'était rejeter d'avance, dans les complots de Pitt et Cobourg, la diplomatie de Danton et de ses amis. Sans les nommer, Saint   désigna, le 13 mars, dénonçant à la vengeance du peuple deux factions, payées l'une et l'autre par l'étranger, l'une pour bouleverser la République, l'autre pour la corrompre. La Convention déclara tous ces factieux traîtres à la patrie et décréta qu'ils seraient déférés au tribunal révolutionnaire.

Les embûches ainsi tendues sur le chemin de tous ses ennemis, Robespierre commença l'attaque, et la commença par les hébertistes, obligeant ainsi Danton, sinon à le soutenir, au moins à ne le point contrarier. Le 14 mars, une lettre de Fouquier-Tinville, procureur général de la guillotine, annonça à la Convention que Hébert, Vincent, Ronsin, Momoro, Anacharsis Clootz étaient arrêtés. Ils furent exécutés le 24. L'armée révolutionnaire fut dissoute le 27. Robespierre épura la Commune et la recomposa à sa discrétion. Comme il tenait toute la garde nationale par Henriot, il n'avait plus à craindre désormais de retour offensif de Danton. La Convention était asservie et la démagogie décapitée. Alors même que Danton eût conservé quelque crédit sur le peuple de Paris, ses partisans n'avaient plus ni armes ni cadres. Danton le savait bien. Il payait encore d'audace, mais dans les mots seulement : « Ils n'oseraient pas m'attaquer », répétait-il à ses amis qui l'avertissaient du péril. « Je les défie de prouver un fait contre moi. » Au fond, il se sentait impuissant, perdu, plus que perdu, découragé. Il refusa de fuir : « Crois-tu que l'on emporte sa patrie à la semelle de ses souliers? » Il renonça même à lutter. « Je suis si las, disait-il, de tout ce qui m'entoure, qu'il ne faudrait pas qu'un nouvel Hégésias me fit un long sermon pour me déterminer à me laisser mourir de faim... Ils me font tellement haïr le temps présent, que quelquefois je regrette le temps malheureux où le revenu de ma semaine était fondé sur une bouteille d'encre. » Le 17 mars, Herault-Sechelles avait été arrêté ; le 31, la Convention apprit que, dans la nuit, Danton et Delacroix l'avaient été à leur tour. Legendre demanda qu'ils fussent entendus. Robespierre invoqua les principes :
« Legendre a parlé de Danton, parce qu'il croit sans doute qu'à ce nom est attaché un privilège ; nous ne voulons point de

privilèges; nous ne voulons point d'idoles. La Convention saura briser une prétendue idole pourrie depuis longtemps. »
« Danton, s'écria Saint-Just, qui fit le réquisitoire, Danton, tu fus le complice de Mirabeau, de d'Orléans, de Dumouriez, de Brissot! » Le complot qui servait à tout depuis une année, qui avait enveloppé successivement et associé dans la mort les Girondins et les Hébertistes, madame Roland et Marie-Antoinette, Malesherbes et Vergniaud, Clootz et Lavoisier, Biron et Ronsin, servit contre Danton, Camille Desmoulins, Westermann, Herault et Delacroix. Il ne restait plus à Danton que l'éclat de sa voix. Jusque dans l'officine de Fouquier-Tinville, cette voix semblait encore formidable. Robespierre inventa, et Saint-Just dénonça, le 4 avril, un nouveau complot, « la grande conspiration des prisons ». La Convention décréta que tout accusé qui résisterait aux juges serait mis hors des débats. Les juges ordonnèrent à Danton de se taire; il résista, on le mit hors des débats, et, le 5 avril, il fut guillotiné avec ses amis. Il remonta en quelques heures toute la route de la Révolution et mesura toute la vanité des popularités démagogiques. Il vit ce que valaient cette monstrueuse justice qu'il avait réclamée et cette populace qu'il avait traitée en souveraine : la justice le condamna sans l'entendre, et la populace le laissa tuer parce qu'il était vaincu. En mourant, il réfuta par l'absurde le sophisme fondamental de cette Terreur qu'il avait contribué à déchaîner et qui le dévorait. En quoi la mort de Danton était-elle nécessaire au salut de la République? Toutes les apologies de la Terreur tombent devant cette question.

II

Durant ces opérations, la politique chômait. Les rapports des agents demeuraient sans réponses. Deforgues avait encore esquissé quelques projets d'instructions et minuté des dépêches que le Comité de salut public ne lisait point[1]. Le Comité estimait que les ouvertures de l'Espagne, si elles ne couvraient point quelque machination concertée avec l'Angleterre, étaient insignifiantes. Deforgues écrivit à Grouvelle, le 1ᵉʳ février, de se tenir sur la réserve. « Le Comité, ajoutait-il, est très sensible à la délicatesse avec laquelle M. de Bernstorff s'est conduit dans cette circonstance. Le Comité est persuadé que toutes les fois qu'il s'agit de stipuler les intérêts de l'humanité et de la philosophie, M. de Bernstorff est l'homme sur lequel la République française peut compter comme confident et comme auxiliaire. » Ce compliment forma toutes les instructions de Grouvelle. Les circonstances en auraient voulu de plus explicites.

Le baron de Staël était venu à Copenhague, et il y conclut, le 27 mars, un traité de neutralité armée avec le Danemark. C'était le commencement de cette ligue des neutres que la République avait réclamée au temps de ses négociations avec la Suède et à laquelle elle subordonnait son alliance et ses subsides[2]. Staël dépêcha aussitôt un secrétaire qui porta le traité à Paris. Cet envoyé annonça que la Suède allait armer huit vaisseaux et quatre frégates, et il rappela les promesses que Staël avait reçues. Il n'obtint aucune réponse, pas même un témoignage de satisfaction. Bernstorff ne réclamait rien pour le Danemark, mais il insistait pour que la Suède obtînt les subsides qu'elle avait le droit d'attendre. Grouvelle, à qui il s'en ouvrit, répondit qu'il n'avait point d'ordres, et écrivit pour en demander. « Quoique ce secours m'ait jusqu'ici tout à fait manqué, mon patriotisme m'a heureusement préservé de fautes graves, et j'ai même obtenu quelques succès ; mais, désormais, sans des communications assidues, je ne puis agir qu'avec peu d'efficacité. » Il ne reçut pas de réponse, et tout demeura dans le provisoire tant avec la Suède qu'avec le Danemark[3]. Il en allait

---

[1] Par exemple un projet d'instruction pour le citoyen Adet, qu'on aurait envoyé à Copenhague. — Ventôse an II.

[2] Voir t. III, p. 399, 417, 527. — Staël au Comité de salut public, 15 germinal an III, 4 avril 1795.

[3] Grouvelle à Buchot, 28 mai 1794. — « Aperçu sur le Danemark et sur sa

de même à Constantinople. La petite colonie française s'y déchirait en factions malfaisantes et ridicules. Descorches était en hostilité constante avec Hénin, qui s'était fait le chef d'une coterie jacobine. Les ministres de la coalition en profitaient pour décréditer la légation républicaine. Descorches n'avait aucun moyen de déjouer leurs manœuvres. Il attendait toujours ses quatre millions, et ne recevait même aucune direction. « Descorches, dit un mémoire de 1795, était peu à peu oublié et abandonné par le gouvernement. Les intrigues de nos ennemis le serraient de toutes parts ; il était dénué absolument de moyens pécuniaires [1]. » La diplomatie en était là quand le ministre des affaires étrangères fut arrêté et que le ministère même disparut.

Le Comité de salut public n'était plus qu'un atelier de police et un quartier général d'armée. Les policiers et les militaires, de plus en plus divisés sur tout le reste, s'accordèrent cependant pour resserrer encore et tendre davantage le ressort de leur pouvoir. Le ministère de la guerre était une gêne pour Carnot, le ministère de la justice un embarras pour Robespierre ; Cambon formait tout le ministère des finances avec son comité de finances ; le comité de sûreté générale tenait lieu de ministère de l'intérieur, et le ministère des affaires étrangères ne servait plus à rien.

Le 1ᵉʳ avril [1], Carnot fit un rapport à la Convention, et montra que des ministères étaient incompatibles avec le régime républicain, parce qu'ils apportaient une entrave à l'action déserte du pouvoir. Il fit décréter que les ministères seraient remplacés par des commissions exécutives, simples bureaux de transmission sous les ordres du Comité de salut public. Le Comité, dit Carnot, se réserve la pensée du gouvernement, propose les affaires majeures à la Convention, prononce sur les secondaires et renvoie le détail aux commissions exécu-

position à notre égard », 1795. — Mémoire de Grouvelle sur sa mission, prairial an II. — Grouvelle à la commission, 4 frimaire an III.

[1] Rapport sur Descorches, 18 messidor an III. — Cf. *Mémoires de Descorches*, 24 janvier 1796.

tives. Le 2 avril, Deforgues, suspect de dantonisme, fut mis en prison ; le 9, sur la proposition de Robespierre, le citoyen Buchot fut nommé commissaire pour les relations extérieures. C'était un petit avocat du Jura dont la République avait fait un juge à Lons-le-Saulnier. « Son ignorance, ses manières ignobles, sa stupidité, dit un témoin, dépassaient tout ce qu'on peut imaginer. » Il était tout à fait apte au rôle que Robespierre lui destinait. La diplomatie étant nulle, cet homme de rien se trouvait à sa place aux affaires étrangères [1].

La diversion des Turcs tomba comme le grand projet corollaire de la ligue des neutres, et cet abandon entraîna celui de la Pologne. Dans les mois de mars, avril, mai, l'agent de Kosciusko, Barss, multiplia ses démarches, remit notes sur notes, soutenu de loin par les rapports de Parandier, et de près par Reinhard qui résumait périodiquement, pour le Comité, la correspondance de Pologne. Le 28 avril, un de ces résumés rappelle que les Polonais demandent des secours d'argent, 500,000 francs, un million, s'il est possible. Le Comité fait écrire en marge : « Point de fonds à envoyer. Des républicains armés disposent de toutes les richesses du pays... On peut entendre l'agent polonais ; mais on n'a rien à traiter avec lui... on peut écouter sans rien promettre. » Le Comité jugeait de cette insurrection de Pologne comme la cour de Hamm avait jugé de celle de Vendée. Avant de reconnaître et de soutenir cet allié, le plus utile de tous et le plus désintéressé, le Comité voulait savoir s'il était pur et s'il pensait correctement sur le contrat social. Cependant, comme Barss insistait toujours, le Comité inclina, un moment, à envoyer à Cracovie, à Varsovie et à Kaminick trois agents secrets qui observeraient les gens et les choses. Reinhard dressa, le 22 mai, un projet d'instructions pour ces agents : ils travailleraient à donner à la révolution populaire un caractère démocratique, et ils annonceraient que la République française ferait des démarches ostensibles dès que les Polonais auraient constitué

---

[1] Miot, *Mémoires*, t. I. — Masson, *Affaires étrangères*, p. 310.

une Assemblée nationale : « Si, disait Reinhard, contre toute attente, les intentions des chefs de l'insurrection étaient réellement perfides, c'est-à-dire, contraires aux droits du peuple, il parait du moins qu'ils se battent de bonne foi contre leurs ennemis qui sont aussi les nôtres. » Reinhard proposait d'envoyer 300,000 francs à Kosciusko, de lui servir 140,000 francs pendant quatre mois, et de répandre en tout un million en Pologne. « On nous fait déjà l'honneur de nous accuser d'avoir prodigué des millions pour faire naître cette révolution En sacrifiant un seul million, peut-être nous la sauverions. » Ce ne fut qu'une velléité, et ce rapport n'eut pas plus d'effet que les précédents. Le Comité opposait à toutes les suppliques de Barss une double fin de non-recevoir : « Barss n'avait pas de caractère; l'insurrection est faite par les nobles. » L'été arriva sans que le Comité eût rien décidé ni pour la Turquie, ni pour la Pologne [1]. Lorsque, le 13 juillet, à force de sollicitations, Barss obtint enfin une audience du Comité, il n'en rapporta pas même des encouragements. « La France, lui répondit-on, ne fera pas sortir la moindre parcelle d'or, elle ne risquera pas la vie d'un seul homme pour consolider la révolution en Pologne, si elle tend à un gouvernement aristocratique ou royal, ou à un changement de la dynastie régnante, ou à celui d'une mauvaise forme de gouvernement en une autre forme également mauvaise. » Les choses en restèrent là, et rien de plus ne fut fait pour soutenir la diversion des Polonais [2].

Quant à la grande expédition des agents secrets, il n'en subsistait que vingt et un émissaires; la plupart végétaient dans le dénuement et dans l'inaction. Leurs traitements étaient

---

[1] Tableau des questions à résoudre par le Comité de salut public, 13 juillet 1794.
[2] *Historique de la dernière révolution de Pologne et de nos relations avec les Polonais*, nivôse an III. — *Affaires étrangères.* — Rapport de Grouvelle, 1er août 1794 : Conversation avec l'envoyé de Pologne. — Note de l'an III sur la correspondance du Danemark : « Nos tyrans feignaient de croire que la Pologne méritait peu leur intérêt parce que les chefs d'insurrection ne proclamaient pas une République semblable à la nôtre. » — On voit par une note du Comité, du 18 novembre 1794, qu'à cette date aucun subside n'avait été envoyé aux Polonais. Le bruit public assure que la France a envoyé des millions ; la note propose d'envoyer une somme modique « pour fortifier l'opinion ».

portés en compte pour 123,000 livres, mais ils n'obtenaient que des acomptes, à force de doléances; presque tous se plaignaient d'être aux abois [1]. Sur ces vingt et un agents, quatre : Rivalz à Bâle, Probst à Nuremberg, Schweitzer dans les Grisons, Venet à Lausanne, correspondaient assez régulièrement avec Barthélemy. Leurs renseignements étaient aussitôt résumés et utilisés pour les opérations militaires. En politique, faute de directions et de moyens, ils ne pouvaient rien faire : « Mon zèle très ardent pour le service de ma patrie me semble, en ce moment, à peu près de nul effet [2] », écrivait Rivalz, le 9 juin.

Stamaty, qui était à Hambourg, avouait que ses lettres, faute de « renseignements exacts », n'avaient qu'un intérêt secondaire. « Je languis, disait-il plusieurs mois après, dans l'impatience et le besoin; aucun ordre, aucune lettre ne m'arrive… J'ai vécu jusqu'à présent comme j'ai pu, espérant toujours que mon zèle sera apprécié par le Comité, et que je serai enfin employé de manière à être plus utile [3]. » Il y avait à Londres un agent, Ducket, qui publia des lettres de *Junius redivivus* à la fin de 1794. Il aurait pu servir. Mais, dit un   de l'an IV, « le gouvernement d'alors ne stimula en au   nière le zèle, le courage et le dévouement de D… Il fut,   e tant d'autres agents, abandonné à lui-même, sans direc   n… » Parmi les autres agents, il y en avait cinq qui n'écrivaient pas, trois dont on ignorait la destination, un que l'on rappela, deux qui ne s'occupaient que d'histoire naturelle, deux qui restaient en France et y faisaient de la police, Chépy et Dalgas. « Ces divers agents, dit un rapport de l'automne de 1794, sur l'ensemble des missions, sont partis sans une instruction. Le Comité ne fait jamais aucune réponse à leurs lettres. » « Nos tyrans, lit-on dans un document rétrospectif, rédigé au commencement de 1795, étaient bien plus occupés des moyens d'appesantir sur nous leur joug de fer, que d'opérer au nord

---

[1] Voir *Revue historique*, t. X, p. 346, les extraits des correspondances de Bacher, Parandier, Franck, Stamaty, Rivalz. — Cf. t. II, p. 534.

[2] Voir *Papiers de Barthélemy*, t. III, janvier à mars 1794; t. IV, mars à août 1794.

[3] Lettre au Comité, 8 février 1795. — *Revue historique*, t. X, p. 345.

et au midi une diversion qui eût pu nous être avantageuse [1]. »

Il convient de faire une exception qui est significative. Le comité de Robespierre ne paraît s'être attaché qu'à une de ces diversions : elle consistait à conquérir l'Italie et à mettre en coupe réglée les richesses de ce pays. Ce projet, qui s'est accompli en 1796, a été souvent signalé comme une déviation du pur génie de la Révolution, due à l'influence, toute corse, de Bonaparte. Il est contemporain de la guerre même de la Révolution, et il est sorti, tout mûr, des cartons des affaires étrangères. Bonaparte le reprit à son compte; il en immortalisa le dessein par ses proclamations, et l'exécution par ses victoires. Kellermann, Cacault, Tilly, l'avaient maintes fois suggéré [2]. Un ancien agent écrit, le 1ᵉʳ avril 1794 : « L'Italie ne peut procurer de grands avantages, *hic et nunc*, qu'à une armée conquérante. Elle est abondante et riche en moyens bruts, dont le conquérant tirerait dès l'instant bon parti. Que nos armées entrent vite, si elles doivent passer les Alpes. Il s'agit d'une belle contrée au premier occupant. Les peuples voient que la coalition ne tend qu'à les vexer, à les opprimer indignement. Il faut rompre ses mesures. L'on nous en saura obligation. » Le Comité étudia ces projets, Robespierre s'y intéressa. Les opérations devaient commencer par Gênes. « Ce gouvernement, écrivait Robespierre le 16 juin, ne peut nous être favorable que par la crainte. Il faut donc, loin de chercher à le flatter ou à le gagner, exiger de lui des marques éclatantes d'estime pour la République et pour ses armées. » Ce fut l'objet d'une mission spéciale que Robespierre le jeune et le représentant Ricord confièrent à Bonaparte. Il la remplit du 15 au 21 juillet. Il effraya les Génois et opéra ainsi, sous l'égide des deux Robespierre, une sorte de reconnaissance de ses propres chemins [3]. Le bruit de ces projets se répandit en

---

[1] *Rapport de la section des relations extérieures au Comité de salut public*, pluviôse an III. — *État des agents secrets*, 23 brumaire an III. — *Note sur la correspondance du Danemark*, an III.

[2] Cf. t. III, p. 117-121, 210-212.

[3] Robespierre à Buchot, 18 juin 1794. — Voir JUNG, *Bonaparte*, t. II, ch. XII, p. 433-438.

Italie. Les agents français le semèrent eux-mêmes, insinuant qu'ils distribuaient l'or à profusion afin de disposer les esprits à la conquête. Venise trembla et envoya un émissaire à Paris pour scruter les intentions du Comité. Cet agent, un Suisse, nommé Guissendorffer, fut reçu, au Comité, par Robespierre et par Couthon : « Ils considèrent, rapporte-t-il, l'Italie comme un objet de premier intérêt ; ils se flattent d'y trouver des moyens de subsistance par l'agriculture, des richesses par la spoliation de l'aristocratie, et ils comptent que cette diversion obligera les puissances à diminuer leurs troupes dans les Flandres et sur le Rhin... Venise ne sera pas attaquée directement, mais leur projet paraît être d'y susciter des troubles qui leur fourniront un prétexte pour y intervenir[1]... » C'est déjà la politique de 1797, et en même temps qu'elle s'esquisse, paraît l'homme qui doit l'accomplir. Mais ce n'est qu'un intermède dans l'histoire du Comité de l'an II. Robespierre avait des soucis plus instants où il s'absorba.

III

Hébert est mort ; Danton est mort ; la Commune est acquise, la Convention est subjuguée ; Robespierre a coupé toutes les têtes qui dépassaient son niveau ; il a tout dévasté, consterné, écrasé autour de la « sainte Montagne ». Cependant, il ne se sent ni plus sûr de lui-même ni plus en sûreté dans sa place. Il n'a plus à ses côtés que ses séides : il commence à les craindre. C'est qu'il voit poindre parmi eux ces rivalités et ces dissidences qu'il a prétendu proscrire partout et à jamais. Ce ne sont plus, à la vérité, les factions des Girondins ou des Dantonistes ; ce sont des factions plus élémentaires, plus irréductibles aussi, toutes d'intérêts et de jalousie, où les idées n'entrent pour rien, même après coup et dans les discours. Robespierre

---

[1] Rapport de San Fermo, 6 juin 1794. — ROMANIN, t. IX, p. 521.

voudrait un cortège d'élus, il n'a qu'une escorte de complices. Il soupçonne, il discerne en eux les ferments des « vices » et de la « perfidie » de ses ennemis vaincus. Il constate avec effroi que la brigue, la corruption, l'athéisme n'ont point disparu du monde avec Brissot, avec Danton, avec Chaumette. Tallien semble même plus exécrable qu'Hérault : il est plus grossier et plus résolu. L'intrigue et l'incrédulité cynique de Fouché sont un danger de toutes les heures. Si Carrier poussait la perversité jusqu'à tourner contre la Montagne son génie de destruction? La bassesse même de Barère ne semble point une garantie, étant scélérate et fourbe, de sa nature. Les fantômes qui obsèdent l'imagination de Robespierre se multiplient autour de lui. Plus il grandit au milieu des hommes, plus il se sent environné de persécutions et investi de complots. Il ne peut être rassuré que s'il est seul, et l'isolement le remplit d'horreur. Il se juge poussé fatalement à la dictature, et il craint d'y parvenir. Il ne s'est élevé qu'en s'humiliant devant la foule, en promettant l'âge d'or, en dénonçant les scélérats qui en empêchent le règne. S'il s'avance sur le sommet, il se découvrira et se livrera lui-même à l'envie et au soupçon. Il continuera donc à tout niveler, exaltant les petits, avilissant les orgueilleux. Il cherchera un refuge inaccessible aux attaques, non dans la majesté d'un pouvoir imité de celui des rois, mais dans l'humilité cauteleuse du moine qui, du fond de sa cellule, blotti sous son froc, commande dans les génuflexions et, d'un mot prononcé tout bas, se fait obéir jusqu'aux extrémités de la terre. Une puissance si formidable que tous s'y plient, une personne si petite qu'aucun ne la jalouse : voilà son objet. La foi seule obtient cette obéissance, la religion seule donne ce prestige. Robespierre incline ainsi à la réforme religieuse par les mêmes combinaisons de peur, de calcul et d'utopie qui l'avaient conduit à la Terreur.

Il commença par réduire l'orgueil des militaires, qui grandissait avec leurs victoires. Hoche avait été arrêté le 12 avril. La politique, dit Billaud-Varenne quelques jours après, sera fondée sur la justice. « La justice est dans le supplice de Manlius, qui invoque en vain trente victoires effacées par ses trahisons. Quand on a douze armées sous la tente, ce n'est pas seulement la défection qu'on doit craindre et prévenir ; l'influence militaire et l'ambition d'un chef entreprenant, qui sort tout à coup de la ligne, sont également à redouter. » Cet avertissement donné aux armées, Robespierre s'occupa d'intéresser les prolétaires à la cité de ses rêves. Il multiplia les mesures destinées à procurer l'égalité des biens, à diminuer les grandes fortunes, à subvenir aux besoins des indigents, à rendre uniforme l'éducation de tous les Français. Saint-Just fut le principal artisan de cette tâche, distillant en dogmes sociaux ses amplifications d'écolier et ses songes creux de fanatique.

Cependant, Robespierre méditait le *Contrat social*, au livre IV : *Des moyens d'affermir la constitution de l'État*, chapitres VII et VIII, *De la censure* et *De la religion civile*. Ce livre ne l'avait jamais trompé : « Il y a une profession de foi purement civile dont il appartient au souverain de fixer les articles... Sans pouvoir obliger personne à les croire, il peut bannir de l'État quiconque ne les croit pas... Les dogmes de la religion civile doivent être simples... L'existence de la divinité puissante, intelligente, bienfaisante, prévoyante et pourvoyante, la vie à venir, le bonheur des justes, le châtiment des méchants, la sainteté du contrat social et des lois, voilà les dogmes positifs. » La Convention décréterait cette religion, les citoyens la pratiqueraient, les méchants seraient confondus. La vertu étant à l'ordre du jour de la République, le grand pontife, chef de l'État et maître des cœurs, serait, en toute simplicité d'âme et en toute innocence de vie, le censeur des mœurs, l'inquisiteur des vices, le dispensateur de la justice et l'arbitre de la vérité [1]. A cette hauteur, l'incorruptible deviendrait enfin l'invulnérable.

---

[1] Comparez le rôle, le caractère et l'action politique de l'inquisition espagnole, instrument de règne de Philippe II : tout lui est justiciable, hormis le roi ; elle met tout, y compris l'épiscopat, toutes les âmes dans la main du roi ; le fanatisme religieux au service du fanatisme despotique. « C'était le mécanisme administratif des temps modernes dans toute sa perfection, appliqué à faire régner

Le 18 floréal, — 7 mai 1794, — Robespierre fit porter ce décret : « Le peuple français reconnaît l'existence de l'Être suprême et de l'immortalité de l'âme. » Voilà le dogme. L'inquisition suivit. Le 8 mai, Couthon proposa et la Convention adopta une loi de police générale qui plaçait toute la surveillance de l'État entre les mains du Comité de salut public. Ces législateurs grossiers et infatués croyaient renouveler la face du monde, et ne faisaient en réalité que rejeter une société très raffinée et très civilisée dans les ornières primitives de l'humanité. Pour s'emparer du pouvoir, ils avaient eu recours au moyen élémentaire des chefs de peuplades sauvages : la peur. Pour consacrer et soutenir ce pouvoir, ils montaient à l'échelon supérieur des peuples barbares : le gouvernement théocratique.

L'Europe s'y trompa, parce qu'elle espérait la fin de ce cauchemar de feu et de sang qui l'opprimait, et que s'illusionnant d'une fantasmagorie historique, elle s'obstinait à voir l'image de Cromwell dans ce qui n'était pas même la caricature de Torquemada. A chacune des proscriptions qui marquaient les étapes du pontificat de Robespierre, les Européens s'imaginaient que la Révolution avait trouvé son dictateur et qu'elle allait finir. Ils applaudirent Robespierre écrasant les anarchistes; ils applaudirent avec le même aveuglement Robespierre écrasant les indulgents. Il semblait dominer toutes les factions. Le décret de l'*Être suprême* le consacra pour ainsi dire. « Ce projet, écrivait Grouvelle, ne fût-il suggéré que par la politique, serait encore une idée sublime. C'est au dehors que l'effet en est immense [1]. » On ne parlait que de Robespierre dans les quartiers généraux et les chancelleries. Il était toute la Révolution et toute la République. On lui prêtait les vues les plus singulières, mais les plus rassurantes pour l'Europe : il avait fait proclamer Louis XVII; il s'était érigé en

---

les lois anciennes dans toute leur rigueur. » De Meaux, *La Réforme*, Paris. 1889, t. I, p. 394-405.

[1] Voir *Revue historique*, t. V, p. 280-281, les extraits de ces lettres. — Cf. Philippe de Ségur, *Mémoires*, t. II, p. 164. — De Pradt, *De la Belgique*.

régent; il était en dissentiments avec Carnot sur la continuation de la guerre; il ne voulait point de conquêtes; il redoutait les cabales des généraux; il respecterait les États faibles; il supprimerait la propagande; il ne désirait que l'ordre en France et la paix en Europe [1]. On était loin de compte, sur tous les points, et on le vit bientôt; mais on avait intérêt à s'abuser : les affaires de la coalition allaient de mal en pis.

IV

Le 9 avril, l'Empereur, accompagné des archiducs Charles et Joseph, était arrivé à Bruxelles. Thugut l'y rejoignit le 20; il n'y resta pas et s'en alla établir sa chancellerie de campagne à Valenciennes : une place conquise lui procurait le séjour propre aux opérations de troc et de dépècement qui étaient sa principale besogne. Il y reçut le plénipotentiaire de Sardaigne; cet agent venait solliciter une alliance et des secours que son gouvernement redoutait autant qu'il les désirait. Thugut n'avait « qu'une mince idée de la bonne foi de la cour de Turin ». Il consentit au partage des conquêtes que les deux cours seraient dans le cas de faire en commun sur la France; mais auparavant, à titre d'hypothèque, il exigeait la rétrocession des territoires du Milanais réunis au Piémont par le traité d'Aix-la-Chapelle, sauf à dédommager ensuite le Piémont avec des territoires français. Le Savoyard trouva l'exigence rigoureuse; il se lamenta sur les conjonctures inattendues de cette guerre qui ne fournissait pas à son maître « une occasion d'étendre les limites de ses États comme cela était arrivé dans toutes les guerres qui avaient eu lieu entre la France et l'Au-

---

[1] D'Héricault, *La Révolution de Thermidor*, Paris, 1876, p. 124, 214, 240, 309, 310. — *Mémoires d'un homme d'État*, t. III, p. 10. — Lettres de Berne, 12 avril 1794. *Affaires étrangères*.

triche ». Il fallut bien en passer par où voulait Thugut, et le traité fut signé, comme ce ministre le dicta, le 23 mai 1794 [1].

Pendant ce temps-là, un autre traité, plus simple dans son objet, mais beaucoup plus équivoque dans son texte, se concluait à la Haye entre Prussiens, Anglais et Hollandais. Ces alliés convinrent, le 19 avril, que la Prusse tiendrait sur pied une armée de 62,000 hommes; cette armée, commandée par Mœllendorf, se mettrait en marche après le payement du premier terme d'un subside mensuel de cinquante mille livres sterling, plus trois cent mille livres d'entrée en campagne et une indemnité de pain et de fourrage calculée à raison de 1 livre 12 schellings par homme et par mois. Les opérations seraient réglées d'accord avec l'Angleterre et la Hollande. Les pays conquis demeureraient à la disposition de ces deux États. Les Anglais s'empressèrent d'informer les Autrichiens de cet arrangement. L'armée de Mœllendorf avait son rôle, et un rôle important, dans le plan magistral qu'avait dressé le stratégiste de la coalition, le colonel Mack. L'armée de Cobourg, qui comptait 162,000 combattants, dont 45,000 Anglo-Hollandais, devait marcher sur Landrecies, s'en emparer et marcher sur Paris. Mœllendorf se porterait en avant de Trèves pour appuyer ce mouvement; Beaulieu, avec 25,000 Autrichiens, garderait le Luxembourg, et le duc de Saxe-Teschen observerait le Rhin avec 60,000 hommes de l'armée de l'Empire et du corps de Condé. Tandis qu'on écraserait les Français par ces masses, on les affamerait; la misère provoquerait des séditions qui réduiraient la nation à la paix. Il appartenait à l'Angleterre d'amener cette famine et cette anarchie par la rigueur de ses blocus et par l'énergie de ses mesures contre les neutres. Les alliés considéraient le « monstrueux » traité de la Suède et du Danemark comme « une déclaration de guerre ». « Si, écrivait Mercy, le grand et sage ministre britannique se décide à faire main basse sur tous ces caboteurs du Nord, et à ne pas laisser

---

[1] Thugut à Colloredo, 25 avril 1794. — Instructions du comte de Castel Alfer, avril 1794.

passer un seul de leurs navires, la famine sera en France au mois de juillet et la guerre sera finie [1]. »

Carnot en était convaincu. « Il faut en finir, écrivait-il à Pichegru. Si nous devions recommencer l'année prochaine, nous mourrions de faim et d'épuisement. » Il composa aussi un plan qui consistait à concentrer toutes les forces de la République pour frapper aux Pays-Bas un coup décisif [2]. Pichegru, commandant en chef les armées du Nord et des Ardennes, avec Kléber, Marceau et Moreau sous ses ordres, réunirait 160,000 combattants; il opérerait de concert avec l'armée de la Moselle, forte de 74,000 hommes, sous les ordres de Jourdan. Le général Michaud, avec l'armée du Rhin, réduite à 45,000 hommes, aurait un rôle d'appui et observerait Mœllendorf. C'était la partie audacieuse de la combinaison. « Cette armée, dit Gouvion Saint-Cyr, formait un cordon si mince qu'un corps ennemi de quatre bataillons aurait pu la forcer partout. » Mais Carnot s'était persuadé que l'ennemi ne la forcerait point. Les correspondances de Barthélemy et de Bacher montraient Mœllendorf résolu à ménager ses troupes, plus disposé à négocier qu'à combattre. La nouvelle de la révolution de Pologne confirma toutes les hypothèses des agents français sur l'inaction probable des Prussiens, et l'événement justifia les prévisions de Carnot [3].

La conception d'ensemble était juste; mais l'exécution présenta bien des incertitudes. Si les Français déjouèrent le dessein de Mack, ce ne fut pas sans de nombreuses péripéties et sans beaucoup de faux mouvements qui les auraient exposés aux coups d'un adversaire plus clairvoyant et plus décidé. Les Autrichiens avaient pris Landrecies le 20 avril. Les deux armées se cherchèrent, s'évitèrent, manœuvrèrent en tâtonnant pendant près d'un mois. Le 18 mai, Clerfayt attaqua le gros de

---

[1] Mercy à Starhemberg, 18 mars, 22 avril 1794. THURHEIM, p. 208, 210, 211, 228. — ZEISSBERG, t. IV, p. 186. — *Politische Annalen*, t. VII, p. 146-147.
[2] GOUVION SAINT-CYR, t. II, p. 425.
[3] *Revue historique*, t. V, p. 277-278. — *Papiers de Barthélemy*, t. III et IV. — Rapports de mars et avril 1794.

l'armée de Pichegru. Ce général était allé inspecter un de ses corps. Ses lieutenants, Moreau, Reynier, Souham et Macdonald, acceptèrent la bataille. Elle eut lieu devant Tourcoing. Les Français mirent en ligne 70,000 hommes ; ils battirent les Autrichiens qui étaient 90,000 et qui perdirent soixante canons. Ce dénouement n'entrait pas dans le plan de Mack, et tout parut en désarroi au quartier général de l'empereur. Mack déclara qu'en face des concentrations de l'ennemi, un renfort de 40,000 hommes était indispensable. Si l'on ne pouvait les obtenir, il ne répondait de rien ; « il suppliait l'empereur d'employer tous les moyens possibles pour se procurer la paix, puisqu'il y serait décidément forcé à la fin de la campagne ». — « Tout se détraque », écrivait Thugut, le même jour, 19 mai [1]. Tout se détraquait, en effet, et rien n'y contribuait davantage que la diplomatie de Thugut.

Loin de réclamer des renforts pour les Pays-Bas, il aurait voulu en faire partir pour la Pologne, et c'est de ce côté qu'il s'efforçait de porter les ressources suprêmes de la monarchie. L'empereur, dès le commencement du mois, écrivait à son frère, l'archiduc Léopold, demeuré en Allemagne, d'envoyer ce qu'on pourrait de troupes en Gallicie, en particulier les bataillons de Transylvanie, qui se battraient là plus volontiers que sur le Rhin, et de se mettre en mesure, le cas échéant, « d'occuper Cracovie de vive force, par un coup de main ou autrement ». Après l'affaire de Tourcoing, la nécessité de ces précautions ne parut que plus urgente. Thugut le représentait incessamment à l'empereur. « On partagera le reste de la Pologne sans nous, disait-il. Écrasés par une guerre qu'une suite de fautes a rendue destructive pour nous, nous serons entièrement à la merci des autres cours, vilipendés par tout le monde. » Mack, déconcerté par les Français, donna sa démission de quartier-maître général. Le prince de Waldeck, qui le remplaça, se montra indigent d'idées et ne songea qu'à rétrograder. L'armée, répétait-il, est le principal soutien de la

---

[1] Lettre de Trauttmansdorff. — ZEISSBERG, t. IV, p. 230. — Thugut à Colloredo, 19 mai 1794.

monarchie; l'empereur ne peut la sacrifier à une tâche désormais inutile ; il faut la ramener en Allemagne et ne plus songer qu'à défendre l'Empire [1].

Il y avait bien les Prussiens de Mœllendorf que l'on pouvait appeler. Il semblait que le moment fût venu d'exécuter le traité de la Haye. Mais les Autrichiens redoutaient d'être sauvés de cette façon-là. Si on attire les Prussiens aux Pays-Bas, disait Thugut, ils y deviendront les maîtres ; ils suspendront la guerre quand ils le voudront ; ils sont capables de nous lier les mains « au moment où un heureux hasard nous offrirait quelque espoir de parvenir au grand but de l'affaiblissement de la France ». S'ils font des conquêtes, ils seront tenus de les remettre à l'Angleterre et à la Hollande, qui vendront chèrement à l'Autriche ce qu'elles consentiront à lui en céder. L'Autriche devait donc se garder d'employer les Prussiens en trop grandes masses et de les lier à ses opérations offensives d'une manière assez intime pour que le succès en dépendît de leur bon plaisir. Thugut en vint même à souhaiter qu'on embarquât Mœllendorf pour la Vendée [2]. Il y renonça après Tourcoing, sur les objections des Anglais. Alors, il tâcha de faire entendre à Pitt que, subsides pour subsides, si l'Angleterre désirait en payer pour défendre les Pays-Bas, elle les placerait mieux dans les caisses de l'Autriche que dans celles de la Prusse. L'Autriche, d'ailleurs, ne pourrait indéfiniment entretenir, par ses propres moyens, une aussi puissante armée et sacrifier ses intérêts les plus pressants à une province dont la possession devenait « plus onéreuse qu'utile » à la monarchie [3]. Thugut l'insinuait pour obtenir de l'argent et pour masquer ses opérations de Pologne ; mais il se mêlait à cette ruse diplomatique un découragement très réel.

[1] L'empereur à l'archiduc Léopold, 3 mai 1794. Zeissberg, t. IV, p. 209. — Thugut à Colloredo, 29 mai, 4 juin. — Sybel, *Trad.*, t. III, p. 121. — Bourgoing, t. III, p. 461, note.
[2] Thugut à Starhemberg, 1ᵉʳ mai. — Starhemberg à Thugut, 10 mai 1794. Zeissberg, t. IV, p. 201-223.
[3] Thugut à Starhemberg, 31 mai 1794. — Sybel, liv. IX, ch. v. — Hüffer, *OEsterreich und Preussen*, p. 84. — Vivenot, *Herzog Albrecht von Saxen-Teschen*, t. I, ch. ɪ et ɪɪ.

Les Belges ne montraient aucun zèle pour leur défense. Mercy essaya vainement de faire voter aux États un don gratuit de quatre millions. Le clergé ne voulut point livrer la vaisselle plate qu'il était parvenu à sauver des Français. Le gouvernement impérial n'obtint, et à grand'peine, que l'armement d'une légion auxiliaire. Il en éprouva beaucoup d'aigreur. Il se demanda alors si le parti le plus sage ne serait pas de traiter avec la République, de se consacrer à la défense de l'Empire, et de chercher tout simplement ses dédommagements en Pologne. « Ce qui est pire, écrivait un Belge, c'est que c'est le vœu des armées [1]. » Ces propos allaient leur train. Il ne manquait point, pour les répandre, de gens officieux qui, flairant les négociations, se lançaient sur la piste et s'offraient pour rabatteurs. Barthélemy rencontra, le 7 mai, un baron de Gleichen qui avait été longtemps ministre de Danemark à Paris et qui y était fort répandu dans le monde des lettres. « Il n'est pas éloigné de penser, mandait Barthélemy, que la cour de Vienne se séparerait sans beaucoup de peine de l'Angleterre pour faire sa paix particulière. » Bernstorff recueillait, dans le même temps, les mêmes notions : « L'Autriche, disait-il à Grouvelle, serait aujourd'hui la puissance la plus disposée à traiter [2]. » Voilà ce qu'on disait avant les échecs des Autrichiens ; on le dit bien davantage après. Le bruit courut que, le 24 mai, un grand conseil de guerre avait été réuni pour délibérer sur l'évacuation de la Belgique. Du soupçon que l'Autriche pourrait traiter avec la France, à la croyance qu'elle traitât déjà, il n'y avait qu'un pas : tout le monde le franchit quand on vit arriver à Valenciennes, où se trouvait l'empereur, un Français qui passa tout de suite pour un émissaire du Comité de salut public.

C'était un aventurier de diplomatie et d'armée, comme il y en avait tant alors. Ancien officier de la guerre d'Amérique, « bossu, étincelant d'esprit et d'audace, l'air du Diable boi-

---

[1] DE PRADT, *De la Belgique depuis 1789 jusqu'en 1814*. — De Pradt à Mallet du Pan, SAYOUS, t. II, p. 88.
[2] Rapports de Barthélemy, 7 mai; de Grouvelle, 13 mai 1794.

teux ou d'un Juif portugais[1] », il était du Languedoc, se nommait Roques, se qualifiait de comte de Montgaillard et jouait le gentilhomme démocrate. Ce rôle lui permettait d'intriguer à Paris, à Londres, en Belgique, et de faire le courtier entre les deux camps. La Terreur n'était point favorable à ce genre d'opérations. Roques parvint à quitter Paris et s'en trouva trop heureux. Arrivé en Belgique, il tâcha de s'y donner un rôle et de s'y procurer quelque engagement. Il n'avait jamais eu, au fond, de relations ni directes ni indirectes avec aucun des membres du Comité de salut public[2]; mais il en parla comme s'il les connaissait. Tout le monde était avide de se renseigner sur ces terribles potentats. Roques tenait marché de nouvelles. On l'assiégea. Il vit Mercy, qui l'envoya chez l'empereur. François le reçut et le fit causer. Thugut l'interrogea à son tour; le comte Trauttmansdorff assistait à l'entretien. Ils parurent surtout curieux de notions sur Barère et sur Robespierre. Ils ne s'expliquaient pas la cruauté de Barère. Ils montrèrent de l'admiration pour l'esprit de Robespierre. « Ce M. de Robespierre est un homme bien étonnant, dit Trauttmansdorff. Depuis plus de six semaines, il nous empêche de dormir. Pourquoi aussi ne pas le reconnaître? Tout serait terminé de cette manière. » Roques se targua de sa réception chez l'empereur et colporta le récit enjolivé de ses conversations, en parfait Méridional et chevalier d'industrie qu'il était. Le monde broda sur ses récits, et les gens informés se confièrent l'histoire d'une négociation secrète entre l'empereur et Robespierre[3]. Les émigrés français répandirent partout cette prétendue trahison de l'Autriche. Les Anglais s'en émurent. Les Prussiens ne s'en étonnèrent pas, car ils se sentaient disposés à agir de même. Leur intérêt était de croire à la vérité de ces récits : ils y crurent; ils en prirent acte et décidèrent de prévenir la défection de leur

---

[1] MICHELET, *Histoire du dix-neuvième siècle*, Paris, 1880, t. I, p. 128.
[2] ROQUES, *Compte rendu à Sa Majesté l'Empereur des Français.* — *Affaires étrangères.*
[3] Voir DE PRADT, *De la Belgique*, Paris, 1820.

rivale. Thugut redoutait l'arrivée aux Pays-Bas des 62,000 hommes de Mœllendorf. Il allait être rassuré, mais d'une autre façon qu'il ne l'aurait voulu.

Les discours que Thugut tenait à François II à Valenciennes avaient leur écho à Berlin. Frédéric-Guillaume les écoutait avec complaisance. Cependant, il hésitait encore : ce n'était point l'abandon qu'il ferait de ses alliés qui l'embarrassait le plus. C'était le sacrifice de ses propres préjugés, de ses ambitions, de son orgueil. Ce prince avait si longtemps rêvé d'être l'Agamemnon d'un nouveau siège de Troie ! Ses conseillers lui représentèrent que l'antiquité avait connu d'autres héros que ceux de l'*Iliade*. L'expédition des Argonautes avait eu sa gloire : la Prusse était faite pour la renouveler. La Toison d'or était en Pologne. « Que Votre Majesté, disait Manstein au roi, quitte immédiatement Berlin, qu'elle s'empare de Cracovie et de Varsovie, qu'elle rejette les Polonais au delà de la Vistule. Alors, on pourra négocier. Nous déclarerons à l'Autriche qu'à notre tour, conformément à notre traité, nous avons besoin du secours de 20,000 hommes qu'elle nous a promis. Si elle nous le refuse, comme cela n'est pas douteux, nous rappellerons 20,000 hommes de notre armée du Rhin, et nous pourrons attendre les événements de pied ferme. — Mais, fit observer le roi, de cette façon, la guerre de France ne finira jamais. — Que Votre Majesté veuille bien réfléchir que chacun de nos alliés ne songe qu'à son propre intérêt, qu'elle seule agit loyalement, en vue du bien général ; or, du moment que tous sont mus par l'égoïsme, la Prusse doit faire comme tout le monde, sous peine de s'exposer à des préjudices graves [1]. » Manstein entamait alors la litanie des griefs prussiens contre l'Autriche, et cette litanie était interminable. Frédéric-Guillaume se montrait ébranlé. Toutefois, son traité de la Haye le gênait encore, non par la foi jurée : cette foi comptait peu dans la politique de ce temps, mais par l'argent à recevoir, qui

---

[1] Conversation du 5 mai 1794. — Manstein à Mœllendorf, 6 mai. HERRMANN, *Dip. Corr.*, p. 479. — SYBEL, *Trad.*, t. III, p. 80.

tenait fort au cœur de ce prince. Les Anglais le délivrèrent de ses scrupules.

Frédéric-Guillaume était glorieux et avide; mais il était encore plus glorieux qu'avide, et il ne fallait pas lui donner de choix entre des conquêtes, même coûteuses, et des subsides humiliants. Quand il avait ratifié le traité de la Haye, il avait entendu se faire payer largement pour accomplir un rôle profitable, celui de protecteur de l'Allemagne. Les Anglais prétendirent employer son armée à la défense des Pays-Bas et la réduire au service de corps auxiliaire de l'empereur. Il n'entrait point dans les vues de Frédéric-Guillaume de travailler, en mercenaire, au salut, peut-être à l'agrandissement de la maison d'Autriche. Il se fâcha et le prit de haut. « C'est chose contraire à la considération de cet État, dit-il, et à l'amour que je porte à mes sujets, de les vendre à d'autres puissances; passe pour un landgrave de Hesse ou un duc de Brunswick, mais ce serait honteux au roi de Prusse. » Il en avertit Mœllendorf, le notifia aux Anglais, et fit introduire par Hardenberg, à la Diète, une proposition tendant à consacrer, moyennant subsides, l'armée prussienne du Rhin à la défense de l'Empire.

Sur ces entrefaites, il apprit les progrès de l'insurrection polonaise et de Kosciusko. Il donna, le 14 mai, l'ordre de faire entrer en Pologne une armée de 50,000 hommes et décida d'en prendre le commandement[1]. Lucchesini manda ces événements à Mœllendorf et ajouta : « Ne serait-ce pas malheureux que, faute de moyens pour partager les dangers de l'action, en Pologne, nous perdions le droit d'en partager, dans une parité parfaite, les avantages? Voilà, Monsieur le maréchal, ce qui, indépendamment des considérations militaires et politiques que votre patriotisme a souvent présentées aux réflexions du roi, me fait regretter que les puissances maritimes aient été assez généreuses envers nous pour faire décider la signature de la convention de la Haye [2]. »

[1] RANKE, *Hardenberg*, t. I, liv. II, ch. IV et V.
[2] 9 mai 1794. — HÆUSSER, t. I, p. 559.

Mœllendorf était le général qui convenait à cette guerre de parades et de faux mouvements, et personne n'était mieux préparé à comprendre, à demi-mot, les ironiques insinuations de Lucchesini. Il déclara aux Anglais qu'il n'opérerait point en Belgique et qu'il remplirait ses engagements sur la Sarre. Il s'y porta, en effet, le 22 mai, appuyé par le corps autrichien de Hohenlohe-Kirchberg, et s'empara, le 23 mai, de Kaiserslautern. Mais il ne poussa pas plus loin. Une lettre de Manstein, du 6 mai, l'invita à tenir 20,000 hommes à la disposition du roi; il reçut, peu après, de nouveaux avertissements de Lucchesini et ne songea plus qu'à ménager ses troupes.

Cependant, Thugut pressentait, à maint symptôme, les dispositions du roi de Prusse. Il se méfiait de quelque surprise et pressait son maître de prévenir le coup. Cobenzl lui fournissait, dans ses rapports de Pétersbourg, des arguments irrésistibles. La Russie, écrivait-il, ne fera rien sans nous en Pologne; elle y observera le principe de l'égalité la plus stricte dans les avantages que s'y procureront les puissances. « Il serait bien important que nos troupes pussent aussi entrer en Pologne, à l'instar des Russes et des Prussiens. Ce serait le moyen le plus propre à nous assurer d'avance la possession de ce qui sera à notre convenance pour le prochain traité de partage, s'il doit avoir lieu[1]. » Le véritable théâtre des opérations était là. L'empereur devait s'en rapprocher. Ainsi, dans le même temps que Frédéric-Guillaume, François était pressé d'abandonner la guerre de France; il hésitait comme le roi de Prusse. Les mêmes considérations le décidèrent. Il fit porter vers la Pologne les renforts destinés à la Belgique, et partit, le 13 juin, pour Vienne, confiant la direction de la guerre à son frère, l'archiduc Charles, et au prince de Cobourg. Il leur laissa des instructions verbales; il ne donna ni directement ni indirectement son aveu à l'évacuation de la Belgique; encore moins commanda-t-il cette évacuation; mais il la prévoyait, et il prit ses précautions pour le cas où son armée y serait réduite. C'est

---

[1] Rapport de Cobenzl, 9 mai 1794. ZEISSBERG, t. IV, p. 216 et suiv.

ainsi qu'il manda à Mercy, le 13 juin, le jour même de son départ, qu'il faudrait, en cas de retraite, emporter tout l'argent des caisses publiques, et frapper, au fur et à mesure de l'évacuation, un emprunt forcé sur les habitants, emprunt exigible dans les trois jours, au besoin par voie d'exécution militaire, afin d'opérer le vide devant l'ennemi[1].

La défense des Pays-Bas n'était point abandonnée en principe et de parti pris par l'Autriche; mais elle passait au second plan dans la politique autrichienne. Tout le monde eut l'impression que les grands intérêts se déplaçaient vers la Pologne : mauvaise disposition pour se défendre, comme l'énonçait Cobourg, « à toute extrémité ». Dans l'armée autrichienne, on ne parlait, comme dans l'armée prussienne, que de négociations et de paix avec la République. La discipline se relâcha; l'obéissance mollit. L'état-major, « gangrené », selon l'expression de Waldeck, était tout aux cabales. Le découragement gagna ceux que la politique n'avait pas désorientés. L'empereur, en quittant la Belgique, montrait bien qu'il ne tenait pas à conserver ce pays. « Comment, écrivait de Pradt, espérer d'une cause désertée par ses chefs[2] ? »

Si les Prussiens n'avaient pas été décidés, la conduite de la cour de Vienne aurait levé leurs hésitations. Aussi longtemps que Thugut avait cru possible de défendre la Belgique, d'envahir la France et d'y opérer des conquêtes, comme il ne voulait partager ces conquêtes avec personne, il avait systématiquement éloigné les Prussiens de cette frontière. Il ne réclamait d'eux que des diversions, et il s'occupait astucieusement d'exploiter leur armée en la disloquant. Désormais il ne pensait plus qu'à la Pologne : il ne vit plus que des avantages à attirer les Prussiens aux Pays-Bas et à les y retenir. Ils contribueraient

---

[1] Thugut à Cobenzl, 21 juin 1794; à Starhemberg, 17 juin. ZEISSBERG, t. IV, p. 294, 280. — HÜFFER, Die Politik..., p. 55. — OEsterreich und Preussen, p. 88. — VIVENOT, Saxe-Teschen, t. I, p. 121. — L'empereur à Mercy, 13 juin. ZEISSBERG, t. IV, p. 268.

[2] A Mallet, 13 juin 1793. SAYOUS, t. II, p. 84. — Cf. Lettres d'York, 28 juin, et de Waldeck, août. ZEISSBERG, t. IV, p. 365. — BOURGOING, t. III, p. 461, pièces.

à sauver la Belgique, si elle pouvait être sauvée; ils feraient, malgré eux, les affaires de l'Autriche du côté de la France; ils seraient impuissants à nuire du côté de la Pologne, retenus qu'ils seraient à l'ouest par leur traité de la Haye. Thugut pressa donc les Anglais de réclamer l'exécution de ce traité, estimant que dorénavant il n'y aurait jamais trop de Prussiens aux Pays-Bas. Il l'écrivit à Londres; il le dit à lord Cornwallis qui vint, le 8 juin, prendre le commandement du corps britannique.

Lord Cornwallis, accompagné de Malmesbury, se rendit aussitôt au quartier général de Mœllendorf. Ils eurent, le 20 juin, une entrevue fort agitée avec ce maréchal, Hardenberg et le ministre Schulenbourg, venu pour apporter les instructions du roi. Mœllendorf s'était fait renseigner par Dohm sur les dispositions des Autrichiens, leurs désirs de paix et leurs communications équivoques avec Montgaillard. Il se persuada de la défection de cet allié, et se montra inébranlable sur l'article des secours. Cette conférence laissa les Anglais et les Prussiens très irrités les uns contre les autres. Les Prussiens demeurèrent en observation. Ces manœuvres avaient comme suspendu les opérations des coalisés depuis la journée de Tourcoing. Les Français en avaient profité, et une bataille décida la catastrophe que les dissensions préparaient depuis un mois.

Le 3 juin, Jourdan opéra sa jonction avec l'armée des Ardennes. Les représentants réunirent entre les mains de ce général une armée de 75,000 hommes, qui prit le nom d'armée de Sambre-et-Meuse; Cobourg l'attaqua, le 26, avec des forces inférieures. La rencontre eut lieu à Fleurus, où un siècle auparavant, en 1690, le maréchal de Luxembourg avait battu les Impériaux. Les soldats de Cobourg luttèrent avec énergie, retrouvant au feu toute leur valeur. Mais les Français, bien commandés, finirent par l'emporter. La bataille fut acharnée et demeura longtemps douteuse. « Dans nos rangs, rapporte Soult, qui combattait auprès de Marceau et de Lefebvre, l'enthousiasme allait croissant avec le danger; depuis le commencement de l'action, et pendant toute sa durée, le cri de ralliement de l'avant-garde fut toujours : Point de retraite aujourd'hui, point de retraite ! Aussi tout ce qui vint se heurter contre elle fut-il brisé. Environnée de sanglants débris, son camp en flammes, la plupart de ses canons démontés, ses caissons faisant explosion à tout moment, des monceaux de cadavres comblant les retranchements, les attaques les plus vives sans cesse renouvelées, rien n'était capable de l'intimider, pas même l'incendie de la campagne qui nous environnait de toutes parts. Les champs couverts de blés en maturité avaient été enflammés par notre feu et par celui de l'ennemi, on ne savait où se placer pour l'éviter ; mais nous étions bien déterminés à ne sortir que victorieux de ce volcan. » Ils en sortirent, et mieux encore que victorieux, humains et généreux dans leur triomphe. Les soldats s'étaient déjà refusés à exécuter le sauvage décret qui interdisait de faire des prisonniers anglais [1]. Ils épargnèrent les émigrés qu'ils prirent à Fleurus dans les rangs autrichiens ; ils les firent échapper dans la nuit ; plusieurs revinrent ensuite et s'engagèrent, sous un nom supposé, dans les troupes républicaines [2].

Les alliés tinrent un conseil à Braine-la-Leud, le 1er juillet. Le duc d'York interpella l'archiduc et le prince de Cobourg sur leurs intentions. Ils donnèrent leur parole qu'ils n'avaient point reçu l'ordre d'abandonner les Pays-Bas, et ils assurèrent qu'en honnêtes gens, ils s'estimaient obligés de défendre cette province « aussi longtemps que les forces humaines le permettraient [3] ». Ils s'y employèrent de telle façon qu'ils se firent encore battre, le 6 juillet, et qu'ils durent évacuer Bruxelles. Tout le gouvernement se débandait dans cette ville depuis la bataille de Fleurus. « Metternich, écrit Thugut, était dans une aliénation d'esprit complète. Il avait accaparé tous les chevaux, tous les bateaux pour emporter jusqu'à la dernière table, jusqu'à la dernière chaise, jusqu'à la dernière bouteille de sa cave. » Le maréchal Binder radotait, ne sachant ni où

---

[1] 26 mai 1794. — STANHOPE, *Pitt*, Trad., t. II, p. 232.
[2] SOULT, *Mémoires*, t. I, p. 164-170.
[3] Procès-verbal du conseil de guerre. VIVENOT, *Saxe-Teschen*, t. I, p. 121.

était l'ennemi, pour le fuir, ni où était l'archiduc, pour l'appeler à son secours. Les nobles partirent avec leur argenterie, les banquiers avec leurs caisses; les boutiques se fermèrent. La panique gagna tout le pays. De Tournai à Bréda, de Bréda à Liège, ce fut une émigration générale. Pendant une semaine, on vit défiler plus de deux cent mille malheureux, emportant leurs effets, des prêtres, des religieuses, se traînant entre les soldats en déroute et les voitures du train qui encombraient les routes [1].

Le 11 juillet, Jourdan entra dans Bruxelles. Les armées du Nord et de Sambre-et-Meuse opérèrent leur jonction. Elles formaient une masse de 180,000 hommes, et rien n'aurait pu les arrêter si elles avaient poussé de concert jusqu'au Rhin. « C'est le plus grand coup à porter, écrivait Bacher, et le moyen le plus simple de mettre toute l'Allemagne en révolution. J'ai des agents intelligents qui me secondent de toutes leurs forces. Il y a déjà eu des insurrections partielles, le mécontentement règne partout et ne tardera pas à éclater à la première occasion. Les Autrichiens continuent leurs vexations inouïes et soulèvent par là de plus en plus le peuple des États de l'Empire, qui sont traités en pays ennemi [2]. »

Carnot sut discerner alors les conséquences où ces vastes desseins entraînaient la France. Son opinion, en cette grande affaire de la paix à conclure et des limites à donner à la République, s'était modifiée par l'expérience qu'il avait faite des nécessités et des conditions de la guerre. Il présenta, le 28 messidor-16 juillet, au Comité de salut public, des *Vues sur les résultats que l'on doit tirer, aux frontières du Nord, des succès de la campagne actuelle.* « Nous pourrions, si nous le voulions, dans le cours de cette campagne, planter l'arbre de la liberté sur les bords du Rhin et réunir à la France tout l'ancien territoire des Gaules; mais quelque séduisant que soit ce système, on trouvera peut-être qu'il est sage d'y renoncer, et que la

---

[1] Thugut à Colloredo, 23 juin. — De Pradt à Mallet, 2 juillet. — Sayous, t. II, p. 89. — Lettres de Mercy. Zeissberg, t. IV, p. 301-302.

[2] Bacher à Buchot, 1ᵉʳ juillet 1794. — *Papiers de Barthélemy*, t. IV, p. 171.

France ne pourrait que s'affaiblir et se préparer une guerre interminable par un agrandissement de cette nature... Dans l'étendue d'un si long cours, il faudrait une grande quantité de troupes et une vigilance des plus constantes pour empêcher qu'un ennemi habile ne gagnât le derrière des armées, ne les forçât à abandonner précipitamment leurs conquêtes et à revenir sur leurs anciennes limites, après des pertes immenses. » Il convient, conclut-il, de se réduire au nécessaire pour se protéger contre un retour offensif de la coalition [1].

Le Comité de salut public entra dans ces vues, et, le 20 juillet, une dépêche signée de Carnot, Barère, Prieur de la Côte-d'Or, Billaud-Varenne, manda aux représentants près les armées du Nord et de Sambre-et-Meuse : « Hâtez-vous de faire rentrer en France toutes les richesses de la Belgique, dont nous ne voulons garder que ce qui peut assurer notre propre frontière, c'est-à-dire, à gauche, toute la West-Flandre et la Flandre hollandaise; à droite, les pays d'entre Sambre-et-Meuse, et, au milieu seulement, tout ce qui est en deçà de l'Escaut et de la Meuse, de manière qu'Anvers et Namur soient les deux points d'appui, et que la frontière fasse un cercle rentrant, bien couvert par des rivières, et dans lequel l'ennemi ne pourra pénétrer sans se trouver cerné par ce fait même. »

Les armées s'arrêtèrent. Elles se contentèrent d'occuper la Belgique. Jourdan prit ses quartiers à Liège, le 27 juillet. Pichegru, poussant devant lui les Anglais, s'empara d'Anvers, le 23 juillet; les ennemis se retirèrent, chacun d'eux suivant la pente de son intérêt. Les Autrichiens prirent position sur la Meuse, du côté de Maëstricht; les Anglais, entre l'Escaut et Bois-le-Duc, les premiers couvrant l'Allemagne, les seconds la Hollande. L'armée du Rhin, qui avait reçu des renforts, reprit Kaiserslautern, marcha sur Trèves, y arriva le 9 août et força Mœllendorf à se replier sous le canon de Mayence. Les

---

[1] *Mémoires sur Carnot par son fils*, t. I, p. 476. — Cf. le *Rapport de Carnot*, 14 *février* 1793, t. III, p. 309, et son *Discours du 10 octobre* 1795, *Moniteur*, t. XXVI, p. 121.

Autrichiens du prince de Saxe-Teschen passèrent le Rhin et vinrent camper sous Manheim.

Aux Pyrénées-Orientales, la lutte se poursuivait, corps à corps, au pied des montagnes. Dugommier prit le commandement que Dagobert, tué à l'ennemi, avait exercé avec plus d'héroïsme que de circonspection. Il força les Espagnols à rentrer dans leurs frontières. Fallait-il pousser plus loin et conquérir la Catalogne? Le Comité ne le pensa pas. Carnot écrivit aux représentants près cette armée : « La France a renoncé aux conquêtes autres que celles qui seraient nécessaires à sa propre liberté. L'invasion de la Catalogne en serait une fort éloignée du centre d'action et qui, de longtemps, ne pourrait s'identifier parfaitement avec nous, à cause de la différence des habitudes, du langage et des anciens préjugés. Il nous paraît plus conforme à nos intérêts, à nos principes, d'essayer de faire de la Catalogne une petite république indépendante qui, sous la protection de la France, nous servira de barrière à cet endroit où les Pyrénées cessent. Ce système flatterait sans doute les Catalans, et ils l'adopteraient plus volontiers encore que leur réunion à la France. » Mais, conclut Carnot : « Vous devez, dans les montagnes, porter les limites jusqu'aux extrémités et par conséquent vous établir à demeure dans toute la Cerdagne, prendre la vallée d'Aran, en un mot tout ce qui est en deçà des monts, tout ce qui donne pied aux ennemis sur notre territoire, tout ce qui peut en assurer l'inviolabilité [1]. »

Les armées d'Italie et des Alpes, renforcées, réorganisées, avec Masséna, comme divisionnaire, et Bonaparte, comme général d'artillerie, occupèrent, l'une le col de Tende, l'autre le Saint-Bernard : elles étaient maîtresses des passages et menaçaient Turin. Il n'y eut d'échecs que sur mer et aux colonies. La flotte française fut détruite le 1er juin; les Anglais s'emparèrent de la Corse, de la Martinique, de Sainte-Lucie et de la partie française de Saint-Domingue.

---

[1] Carnot aux représentants près l'armée des Pyrénées-Orientales, 7 prairial an II. — 26 mai 1794. CHARAVAY, *Lazare Carnot*, Paris, 1891, p. 23.

V

Les Anglais célébrèrent bruyamment ces succès. Leurs conquêtes maritimes les dédommageaient de leurs dépenses, elles ne les consolaient point de leurs mécomptes sur le continent. Le traité de la Haye n'était qu'un onéreux marché de dupes. Sheridan demanda aux ministres s'ils songeaient encore à exterminer le gouvernement de Paris. « Les ministres, dit-il, le 10 juillet, ne prétendront certes pas que le roi de Prusse remplit les engagements de l'alliance en assiégeant Varsovie. » Pitt se raidit sous le blâme. « Je suis, répliqua-t-il, fâché d'avouer que j'ai été, en dernier lieu, extrêmement déçu et très mortifié, sur plusieurs points, par la conduite de nos alliés; mais lors même que cette conduite, qui mérite une épithète plus forte que celle d'inconcevable, aurait été encore pire et plus décourageante, je n'hésite pas à déclarer, une fois pour toutes, qu'elle ne produira pas la plus légère variation de sentiments sur une guerre à laquelle nous sommes liés par l'honneur et le devoir. » La session fut close le 11 juillet. La majorité était plus compacte que jamais. Le ministère s'adjoignit trois whigs conservateurs, amis de Burke, Portland, Pelham et Windham. — Ne craignez-vous pas, disait Dundas à Pitt, de vous trouver en minorité dans votre propre cabinet? — Je n'ai point cette inquiétude, répondit Pitt : j'ai beaucoup de confiance en mes nouveaux collègues, plus encore en moi-même.

Il en avait besoin d'une très forte pour essayer de remettre en mouvement les rouages disloqués de la coalition. Considérant qu'il fallait, à tout prix, retenir les Allemands aux Pays-Bas, il continua provisoirement aux Prussiens leurs subsides, et il envoya à Vienne le garde des sceaux, lord Spencer, et sir Thomas Grenville, frère du ministre des affaires étrangères. Ils se mirent en route dans les derniers jours de juillet

Pitt n'avait fait, par cette ambassade, que prévenir les désirs de Thugut.

Ce ministre était rentré dans la capitale le 8 juillet. Kaunitz venait de mourir. Thugut reçut la qualification officielle de l'emploi qu'il occupait en réalité, et prit le titre de ministre des affaires étrangères. Il le prit sous un présage funeste. Le premier courrier qu'il reçut lui apporta la nouvelle de Fleurus et celle de la retraite de Cobourg. L'empereur écrivit à ce prince de se maintenir aux Pays-Bas, et, pour lui en assurer les moyens, il décida d'envoyer Mercy en Angleterre. Thugut dressa aussitôt les instructions de cet ambassadeur. « Il est dorénavant d'une nécessité absolue, disait-il, d'opposer la masse de forces la plus formidable au torrent de l'anarchie française. » L'alliance a désormais tout à craindre et n'a plus rien à attendre de la Prusse. Le traité de la Haye tombera de soi-même. Les subsides deviendront disponibles. La politique conseille de les reporter sur l'Autriche, dont le concours est indispensable à la guerre et qui est cependant hors d'état de la soutenir par ses propres ressources. Mercy l'insinuera; il demandera, dans tous les cas, la garantie d'un emprunt que la cour de Vienne négocierait à Londres [1]. « Nous ne voulons point, écrivait, de son côté, Mercy, abandonner la Belgique, si on nous procure des moyens efficaces pour la défendre, pour la conserver, et si nous voyons la possibilité de nous y maintenir sans que cette possession entraîne la ruine de la monarchie. » Les militaires autrichiens pensaient sur la continuation de la guerre comme les Prussiens, et le prince de Waldeck adressait à l'empereur des avis qui semblaient calqués sur ceux que Mœllendorf adressait au roi de Prusse. La nécessité de défendre l'Empire offrait, selon le général autrichien, un honnête et patriotique prétexte d'inaction, en attendant que l'on fût assuré des subsides de Londres. L'essentiel était, à tout événement, de ménager l'armée. « Tant que la maison d'Autriche, déclarait Waldeck, conserve une armée, elle est tout

---

[1] 15 juillet 1794. VIVENOT, *Thugut, Clerfayt und Wurmser*, Vienne, 1869, p. 601 et suiv.

encore ; du moment qu'elle n'en a plus, elle n'est plus rien [1]. »

Ce conseil s'appliquait directement à la Pologne. Il s'agissait d'y être quelque chose, afin d'y prendre beaucoup, et l'Autriche n'y disposait de presque rien, 18 à 20,000 hommes tout au plus, en Gallicie. Or, écrivait Thugut, « notre but doit être d'avancer et d'occuper des étendues de pays aussi considérables qu'on pourra, tout ce qui n'est pas occupé par les Prussiens et les Russes, de ne pas désemparer, même sur les menaces des Prussiens, et même d'attendre plutôt des voies de fait [2] ». Faute de troupes suffisantes pour l'opération, l'Autriche avait besoin de la bonne volonté de la Russie. Catherine se montra la mieux disposée du monde.

Cette impératrice trouvait que les Prussiens faisaient trop les maîtres et qu'ils allaient trop vite en besogne. Elle s'empressa de régler ses différends avec les Turcs : ces différends étaient peu de chose, en soi, et il était aisé de les terminer, du moment que l'on n'en voulait point tirer un prétexte de guerre. L'accommodement fut déclaré le 26 juin à Constantinople, et les Russes purent commencer leurs mouvements vers la Pologne. Toutefois, il y fallait du temps, et pour tenir les Prussiens sur la réserve pendant ce temps-là, Catherine avait besoin du concours de l'Autriche. « Le moment est venu, fit-elle écrire à Vienne, où les trois Cours limitrophes doivent s'occuper du soin, non seulement d'éteindre, jusqu'à la moindre étincelle, le feu qui s'est allumé dans ce foyer de leur voisinage, mais aussi de l'empêcher à jamais de renaître de ses cendres. » Markof demanda sans plus d'ambages à Cobenzl ce que sa Cour désirait prendre. C'était la question que Cobenzl attendait depuis dix-huit mois. Il avait eu le loisir de préparer sa réponse. Cette réponse fut que l'Autriche prendrait deux « équivalents », l'un pour le partage accompli en 1793, et l'autre pour le partage à accomplir. Markof et Cobenzl examinèrent la carte. Que fera-t-on du restant de la Pologne? dit

---

[1] Mercy à Starhemberg, 24 juin, 12 juillet 1794. Thürheim, p. 241, 249. — Waldeck à l'empereur, 18 juillet. Zeissberg, t. IV, p. 344.
[2] A Colloredo, fin juillet. — Zeissberg, t. IV, p. 399.

Cobenzl. — « S'il faut déjà partager, répontit Markof, il vaut mieux, ce me semble, partager le tout. » Il ajouta que l'impératrice était prête à s'engager par un traité secret à défendre l'Autriche contre les menaces ou les usurpations de la Prusse, soit dans les affaires de Pologne, soit dans les affaires de France [1].

L'Autriche et la Russie se méfiaient des Prussiens; elles avaient raison. Les Prussiens se méfiaient de ces deux cours, et ils n'avaient pas tort. Entré en Pologne le 3 juin, Frédéric-Guillaume avait rallié les débris de l'armée russe, pris Cracovie, le 15 juin, et rabattu devant lui la petite armée de Kosciusko. Ce général se réfugia dans Varsovie le 9 juillet et concentra dans cette ville toute la résistance de la Pologne. C'était peu de chose : 17,000 hommes de troupes, 15,000 paysans mal armés, 450 canons, derrière des remparts délabrés, avec un gouvernement en proie aux triples discordes d'un siège, d'une défaite et d'une révolution. Les Prussiens arrivèrent, le 13 juillet, devant la place. Ils se figuraient qu'une attaque de vive force pouvait l'emporter. Le prince de Nassau-Siegen, qui avait les pouvoirs de la tsarine, s'y opposa. C'était l'intérêt de sa souveraine de faire traîner les opérations et d'user les Prussiens par un siège en règle. L'avis de Nassau prévalut. Les Russes investirent le sud de la ville, les Prussiens le nord; mais comme ils n'avaient ni les uns ni les autres de parc de siège, la tranchée ne fut ouverte que le 26 juillet.

Frédéric-Guillaume occupait les palatinats de Cracovie et de Sandomir. Il prétendait les garder. Cette conquête, jointe à celle de Varsovie, dont il ne doutait pas, lui aurait donné pour frontière la Vistule dans tout son cours. Il apprit que l'Autriche convoitait ces deux palatinats et qu'elle ne consentirait, à aucun prix, à les lui laisser [2]. Il lui revint, en même temps, que l'empereur cherchait à se rapprocher des Français. La retraite de l'armée autrichienne prêtait au soupçon; les propos

---

[1] Bezborodko à Rasoumowski, 12 juillet. — Rapport de Cobenzl, 25 juillet 1794. Zeissberg, t. IV, p. 353-358. — Martens, t. II, p. 219.

[2] Rapport de César, de Vienne, 6 juillet 1794. Herrmann, *Dip. Corr.*, p. 500.

que tenaient les officieux, Bernstorff en particulier, confirmaient ces craintes. « Si votre gouvernement, disait Bernstorff à l'agent français, croyait, dans les circonstances présentes, devoir établir quelques relations entre lui et l'empereur, j'ai une voie ouverte, parfaitement sûre et très favorable, par laquelle je me charge de faire passer tout ce qu'il jugerait convenable. » L'Autriche, disait-il quelques jours après, est, d'après des témoignages certains, « assez animée contre les Prussiens pour regarder les affaires de France d'un œil très différent, et elle saisira volontiers les occasions de se mettre à portée, en traitant avec la République, d'arrêter les progrès du roi de Prusse en Pologne [1] ». Les agents qui semaient ces propos n'avaient aucune qualité pour parler; mais ils n'avaient aucun motif pour se taire. Les Prussiens se tenaient aux aguets, les commérages parvinrent au quartier général de Frédéric-Guillaume. Il y avait là des politiques pour en tirer parti [2].

Lucchesini était arrivé de Vienne pour éclairer le roi sur ces affaires polonaises qui lui étaient familières. Il lui tenait les discours consacrés dans l'occurrence. Nantissez-vous, répétait-il; occupez tout ce que vous pourrez, de façon à avoir de quoi rendre ce dont vous ne voudrez point, et gardez la ligne de la Vistule. — Il pressait le roi de donner l'assaut à Varsovie. Bischoffsverder, qui avait retrouvé assez de crédit pour suggérer encore des conseils équivoques, objecta qu'un assaut compromettrait l'armée prussienne, qu'il fallait la ménager pour contenir les Russes, le cas échéant; que l'humanité, d'ailleurs, défendait d'ensanglanter une ville destinée à devenir prussienne. C'était le parti de l'incertitude; ce parti l'emporta, et l'assaut ne fut point donné.

Lucchesini n'avait pas de grandeur dans l'esprit; mais il avait de l'acuité, surtout de la méthode, ayant été élevé à l'école de Frédéric : il savait regarder de loin, de plusieurs côtés, et saisir les relations des choses. Il jugea que la Prusse manquait de troupes en Pologne et qu'il en fallait prendre

---

[1] Rapports de Grouvelle, 1ᵉʳ et 8 juillet 1794.
[2] Voir Sybel, *Trad.*, t. III, p. 231 et suiv.

ailleurs où l'on en avait trop. Les grands coups, ceux qui trancheraient les pièces d'honneur, se porteraient autour de Varsovie; ce n'était pas là qu'il convenait de se ménager. La Prusse avait ses réserves, il n'était que de les appeler au bon moment : pour cela, il fallait les rendre disponibles. Lucchesini insinua que la paix se pourrait aisément conclure avec les Français; que si on leur laissait la Belgique, ils consentiraient sans peine à ne point conquérir en Allemagne, et que tout finirait le mieux du monde : l'honneur du roi de Prusse étant sauf, l'Autriche étant affaiblie et humiliée, et l'armée de Mœllendorf devenant l'arbitre du partage de la Pologne. Mœllendorf, à l'autre extrémité du théâtre, agitait les mêmes idées. Le 5 juillet, il écrivit au roi, lui raconta les prétendues négociations de Robespierre et de Thugut, et lui demanda l'autorisation de nouer des intelligences du même genre avec les agents français. Le vieux Herzberg sortit de son silence et de sa retraite pour donner, à son tour, de la voix dans cette grande crise de la Prusse. Il présenta à son maître l'idée d'une vaste médiation, qui lui assurerait la suprématie de l'Empire et l'hégémonie en Pologne. Frédéric-Guillaume s'irritait de recevoir ainsi, sous forme d'admonitions, la loi des événements. L'idée de pactiser avec les Jacobins réveillait son orgueil et blessait encore sa conscience; cependant, il sentait obscurément qu'il lui faudrait en venir à cette extrémité. Il s'en défendait contre lui-même, contre les choses, contre les donneurs d'avis. Il écrivit à Herzberg, le 20 juillet : « Je ne fais cas des conseils que lorsque je les demande. » Il refusa à Mœllendorf l'autorisation de négocier. — Pour moi, écrivit Lucchesini à ce général, je n'aurais personnellement aucune objection à traiter avec Robespierre. Mazarin a bien dû se mettre en relations avec Cromwell. Mais on se heurterait chez le roi à une invincible résistance. Le temps n'est donc pas politiquement venu de faire une telle démarche.

Mœllendorf n'avait pas attendu l'aveu du roi pour amorcer une négociation qu'il jugeait nécessaire. Il connaissait la réputation de Barthélemy, l'estime dont cet ambassadeur était environné en Suisse, le crédit dont il paraissait jouir à Paris : c'était un homme du monde et un diplomate de carrière ; il savait les précédents et il possédait le tact des affaires. Mœllendorf prit le prétexte d'un cartel d'échange qu'il désirait conclure, et il fit écrire à Barthélemy par des officiers français prisonniers. « Les Prussiens, disaient ces officiers, veulent entamer une négociation avec la France ; alors qu'ils connaîtront ses intentions à ce sujet, ils enverront un délégué dans le lieu qui sera convenu, et jusqu'à la finale conclusion ils désirent que leur démarche soit ignorée. » La lettre était datée de Mayence, le 23 juillet. Mœllendorf la fit porter par un marchand de vin de Kreuznach, nommé Schmerz. Ce Schmerz avait de l'entregent, de la discrétion et le désir de jouer un personnage. Il joua, en effet, celui de machiniste dans une des plus grandes pièces qui se soient données sur le théâtre européen [1].

Mœllendorf s'avançait beaucoup ; mais ces pointes à l'aventure étaient dans les habitudes prussiennes. D'ailleurs, il comptait sur son flair, et il était bien sûr que, tôt ou tard, son maître lui saurait gré de son entreprise. Le fait est que les avis pacifiques se multipliaient autour de Frédéric-Guillaume. C'était Struensée, qui montrait le trésor à sec, le pays épuisé, le crédit anéanti, l'armée ruineuse, malgré les subsides anglais, et concluait : « Les circonstances exigent une paix prochaine. » C'était Hardenberg, qui mandait : « Il est impossible de se dissimuler que la paix, promptement et conjointement amenée, ne soit le seul parti qui puisse nous garantir, ou, pour le moins, éloigner les malheurs dont nous sommes menacés [2]. »

Le roi reconnut qu'il serait opportun d'éloigner l'armée de la fournaise des Pays-Bas, de la replier sur le Rhin et de l'exposer le moins possible. Mais il était encore loin de tendre la main aux Jacobins. Il se targuait toujours d'être le sauveur

---

[1] Voir *Revue historique*, t. V, p. 281-284. — KAULEK, *Papiers de Barthélemy*, t. V, p. 203 et suiv.

[2] Lettres de Struensée et de Hardenberg, 26 juillet 1794. RANKE, *Hardenberg*, t. I, p. 219. — PHILIPPSON, t. II, p. 104-105.

de l'Allemagne et le destructeur de l'hydre révolutionnaire. L'image du Chérusque Arminius hantait toujours son imagination. « Si les autres sont incapables de continuer la guerre plus longtemps, dit-il à Lucchesini, ils doivent songer à faire la paix; mais je ne serai pas celui qui fera les premières ouvertures aux régicides. » Lucchesini revint à la charge. Les événements soutenaient ses discours. Il connaissait les brusques mutations de l'âme emportée du roi. Si Frédéric-Guillaume répugnait à une paix séparée, qui serait une défection, il ne réprouvait nullement l'idée de se faire médiateur d'une paix générale qui serait un honneur pour la Prusse et un bonheur pour l'humanité. Lucchesini lui représenta l'Autriche indifférente aux nobles scrupules qui l'agitaient, prête à prendre les devants et à lui ravir ce beau rôle de pacificateur. Il lui montra l'Espagne, la Toscane, Naples aspirant au repos. Le roi sentit sa résistance fléchir. « Mon Dieu ! dit-il enfin, je sais bien que la paix est un bienfait du ciel, et je ne m'oppose pas à ce que vous tâchiez de le persuader aux autres; mais en votre nom personnel, entendez-vous bien. » Lucchesini en avertit aussitôt Mœllendorf : « Le roi, à la vérité, m'a déclaré de la façon la plus solennelle qu'aucun de ses serviteurs ne l'amènerait à se déshonorer en faisant une première ouverture, mais il souhaite ardemment que les circonstances s'y prêtent. » C'était affaire aux serviteurs de disposer les circonstances, et le roi de Prusse avait des serviteurs aussi zélés qu'ingénieux à prévenir ses souhaits [1].

Lucchesini n'était qu'insinuant quand il dénonçait les prétendues négociations de l'Autriche avec la France ; il n'était qu'exact lorsqu'il parlait des vœux que les autres États du continent formaient pour la paix. La prise de Fontarabie et celle de Saint-Sébastien, qui donnèrent le Guipuzcoa aux Français, complétèrent, aux Pyrénées occidentales, l'effet des succès remportés aux Pyrénées orientales. La frontière espagnole était entamée. Ces nouvelles jetèrent la perturbation

---

[1] Lucchesini à Mœllendorf, 14 août 1794. — Rapports de Lucchesini. Sybel, Trad., t. III, p. 241. — Revue historique, t. V, p. 289-290.

dans Madrid. Le peuple s'agita, reprochant au ministère l'impuissance de la flotte, l'incapacité des généraux, la ruine du pays qui, malgré ses efforts, n'avait pu arriver à se défendre. Il fallut, pour réprimer les mutins, faire intervenir la troupe. Le mécontentement populaire se portait sur Godoy. Ce favori n'aperçut plus que dans la paix le moyen de se soutenir; il devint pacifique pour garder le pouvoir, et Marie-Louise le devint, du même coup, pour garder son amant. Les patriotes espagnols voyaient la coalition battue sur le continent et l'Angleterre victorieuse sur les mers. La France allait conquérir les pays qui l'avoisinaient, et l'Angleterre conquérir les colonies françaises. C'était un double préjudice et une double défaite pour l'Espagne, qui avait autant intérêt à voir la France contenue sur le continent qu'à la voir, sur les mers, contenir la suprématie britannique.

Les Hollandais n'avaient point les mêmes soucis pour leurs colonies; mais ils en avaient de plus pressants pour leur propre territoire. Ils le savaient menacé d'une invasion, sans qu'il y eût personne pour l'en préserver, eux-mêmes moins que personne. Leur petite armée de 30,000 hommes était réduite de moitié, leurs places étaient dégarnies. Ils avaient compté sur l'Autriche qui avait intérêt à les couvrir, en défendant la Belgique, et elle l'abandonnait. Ils avaient compté sur la Prusse qu'ils payaient, et elle s'en allait avec leur argent. Sans l'Autriche et sans la Prusse, l'Angleterre ne pouvait rien. Les bourgeois se mirent à parler de paix, et le parti démocratique, celui de l'alliance française, parla de révolution, ce qui fit que tout le monde devint pacifique : les uns pour éviter l'occupation française, et les autres pour la faciliter. « La Hollande, écrivait un émigré français réfugié à Londres, est un pays perdu. Un grand nombre de ses habitants désirent voir arriver les Français. » Ce n'est pas la majorité; « mais la majorité est sans âme et sans chefs capables de lui en inspirer. Il ne reste à ce peuple dégénéré, et à tous ses semblables, que le choix du maître [1]. »

---

[1] Malouet à Mallet, 4 juillet 1794. MALOUET, *Mémoires*, t. II, p. 398.

L'Italie s'ouvre. Le roi de Naples a levé des troupes ; il les garde pour se protéger contre ses propres sujets. Alfieri, réfugié à Florence, y compose le *Misogallo ;* mais à Florence même, le parti français se relève. Lord Hood et ses canons s'en sont allés. Manfredini a recouvré toute sa faveur. Un gentilhomme qui a fait quelque scandale par la vivacité de ses opinions philosophiques et l'indiscrétion de ses sympathies jacobines, le comte Carletti, remuant, turbulent, étourdi, empressé, bourdonnant, mouche du coche diplomatique, a été forcé de quitter Florence à la suite d'un duel avec le résident anglais Windham. Il s'est retiré à Gênes, et il y intrigue avec l'agent français Tilly. Cacault a fini par demeurer à Florence : il y confère secrètement avec le ministre d'État, Neri-Corsini ; il assure depuis longtemps que l'Italie ne demande qu'à se soumettre : « Si les Français, disent des hommes de tous les partis, conservent les propriétés et le culte, et ne traitent pas l'Italie comme le Palatinat, que nous importe le reste? Cette nation, ajoutait Cacault, est plus dégagée qu'aucune autre d'amour pour ses princes et ses gouvernements [1]. »

Ainsi, dans les derniers jours de juillet et les premiers du mois d'août, la paix s'annonçait partout comme possible sur le continent. Les conjonctures générales la préparaient. Il ne manquait qu'un gouvernement dans la République pour l'accepter et la conclure. Les diplomates attendaient ce gouvernement de Robespierre : ils ne connaissaient ni l'homme, ni les affaires ; ce fut tout justement la chute de Robespierre et la fin de sa dictature qui permirent d'engager les négociations que l'on cherchait vainement à nouer avec lui.

---

[1] *Correspondance de Cacault*, 1794. — Reumont, *Geschichte Toscana's*, Gotha, 1877, t. II, p. 261. — Lettres de l'archiduc Ferdinand. Zeissberg, t. IV, p. 299.

CHAPITRE IV

LA RÉVOLUTION DE THERMIDOR.

1794

I

Le prestige de Robespierre n'était qu'une fantasmagorie ; il suffit pour la dissiper que ce tyran hypocondriaque parvînt au pouvoir suprême et rencontrât une de ces occasions qui découvrent les meneurs d'hommes et démasquent les manœuvres de l'histoire. La puissance des triumvirs, comme on nommait Robespierre, Couthon et Saint-Just, semblait à l'apogée. Dans les mois de ventôse, germinal et floréal, c'est-à-dire du 19 février au 19 mai, les exécutions s'élevèrent à Paris de 116 à 155 et 354 ; on en compta 281 dans les deux premières décades de prairial, du 20 mai au 10 juin. Les têtes se courbaient d'elles-mêmes sous la guillotine. Rien dans le pays ne résistait plus. C'est le pli héréditaire de la soumission au pouvoir absolu, l'impuissance des individus à réagir contre cette corruption, tout ensemble fatale et incompréhensible pour eux, d'une révolution faite pour les émanciper et qui les accable du sentiment de leur misère ; c'est le dégoût des âmes nobles, l'étourdissement des âmes frivoles, la consternation de tous. Tous meurent bien, trop bien même et trop facilement. « Cet excessif mépris de la mort dépassait le but, rapporte un royaliste ; il ne témoignait pas assez de respect pour la vie [1]. » Voilà le trait final du siècle qui s'abîme en ce massacre. Il y a du désespoir dans la forfanterie des uns et dans le stoïcisme des autres, désespoir de soi-même et des choses, de l'humanité surtout, idéal flétri

---

[1] HYDE DE NEUVILLE, *Mémoires*, Paris, 1888, t. I, p. 70.

de cette génération, et ce désespoir paraît plus profond à mesure qu'il atteint des âmes plus élevées. Deux jeunes hommes, l'honneur et la vertu de leur temps, captifs des mêmes geôliers, traduisent ce sentiment presque dans les mêmes termes : « Abreuvé de dégoût, disait Hoche, c'est un malheureux qui se fuit lui-même et qui ne peut trouver nulle part le repos… Ardent ami de la Révolution, j'ai cru qu'elle changerait les mœurs. Tiré des rangs par je ne sais qui ni pourquoi, j'y rentrerai comme j'en suis sorti, sans plaisir ni peine. » « Il est las, dit André Chénier, parlant de lui-même, de partager la honte de cette foule immense qui en secret abhorre autant que lui, mais qui approuve et encourage au moins par son silence des hommes atroces et des actions abominables… La vie ne mérite pas tant d'opprobre. » Ceux-là avaient rêvé qui de la république romaine, qui de la renaissance d'Athènes ; ils avaient rêvé de la France libre, généreuse et souriante : il leur semble qu'ils n'ont plus qu'à mourir. Un seul, peut-être, dans cette phalange de jeunes guerriers que la Révolution a suscités, considère de sang-froid ce prodigieux abatage de têtes héroïques, sérieuses et pensantes, cet écrasement de la liberté, cette dégradation des principes, cette transformation inattendue qui fait en même temps de la République une armée conquérante et une cité asservie. « Si Robespierre fût resté au pouvoir, disait Bonaparte à Marmont, il aurait modifié sa marche ; il eût rétabli le règne des lois ; on serait arrivé au résultat sans secousses, puisqu'on y serait venu par le pouvoir. » C'était sa propre destinée et son propre génie que Bonaparte prêtait alors à Robespierre. Cette destinée couvait en lui ; il pressentait obscurément que Robespierre en préparait les voies. Il s'abusait, comme les politiques européens, de l'ombre de Cromwell ; mais tandis que ces politiques se laissaient décevoir par les fantômes du passé, Bonaparte obéissait à l'instinct d'un avenir que personne, à cette époque, et lui-même aussi peu que personne, n'attendait de la République française.

La nation était subjuguée ; la Convention était avilie.

Elle ratifiait tout. Elle avait traversé, en quelques mois, toutes les époques du sénat de Rome. Elle semblait, comme ce sénat, n'avoir fait « évanouir tant de rois que pour tomber elle-même dans le honteux esclavage de quelques-uns des plus indignes citoyens, et s'exterminer par ses propres arrêts [1] ». Les séances étaient précipitées et comme éteintes. Tous les députés qui y trouvaient quelque prétexte se réfugiaient dans les bureaux des comités d'affaires. Ils s'y claquemuraient, fermant les yeux et les oreilles aux mouvements de l'Assemblée, et n'en sortaient que pour porter, comme subrepticement, un rapport à la tribune. En toute matière politique, la Convention attendait les injonctions du Comité. Les triumvirs arrivaient, précédés d'une poignée de courtisans, leurs affranchis, délateurs et spadassins parlementaires [2]. Chaque député cherchait anxieusement à lire sur leurs visages « s'ils apportaient un décret de proscription ou la nouvelle d'une victoire ». On avait peur, dit un régicide ; « on observait ses démarches, ses gestes, son silence même. La foule affluait sur la Montagne. Le côté droit était désert, le centre rempli et silencieux. Il y avait des timides qui erraient de place en place, d'autres qui, n'osant en occuper aucune, s'esquivaient au moment du vote [3]. » C'était le spectacle des grandes séances ; habituellement, la salle demeurait presque vide. Le 5 avril, Amar avait été élu président par 161 voix sur 206 votants ; le 26 mai, Prieur, de la Côte-d'Or, le fut par 94 voix sur 117 présents.

---

[1] *Grandeur et décadence des Romains*, ch. xv.

[2] Ils avaient, comme les tribuns du peuple à Rome et comme les Césars, des amis de plusieurs degrés. On reconnaissait — il s'agit de Caius Gracchus — les premiers à ce qu'ils obtenaient, de temps à autre, une audience et pouvaient voir le maître seul à seul ; les seconds n'étaient introduits près de lui que par groupes ; quant aux amis du troisième degré, ils n'abordaient le patron que tous ensemble et par masse. Il en alla, sous Tibère, de la *cohors amicorum* du prince, comme auparavant des amis du tribun, et il en fut ainsi plus tard des *comites*, qui étaient de trois classes : *comites*, c'est-à-dire suivants, qui sont admis dans le *comitatus*, cortège du prince. Fustel de Coulanges, *Le Bénéfice*, p. 211, 228, 231-232. — La tyrannie est routinière et rétrograde par nature : elle n'a que peu de voies ; elle les trouve du premier coup, et elle y rentre toujours.

[3] Thibaudeau, *Mémoires*, ch. v.

Robespierre reçut toutes les adulations que la bassesse peut suggérer [1]. Elles ne parurent jamais le rassasier, parce que jamais il n'y en eut assez pour apaiser ses soupçons. Si grande que fût la lâcheté de ses collègues devant lui, la peur qu'il avait d'eux la dépassait encore. Et cependant, il vint un jour où cette peur, son inspiratrice vigilante et sa conseillère infaillible jusqu'alors, se laissa surprendre par l'excès de la flatterie et de la servilité. Cet inquisiteur austère, toujours en scrupule sur lui-même et sobre de gloire, se laissa tenter, se débaucha pour ainsi dire et éprouva comme un étourdissement de vanité. La Convention avait, sur son désir, décrété qu'une fête solennelle serait célébrée le 20 prairial, — 8 juin, — en l'honneur de l'Être suprême et de l'immortalité de l'âme. Le président de l'Assemblée devait y paraître dans l'appareil de grand pontife. Le 4 juin, Robespierre se porta candidat à la présidence. La Convention donna dans son plein. Les bureaux et les couloirs se vidèrent. Tous les députés qui se trouvaient à Paris durent faire acte de foi. Il y eut 485 votants, et Robespierre fut élu par 485 voix. S'il avait été le profond politique que l'on supposait, il se serait fait, dans ce triomphe, plus humble encore, se prosternant devant l'Être suprême, qui avait tout ordonné, et se perdant dans la foule du peuple souverain, image humaine de ce Dieu et instrument de sa Providence. Mais il ne sut point se garder du vertige [2].

Le 8 juin, le ciel était radieux. Une foule parée, curieuse, empressée, encombrait les places où devait passer le cortège. Pour la masse du peuple, c'était une journée de plaisir; pour tous ceux que la Terreur menaçait, une journée de répit. Paris, mis au régime de Sparte, se retrouvait soi-même et se montrait joyeux, ne fût-ce que de vivre. Une estrade avait été dressée pour les conventionnels, devant les Tuileries. Robespierre, en habit bleu, poudré, portant, ainsi que ses collègues, mais avec plus d'éclat, un bouquet d'épis de blé, de fleurs et de fruits, monta sur une tribune qui occupait le cen-

---

[1] Cf. Robinet, *Procès des Dantonistes*, p. 106.
[2] Voir Quinet, *La Révolution*, liv. XVIII : La dictature.

tre de l'estrade. Des chœurs de musiciens étaient disposés alentour. Au milieu de leurs chants, Robespierre célébra le Dieu qu'il avait donné à la Révolution. Puis, les conventionnels, au son des orchestres, descendirent dans le jardin et défilèrent devant le peuple. Le peuple acclama la Convention, l'orateur, la fête surtout. Robespierre marchait le premier, un peu en avant de ses collègues. Les acclamations l'enivrèrent. Il vit ses ennemis consternés, la République à ses pieds, la vertu encensée dans sa personne. Il s'oublia un instant, et cet instant de défaillance anéantit l'ouvrage de trois années d'astuce et de contention morale. La distance entre lui et les conventionnels s'accrut insensiblement de quelques pas. Ces quelques pas le perdirent. A le voir ainsi dresser sa tête grêle et jouer le maître devant la foule, les Montagnards sentirent que c'en était fait d'eux s'ils ne le détruisaient pas, et plusieurs méditèrent dès lors, en leur for intérieur, de se défaire de lui.

C'étaient les plus acharnés suppôts de la Terreur; mais c'était la fatalité de la Terreur que, inventée pour assurer le règne des terroristes, elle ne pouvait se terminer que par leur anéantissement. Ils avaient prévalu, comme leurs pareils prévalent finalement dans toutes les démagogies, parce qu'ils n'apportaient dans la lutte qu'un fanatisme personnel, direct et simple; forcenés seulement pour leur propre compte, frappant droit devant eux et chacun pour soi-même. Le cynisme de leur langage, le réalisme de leurs conceptions, la lubricité de la vie de plusieurs, les rendaient abominables à Robespierre : ils lui profanaient sa Terreur, et il ne se trompait pas en pensant que sa vertu était un anathème vivant à leur corruption. Ils l'exécraient parce qu'il usurpait leur révolution, c'est-à-dire la souveraine licence de leurs instincts et de leurs haines, pour y substituer une discipline d'abstinence cagote, une extermination sacerdotale et puritaine; parce qu'il restaurait toutes les anciennes chaînes et les plus insupportables de toutes, Dieu, la conscience, l'immortalité de l'âme; parce qu'enfin il visait à instituer à son profit quelque chose de plus odieux pour eux que la dictature d'un tyran, le pontificat d'un censeur. Voilà ce que les Fouché, les Tallien, les Collot, les Barère, les Bourdon, les Lecointre, discernaient clairement dans la fête de l'Être suprême, et ils comprirent qu'ils n'avaient pas de temps à perdre s'ils voulaient prévenir les coups. Robespierre les en avertit. « Demain, dit-il, reprenant nos travaux, nous frapperons avec une nouvelle ardeur les ennemis de la patrie. » Et en effet, le 22 prairial, — 10 juin, — Couthon présenta la loi définitive de Terreur, qui complétait toutes les précédentes et mettait la France entière à la discrétion des triumvirs.

Le tribunal révolutionnaire, dit-il, est paralysé par la lenteur des procédures : plus de formes, plus de preuves ni de témoins ni même d'aveux, l'évidence suffira, et le juge jugera de cette évidence. « Le délai pour punir les ennemis de la patrie ne doit être que celui de les reconnaître ; il s'agit moins de les punir que de les anéantir. » La patrie, ajouta Couthon, n'a pas seulement pour ennemis ceux qui conspirent avec les étrangers et les rebelles. Les plus criminels sont ceux qui cherchent « à dépraver les mœurs et à corrompre la conscience publique ». Tout citoyen fut tenu de les dénoncer. Le Comité de salut public put les traduire tous et directement devant le tribunal révolutionnaire. Cette disposition visait les Montagnards. Elle fut votée cependant ; mais, le lendemain, Merlin la fit abroger. Robespierre était absent. Il revint, le 12 juin, s'indigna et menaça avec des mots terribles de sectaire : « Il ne peut y avoir que deux partis dans la Convention, les bons et les méchants. » Bourdon eut l'imprudence de protester : « Je ne suis point un scélérat ! » — « Je n'ai pas nommé Bourdon, répliqua Robespierre ; malheur à qui se nomme lui-même !... Tallien est un de ceux qui parlent sans cesse avec effroi et publiquement de la guillotine comme d'une chose qui le regarde. » Merlin déclara que son cœur était pur. La Convention fit amende honorable, et rétablit l'article qui la livrait.

Robespierre a atteint son but. Il est omnipotent. L'heure est venue de dévoiler son secret. Ces occasions durent peu.

C'est à les saisir que se jugent les hommes d'État. Mais Robespierre n'a pas de secret. Il continue de tuer, immolant indistinctement royalistes, républicains, chrétiens, athées, maîtres, serviteurs, bourgeois, paysans, riches, pauvres, des pauvres surtout, parce que, à tuer au hasard, dans la foule, on tue surtout des pauvres gens; envoyant tout à son autodafé, le juif, le sorcier, l'hérétique, le musulman, l'incrédule, le superstitieux, le savant, l'insensé et jusqu'aux misérables qui se cachent et se taisent, suspects, en se cachant, de penser à mal, et, s'ils se taisent, de ne point dénoncer le crime [1]. Robespierre a pu, par instants, s'effrayer de son ouvrage, s'effrayer surtout de n'en point découvrir le terme et de se voir voué indéfiniment à l'office de bourreau. Il a pu, dans l'horreur de cet office, se payer de l'illusion qu'en tuant davantage et avec plus de méthode, il arriverait à n'avoir plus besoin de tuer. Mais ce jour ne viendrait que quand tous les vicieux et tous les dissidents étant exterminés, l'unité de parti, l'unité de foi, l'unité de cœur existeraient en France. L'absurdité même de ce projet que lui prêtent ses apologistes, montre l'impossibilité où il était de finir la Terreur. Il ne pouvait s'arrêter, parce que, s'arrêtant, il avait à redouter la vengeance de ceux qu'il avait épouvantés. Quant à jouer le grand jeu, à la Sylla, et à soutenir par la modération une dictature captée par la violence, il en était incapable. Danton, qui était l'audace même de la Révolution, l'avait rêvé et n'en avait pas trouvé l'occasion; Robespierre, qui en avait l'occasion, n'en possédait pas l'audace. Le fait est qu'à partir du vote de la loi de prairial, les exécutions redoublèrent[2]. La seule maxime d'État qui res-

---

[1] Rien de neuf ici encore, rien qui s'excuse par la violence extraordinaire de la crise, rien qui ne s'explique au contraire par les routines de la tyrannie de tous les temps, de la romaine en particulier. — « Manquer de respect à un consul, avoir des aspirations aristocratiques quand la démocratie dominait ou mettre en doute l'autorité du sénat, rire en public d'un augure, s'isoler des affaires publiques et vouloir vivre libre, c'étaient là autant de crimes contre la majesté de l'État. Or, ces crimes étaient jugés par l'État lui-même. » FUSTEL DE COULANGES, *Revue des Deux Mondes*, 15 février 1872.

[2] Du 22 prairial au 9 thermidor, 20 juin-27 juillet, en 48 jours, il y eut à Paris 1,366 victimes, près de la moitié du chiffre total, 2,750, où les anciens

sorte du galimatias sinistre des harangues de ce temps, est cette phrase de Barère : « Que les ennemis périssent ! il n'y a que les morts qui ne reviennent pas. »

C'est pourquoi Barère et ses complices ne voulaient pas mourir. Leur tour approchait. La délation montait autour d'eux, et en eux-mêmes l'angoisse de l'échafaud. Ils éprouvaient ces affres de la guillotine dont ils avaient tourmenté leurs ennemis. Ils connaissaient les insomnies effarées, les tremblements, la nuit, au moindre bruit de pas dans la rue, et, le lendemain, devant le maître, cette anxiété, la plus étouffante de toutes, de paraître avoir eu peur. Ils n'avaient ni l'enthousiasme sombre des Girondins, ni le fatalisme de Danton, ni cette exaltation qui découvrait à ces tragiques victimes, dans la catastrophe de leur existence, la nécessité d'une destinée supérieure qu'ils accomplissaient. Barère et ses complices avaient horreur de mourir, trouvant la vie bonne et ne se souciant de rien hors de la jouissance de vivre. Voilà le fond du complot qui se forma sourdement contre Robespierre dans le mois de messidor. Chacun de ceux qui se sentaient menacés par lui souhaitait qu'il pérît, espérant que d'autres le tueraient [1] et n'osant point encore travailler directement à sa perte. Puis, personne ne paraissant y travailler, la peur les harcela tellement qu'elle leur fit une sorte de courage. Quelques-uns, les plus compromis, s'abordèrent au passage, insinuant des allusions. Ils se devinèrent l'un l'autre plutôt qu'ils ne se firent comprendre, et la trame se noua peu à peu dans l'obscurité et dans les tâtonnements [2].

privilégiés et les bourgeois ne comptent que pour 650. Voir LOUIS BLANC, t. XI, p. 154.

[1] Thirion et Lecointre pensèrent à le tuer au pied de la tribune. QUINET, *La Révolution*, liv. XVIII, ch. IV.

[2] QUINET, *La Révolution*, liv. XIX. Chute de Robespierre. — LOUIS BLANC, t. XI, ch. II : Horribles machinations contre Robespierre. — HAMEL, *Histoire de Robespierre*. — D'HÉRICAULT, *La Révolution de Thermidor*, Paris, 1876. — Comte DE MARTEL, *Étude sur Fouché*, Paris, 1879.

II

Les premiers nœuds se firent dans le Comité même de salut public, entre Barère, Collot et Billaud-Varenne ; ces terroristes ne trouvaient de sauvegarde ni dans leurs talents, ni dans leur vertu, ni dans leur dévouement, auquel ils croyaient encore moins qu'à tout le reste. La vanité, chez eux, aiguillonnait la peur. Ils étaient las d'entendre célébrer le génie de Robespierre ; ils l'avaient mesuré, et ils s'irritaient d'être ravalés au rôle de commis, sinon de valets du dictateur. Ils savaient que, le moment de l'action venu, ils trouveraient, pour le renverser, un appui dans leurs collègues de la section de la guerre ; mais ils savaient aussi qu'ils étaient méprisés de ces collègues et que Carnot ne ferait rien pour substituer leur tyrannie à celle des triumvirs. Ils rencontrèrent plus de dispositions dans le Comité de sûreté générale. Ce Comité de haute police avait passé longtemps pour le cénacle, par excellence, des purs Montagnards. Mais Robespierre tirant à lui toute la police, le Comité de sûreté générale se vit annulé dans la Terreur, et par suite compromis. Cependant, ces dissidents redoutaient encore trop les triumvirs et ne se jugeaient pas assez sûrs les uns des autres pour hasarder l'attaque. Ils craignaient le courage froid de Saint-Just, la férocité de Couthon, et ils comprenaient que rien ne serait fait s'ils ne frappaient, du même coup, les trois associés. Ils attendirent l'occasion. Il se forma entre eux moins une conjuration proprement dite qu'une tendance commune à profiter des circonstances. Robespierre les soupçonnait ; il essaya de les prévenir.

Il n'avait qu'une tactique, qui lui avait toujours réussi. Il l'employa contre eux. Le 13 messidor, — 1ᵉʳ juillet, — il porta au club des Jacobins une longue délation contre les corrompus, les indulgents, les forcenés, les indociles. L'insinuation de toute la harangue fut que le salut de l'État exigeait l'épuration des comités. Au Comité de salut public, il essaya de se débarrasser de Carnot : il l'attaqua sur la lenteur de la guerre et l'accusa de connivence avec les ennemis de la République. Carnot se couvrit le visage de ses mains, pleurant de rage, et se tut. Ses collègues le défendirent. Robespierre déçu se retourna vers les Jacobins. Le 11 juillet, il s'expliqua plus clairement sur les proscriptions. Barère, ce jour-là, présidait le club. On raconte que, rentrant chez lui, consterné, il dit à Vilate, qui l'avait suivi : « Je suis soûl des hommes! » Puis, il ajouta : « Ce Robespierre est insatiable! » Barère lui abandonnait Cambon et la « séquelle dantoniste »; mais sa propre « séquelle », Duval, Audouin, Bourdon, Vilate, lui-même, Barère, enfin; c'en était trop décidément! « Il est impossible d'y consentir. » Le bruit courut que les listes de proscription étaient préparées. Il en circula des copies. Soixante députés n'osaient plus coucher chez eux. Les suspects se rapprochèrent, mais ils ne s'ouvrirent les uns aux autres que pour reconnaître l'horreur de leur situation. Si Robespierre l'emportait encore, il les anéantissait; s'ils renversaient Robespierre, la Convention reprenait sa liberté et détruisait les Comités. Ils se portèrent du côté où les risques semblaient le plus éloignés, et ils essayèrent, en attirant la Convention dans leur entreprise, de se prémunir contre l'effet de leur propre victoire. Ils obéissaient à la nécessité de leur salut, la seule loi qu'ils eussent jamais suivie. Cette nécessité les avait poussés jusqu'alors à rechercher l'alliance des plus violents révolutionnaires; elle les entraîna désormais à solliciter le concours des conventionnels les plus modérés. Cet événement procédait de tout le passé des factions dans la Convention; il en changea tout l'avenir. C'est ici, en effet, que commencent le grand remous et le reflux de la Révolution. C'est dans ces confins obscurs et dans ces souterrains des Comités que s'opèrent les soulèvements sourds du terrain qui vont modifier l'équilibre des eaux et détourner le courant vers une pente nouvelle : le courant ne la remontera pas.

« Cette espèce de gens », disait Lamoignon à Retz, à propos

des modérés de leur temps, « ne peut rien dans les commencements des troubles; elle peut tout dans les fins¹. » Ceux qu'on appelait les députés de la Plaine ou le Marais de la Convention attendaient, en se courbant, que la tempête fût passée : leur seule politique était d'y survivre. Tous les terroristes leur paraissaient également odieux; les factions qui se formaient dans les Comités leur semblaient également tyranniques; la honte et le péril étaient les mêmes à obéir aux unes ou aux autres. Les modérés ne songeaient qu'à se faire oublier de toutes. Toutes se trouvèrent amenées, en même temps, à les rassurer et à les ménager. Robespierre, dont leur soumission flattait l'orgueil, s'imaginait qu'en les épargnant, il les tiendrait toujours subjugués. Il leur fit entendre que, les sachant honnêtes au fond et enclins à la vertu, il avait, par égard pour eux, laissé vivre les soixante-treize députés de la Gironde incarcérés depuis un an. Ils l'écoutèrent; ils écoutèrent aussi les dissidents des Comités, mais ils y mirent plus de précaution. Ils jugeaient Robespierre moins fourbe, moins dangereux aussi à entendre parce qu'il tenait le pouvoir, plus redoutable à combattre parce qu'il avait jusqu'alors vaincu tous ses ennemis. Ils continuèrent de le flatter sur l'article où ils le pouvaient flatter sans se compromettre et sans se déshonorer : son Être suprême. Le 30 juin, un des hommes les plus droits de ce groupe, qui montra dans la suite du talent et du courage, Boissy d'Anglas, publia un *Essai sur les fêtes nationales*. Il y vanta la « morale bienfaisante et saine » du discours de prairial; il compara l'orateur à « Orphée enseignant aux hommes les principes de la civilisation et de la morale ». Les modérés faisaient acte d'orthodoxie et se mettaient en règle avec le saint-office. Ils s'en tinrent là, ayant lieu de craindre qu'après les avoir entraînés à des engagements téméraires, les factions rivales ne fissent la paix à leurs dépens. La prudence leur commandait la neutralité. En cas de bataille, ils jugeraient les coups, ils se réserveraient le rôle d'arbitres du combat et

---

¹ 1652. *Mémoires de Retz*, II⁰ partie, ch. xxxix.

se porteraient, si leur intérêt les y poussait, du côté du plus fort.

La question était donc de savoir lesquels, d'entre les terroristes, auraient le plus de peur des autres. Robespierre, dans ces extrémités, évitait de donner de sa personne. Il mettait son art à conduire ses ennemis vers l'abîme et à les y faire tomber par l'effet de leur propre vertige. Il attendit aussi les événements. On n'a jamais vu de crise historique moins concertée et moins dirigée que celle-là. L'entreprise des individus n'y eut presque point de part; l'impulsion générale décida de tout. « Je suis incapable de prescrire au peuple les moyens de se sauver, avait dit récemment Robespierre [1]. Cela n'est pas donné à un seul homme. » Il avait dénoncé les « scélérats »; il compta que les « scélérats » se trahiraient eux-mêmes. Les violents, la Commune et Henriot se chargeraient alors de l'action. Le coup de main exécuté et les scélérats sous le verrou, Robespierre reparaîtrait comme l'instrument de la vindicte publique et le régulateur de la nouvelle révolution dont il aurait été le prophète. C'est ainsi qu'il avait agi au 10 août, au 2 septembre, au 31 mai, au 2 juin, dans toutes les journées, sauf dans celles du procès de Louis XVI, parce que, le roi étant captif et la monarchie renversée, il n'y avait aucun péril à réclamer le régicide : le péril était seulement à le refuser.

Pendant tout le mois de messidor, 19 juin — 18 juillet 1794, Robespierre affecta de ne se point montrer à la Convention. Il ne vint au Comité que par intervalles, pour le détail des affaires de police, les seules qui l'intéressassent. Il rejetait ainsi sur ses amis, Saint-Just et Couthon, et sur ses adversaires, Barère, Collot, Billaud, la responsabilité de l'événement qu'il machinait en dessous. La Terreur croissait en atrocité; mais Robespierre n'exécutait point les décrets qu'il avait dictés. Il se disait que les modérés et le public feraient la différence entre lui, tout à son Dieu, tout à la vertu, tout à l'avenir de la

---

[1] *Aux Jacobins*, 7 prairial-26 mai 1794.

République, et les ultra-révolutionnaires, qui poussaient tout à l'excès, qui frappaient sans doctrine, dénoncés d'ailleurs publiquement par lui, comme aussi funestes que les « vicieux, les riches, les bourgeois, d'où viennent tous les dangers intérieurs [1] ». Il s'établit aux Jacobins; c'est de ce club qu'il avait porté tous ses grands coups. Il opéra contre les Montagnards dissidents comme il avait opéré contre la Gironde et contre Danton. Sur ses instigations, le club décida d'exiger l'épuration des comités. Robespierre se dit que la Plaine la voterait, parce que la Plaine obéissait toujours aux injonctions de la foule armée, et qu'elle n'aurait ni scrupule ni peine à sacrifier des forcenés. Ces forcenés abattus, Robespierre resterait seul, debout, en face de la Plaine : n'ayant plus à trembler que devant lui, les modérés deviendraient entre ses mains un instrument d'État aussi docile que la planche aux assignats : il n'aurait plus qu'à étendre la main pour faire de la vertu, comme on faisait de la monnaie, en tournant la mécanique.

Le 7 thermidor, — 25 juillet, — une députation des Jacobins se présenta à la barre de la Convention; elle déclara que les patriotes étaient opprimés et demanda que l'Assemblée fît trembler les traîtres et rassurât les gens de bien. Robespierre spéculait sur l'effarement de ses ennemis; il attendait d'eux quelque éclat d'indignation à la Vergniaud, quelque énorme témérité à la Danton, aveux qui les livreraient. Il comptait sans la consternation dont il avait tout frappé, et sans la fourbe de son élève, devenu dès lors son maître en astuce terroriste, parce qu'il avait, avec moins d'arrière-pensées d'ambition et sans aucune prétention pontificale, un sentiment très clair de sa peur et de sa lâcheté. Barère répondit aux délégués jacobins par une apologie de Robespierre. Il le défendit contre les calomniateurs qui l'accusaient de préparer un nouveau 31 mai; il assura que l'union la plus parfaite régnait entre les comités, et que le péril serait aisément conjuré « par la démarcation des hommes purs et des fripons, par une meilleure justice.

---

[1] *Discours aux Jacobins*, 12 et 21 messidor-30 juin, 9 juillet 1794.

par l'accélération du jugement des détenus et la punition prompte des contre-révolutionnaires ». La Convention vota l'impression de ce discours, et les modérés se félicitèrent de leur prudence.

Robespierre s'y méprit et se crut le maître. Il jugea le moment venu de revenir à la Convention et de frapper le dernier coup. Il avait eu le temps de polir sa harangue : il y mit tout son talent, une rhétorique laborieuse, et toute sa pensée, un anathème : « Je ne connais, dit-il le 8 thermidor, que deux partis : celui des bons et celui des mauvais citoyens. Quel est le remède? Punir les traîtres, renouveler les bureaux du Comité de sûreté générale, épurer le Comité de salut public, constituer l'unité du gouvernement sous l'autorité suprême de la Convention nationale. » Puis, s'adressant à la Plaine : « Le patriotisme n'est point une affaire de parti, mais une affaire de cœur... Je sens que partout où l'on rencontre un homme de bien, en quelque lieu qu'il soit assis, il faut lui tendre la main et le serrer sur son cœur. » Il plaçait ainsi les bons à sa droite ; il montra les méchants à sa gauche, mais il les montra du haut de l'autel, en pontife dépositaire de la foi : « Non, Chaumette, non, Fouché, la mort n'est pas un sommeil éternel. Citoyens, effacez des tombeaux cette maxime impie qui jette un crêpe funèbre sur la nature et qui insulte à la mort ; gravez-y plutôt celle-ci : La mort est le commencement de l'immortalité. » Chaumette était guillotiné ; quant à Fouché et à ses pareils, ils se souciaient fort peu de l'immortalité, et l'échafaud que Robespierre leur destinait leur semblait l'insulte la plus impie à la nature. Ils ne se trompèrent point sur la portée de l'avertissement qui leur venait de la tribune. La Convention avait écouté le discours « dans le silence de la stupeur ». Elle en vota docilement l'impression. Couthon proposa l'envoi à toutes les communes, et l'Assemblée vota encore. Cependant, les victimes désignées se débattaient, ne voyant plus de retraite : « Avant d'être déshonoré, je parlerai à la France », déclare Cambon. Billaud-Varenne demande que le discours soit d'abord renvoyé aux comités incriminés, afin qu'ils expliquent leur conduite. Panis rapporte qu'un Jacobin lui a dit : « Je vous connais, vous êtes de la première fournée. » Vadier s'écrie : « Il est temps de dire la vérité tout entière : un seul homme paralysait la volonté de la Convention nationale ; cet homme, c'est celui qui vient de faire le discours, c'est Robespierre. » — « Quoi ! réplique Robespierre, on enverrait mon discours à l'examen des membres que j'accuse ! » — « Nommez ceux que vous accusez ! » répond Charlier. On crie : « Nommez-les ! Nommez-les ! » Robespierre hésite, déconcerté : « Je déclare que je ne prends aucune part à ce qu'on pourra décider pour empêcher l'impression de mon discours. » Il craint, en nommant les gens, de coaliser contre lui ceux qu'il nommera. En ne nommant personne, il les menace tous et les réunit contre lui. Sur la motion de Breard, le décret d'envoi du discours aux communes est rapporté. Robespierre ne croyait pas à la résistance, la jugeant sacrilège ; il l'aperçut à peine qu'elle lui sembla invincible. Debout, à sa place, menaçant du regard, il avait cru commander le vote. Le vote le consterna. Il retomba sur son banc avec un soupir étouffé et murmura : « Je suis perdu. » Il se releva cependant et prépara une revanche, mais son prestige était rompu. Il se rend aux Jacobins, où on l'acclame. Les hommes à poigne, Payan, Coffinhal, offrent d'enlever les Comités qui ne sont pas gardés. Robespierre refuse, répugnant à ordonner des actes qui l'auraient compromis sans retour, se flattant encore de regagner la partie et de tout changer par un discours. Son indécision naturelle, son amour-propre de rhéteur, sa foi en sa vertu, son incapacité d'agir, sa cautèle, le détournent des mesures mêmes de précaution : il y voit un danger, et craint de donner prise à ses accusateurs.

Le 9 thermidor, — 27 juillet, — vers midi, la salle de la Convention se remplit peu à peu. On voit sortir de leurs bureaux des députés qui ne paraissaient plus aux séances. Ils se rassemblent sur les bancs du centre. Saint-Just dénonce un complot ourdi pour détruire le gouvernement révolutionnaire, proscrire une partie de la Convention et dominer l'autre par la terreur. Tallien et Billaud l'interrompent. Leurs amis les soutiennent. Saint-Just quitte la tribune. Alors, Billaud retourne l'accusation contre Robespierre. On applaudit. La Convention se déclare en permanence jusqu'à ce que la lumière soit faite. Robespierre veut parler; les Montagnards, enhardis, hurlent : « A bas le tyran ! » L'un des plus décrédités, et l'un des plus compromis parmi « les scélérats et les fripons », dénoncés par Saint-Just, Tallien, qui sent encore sa tête sur ses épaules, mais sait bien que, s'il ne la joue pas en ce moment, il la perdra le lendemain à coup sûr, monte à la tribune : « Les conspirateurs sont démasqués. J'ai vu hier la séance des Jacobins ; j'ai vu former l'armée du nouveau Cromwell; je me suis armé d'un poignard pour lui percer le sein, si la Convention nationale n'avait pas le courage de le décréter d'accusation. » Henriot, chef de la garde nationale ; Dumas, président du tribunal révolutionnaire, et d'autres suppôts connus de Robespierre, sont décrétés d'accusation. Il est environ une heure et demie.

Robespierre est forcé dans ses retranchements. Cependant, il a affronté d'autres assauts de tribune et de plus redoutables assaillants. Il lui a suffi de parler pour que Vergniaud tombât et que Danton fût perdu. Il occupe la tribune. Mais les temps sont changés. Robespierre a découvert à l'Assemblée le vide de son système. Il se fait autour de lui un recul instinctif. Les clameurs des Montagnards retentissent de plus en plus profondément dans la Plaine; le remous gagne ces régions molles et jusque-là inertes. C'était la minorité qui décidait auparavant dans tous les votes : la masse s'abstenait. Robespierre voit maintenant s'agiter devant lui une majorité formidable qui va se lever d'un instant à l'autre et tout emporter. Il se trouble. Ses ennemis cependant craignent encore ses sophismes. S'il parle, il peut les faire proscrire : il ne parlera pas. Ils ont, pour l'en empêcher, un moyen brutal, mais efficace : celui que l'on a employé pour étouffer la voix de Louis XVI sur l'échafaud, le bruit. Ils vocifèrent, ils tapent, ils piétinent. Le président, Collot, aussi menacé au moins que Tallien, préside en complice. Il sonne avec frénésie. Saint-Just, impassible en apparence, assiste à cette rébellion des éléments révolutionnaires, stupéfait comme un thaumaturge qu'un phénomène imprévu de la nature dérouterait dans ses prestiges. Robespierre se débat et s'épuise en efforts; hué par la Montagne, il se tourne vers la Plaine. Ces députés ont attendu l'événement pour prendre parti. L'événement est venu. Robespierre leur semble écrasé. Ils le condamnent. De guerre lasse, n'ayant plus de voix ni de souffle, Robespierre se résigne. Collot met aux voix la mise en accusation des deux Robespierre, de Couthon et de Saint-Just. Les triumvirs avaient dressé l'Assemblée aux votes unanimes; elle vote, à l'unanimité, leur proscription. Vers cinq heures et demie, la séance est suspendue.

Cependant, Henriot se rappelle qu'au 2 juin il a fait reculer la Convention tout entière avec un seul commandement de : « Canonniers, à vos pièces! » Il se lance à cheval, dans les rues, appelant le peuple aux armes. Vers cinq heures, une troupe, qu'on évalue à plus d'un millier d'hommes, se rassemble, sur la place de l'Hôtel de ville, avec quarante canons. Les Comités de salut public et de sûreté générale, prévenus de ces mouvements, interdisent de battre le rappel et font défendre aux chefs de légion d'obéir aux ordres d'Henriot. Celui-ci parcourait les rues, suivi d'un seul aide de camp. Six gendarmes le rencontrent, le prennent, le garrottent et l'amènent au Comité de sûreté générale. La Commune s'est réunie. Elle lance une proclamation : « Peuple, lève-toi! ne perdons pas le fruit du 10 août et du 31 mai! » Elle apprend l'arrestation d'Henriot et charge Coffinhal de le délivrer. Les sectionnaires armés sont déjà plus nombreux. Coffinhal les entraîne, suivi des canonniers et de vingt pièces. Il marche sur les Tuileries, occupe la place du Carrousel, fait braquer les canons sur la salle des séances et monte lui-même au Comité de sûreté générale. Il y trouve Henriot, l'emmène et le présente aux canonniers qui l'acclament.

Personne ne gardait la Convention. La plupart des députés s'étaient dispersés. Ceux qui étaient restés suivent avec épouvante les progrès de l'insurrection. Ils se croient perdus.

Henriot, en effet, peut les prendre d'un coup. Il y songe; mais ses canonniers, le noyau de sa troupe, voyant leur chef libre, ne comprennent plus pourquoi ils devraient se battre. Le mystère de ce palais, où siège le souverain, les intimide malgré eux. Tel est l'esprit de ces temps où les paroles ont suscité tant de prodiges et suggéré tant de crimes. Les grandes images républicaines gardaient encore, dans les imaginations populaires, toute leur puissance. Les mêmes hommes qui auraient pris ou tué, sans scrupule, chaque conventionnel individuellement, dénoncé comme traître à la patrie et proscrit par la loi, hésitent et s'arrêtent devant la majesté de cette loi même, de l'assemblée qui la fait, de cette République pour laquelle tout s'accomplit. Le 2 juin, ils ont réduit la Convention à capituler, mais ils l'ont fait pour obtenir le décret de proscription des Girondins. Comme la foule qui avait ramené Louis XVI à Paris en octobre 1789 et en juin 1791, ces révolutionnaires faisaient acte de foi au souverain en le violentant. C'est le secret du 2 juin; c'est aussi le secret du 9 thermidor. Henriot vit ses hommes indécis. Il alla chercher des ordres où il pouvait en recevoir, et fit faire volte-face à sa troupe, vers l'Hôtel de ville. Les députés, en rentrant, vers sept heures, dans la salle des séances, apprirent le péril auquel la Convention venait d'échapper. Ce péril n'était que différé.

Robespierre avait été conduit à la prison du Luxembourg. Le geôlier refusa de le recevoir sans un ordre de la Commune. Dirigeant ses gardiens qui semblaient lui faire escorte, Robespierre se fit conduire aux bureaux de la Police, sur le quai des Orfèvres. Il lui suffisait d'avoir échappé à l'écrou du Luxembourg; il ne tenait pas à être libre, à l'être surtout au milieu de la Commune. Il lui convenait de conserver son rôle de victime. Si quelque coup de force se tentait pour sa délivrance, il entendait en laisser les risques à ses partisans pour en exploiter ensuite les avantages avec d'autant plus d'âpreté que sa vertu en aurait été moins ternie. A cette heure suprême de sa carrière, il subtilisait encore et raffinait sur les ménagements de sa réputation et de sa vie. Il ne trouvait en lui-même d'autres ressources que les équivoques. Il lui parut que la Police formait un milieu entre la Convention et la Commune, et que ce serait la place convenable pour y attendre, en sûreté, les suites de la journée. Il y arriva vers huit heures. La Commune, cependant, s'occupait de le sauver, surtout de se défendre elle-même. Elle nomma un comité d'action de neuf membres, enjoignit à tous les agents municipaux de n'obéir qu'à ce comité et envoya Coffinhal délivrer Robespierre. Coffinhal l'enleva, en quelque sorte, et le força à venir prendre le commandement des hommes qui se disposaient à se battre pour sa cause. A l'Hôtel de ville, Robespierre retrouva son frère, Couthon et Saint-Just. Il n'avait plus à faire qu'acte de présence et effort d'attitude. Ses complices se chargeaient de déployer l'énergie qui lui manquait.

Les conventionnels apprirent très vite ces événements. Ils se jugent condamnés s'ils attendent l'attaque. Ils protestent, ils jurent, dans la confusion, de mourir à leur poste. Tandis que le chœur, qui remplit la scène, déroule ces intermèdes de tragédie, les meneurs des comités proposent et font décréter la mise hors la loi des deux Robespierre, de Couthon, de Saint-Just, du maire de Paris, des membres de la Commune. Ils expédient, dans les sections, des commissaires pour y porter ce décret, l'expliquer et appeler la garde nationale à la défense de l'Assemblée. Ils nomment Barras commandant en chef de la force armée de Paris. C'est un ancien officier qui poursuit dans la Révolution une carrière d'aventures commencée sous l'ancien régime. Bien né, de formes polies, l'esprit résolu, la main rude, homme de coups de bourse et de coups d'État, bon à enlever un prince, à mettre à sac un couvent, à conquérir une colonie, à écraser une émeute, à disperser une assemblée, selon l'intérêt du moment. Il recrute une poignée de Montagnards déterminés, comme lui, à jouer à fond la partie. Ces commissaires se répandent dans les sections. Ils ne se mettent point en frais d'imagination ni d'éloquence, ils accusent tout crûment Robespierre de royalisme. Si monstrueuse que soit l'accusation, elle porte. Les Parisiens s'étaient habitués à croire les délateurs par cela même qu'ils dénonçaient, et à obéir à quiconque commandait au nom du peuple souverain. D'ailleurs, ils avaient assez de Robespierre, qui promettait tout, qui ne donnait rien, qui épouvantait les gens paisibles et dérangeait les divertissements des autres. Ce qui venait de se passer dans la Convention, entre la Montagne et la Plaine, allait se répéter dans Paris. La terrible formule : Hors la loi! imposait aux plus grossiers. Robespierre l'avait environnée d'une sorte d'horreur sacrée qui tenait de la république des Romains et de l'inquisition des Espagnols. Les sections avaient suivi la Commune, parce que la Commune possédait la force, et Robespierre, parce qu'il personnifiait la Convention. Les commissaires dissipèrent l'équivoque. Les sections virent d'un côté la Convention et de l'autre la Commune : elles se prononcèrent pour la Convention qui représentait le peuple, la République, la loi, c'est-à-dire tout ce qui demeurait, dans les esprits, des idées de souveraineté et de gouvernement.

A deux heures du matin, la Convention disposait d'une force armée supérieure à celle de la Commune; mais ce qui assurait sa victoire, c'est que cette force opposée à la Commune n'était point une force contre-révolutionnaire : c'était la Révolution même en armes, réagissant sur soi-même pour se sauver de ses propres excès. La Convention prend l'offensive. Barras et Bourdon marchent sur l'Hôtel de ville et dispersent les bandes attroupées sur la place. Habituées à tout voir céder devant leur attaque, ces bandes tourbillonnèrent dès qu'elles furent assaillies par une troupe résolue. Traqués dans l'Hôtel de ville, Robespierre le jeune, Couthon, Saint-Just se débattaient dans l'étonnement et l'impuissance, Maximilien Robespierre, comme figé en lui-même, paralysait par son incertitude ce qui subsistait d'entreprise chez les siens. Il n'avait eu qu'une politique : faire peur, toujours plus peur, afin de vivre; il avait tant fait peur qu'à la fin on allait le tuer. Il ne comprenait pas. Tout à coup, un gendarme pénètre dans la salle du conseil, un pistolet à la main. Il reconnaît Robespierre affaissé dans un fauteuil, la tête reposant sur la main gauche. Il marche sur lui, tire et lui brise la mâchoire. Les assaillants envahissaient partout. Il y eut comme un vertige de mort. Lebas se brûle la cervelle. Robespierre le jeune se jette par la fenêtre. Les autres sont pris. Maximilien Robespierre, frappé à mort, défiguré par sa blessure, son habit bleu de l'Être suprême déchiré en lambeaux, souillé de sang et de poussière, est porté au Comité de sûreté générale. On l'y laisse sans secours jusqu'au matin. Un chirurgien le panse alors, afin qu'il puisse paraître au tribunal et figurer sur l'échafaud. Aux différentes stations où on le traîne, la populace, qu'il avait encensée, menace de l'écharper. Elle l'invective de ces noms de sire! et de roi! dont il a fait les pires des injures. Toutes les ignominies que douze mois d'anarchie terroriste, l'habitude du sang, la familiarité des supplices, l'opprobre jeté sur les vaincus, avaient enseignées à la foule parisienne, Robespierre les éprouva. Il subit cette loi d'égalité dont il s'était armé pour s'élever au sommet de l'État et faire de son personnage d'emprunt quelque chose de plus formidable que Richelieu et Calvin réunis. Il ne montra ni de remords de ses actes, ni de désillusion de ses idées. Il supporta cette agonie, qui dura quinze heures, avec le stoïcisme de la vertu méconnue par les hommes et accablée par l'adversité des choses. Si l'on considère qu'il était né doux, sensible et pusillanime, que l'ambitieux et le machiavéliste n'étaient chez lui que les dehors d'un utopiste, fanatique de sa chimère, et d'un hypocondriaque obsédé des hallucinations de la mort, on juge qu'il a dû effroyablement souffrir.

On vit, à la rapidité et à la profondeur de sa chute, à la grossièreté des hommes qui le renversèrent, à l'écroulement subit et irrémédiable de son système, de quel poids il pesait sur la France et combien cependant il était peu de chose dans la République. Aussi longtemps qu'il s'enveloppa de soupçons et qu'il se fit, pour ainsi dire, un rempart de ses ennemis, il put dissimuler le néant de son âme; mais quand il eut tout abattu devant lui, qu'il se présenta seul devant le peuple, et que l'heure vint de révéler son dessein, il demeura banal et s'échappa encore en délations. On le fit taire : il resta consterné. Il lui avait suffi de triompher pour perdre son prestige. Quelqu'un le frappa du pied, et il tomba. Le peuple s'était admiré en sa personne ; il le renia lorsqu'il vit en lui ce qu'il méprise le plus, un rhéteur sans souffle, un visionnaire effaré, un prophète confondu, un tyran écrasé. Robespierre avait tellement identifié la Terreur avec sa personne, que, lui abattu, la Terreur s'évanouit d'elle-même. Elle avait perdu son masque, et avec son masque, sa raison d'être.

III

C'était la règle de toutes les crises de la Révolution : ceux qui les avaient provoquées et qui y croyaient triompher, étaient aussitôt renversés et bientôt après balayés par la poussée de la foule auxiliaire. Les Thermidoriens subirent à leur tour cette presse, mais elle les renversa du côté où ils ne penchaient point. La Révolution, à cette époque, sembla reculer comme les eaux de la mer que leur masse fait refluer sur elles-mêmes lorsqu'elles ont atteint l'apogée de leur crue. Un régime tel que celui de la Terreur ne se pouvait soutenir qu'à condition de ne pas donner un instant de répit. Dès que l'on aperçut la possibilité de s'en affranchir, on le réprouva avec horreur, et l'exécration grandit à mesure que, considérant la Terreur de plus loin, on la jugea plus inutile et plus funeste. Comme les Girondins avaient été, après le 10 août, emportés par les Jacobins, comme les Dantonistes, après le 31 mai, l'avaient été par la Commune, on vit les Montagnards vainqueurs de Robespierre, entraînés par le parti de la Plaine et ce parti entraîné par l'opinion publique. L'humanité rentra dans la Révolution, et la brèche faite, elle balaya ce qui restait de terroristes. Ce n'était point l'affaire des hommes des comités, ceux qui avaient commencé l'attaque pour leur propre compte : Barère, Collot, Billaud, Vadier, Amar, et avec eux les proconsuls corrompus, dénoncés par Robespierre, Fouché et Carrier, de Nantes.

Barère essaya de se raccrocher aux branches : « La hideuse contre-révolution, dit-il le 10 thermidor, s'était réfugiée dans la maison commune. Quelques aristocrates déguisés parlaient d'indulgence, comme si le gouvernement révolutionnaire n'avait pas repris plus d'empire par la révolution même dont il a été l'objet. » La Convention n'entendait déjà plus ce langage. Ces forcenés incorrigibles se sentaient impardonnables. Ils formèrent une nouvelle Montagne, se réfugièrent au club des Jacobins et recommencèrent à prêcher avec fureur la guerre sans merci aux modérés. La plus grande partie de l'ancienne faction montagnarde se sépara d'eux. Ces derniers conventionnels, les Thermidoriens à proprement parler, car ils portèrent les coups décisifs en thermidor et exploitèrent la victoire, étaient d'anciens dantonistes ; s'ils n'avaient point tous suivi ce parti, quand Danton était vaincu, ils étaient disposés, maintenant qu'ils se trouvaient les maîtres, à s'approprier sa politique, comme ils l'entendaient : finir la révolution entre leurs mains et à leur profit.

Gens d'affaires, gens de poigne et d'autorité, avides du pouvoir, aimant à l'exercer, ils n'ont pas renversé Robespierre pour se faire mener par les complices de ce rhéteur. Comme il leur faut un soutien, ils le cherchent nécessairement dans la Plaine. Ils se font, sinon modérés, au moins, selon le mot d'alors, « réacteurs », comme ils s'étaient faits terroristes auparavant, pour rester les maîtres.

Cependant, du fond de cette Plaine qu'ils ont ranimée, de ce Marais qu'ils ont tiré de sa léthargie, on voit reparaître les hommes qui s'étaient dissimulés durant la Terreur et qui, n'appartenant à aucune faction, sont destinés à devenir les modérateurs de toutes : Cambacérès, Thibaudeau, Durand-Maillane, Boissy d'Anglas, Pelet, Sieyès enfin qui se hasarde hors de sa retraite. Ils ont formé la majorité au 9 thermidor. Ils entendent que les nouveaux gouvernants leur fassent une part ; mais ils ont peur d'être envahis et expulsés à leur tour par de plus modérés, les restes de l'ancienne Gironde, soutenus par le reste des monarchistes, et ils élèvent tout de suite la barrière qui protégera la place contre les intrus ou les suspects. C'est le régicide. Qui n'aura point voté et reçu le baptême du sang sera exclu du pouvoir. Ce sera la garantie des républicains et la sûreté de la Révolution. « En votant la mort du tyran, dit Thuriot, nous avons consenti à tout risquer, tandis que ceux qui n'ont pas coopéré à ce grand acte n'ont rien hasardé. »

C'est ce qui explique leur conduite à l'égard du malheureux orphelin détenu au Temple. Victime la plus innocente et la plus déplorable de la Terreur, le dauphin, depuis le mois de janvier, n'était plus même traité en prisonnier d'État. Réduit au sort d'un lépreux au milieu d'une populace féroce, séquestré dans son cachot, tourmenté dans sa veille, supplicié dans son sommeil, voué à l'ignorance, livré à la vermine, en un temps où l'on délibérait pompeusement des lois sur l'assistance publique, l'instruction populaire, l'égalité des hommes et le règne de la vertu, il se consumait dans le rachitisme auquel il devait succomber. Barras le visita le 11 thermidor et le trouva sur un fumier, couvert de tumeurs, terrifié et comme empoisonné par les larmes.

Un gardien humain, Laurent, remplaça l'abject Simon. La cellule fut nettoyée, l'enfant habillé, nourri, presque soigné. L'intérêt des thermidoriens était qu'il ne pérît point; car, lui mort, le comte de Provence se proclamait roi, et les royalistes avaient un chef.

La Convention se remit vaillamment à l'œuvre. Elle reprit les travaux que les hommes d'affaires avaient élaborés obscurément, que la Terreur avait suspendus ou paralysés et qui restaient sur le papier. Avant tout elle réorganisa son propre instrument de règne : les Comités. On les coordonna, en attendant le vote encore lointain et incertain d'une constitution. Sur un rapport présenté le 15 fructidor-1er septembre par Berlier, la Convention décide qu'elle formera seize comités : trois, celui des procès-verbaux, des pétitions et du palais, pourvoient au service intérieur de l'Assemblée; onze pourvoient à l'administration de la République : ceux de finances, de législation, d'instruction publique, d'agriculture, de commerce et d'approvisionnements, de travaux publics, de transports, de statistique administrative, de la guerre, de la marine ; deux exercent le gouvernement de l'État : le Comité de sûreté générale, chargé de la haute police ; le Comité de salut public, qui dirige les opérations de la guerre et celles de la diplomatie. Ces comités, composés chacun de douze membres, se renouvellent chaque mois par quart, c'est-à-dire que chacun des membres qui les composent est nommé pour quatre mois. Pour le Comité de sûreté générale et pour celui de salut public, l'élection se fait par appel nominal : les membres sortants ne sont rééligibles qu'au bout d'un mois. Auprès de chaque comité est établie une commission exécutive ; ce sont les anciens bureaux des ministères. Ces commissions préparent le travail et expédient les affaires.

Ainsi la Convention administrait et gouvernait directement. Le grand nombre des comités ouvrait carrière à l'activité de tous les conventionnels capables et zélés. Pour remplir ces comités, la Convention fut obligée de faire appel très largement au concours des hommes d'affaires et de les rechercher sur presque tous les bancs. C'est là que se reprirent, se poursuivirent, s'achevèrent les œuvres utiles et efficaces de la Convention [1].

Le pouvoir, concentré naguère dans une seule faction, se dissémina peu à peu dans l'Assemblée, et passa nécessairement aux mains d'hommes plus modérés. Le recrutement ne demeura systématique que dans les deux comités de gouvernement. Le Comité de salut public, le seul intéressant au point de vue des affaires européennes, fut reconstitué le 14 thermidor—1er août, par la nomination d'Eschasseriaux, Breard, Laloy,

---

[1] Voir ci-après liv. III, ch. v, § 4. — Cf. MICHELET, *Histoire du dix-neuvième siècle*, t. I, p. 62, 116-117, 120. — Par exemple : École des travaux publics, 28 septembre 1794 ; Conservatoire des arts et métiers, 10 octobre ; École normale, 30 octobre ; École de médecine, 4 décembre ; le Muséum, décembre ; Écoles centrales ou lycées, 25 février 1795.

Thuriot, Treilhard et Tallien. Collot, Barère, Tallien et Billaud-Varenne donnèrent leur démission à la fin du mois, et, le 15 fructidor—1ᵉʳ septembre, le Comité se trouva ainsi composé : Carnot, Prieur, de la Côte-d'Or, Robert Lindet, seuls survivants du Comité de l'an II, Eschasseriaux, Laloy, Thuriot, Breard, Treilhard, Delmas, Cochon, Fourcroy, Merlin de Douai.

Les Thermidoriens avaient laissé le tribunal révolutionnaire opérer jusqu'au 13 thermidor—31 juillet. Il avait encore de la besogne à faire. Il condamna les complices de Robespierre et quatre-vingt-douze membres de la Commune, dont quatre-vingts furent exécutés le 11 thermidor et douze le lendemain. Le 14 thermidor—1ᵉʳ août, Fouquier-Tinville fut mis en accusation ; la loi de prairial fut rapportée, et, le 24 thermidor—10 août, le tribunal révolutionnaire fut réformé. Le 1ᵉʳ septembre, la Convention remplaça la Commune par deux commissions, décréta que les comités révolutionnaires ne se réuniraient plus qu'une fois par décade, en diminua le nombre, supprima la solde de quarante sous donnée aux assistants, et, le 15, éloigna de Paris les vagabonds, les suspects élargis, les militaires sans solde. La guillotine s'arrêta [1], les prisons s'ouvrirent. On délivra en masse. Mais dans cette lutte contre les forcenés, leurs associés ou leurs maîtres de la veille, les Thermidoriens apportèrent les habitudes de suspicion et de violences qu'ils avaient contractées dans leurs luttes contre les royalistes, les Girondins et les modérés. Tallien reçut un coup de couteau. Le club des Jacobins fut aussitôt accusé d'avoir commandé cet assassinat. Merlin de Thionville s'écria, le 10 septembre : « Peuple, arme-toi de ta puissance, et, la loi à la main, fonds sur ce repaire de brigands ! » — « Les Comités populaires, dit peu après Bourdon, ne sont pas le peuple. Je ne vois le peuple que dans les

---

[1] A Paris, à partir du 13 thermidor jusqu'à la fin du mois de fructidor, 31 juillet-16 septembre, sur 290 accusés, 14 condamnés, 273 acquittés. Jusqu'à la fin de vendémiaire, 17 septembre-21 octobre, sur 312 accusés, 24 condamnés, 242 acquittés ; en brumaire, sur 236 accusés, 5 condamnés, 233 acquittés ; en frimaire, 105 accusés, 3 condamnés à mort, 99 acquittés. En pluviôse, 20 janvier-18 février 1795, 30 accusés, aucune condamnation à mort.

assemblées primaires. » Les Girondins n'avaient jamais prétendu autre chose, et c'est pour cette prétention qu'on les avait tués ou proscrits.

Les terroristes, réduits à se défendre, n'avaient d'autre réponse à toutes les accusations que le consentement de tous à la Terreur. Ils ne comprenaient pas qu'on s'acharnât sur eux[1]. Beaucoup n'avaient agi que par peur, sottise, brutalité native : ils ne se rendaient plus compte eux-mêmes de leurs motifs, comme les gens de la populace, au lendemain d'un massacre, ne s'expliquent ni pourquoi ni comment ils ont frappé, les plus déprimés sont alors ceux qui semblaient les plus féroces. Cependant, la tache sanglante restait et soulevait la répulsion publique. Ils essayèrent l'un après l'autre de plaider leur cause à la Convention. On les vit piteux après avoir été hideux, « la figure pâle et nerveuse », lire, en balbutiant, l'apologie sophistique de leur conduite, marchant d'un côté à l'autre de la tribune, « comme un animal féroce dans sa cage » ; puis, de retour à leur siège, « se balançant sans se lever ni changer de place, avec une sorte d'agitation stationnaire qui semblait indiquer seulement l'impossibilité du repos[2] ». L'échafaud les obsédait. « Votons l'oubli », dit l'un d'eux : l'oubli sans phrases, comme on avait voté la mort. La plupart l'obtinrent, quand ils ne firent plus peur. L'horreur qu'ils inspiraient dégénéra en mépris, et de l'odieux où ils étaient, ils tombèrent dans le ridicule. La frivolité nationale, qu'ils prétendaient extirper de la France, devint leur sauvegarde, et la révolte de la vie contre leur régime d'extermination fit leur salut.

Au plus fort de la Terreur, l'esprit du siècle avait entretenu, même dans les prisons, une sorte d'insouciance : on attendait

---

[1] « Que nous est-il arrivé qui n'arrive à tous les hommes jetés à une distance infinie du cours ordinaire de la vie ! » Robert Lindet, rapport sur la situation de la République, au nom du Comité de salut public, 4ᵉ sans-culottide an II. — 20 septembre 1794. *Moniteur*, t. XXII, p. 23. — MICHELET, *Histoire du dix-neuvième siècle*, t. I, p. 73.

[2] Madame DE STAËL, *Considérations*, t. I, p. 457. — Cf. THIBAUDEAU, *Mémoires* : « Ils voulaient en vain effacer la tache de sang... elle reparaissait toujours. »

la mort dans l'étourdissement. Tous les rangs de la société s'étaient confondus dans la captivité commune; les épaves de l'ancien monde et les débris du nouveau s'étaient rapprochés et rejoints. Il s'en forma une sorte de société composite qui, les prisons ouvertes, se retrouva et se réunit, mue par le même renouveau de sève, la même soif de divertissement, le même enivrement de vivre. Il y eut une de ces revanches des sens et du plaisir, comme on en avait vu après les longues guerres, les grandes désolations et les grandes pestes du moyen âge, d'autant plus intense que cette génération, si près d'être fauchée, avait été élevée à l'école de Diderot, de d'Holbach et de Crébillon le fils. Réaction des sens et des plaisirs, mais toute superficielle, toute citadine et limitée à l'écume de ce qu'on nomme le monde.

Le reste, la nation proprement dite, la grande masse des Français, garda son admirable fond de constance et de bon sens. Elle continua de vouloir ce qu'elle avait toujours voulu : jouir, dans l'indépendance nationale, des conquêtes de la Révolution. Vaincre les étrangers, achever et organiser la République demeura son objet essentiel. Elle n'avait considéré, durant la Terreur, que les nécessités de la guerre; elle n'oublia pas, dans sa sécurité relative, le salut de la Révolution. Le libertinage qui s'étendit à la surface ne pénétra point la nation. Le relâchement des mœurs privées dans le beau monde n'entraîna aucun relâchement du ressort national. La Révolution semble partout consolidée par la chute de Robespierre. Pour échapper aux terroristes, la France n'incline nullement à se livrer aux émigrés. Le nom seul de cette faction et des princes qui en sont les chefs signifie toujours, pour la grande majorité du peuple, retour à l'ancien régime et assujettissement aux étrangers. La monarchie, confondue avec l'émigration, réunit contre elle ce qu'il y a de meilleur dans la nation, le patriotisme, et ce qu'il y a de plus solide dans la Révolution, les intérêts. « La masse, écrit un royaliste, commence à oublier qu'il y ait jamais eu un roi, et, une fois la paix faite au dehors et un régime doux au dedans, le peuple

n'aura plus d'intérêt à désirer un autre ordre de choses[1]. »
En Vendée même, on voit clairement qu'il suffira de délivrer les prisonniers inoffensifs, d'arrêter les colonnes infernales, de mettre fin aux désolations, de laisser le peuple en repos et de lui rendre ses prêtres, pour que l'insurrection, vaincue militairement, disparaisse dans ses causes.

Mais il reste les factions royalistes qui ne capituleront pas, et qui, malgré le désir général d'apaisement, exploiteront la misère et l'impatience publiques. « Je regarde », écrivait un constitutionnel désabusé resté un observateur très perspicace, « qu'une guerre civile en France sera la suite de la paix[2]. » Il reste surtout les divisions des républicains. Incontestée par la grande majorité de la nation, la République n'en devient ni plus sage ni plus sûre de soi-même. Elle porte toujours en soi son principal péril. Le vœu public est à la paix, à la constitution d'un gouvernement libre, stable, régulier, réparateur, au bien-être de l'État par la prospérité des citoyens. Les modérés font de ce vœu public leur programme de gouvernement[3] : ils estiment que la paix est facile si le gouvernement est constitué et si la République ne prétend point aux conquêtes. La paix avec les anciennes limites de la France, et une constitution libérale, sont deux objets que désormais ils ne séparent point. Sur ces deux articles, ils cessent de s'entendre avec les thermidoriens, et c'est sur ce terrain que la rivalité des factions va se renouveler. Pendant deux ans, elles ont lutté pour savoir qui dominerait la Révolution ; elles vont lutter pour savoir qui la terminera, c'est-à-dire quel parti résoudra pour son plus grand honneur, sa sécurité et son profit, ces deux problèmes de la République : la paix et la constitution.

---

[1] Mallet à de Pradt, 11 novembre 1794. — Voir Sayous, *Mallet du Pan*. — André Michel, *Correspondance de Mallet du Pan avec la Cour de Vienne*, Paris, 1886. — Thureau-Dangin, *Royalistes et Républicains*, Les royalistes après thermidor, p. 15. — Paris, 1874. — Hyde de Neuville, *Mémoires*, t. I.

[2] Talleyrand à madame de Staël, mai 1794. *Revue d'histoire diplomatique*, 1890, p. 211.

[3] Cf. *Réflexions sur la paix adressées à M. Pitt et aux Français*, par madame de Staël. — Voir l'étude intitulée : *Madame de Staël*, dans la collection des grands écrivains français, Paris, 1890, p. 53-56.

Les thermidoriens reconnaissent promptement que, dans la politique de paix, les modérés seront toujours leurs maîtres : si cette politique prévaut, la force des choses portera nécessairement au pouvoir les hommes qui la personnifient. Les thermidoriens n'ont qu'un moyen de se rendre nécessaires et qu'un instrument de prestige : la guerre. Ils sont contraints de chercher leur levier au dehors. Ils ne peuvent gouverner la République que par l'Europe, les diversions étrangères et le contre-coup des affaires extérieures. Tout les y pousse et tout les y tente. Le courant qui porte à la paix peut être très aisément dérivé vers la gloire. Le peuple déteste les étrangers ; il est ambitieux, il s'enivre aisément de la victoire : rien de plus aisé que de l'amener à considérer l'extension de la République comme la condition nécessaire de son indépendance. Il y a dans tout le public quelque chose de cet orgueil et de ce mépris des rois dont les armées républicaines se sont naturellement exaltées, de ce sentiment enfin que « les Français seuls sont des êtres raisonnables » et que leur tâche est de commander aux autres peuples [1]. Ce n'est plus le cosmopolitisme de Clootz, ni la propagande girondine, ni le prosélytisme jacobin, utopies de littérateurs, chimères qui n'auraient conduit qu'à noyer la France dans l'Europe et à rompre toutes les traditions de son histoire ; ce n'est pas encore l'esprit de conquête pure et de domination universelle, conception césarienne, renouvelée de Rome, destinée à briser le moule historique de la France pour la forcer à embrasser le monde ; c'est un milieu, tout français, entre ces extrêmes, une combinaison de deux tendances séculaires du caractère national : la guerre de magnificence et l'esprit d'expansion, se grandir en faisant l'éducation et le bonheur des peuples voisins, conquis à la liberté et associés à la République. Les thermidoriens sont animés eux-mêmes de cet esprit ; ils l'exciteront dans la nation, et ce sera l'esprit de leur gouvernement.

D'ailleurs, et pour le temps présent, la continuation de la

---

[1] STENDHAL, *Vie de Napoléon*, Paris, 1876. — Cf. t. I, p. 319 et suiv.

guerre s'impose. La guerre veut un gouvernement énergique et concentré : ils sont ce gouvernement. Les armées ont été l'œuvre essentielle de la République : elles demeurent la préoccupation dominante et constante des thermidoriens, car elles sont leur raison d'être au pouvoir. Ils s'en font approuver et presque acclamer. Des adresses, rédigées sur un modèle uniforme, sont envoyées au Comité par les régiments; elles louent le coup d'État qui a abattu le Catilina de la Révolution française[1]. Mais, en même temps qu'ils s'appuient ainsi sur l'armée, les thermidoriens s'en effrayent. Il faut nourrir ces soldats et les tenir occupés au delà des frontières. Si on les licencie, c'est un flot de mécontents qui ébranlera la République; si on les ramène, c'est une invasion qui affamera la France. Les généraux, dès qu'ils cesseront de se battre, tourneront à l'usurpateur et formeront des factions armées plus redoutables que toutes celles qui jusque-là se sont disputé la France. Les thermidoriens n'ont besoin ni de longs raisonnements, ni de beaucoup de perspicacité pour s'en rendre compte. La guerre continuera donc, ne fût-ce que par raison d'État.

Quant au terme de cette guerre, car il en faut toujours un, que l'on se propose soi-même et que l'on présente au peuple, il est fixé depuis longtemps; il est visible à tous les yeux, familier à tous les esprits, flatteur à toutes les imaginations. Danton l'a marqué au temps des premières victoires; il l'a effacé au temps des premières défaites; ses disciples le présentent de nouveau à la nation, à mesure que les ennemis reculent et que le champ s'ouvre devant les armées françaises. « Une opinion dont la popularité est imposante », écrit un des secrétaires du Comité de salut public, « et qui voit chaque jour le nombre de ses partisans s'accroître dans le sein de la Convention, s'élève pour demander que le cours du Rhin soit réservé comme limite à la République[2]. » « Citoyens, dit Tallien, le 17 octobre, il faut qu'enfin la République reprenne

---

[1] Voir *Revue historique*, t. XXXIII, p. 121.
[2] Fain, *Manuscrit de l'an III*, Paris, 1828, ch. III, septembre-octobre 1794.

dans la balance de l'Europe la place qui lui appartient. On l'a dit, je le sais, une république puissante comme la nôtre ne traite avec ses ennemis qu'à coups de canon. Mais, quoi qu'on en ait dit, une république peut avoir une autre diplomatie que celle-là, et, dans des mains pures, cette dernière peut tirer de grands secours de l'autre. »

Poursuivre la guerre avec vigueur et, toute affaire cessante, ajourner jusqu'à la paix générale le vote de la constitution, rendre cette paix la plus glorieuse possible, et, dans l'intervalle, exploiter à fond les pays conquis, voilà les vues qui se forment dans l'esprit des thermidoriens. Ce sont des échappées instinctives plutôt que des propositions concertées. Durant les premiers mois de leur pouvoir, on ne les voit ni rechercher ni même écouter aucun négociateur. Ils n'ont sur cet article aucun plan d'ensemble ni de détail. L'esprit qui présidait aux opérations des armées et qui n'était que l'esprit de la minorité du Comité précédent, l'esprit de Prieur et de Carnot devient désormais celui du conseil tout entier. Les nouveaux gouvernants ne considèrent dans les affaires extérieures que les nécessités et les intérêts de la conquête. Ils expédient, pour ainsi dire, la politique au jour le jour, vivant sur la guerre, pour la guerre, par la guerre. Il faudra des semaines pour que la paix, qui les sollicite, s'insinue jusqu'à eux.

CHAPITRE V

OUVERTURES DE PAIX

1794

I

Les gouvernements qui désiraient la paix l'espéraient de Robespierre, parce qu'ils se flattaient que sa dictature serait la fin de la Terreur. Leurs illusions sur le génie de Robespierre s'évanouirent, et il ne resta que le vœu d'un accommodement; ce vœu devint plus manifeste à mesure que l'accommodement parut plus probable[1]. « Les étrangers amis de la République font éclater aujourd'hui leur enthousiasme sans craindre les reproches des amis de l'humanité », écrivait Grouvelle le 19 août; « j'ai reçu particulièrement du philosophe Bernstorff des félicitations empressées auxquelles il a mêlé son vœu pour que ce changement devienne favorable à la paix générale. » « L'énergie de la Convention nationale, qui a renversé les tyrans intérieurs de la République, a fait un prodigieux effet au dehors, en frappant ses partisans d'admiration et de joie, et ses ennemis de douleur et de regrets », mandait Barthélemy le 13 août. Il voyait l'écrasement prochain de la coalition, et la paix lui sembla désormais possible. Il ne pouvait douter des sentiments des Prussiens sur cet objet.

Il résidait alors à Baden, en Argovie. Schmerz, l'émissaire secret de Mœllendorf, s'était présenté chez lui le 31 juillet. Il remit à un domestique le pli dont il était porteur et disparut. A Bâle, où il se rendit, il fit la connaissance du bourgmestre Ochs, grand ami de Bacher, et s'arrangea de façon à rencon-

---

[1] Voir : *La paix de Bâle, étude sur les négociations qui ont précédé le traité du 16 germinal an III.* — 5 avril 1795. — *Revue historique*, t. V, p. 284-298.

trer, le 6 août, cet agent de la République. Il ne dissimula point qu'il venait de la part de Mœllendorf. — La cour de Berlin, dit-il, ne négligerait rien pour se rapprocher de la République française, son alliée naturelle ; un cartel d'échange de prisonniers pourrait servir de préliminaire à un armistice. Le traité de subsides entre la Prusse et l'Angleterre expire le 1ᵉʳ décembre : à cette époque, le roi de Prusse serait entièrement dégagé de tous ses liens, et, jusque-là, il n'agirait que faiblement. Schmerz repartit le 8, laissant son adresse à Ochs, afin que ce bourgmestre lui fît tenir la réponse du gouvernement de Paris.

Mœllendorf s'était fort avancé. Avant de pousser plus loin, il voulut s'assurer des dispositions du roi ; il dépêcha à ce prince son aide de camp de confiance, le major Meyerinck. Hardenberg, dans le même temps, envoyait vers Haugwitz son ancien précepteur, Gervinus, devenu son collaborateur et son confident. « Le seul remède, écrivait-il, le seul salut de l'Empire, sont dans une prompte paix. » Hardenberg en était si convaincu qu'il en faisait répandre partout le bruit, et ce bruit trouvait de l'écho dans toutes les petites cours de l'Allemagne. Il ne s'agissait, du reste, que d'une paix générale : la Prusse procurerait cette paix à ses co-États ; c'était la seule façon dont on pût disposer les esprits à la pacification dans l'Empire ; c'était aussi la seule façon d'y amener le roi de Prusse. Le rôle de pacificateur de l'Empire, qui servait les intérêts de la politique prussienne, flattait l'orgueil de Frédéric-Guillaume et satisfaisait sa jalousie de l'Autriche. C'est dans cet esprit qu'il ordonna à Mœllendorf de conduire la guerre, ajoutant que, selon lui, la convention de la Haye devait être interprétée seulement dans le sens de la défense de l'Empire. Il envoya le comte Tauenzien à Pétersbourg, pour y défendre les intérêts prussiens contre les intrigues de la cour de Vienne dans le partage de la Pologne, et il attendit, pour juger définitivement des vues de l'Autriche, la réponse de l'Empereur à la demande d'un secours de 20,000 hommes que Lucchesini avait reçu l'ordre de réclamer.

Lucchesini arriva à Vienne vers le 20 août. Il y trouva un état d'esprit analogue à celui qui régnait au quartier général du roi de Prusse. L'Empereur jugeait l'Allemagne très menacée. Il rendit, le 13 août, un décret pompeux, déclarant *la patrie en danger!* Il considérait, disait-il, que son principal devoir était de la protéger; mais, tandis que la Prusse se proposait de sauver l'Allemagne en lui procurant la paix, l'Empereur invitait, au contraire, l'Empire à contribuer par de nouvelles levées et de nouveaux subsides à repousser l'ennemi. Quant aux Pays-Bas, il était bien près de les juger perdus. Il remplaça Waldeck par Beaulieu dans l'emploi de quartier-maître général, sans lui donner des ordres plus précis. Il manda, le 21 août, à ce général de tâcher de reprendre la Belgique ; s'il ne le pouvait, de couvrir la Hollande, et, dans tous les cas, de combiner ses opérations contre les Français, « avec la nécessité de ne pas exposer l'armée à de trop grands risques ni à des pertes inutiles [1] ».

Les vivres et les munitions manquaient encore plus à cette armée que les plans de guerre et que les généraux. Elle « a couru risque de se débander faute d'argent », écrivait Thugut le 29 août. Thugut attendait l'or anglais. Spencer et Grenville étaient à Vienne depuis le 6, Mercy était à Londres. Le prix que demandait l'Autriche pour reconquérir la Belgique et le sacrifice que l'Angleterre était disposée à faire pour cette entreprise, formaient le fond des pourparlers des deux chancelleries. Thugut affirmait que l'Empereur était prêt à faire « les plus grands efforts », mais il réclamait une armée d'auxiliaires anglais, la garantie immédiate d'un emprunt de trois millions sterling à Londres, un subside pour 1795, un traité d'alliance plus large et une extension de la frontière des Pays-Bas du côté de la France, à savoir : Mézières, Charlemont, Givet, Philippeville, Maubeuge, Valenciennes, Condé, le Quesnoy, Douai, Lille, et le pays jusqu'à la Lys ; en outre, le Sundgau en Alsace [2]. La négociation languit. Mercy mourut

[1] Vivenot, *Thugut-Clerfayt*, p. 17.
[2] Zeissberg, t. IV, p. 391. — Cf. Thugut à Cobenzl, 11 septembre 1794, *id.*, p. 441.

peu de jours après son arrivée à Londres, et Thugut, en demandant trop pour reprendre les Pays-Bas, donna aux Anglais l'impression qu'il n'y tenait point.

C'est à ce moment-là que Lucchesini se présenta avec sa réquisition de 20,000 hommes. Thugut répondit que l'Autriche n'avait point de troupes disponibles, et refusa péremptoirement. Il aurait eu des troupes qu'il n'aurait pas voulu les employer à conquérir des palatinats au roi de Prusse. Sa jalousie pour les Prussiens tournait à l'obsession. Il les voyait partout, et partout exécrables. Convaincu qu'ils cherchaient à « se rapatrier avec la France à des conditions quelconques », il envoya un émissaire à Paris pour s'en informer et pour s'enquérir en même temps des dispositions réelles du peuple français au sujet de la paix. Il n'apercevait plus de salut, c'est-à-dire d'acquisitions possibles, qu'en Pologne; il ne comptait plus que sur la Russie pour contenir les Prussiens. Il se jeta à corps perdu dans la politique du partage et de l'alliance russe. Les Prussiens occupent Cracovie : il réclame cette ville. « Coûte que coûte, dit-il à l'ambassadeur russe Rasoumowsky, il faudra qu'un jour la cour de Vienne la possède, dût-il en résulter une guerre. » Il envoie courrier sur courrier à Cobenzl. Il est, dit-il, « sur les charbons ardents », quand il travaille à ces dépêches. Il y développe le thème éternel des requêtes autrichiennes : — une part égale à celle des autres cours dans le partage qui va se faire, un dédommagement équivalent, soit en France, soit en Pologne, pour compenser le partage de 1793, enfin une contrainte exercée par la Russie sur la Prusse, afin d'obliger la Prusse à conquérir les morceaux de territoire français qui doivent revenir à l'Autriche. Si d'ailleurs la Russie juge les prétentions de la cour de Vienne, sur la Pologne, excessives, l'Autriche est disposée, pourvu qu'on l'y aide, à prendre son surplus de dédommagement en France, et, en ce cas, elle juge nécessaire d'y prendre, outre la Flandre et l'Alsace qu'elle se destine déjà, l'Artois et une partie du Cambrésis[1].

[1] Thugut à Mercy, 30 août, à Cobenzl, 11 septembre 1794; Zeissberg t. IV, p. 414, 429 — Martens, t. II, p. 219. — *Revue historique*, t. XVII, p. 51.

Le roi de Prusse continuait le siège de Varsovie. Kosciusko avait pris le commandement de la place : il avait à lutter contre les démagogues et à protéger le roi Stanislas obligé par ses sujets de combattre pour une couronne qu'il avait rendue trop méprisable pour ne pas désirer de la déposer. Kosciusko se débattait péniblement entre ce roi condamné à la guerre forcée, et la multitude qui réclamait des châtiments et des exemples. Tel eût été le rôle de Lafayette, s'il était parvenu à entraîner Louis XVI dans une ville du Nord et s'il avait dû y soutenir un siège contre les coalisés. Le 23 juin, la populace avait arraché au tribunal et pendu sept prisonniers suspects de connivence avec la Russie. Kosciusko fit arrêter les fauteurs de cette sédition, et l'on en pendit cinq. Pour apaiser la populace, le tribunal révolutionnaire condamna un évêque à mort. Kosciusko commua la peine. Il devint suspect lui-même. Les factions se déchiraient pendant la nuit, mais pendant le jour tous les Polonais s'entendaient encore pour repousser les Prussiens. Ceux-ci, ne voyant point arriver le secours des Russes, finirent par se décourager. Frédéric-Guillaume apprit que l'Autriche refusait les 20,000 hommes réclamés par Lucchesini, et que les Polonais de Posnanie avaient, le 22 août, signé un acte de confédération. Il se vit pris entre deux feux, et le 1er septembre, au lieu de commander l'assaut, que l'on aurait pu donner, il commanda la retraite. Le siège fut levé le 6 septembre.

C'était la seconde fois en deux ans que l'armée du grand Frédéric reculait devant un peuple en insurrection. Les Prussiens se vengèrent de cette humiliation sur les habitants du pays qu'ils traversaient : « Exécutions, violences, rapines de tout genre, incendies, dévastations [1] », ce fut pour les Polonais qui eurent à la supporter, une retraite pire que n'avait été pour les Français la retraite de Champagne. Les conséquences politiques furent celles que Dumouriez avait prévues en 1792. N'espérant plus rien de ses alliés, Frédéric-Guillaume

---

[1] Ferrand, t. III, p. 522.

comprit la nécessité de rassembler toutes ses forces et de rendre disponible son armée du Rhin aussitôt que faire se pourrait. Ses échecs, sa mauvaise humeur, sa méfiance de l'Autriche et de la Russie étouffèrent ses scrupules. Lucchesini arriva de Vienne au moment où ce prince se mettait en route pour Berlin ; il écrivit, le 8 septembre, à Mœllendorf, que le roi acceptait « ses bienfaisantes propositions » ; la pensée de se faire le médiateur de la paix générale et le sauveur de la Hollande souriait à son imagination. Les politiques l'emportaient à Berlin. La conduite de la guerre s'en ressentit tout de suite.

Il s'était établi une sorte d'armistice de fait. Les Français en avaient profité pour se concentrer et pour avancer l'opération de l'amalgame de la ligne avec les volontaires. Au commencement de septembre, ils reprirent l'offensive, en même temps contre les Autrichiens, dans le pays de Liège, et contre les Prussiens, dans le pays de Trèves. Ce n'était pas le compte de Mœllendorf[1]. Sa politique lui conseillait de ménager ses troupes, et sa « vertu » d'épargner le sang humain. Il fit prévenir Bacher que les alliés se porteraient sur Trèves, le 22 septembre ; que l'attaque « échouerait complètement pour peu que les Français fussent en forces suffisantes ; quant aux Prussiens, ils ne bougeraient pas ». Malheureusement, Hohenlohe, qui commandait le corps prussien, n'était point dans le secret. Il attaqua les Français le 19 septembre, et les battit, le 20, à Kaiserslautern. Il reçut aussitôt l'ordre de s'arrêter. Mœllendorf s'accommoda pour n'être point inquiété dans ses opérations, et il renouvela, dans de meilleures conditions, le jeu, tantôt de menaces, tantôt de promesses, qui avait, deux ans auparavant, réussi à Brunswick. Le major Meyerinck multiplia ses confidences à Schmerz, qui les transmit aussitôt à Bacher. « Nous pouvons vous assurer, écrivait le major, le 29 septembre, que le combat de Kaiserslautern nous a fait une véritable peine... Nous ne bougerons plus de notre can-

---

[1] Voir *Revue historique*, t. V, p. 292-297.

tonnement. » Le 6 octobre : « Nous nous concentrerons encore davantage en nous tenant éloignés autant que possible des républicains, dont nous voulons absolument devenir les amis. C'est ainsi que nous passerons peu à peu le Rhin, en disant : Ainsi soit-il ! » Il ne fallait pas, cependant, que les Français, par des attaques intempestives, forçassent les Prussiens à se battre. Le soldat, poursuivait Meyerinck, ne saurait décliner la lutte, si l'honneur était en jeu ; tout l'avenir de la négociation en serait compromis. Les Français n'eurent garde de contrarier des ennemis si prévenants ; mais ils furent assez sages pour les suivre de près et les observer avec une attitude qui les engagea davantage à hâter leur retraite vers le Rhin.

Les Autrichiens, pendant cette retraite combinée de leurs alliés, se faisaient battre par Jourdan. Ils furent contraints de se retirer sur la rive droite du Rhin. Les Anglais se replièrent sur la Hollande. Le 6 octobre, les Français entrèrent à Cologne, le 8 à Bonn et quelques jours après à Coblence. Cette retraite des Autrichiens rompit leurs négociations avec les Anglais. Ceux-ci n'entendaient point payer l'Empereur pour défendre l'Empire dont ils n'avaient cure. Grenville et Spencer quittèrent Vienne le 7 octobre. Dans le même temps, Malmesbury, à Berlin, dénonçait le traité de la Haye. Il notifia au gouvernement prussien que si l'armée prussienne ne reprenait point l'offensive, les subsides ne seraient point payés. Mœllendorf ne changeant point de conduite, le terme du 1er octobre ne fut point acquitté. Il ne fallait plus, pour décider le roi de Prusse à évacuer la rive gauche du Rhin, qu'un prétexte d'État. La Russie le fournit.

II

Les troupes de Catherine entraient, à la fin, en ligne dans la Pologne. Souvorof y arriva suivi de 20,000 hommes éprouvés, qu'il entraînait et fanatisait. Avec lui, un élément nouveau, la

Russie populaire, se mêlait à la lutte, et c'était un rude poids qui tombait dans la balance. Souvorof était le plus grand militaire que la Russie eût produit depuis Pierre le Grand, et c'était le militaire le plus complètement russe qui eût jamais commandé les troupes d'un tsar. Sa grande réputation datait du siège d'Ismaïl, en 1790. On l'y avait appelé comme les empiriques au lit des malades désespérés. « On vit alors arriver sur un cheval cosaque une petite figure ridée, sèche et voûtée, suivie d'un Cosaque, qui avait encore plus mauvaise mine que son maître. » C'était Souvorof : un héros, un extravagant, un habile, un charlatan, un fanatique, un bel esprit, un sauvage, un paysan moscovite, impressionnable, mobile, naïf, sensible et féroce, qui massacrait et pleurait sur le massacre. Plein de bonhomie avec les soldats dont il était l'idole, caressant leur génie national par l'insouciance qu'il affectait de toute combinaison et de tout art de guerre, par son mépris surtout des étrangers et de leur pédantisme; les amusant et les étonnant par ses bouffonneries, ses mœurs bizarres, ses génuflexions; entreprenant au possible, selon sa maxime favorite : La balle est une folle, la baïonnette un homme; emporté dans l'attaque, acharné dans la poursuite; combinant néanmoins, mais avec dissimulation; préférant aux apparences du calcul, qui auraient refroidi et inquiété ses soldats, une sorte d'abandon mystique aux événements, qui donnait je ne sais quoi de providentiel à sa fortune; sincère lui-même en cet abandon, mais adroit à en préparer les effets et à en retirer les avantages, ce parfait orthodoxe, obséquieux devant les icones et grand égreneur de chapelets, avait lu Voltaire; il en goûtait l'esprit, le plus cynique surtout, il s'en parait volontiers, faisait des mots, savait cinq ou six langues et se montrait dans toutes le plus grand original et l'un des plus retors politiques de son siècle. Enfin, s'il était ambitieux, il l'était sans avarice, c'est-à-dire autrement que la plupart de ses compatriotes[1].

---

[1] LANGERON, *Journal des campagnes faites au service de la Russie, Affaires étrangères.* — *Papiers du duc de Richelieu.* Société d'histoire de Russie.

Le 10 septembre, il aborda les Polonais et les battit; Kosciusko sortit de Varsovie pour le rencontrer. Il se fit vaincre et prendre, le 10 octobre. Il n'y avait plus d'armée polonaise. On peut dire qu'il n'y avait plus de Pologne. Toute la République vivait en Kosciusko; lui captif, elle fut aux fers. Il ne restait plus aux Russes qu'à s'emparer de Varsovie, et ce n'était plus qu'une affaire de journées.

Catherine redevenait maîtresse du marché. Elle pressa l'Autriche de conclure, mais elle y mit pour condition que l'Autriche continuerait la guerre contre la République française, car si la paix se faisait, l'Angleterre, la France, l'Autriche même peut-être, pourraient devenir gênantes en Orient. « De la Vendée, disait-elle, sortira le salut de la France... Il est temps que toutes les puissances reconnaissent, comme moi, Louis XVII pour roi... » « Cet acte, ajoutait-elle, n'empêcherait pas qu'on obtienne, en son temps, de justes dédommagements des frais de la guerre; c'est ce qui ne peut manquer en cas de succès. » « Prenez ce que vous voudrez en France ou en Vénétie, disait la tsarine; prenez des territoires allemands ou turcs, je consens à tout; mais il faut que le Bug devienne notre frontière en Pologne. » L'Autriche aurait Cracovie, Sandomir, Lublin, une partie de Chelm, rien de plus. Quant à la Prusse, elle aurait Varsovie. Catherine tenait à faire sa part à Frédéric-Guillaume, sauf à lui tenir la dragée haute. Elle ne le ménageait point dans ses propos. « Le roi de Prusse, dit-elle après la levée du siège de Varsovie, vient de faire des ordures qui puent jusqu'ici. » L'envoyé prussien, Tauenzien, était tenu à l'écart de tout, mais on lui faisait comprendre qu'il se trouvait quelque chose dont son maître n'était point. C'était un moyen de l'inquiéter, et, quand l'accord serait fait avec Vienne, de rendre le roi de Prusse accommodant[1].

Catherine frappait trop fort. Les Prussiens se persuadèrent

---

[1] Rapports de Cobenzl, 6 et 16 septembre 1794. ZEISSBERG, t. IV, p. 423, 450. — Lettres de Catherine à Grimm, septembre, p. 606. — MARTENS, t. II, p. 221-222. — SYBEL, 4ᵉ éd., t. III, p. 281.

que s'ils ne soutenaient pas leurs prétentions de tous leurs moyens, le partage de la Pologne se ferait, sinon sans eux, au moins contre eux. Cette réflexion les conduisait à négocier la paix avec la France. Le prince Henri, le frère du grand Frédéric, oncle du roi, qui se piquait de vertu et de philosophie, vantait la République française, se faisait gloire d'avoir préparé le premier partage de la Pologne. Il écrivit à son neveu : Le véritable intérêt de la Prusse est d'achever cet ouvrage ; le véritable intérêt de la France est de reprendre, au compte de la République, la garantie des traités de Westphalie ; la politique conseille aux deux États de se procurer une paix qui les fera rentrer l'un et l'autre dans leurs traditions. La Prusse sauvera l'Empire et démembrera la Pologne ; elle sortira d'une entreprise douteuse avec gloire et avec profit. — Frédéric-Guillaume fut touché de ces représentations. L'Angleterre et l'Autriche apportèrent des arguments encore plus décisifs. Malmesbury annonça officiellement, le 17 octobre, que le payement des subsides était suspendu, et Reuss, le 11, que l'Autriche ne fournirait point les 20,000 hommes requis. Le roi de Prusse considéra ces déclarations comme une défection de ses alliés, et il envoya, le 16 octobre, à Mœllendorf l'ordre de se retirer[1].

Ce maréchal avait déjà commencé son mouvement. Meyerink continuait d'amuser le tapis. « Qu'on nous laisse le temps de repasser le Rhin avec honneur pour que nous n'ayons pas l'air d'être chassés », écrivait-il à Schmerz. Les soldats, de part et d'autre, se prêtaient instinctivement à ces feintes et servaient, à leur façon, cette diplomatie. Ils ne s'attaquaient pas ; ils ne s'évitaient pas non plus, et lorsqu'ils se rencontraient, ils se saluaient au passage. « Le bruit commun de l'armée prussienne, écrivait quelque temps après Merlin de Thionville, envoyé en mission dans ces territoires, est que réunie bientôt à l'armée française, on écraserait la maison d'Autriche[2]. » Le 22 octobre, les Prussiens de Mœllendorf avaient

[1] *Revue historique*, t. V, p. 299-302.
[2] *Revue historique*, t. VI, p. 35.

passé le Rhin. La France occupait tous les pays situés à la rive gauche, sauf la forteresse de Luxembourg, Mayence et la tête de pont de Manheim; il était en état d'anéantir cette dernière place quand bon lui semblerait.

Le 25 octobre, Hardenberg dénonça à Malmesbury le traité de la Haye. La Prusse s'acheminait à la paix; l'Allemagne la demandait. Les États du Wurtemberg délibéraient sur la neutralité; un émissaire avait informé Barthélemy de leurs vœux pacifiques [1]. L'Électeur de Mayence proposa, le 24 octobre, à la Diète de décider qu'il serait fait des ouvertures à la République. Il indiqua que le Danemark pourrait en être chargé. L'Empereur répondit que la paix ne serait possible « que quand il n'y aurait plus un seul Français sur le sol allemand ». Le roi de Prusse approuva le principe de cette réponse, mais il insinua que la médiation serait mieux placée entre ses mains qu'entre celles du roi de Danemark. L'affaire suivit la procédure ordinaire, qui était lente et compliquée [2].

L'Espagne faisait aussi des ouvertures, et, pour y apporter plus de mystère, elle n'en attendait pas l'effet avec moins d'impatience [3]. Aux Pyrénées orientales, Dugommier avait, le 26 mai, forcé les Espagnols à reculer sur leur frontière. Navarro capitula dans Collioure avec 7,000 hommes; on leur accorda les honneurs de la guerre et le droit de retourner chez eux, moyennant que l'Espagne restituerait un nombre égal de prisonniers français et livrerait les émigrés qui avaient combattu dans son armée. Cette dernière stipulation parut déshonorante au général en chef espagnol; il refusa de l'exécuter, et les prisonniers français ne furent pas rendus. La guerre se continua avec plus d'acharnement. Bellegarde fut reprise le 17 septembre : c'était le dernier point que les Espagnols occupassent en France de ce côté. De l'autre, aux Pyrénées occidentales, ils étaient déjà envahis. Fontarabie capitula

---

[1] Bacher à Buchot, 1ᵉʳ août 1794. *Papiers de Barthélemy*, t. IV, p. 219.
[2] *Corr. de Grouvelle. Revue historique*, t. V, p. 302-305.
[3] Voir l'étude intitulée : *La diplomatie française et l'Espagne. Revue historique*, t. XI, p. 313-319.

le 1ᵉʳ août, Saint-Sébastien peu de jours après. Les Français occupèrent le Guispuzcoa et envahirent la Biscaye. Ces nouvelles jetèrent la perturbation dans Madrid. Le gouvernement y inclinait à la paix. La Révolution de thermidor lui permit de l'espérer ; mais de même que les conseillers de Frédéric-Guillaume lui présentaient la défection de la Prusse sous les couleurs d'une médiation européenne et d'une sorte de protectorat de l'Empire, Godoy se plut à concevoir la défection de l'Espagne et à la montrer à Charles IV comme le moyen de sauver les enfants royaux prisonniers au Temple et peut-être de restaurer quelque part, en France, une ombre de monarchie. Se faire remettre Louis XVII, l'installer sous la tutelle de l'Espagne dans une province française limitrophe qui se détacherait de la République, voilà l'étrange rêverie dont se berça Godoy. La chevalerie espagnole y aurait trouvé son compte et aussi la politique de l'Espagne : l'honneur du roi Bourbon serait sorti sauf d'une guerre dont la France serait sortie démembrée.

Les amorces de la négociation ne laissaient point d'être épineuses. Godoy devait se garder de la surveillance des Anglais et des soupçons des moines, qui avaient appelé aux armes le peuple des montagnes. Il mit tout le secret possible dans ses insinuations. Il les fit adresser à un Français, Simonin, résident en Espagne, et chargé de payer leur solde de captivité aux Français prisonniers. Simonin connaissait les décrets de la Convention et les châtiments qui menaçaient les citoyens suspects de connivence avec l'ennemi. Il trembla devant cette commission, et ne se décida à l'accomplir que par symboles. Il adressa à Dugommier, le 20 septembre, une lettre qui contenait une branche d'olivier. « Je ne m'attendais pas, disait-il, à recevoir dans un pays où je n'ai aucune connaissance, la visite qu'on m'y a faite le 15 fructidor et que l'on a réitérée hier, de la part d'une personne des plus distinguées. Je m'attendais encore moins qu'on m'engagerait à te faire des propositions de... Je m'arrête ; un décret que je respecte m'impose le plus profond silence ; le rameau que tu trouveras ci-joint y suppléera. » Dugommier communiqua la missive au représentant Delbrel et répondit qu'avant toute chose, l'Espagne devait exécuter la capitulation de Collioure : « Sinon jamais de paix avec l'Espagne, jamais aucun traité quelconque, tant que nous aurions sous les yeux l'exemple d'une félonie. » Mais comme son armée était très affaiblie et qu'il ne lui semblait plus possible, pour un temps au moins, de faire « quelque chose de brillant », il transmit, le 26 septembre, au Comité, la lettre de Simonin et demanda des ordres. « Si, disait-il, le gouvernement n'a aucune vue sur la Catalogne... si l'Espagnol nous laisse la Cerdagne, Fontarabie et le port de Passage, ne serait-il pas avantageux d'écouter les propositions de paix? »

III

Lorsque cette dépêche parvint à Paris, le Comité de salut public n'avait pas encore trouvé le loisir de s'occuper de négociations[1]. Merlin de Douai, qui fut chargé de répondre, le fit au pied levé. On discerne toutefois dans son improvisation ces deux traits de l'esprit du légiste, qui devint l'esprit du Comité de salut public : l'habileté du procédurier retors et l'arrogance du proconsul romain. La lettre, datée du 7 octobre, était adressée, non à Dugommier, mais aux représentants en mission : « La Terreur est dans toutes les armées des despotes coalisés. Chaque jour, les Français se signalent par des victoires de nature à étonner l'univers. Si l'Espagnol députe près de vous, citoyens collègues, déployez la dignité, la grandeur et la fermeté qui conviennent à un peuple vraiment digne de la liberté. La position topographique de l'Espagne lui impose l'obligation de solliciter l'indulgence et le

---

[1] Membres du Comité du 15 vendémiaire au 15 brumaire an III-6 octobre, 5 novembre 1794 : Prieur de la Marne, Thuriot, Cochon, Breard, Merlin de Douai, Fourcroy, Delmas, Guyton, Richard, Laloy, Eschasseriaux, Treilhard.

retour de l'amitié de la France... Instruisez-vous. Observez bien que tout ceci doit se passer, de votre part, en conférences, et que c'est au Comité de salut public de poser les bases... Les dispositions offensives doivent se faire avec plus d'activité que jamais. » Toute la réponse à envoyer à Simonin se résume en cette phrase : « La France veut tout ce qui s'accorde avec son intérêt et sa dignité. »

Godoy réunit le Conseil d'État le 27 octobre ; il y étala, avec ses perplexités, l'infirmité de ses vues et la niaiserie des expédients d'intrigue qui étaient toute sa politique. Il redoutait assez la République pour juger la paix nécessaire ; mais il croyait la Convention assez avide de règne pour accepter une paix qui démembrerait la France. Il fit transmettre par Simonin, le 4 novembre, cet *ultimatum* insensé : L'Espagne reconnaitra le gouvernement de la France ; la France remettra à l'Espagne les enfants de Louis XVI et attribuera à Louis XVII les provinces limitrophes où « il régnera souverainement et gouvernera seul en roi ». Le représentant Vidal, qui reçut ce message, le qualifia de « déplacé et d'insolent ». Le Comité de salut public l'estima « infâme ». — « Disposez tout et frappez », répondit-il, le 24 novembre. « Le Français victorieux traite sans orgueil l'ennemi qui se présente dans l'attitude qui lui convient ; il voue au mépris le vaincu qui ose lui proposer des lois. » Simonin fut rappelé ; la correspondance s'arrêta ; la guerre reprit. Dugommier y trouva la mort, et avec lui disparut un des plus nobles originaux de cet âge héroïque des armées françaises. Pérignon prit le commandement, le mena avec vigueur, s'empara de Figuières le 28 novembre, investit Rosas tandis que l'armée de l'Ouest établissait ses quartiers d'hiver dans le Guipuzcoa [1].

L'*ultimatum* de Godoy n'était pas fait pour engager le Comité de salut public aux négociations. Ce Conseil se demandait quelle créance méritaient les propositions de Bernstorff, les insinuations de Mœllendorf, les renseignements de Bacher

---

[1] *Revue historique*, t. XI, p. 319-324.

et les rapports de Barthélemy. Avant de prendre un parti, il voulut avoir un avis sûr, et il envoya, le 27 octobre, Merlin de Thionville en mission près des armées du Rhin et de Moselle. Merlin écrivit, le 4 novembre, que plus les Prussiens paraissaient disposés à se ménager, plus il convenait de les presser; que leurs dispositions pacifiques étaient, sinon sincères, au moins très déclarées, et que sans se fier aux apparences, il convenait d'en tenir compte : « C'est au moment où nos armées sont victorieuses que la diplomatie doit s'exercer avec le plus d'activité pour produire les plus grands effets. On a beau vous dire qu'on cherche à vous tromper par des propositions : on n'est jamais trompé quand on ne fait qu'écouter des propositions, et surtout quand, aussi malin que l'ennemi, on en obtient d'abord quelque chose, et en ne s'avançant que de manière à pouvoir lui refuser tout ce qu'on voudra. » Cette diplomatie n'offusquait en rien le Comité; mais les diplomates lui demeuraient suspects. Il écrivit, le 16 novembre, à Bacher, que le Comité avait seul qualité pour entendre les propositions : c'était au Comité que les agents étrangers devaient s'adresser[1].

Quand Bacher reçut cette lettre, il avait auprès de lui le major Meyerinck; il la lui fit connaître. Meyerinck déclara qu'il avait des pouvoirs pour traiter « avec les représentants de la nation française, tant sur l'échange des prisonniers que sur d'autres objets qui y tiennent ». Il était accompagné d'un secrétaire de légation, Harnier. Tous les deux faisaient profession d'admirer la République, d'aimer la France et de chérir la liberté. Ils avaient le jargon des philosophes avec l'intrigue des politiques de la guerre de Sept ans et du partage de la Pologne; ils affectaient l'humanité et la « sensibilité touchante » de tous les gens qui se piquaient, en ce temps-là, de lumières et de bonnes façons. Bacher était au ton. Leurs entretiens, où d'ailleurs ils jouaient fort serré les uns avec

---

[1] Composition du Comité du 15 brumaire au 15 frimaire-5 novembre, 5 décembre 1794 : Carnot, Prieur de la Marne, Thuriot, Cochon, Breard, Merlin de Douai, Fourcroy, Delmas, Guyton, Richard, Cambacérès, Pelet.

les autres, et s'observaient de près, étaient remplis d'effusions. Bacher en envoyait les impressions toutes chaudes au Comité. « Ce sont, écrivait-il, les principes de Mœllendorf et de Kalkreuth, auxquels tout le parti de l'ancienne Cour va se rallier sous la bannière du prince Henri de Prusse, de Herzberg, de Finckenstein... » Bacher y put joindre bientôt Hardenberg. Ce dernier était à Francfort et se disait prêt à pousser jusqu'à Bâle.

Le principal objet des Prussiens était alors de faire lever le siège de Mayence, de délivrer Manheim et d'affranchir de contributions les possessions de Frédéric-Guillaume sur la rive gauche. Ils perdaient leur temps avec Merlin de Thionville. Ce conventionnel les laissait bavarder à Bâle, il recueillait leurs propos, et il en concluait que la République devait pousser à fond les opérations contre Mayence et contre la tête de pont de Manheim. Merlin de Thionville était de l'école de Louvois. Il tenait qu'à la guerre on ne force les gens à s'avouer vaincus qu'en les mettant à la question, par le fer et le feu. « Nous sommes en discussion, Neveu et moi, avec Feraud, qui est d'ailleurs un excellent garçon », écrivait-il le 4 décembre au Comité; « nous voulons diriger toutes les batteries sur la tête de pont, la prendre et menacer ensuite Manheim de la brûler, si on ne nous rend Mayence, ou si l'on ne paye de grosses sommes. Feraud, au contraire, veut brûler Manheim, en même temps qu'on attaquera la tête de pont. Feraud est seul de son avis. Michaud, Kléber, Desaix, Saint-Cyr, etc., sont du mien... » Ce procédé de conviction indirecte et cette manière de brûler une ville pour en faire capituler une autre, était une extension très barbare, à la guerre des sièges, du système des otages. « Cela désespère ces forbans », ajoutait Merlin. Il disait vrai, et l'on voit que les Autrichiens ne redoutaient rien plus que cette manœuvre. « Un bombardement pourrait avoir des suites très funestes, écrivait naguère Wurmser; premièrement, le peuple [de Manheim] est empesté de démocratisme... Si le feu prenait en ville, il y aurait une révolte à craindre, qui pourrait faire rendre la ville aux patriotes, ce qui serait un malheur affreux pour toute l'Allemagne [1]. »

Cette attitude et le silence du Comité de salut public conduisirent les Prussiens à se découvrir davantage. Meyerinck avoua que son gouvernement avait « un besoin pressant de la paix » et ferait « toutes les démarches pour préparer les voies ». Il le dit le 25 novembre, et, le même jour, on lui expédiait de Berlin les pouvoirs nécessaires pour traiter d'un armistice. Bernstorff répétait à Grouvelle que les dispositions de la Prusse étaient celles de toute l'Allemagne. L'Empire n'avait qu'un vœu : voir la République reprendre la garantie de la paix de Westphalie. L'électeur de Bavière et le landgrave de Cassel envoyèrent, à la fin de novembre, des agents à Bâle pour tâter le terrain. Enfin, les Prussiens dépêchèrent un nouvel émissaire à Barthélemy, et celui-là était de qualité. C'était ce comte de Luxburg qui déjà, un an auparavant, avait été chargé d'une mission analogue à Metz [2]. « Il visita Barthélemy dans les derniers jours de novembre. Ils causèrent de la paix, qu'ils désiraient l'un et l'autre. Il y a, dit Barthélemy, dans la Convention, un parti qui voudrait réunir à la République tous les territoires jusqu'au Rhin ; mais cette opinion est combattue par un autre parti. » Ce parti croit « que, fidèle à la Constitution, la République doit renoncer à toute conquête ; les anciennes limites de la France, c'est-à-dire celles qui subsistaient avant la Révolution, garnies partout d'une belle chaîne de forteresses, sont ce qu'il faut à la République, et je serais de cet avis : bien entendu que les Anglais rendraient tout ce qu'ils ont encore aux Français ; que les Hollandais, les Pays-Bas autrichiens fussent des républiques, influencées par personne, alliées à la France ». Barthélemy parlait en sage, et ces discours n'étaient point faits pour décourager les partisans de la paix en Allemagne. Mais tout en cherchant à les attirer, Barthélemy ne croyait qu'à demi à la sincérité des agents prussiens. Il se demandait si leurs démonstrations paci-

[1] 19 janvier 1794, ZEISSBERG, t. IV, p. 46
[2] Cf. t. III, p. 422-424.

fiques n'avaient pas pour objet d'inquiéter la Russie, de la rendre plus accommodante en Pologne, de décider l'Autriche à fournir des renforts, l'Allemagne à payer des subsides et l'Angleterre à observer le traité de la Haye. La correspondance du plus grave et du plus autorisé des agents de la République n'était donc point faite pour dissiper les soupçons du Comité de salut public et lever ses incertitudes. Ces incertitudes, d'ailleurs, étaient plus instinctives que réfléchies. Le Comité différait à délibérer sur les négociations, parce qu'il avait des intérêts plus urgents qui l'occupaient. Le premier avait été de poursuivre la guerre jusqu'à ce que les ennemis eussent évacué la rive gauche du Rhin, le second fut d'organiser le régime des pays conquis, d'y réparer les désordres causés par les agents terroristes et d'en tirer toutes les ressources dont la République, affamée et indigente dans son intérieur, avait le plus pressant besoin.

IV

« Vous nous demandez », écrivait le Comité aux représentants près les armées du Nord et de Sambre-et-Meuse, le 3 août, « vous nous demandez toujours la conduite à tenir dans la Belgique. Nous nous sommes cependant expliqués plusieurs fois positivement sur ce point. Nous avons dit : « 1° de traiter ces contrées en pays conquis, de ne point fraterniser, de ne point municipaliser, de ne point s'occuper de réunion; 2° de désarmer complètement les habitants, d'empêcher les rassemblements; 3° d'accabler les riches, d'en faire des otages, de respecter au contraire le peuple, ses chaumières et même ses préjugés; 4° de dépouiller la Belgique de subsistances, de cuirs, de draps, de tout ce qui peut être utile à notre consommation, comme de tout ce qui pourrait favoriser le retour des ennemis; 5° de faire circuler les assignats, d'établir des contributions, d'enlever tout l'argent possible; 6° enfin, de traiter beaucoup plus sévèrement le Brabant que la West-Flandre, le pays de Liège et celui d'entre Sambre et Meuse. » Cette lettre [1] n'est qu'un vigoureux résumé des instructions que le précédent Comité avait, sous l'inspiration de Carnot, Prieur de la Côte-d'Or, Robert Lindet et Jeanbon, arrêtées le 18 septembre 1793 [2]. Elles furent renouvelées et complétées par une instruction et un arrêté en règle, le 9 vendémiaire — 30 septembre 1794 [3] : « Dans les pays fertiles occupés par les armées de la République, vous trouverez toutes les matières qui conviennent à nos besoins, à nos usages. Vous laisserez au laboureur les chevaux, les bestiaux et l'approvisionnement nécessaire pour sa famille et pour son exploitation. Vous payerez toutes les denrées qu'il vendrait dans les places et dans les marchés; vous n'exercerez qu'un droit de préférence dont il reconnaitra la justice. » Vous assurerez l'existence de l'artisan en le mettant en réquisition pour continuer ses travaux. « L'homme inutile, l'ennemi de la liberté et de l'égalité, l'oppresseur de ses frères sentira seul le poids de la justice nationale. » Les représentants et les généraux devaient établir l'autorité unique de la République, faire dresser par les commissaires des guerres un état de tous les objets susceptibles d'être requis, les saisir, les évaluer aux trois quarts du maximum de Lille, en délivrant des récépissés, les expédier en France, se faire remettre tous les fonds d'État, exiger, dans les vingt-quatre heures, toutes les contributions arriérées, imposer aux habitants une contribution de guerre égale au moins à deux fois le revenu annuel de l'ensemble des contributions du gouvernement local, la répartir exclusivement « sur

---

[1] Signée, en premier, sur la minute par Carnot et Prieur de la Côte-d'Or.
[2] Cf. t. III, p. 475.
[3] *Arrêté pour régler la conduite, les devoirs et les fonctions des agents envoyés dans les pays occupés, pourvoir à la subsistance des armées, à la garde de ces pays, à l'ordre, sûreté et tranquillité des habitants.* Titre I : De la sûreté générale; titre II : Administration générale; titre III : Des caisses publiques, revenus nationaux, etc. Signé en premier, à la minute, par Carnot et Robert Lindet. — Cf. la Lettre de Carnot aux représentants de l'armée des Pyrénées, 7 prairial an II, — 26 mai 1794, — publiée par Étienne CHARAVAY, *Lazare Carnot*, Paris, 1890, p. 23.

les riches, les hommes sans profession, les ecclésiastiques, séculiers et réguliers, jouissant de plus de mille livres de revenu, et généralement sur tous les habitants aisés, excepté ceux qui tiennent des ateliers, des fabriques et des manufactures [1] ». La République payera en assignats, lorsqu'elle payera; elle se fera payer en numéraire. « Si les habitants sont pressés comme ils doivent l'être, ils offriront des métaux. » D'ailleurs, le pays devra être ménagé dans ses habitudes et dans ses croyances : « Le mépris jeté sur les opinions s'attache aux personnes; trop d'empressement à vouloir instruire les autres n'a fait qu'aigrir et irriter [2]. Soyez toujours occupés de vos fonctions. Que les habitants des pays que vous parcourez ne voient en vous qu'un agent fidèle de la République et ne connaissant que ses devoirs. »

On faisait, écrit un représentant en mission, « la guerre comme dans les beaux jours de Rome [3] ». Il serait plus juste de dire qu'on la faisait comme on l'a toujours faite dans les « beaux jours » de la conquête. Les pays conquis par les armées républicaines ne furent pas, en réalité, soumis à un régime plus rigoureux que celui qu'ils subissaient de la part des armées monarchiques; les coalisés usaient de moyens analogues partout où ils passaient [4]; ils en usèrent encore en France, quand ils y pénétrèrent en 1814 et en 1815 [5]. Il y

---

[1] « Il faut... entrer comme bienfaiteur de la classe indigente et laborieuse, en même temps que vous écraserez les riches, que vous établirez de fortes contributions pour eux et que vous les prendrez pour otages. » Carnot, 7 prairial an II. — 26 mai 1794. *Op. cit.*

[2] « Il faut... inspirer le génie de la liberté, le mépris des mômeries espagnoles, la fierté républicaine, et cependant ménager les objets du culte auquel le peuple est attaché. » Carnot, *id., id.*

[3] « Maîtres de l'Univers, ils s'en attribuèrent tous les trésors. » Montesquieu, *Grandeur et décadence des Romains*, ch. vii. — Lettres de Baudot, 16 mars 1794. *Moniteur*, t. XIX, p. 72.

[4] Voir t. 1, liv. I, ch. i, *La guerre*, p. 83 et suiv.; t. III, p. 1 et suiv.; t. IV, les guerres de Pologne, p. 480 et suiv.; p. 49, 137, 187-189; les mesures des Autrichiens en Belgique et ci-après les mesures des Anglais en Hollande, p. 163.

[5] Voir Henri Houssaye, *1814*, p. 44 et suiv. Conduite des alliés : réquisitions en nature, taxes en argent, saisie des contributions arriérées de 1813 et des contributions échues de 1814, obligation aux fonctionnaires de prêter serment, pillages, vols, incendies, les paysans plus maltraités que les citadins, et les riches

avait toutefois une différence capitale : les ménagements commandés aux armées républicaines envers les paysans, les ouvriers, les indigents, tous les humbles, les faibles, les petits. Les armées de l'ancien régime opprimaient ces malheureux et en retiraient peu de profit : elles prenaient tout, elles violentaient sans merci, et la brutalité se vengeait de ce que l'avarice n'obtenait point. La guerre, de tout temps, a nourri la guerre, lorsqu'elle n'a pas, en plus, nourri l'État conquérant ; les commissaires des guerres, intendants et réquisitionnaires de toute sorte n'ont jamais pu prélever la matière contribuable que là où elle se trouvait, c'est-à-dire dans les caisses de l'État, dans celles des villes, dans les églises, dans les couvents, chez les particuliers et surtout chez les riches. La grande nouveauté de la guerre républicaine fut d'ériger en système les prélèvements sur les riches et les privilégiés, et d'y ajouter le respect de la personne et de l'épargne du plébéien et du pauvre. La République se préparait ainsi une clientèle démocratique ; elle disposait les peuples à désirer des lois qui transformeraient en droit ce qui n'avait été que pure humanité du vainqueur. C'était la propagande nouvelle, et ce fut une propagande efficace.

C'était l'esprit politique de ces instructions : il souffla où il put, et durant ces temps de troubles, il ne souffla que par échappées, à travers les orages. L'esprit fiscal dominait dans le texte du Comité, il prévalut dans la pratique, plus facile à saisir, surtout à appliquer. Les militaires étaient instruits à ces pratiques. Les représentants en mission s'y firent d'eux-mêmes. La croisade girondine de l'affranchissement et des *Droits de l'homme* avait manqué d'apôtres. L'ancien régime n'avait point formé de séminaires pour des missions de ce genre-là. L'école de la conquête était, au contraire, toute préparée. L'armée se transforma, dans les mains des commissaires, en pourvoyeuse de la République [1]. La Belgique fut

---

plus ménagés que les pauvres. Comparez CAMILLE ROUSSET, *Louvois*, t. I, les rapports de l'intendant Robert. Utrecht, février et mars 1673, p. 436-440.

[1] Voir les rapports des représentants en mission imprimés par ordre de la

taxée à 60 millions de livres, payables en numéraire et garanties par des otages. « Cette fois, avait dit Cambon, le 21 juillet, notre entrée en Belgique ne ressemble en rien à celle qui a eu lieu sous Dumouriez ; alors il fallait envoyer par mois 35 millions en numéraire dans ce pays ; aujourd'hui, la Belgique nous envoie au lieu de recevoir. » Elle nourrissait l'armée, et de plus elle approvisionnait l'intérieur. Cambon, dans un rapport lu, le 30 septembre, à la Convention, se félicita des résultats acquis : on avait levé sur le pays 14 millions et demi en numéraire et en lingots, sur lesquels 13 millions étaient entrés dans les caisses du Trésor [1]. Quelques jours auparavant, Guyton-Morveau, ci-devant parlementaire, jurisconsulte, bel esprit, chimiste et naturaliste à ses heures, disciple et collaborateur de Lavoisier, subalterne de son maître dans la science, mais plus habile que lui dans l'art de vivre en révolution, annonça à la Convention « l'arrivée du premier convoi des superbes tableaux recueillis dans la Belgique ». Un lieutenant de hussards, Luc Barbier, escortait ce convoi. Il fut admis à la barre. « Trop longtemps, dit-il, ces chefs-d'œuvre avaient été souillés par l'aspect de la servitude... Ces ouvrages immortels ne sont plus dans une terre étrangère, ils sont aujourd'hui déposés dans la patrie des arts et du génie, dans la patrie de la liberté et de l'égalité sainte, de la République française. » « Nos conquêtes, dit le conventionnel Portiez de l'Oise dans le compte rendu de sa mission, ont réparé les pertes faites en France par le « vandalisme. »

Les convois avaient beau se succéder, ce n'était jamais assez au gré du Comité des finances. « Nos besoins sont immenses, écrivait, le 14 octobre, ce comité à un représentant en mission ; tu es dans un pays où les ressources sont grandes, et nous nous en rapportons à ton soin et à ton activité pour faire exploiter tant de richesses et pour les faire tourner prompte-

---

Convention. — En particulier : *Vues sur la Belgique et la Hollande,* par PORTIEZ DE L'OISE, précédées du compte qu'il rend de sa mission depuis le 26 brumaire jusqu'au 26 germinal an III-16 novembre 1794, 15 avril 1795.

[1] En ventôse, février-mars 1795. Cette somme s'éleva à 36 millions. Rapport de Portiez.

ment et avec ordre au bénéfice de la République... On évalue les propriétés nationales de la Belgique à près de deux milliards. » C'étaient les biens du domaine de l'État, ceux des églises et des ordres religieux, ceux des absents suspectés d'avoir fait acte d'hostilité contre la République, réputés émigrés, et traités en conséquence.

Cependant, le pays sur lequel on opère de la sorte a subi depuis deux ans trois invasions. Les commissaires du pouvoir exécutif l'ont mis au pillage en 1792. Les Autrichiens ont ensuite emporté tout ce qu'ils ont pu. Les Français, en rentrant dans la Belgique, la trouvent comme épuisée. « La plupart des habitants, écrit un soldat, n'avaient plus d'habitations, et encore combien avaient perdu la vie! Je compare l'ennemi à une grêle qui ne laisse rien dans les campagnes où elle passe[1]. » Les représentants en mission en avertissent le Comité de salut public. « Si vous voulez profiter de toutes ces riches productions, il ne faut pas en tarir la source. Une bonne et sage administration, avec des moyens de prudence, peut faire tout refluer dans l'intérieur de la République. Des mesures extrêmes et de rigueur feront manquer le but, soulèveront le pays et nous mettront entre deux feux[2]. » Les armées sont infestées, le pays est envahi de bandes de prétendus agents républicains, sans aveu, sans mandat, taxant, percevant, requérant pour leur compte et terrorisant les districts où ils passent. Le cours forcé des assignats fait que l'habitant craint d'être payé presque autant que d'être requis. Le maximun fait que les paysans désertent les marchés. Ils cachent leurs denrées et se découragent de cultiver. Les ateliers se ferment. Les représentants s'aperçoivent qu'il ne suffit pas de rançonner les riches et de dégrever les pauvres pour rendre un pays productif d'impôts. Qu'importe que les pauvres ne soient point taxés, s'ils ne gagnent rien ou s'ils

---

[1] *Journal de Fricasse*, p. 22. — *Journal de Bricard*, par L. LARCHEY. Paris, 1871, p. 117.

[2] Les représentants en mission en Belgique au Comité, 22 vendémiaire, 13 octobre 1794. — Cf. t. III, p. 246, 286, 308, 348, et ci dessus p. 84, 85, 88.

n'ont aucun intérêt à travailler? Pourquoi travailleront-ils et que gagneront-ils, s'il n'y a plus de riches pour consommer les fruits de leur travail et le rémunérer? Ce n'étaient point là de grands secrets dans l'économie des États, mais les conventionnels, qui étaient fiscaux d'instinct et de tradition, ne les avaient appris nulle part : ils en faisaient alors l'expérience.

Le 26 vendémiaire, — 17 octobre, — un Montagnard, Duhem, demanda que la Convention réglât le sort des pays conquis. C'eût été, dix-huit mois auparavant, l'occasion d'un beau débat de principes. Tallien répondit tout crûment : « Rappelez-vous, citoyen, combien de fois, depuis la guerre, on a cherché à égarer l'opinion publique, tantôt en nous proposant de faire la conquête du monde, tantôt en nous disant qu'il était plus sage de rester dans les bornes de nos frontières... Mon avis, à moi, citoyens, est que la Belgique, comme toutes vos conquêtes, doit être traitée en pays conquis, c'est-à-dire, pour la Belgique, en pays qui a appartenu à la maison d'Autriche et qui doit nous fournir tous les dédommagements possibles d'une guerre entreprise pour la défense des principes les plus justes... Tenterait-on de municipaliser, de chercher encore des alliés dans un pays qui a reçu notre or, notre argent, où nous n'avons jamais trouvé un ami et où nos soldats ont été assassinés? » La Convention passa à l'ordre du jour, et le Comité demeura souverain arbitre des populations.

Les représentants organisèrent la Belgique en juridictions civiles « pour assurer l'exécution des réquisitions », et ils s'attribuèrent la nomination de tous les fonctionnaires. Ils se rendirent compte d'ailleurs que prosélytisme et fiscalité ne pouvaient marcher longtemps de concert, et que le décret du 15 décembre embrouillait les affaires en confondant ce qui devait être divisé. Le peuple, écrivaient-ils, est indifférent à qui le gouverne, il n'est d'aucun parti. Il aime d'ailleurs les Français. Qu'on lui laisse son culte, qu'on le rende heureux, et il s'attachera. Il lui importe fort peu d'être traité en pays conquis ou en pays annexé, pourvu qu'on le traite bien. Le clergé est à qui lui laissera ses biens. Quant au prétendu parti de la République, c'est une faction qui ne cherche « que le moyen d'assouvir des vengeances et des haines personnelles ». Il ne faut donc point de sociétés populaires : elles seraient des foyers d'intrigues. Les riches et les nobles invoquent les décrets de réunion de 1793 pour échapper aux contributions en numéraire et payer en assignats. Leur réclamation n'est qu'une feinte. « Nous avons, concluaient les représentants, écarté tous les partis, seul moyen de les contenter tous et d'éviter tout choc entre eux, et nous ne nous attachons qu'à un seul point, de saigner le clergé et les riches, en pressurant leurs bourses, et de faire le bien-être du peuple [1]. » Ils demandèrent des instructions.

Le Comité leur en envoya de fort précises. Il en vint par empirisme fiscal à découvrir peu à peu l'art des ménagements. Il n'y a point de fanatisme qui tienne dans les affaires, et c'étaient des gens d'affaires qui gouvernaient alors la France. Il faut, écrivit le Comité, le 11 décembre, « concilier l'avantage des habitants du pays avec l'intérêt de la République... Vous devez vous défier des intrigants qui pullulent dans ce pays et qui ne cherchent à presser les mouvements révolutionnaires que pour profiter des désordres qui en seraient le résultat. Ne souffrez pas, d'un autre côté, que l'on se permette, sous prétexte de patriotisme, de blesser les préjugés religieux des Belges. Il est important de ne pas les brusquer sur cet article : élevons-les à la liberté par la raison et la justice, et n'essayons pas de les amener à nous par la violence [2]. » Les représentants demandaient l'autorisation de supprimer les droits féodaux : le Comité approuva. « Lorsque, écrivirent encore les représentants, les contributions seront payées, les armées approvisionnées, les magasins remplis ; lorsque les assignats auront remplacé le numéraire et que les biens des moines et des absents seront, par le moyen de ces contributions, devenus la propriété des habitants, des cultivateurs, la Révolution sera opérée de fait, sans trouble ni secousse. En

---

[1] Les représentants en mission au Comité, 13 septembre 1794.
[2] Le Comité aux représentants près les armées du Nord et de Sambre-et-Meuse, 21 frimaire-11 décembre 1794.

attendant, il convient d'ajourner toutes ces demandes de réunion, qui ne sont pressées que par les intrigants, par ceux qui voudraient s'emparer de l'autorité et des biens des absents, ou par ceux qui veulent échapper aux réquisitions et aux contributions. » Le Comité ratifia cette façon de voir : « Approuvé, répondit-il, en promettant néanmoins que la réunion sera effectuée aussitôt que les habitants s'en seront montrés dignes par leurs sacrifices pour la défense de la liberté [1]. »

Le Comité fit espérer aux Belges qu'après le payement de la contribution de guerre en numéraire, il serait fait des ventes de biens nationaux payables en assignats. Il fit, au mois de décembre, rétablir le commerce entre la Belgique et la France. Au mois de janvier, il abolit, en partie, le *maximum*. Les représentants, en annonçant cette mesure aux Belges, le 6 janvier 1795, leur montrèrent dans la fin du régime de la conquête la récompense de leur zèle de contribuables. Pour mériter de devenir Français, dirent-ils, il faut, comme les Français, « vous dépouiller de votre numéraire et le verser dans le creuset national; ne reconnaitre que la monnaie républicaine, en assurer le crédit et faire contribuer les riches, engraissés de la sueur et des travaux du peuple ». Jargon et assignats à part, c'était l'application directe à la conquête révolutionnaire du système des Romains. Les conventionnels avaient tous lu Montesquieu, et les nécessités de la guerre leur enseignaient empiriquement la conduite dont ce grand historien avait découvert les règles dans l'histoire de Rome : « Il n'était pas temps encore de s'emparer des pays conquis... Il fallait attendre que toutes les nations fussent accoutumées à obéir comme libres et comme alliées, avant de leur commander comme sujettes, et qu'elles eussent été se perdre peu à peu dans la république romaine[2]. » C'est ainsi que, reprenant les traditions de Rome, les républicains de l'an III abandon-

---

[1] Le Comité aux représentants près les armées du Nord et de Sambre-et-Meuse, 1ᵉʳ nivôse-21 décembre 1794. Ont signé à la minute : Cambacérès, Carnot, Guyton, Merlin de Douai, Pelet, Boissy d'Anglas, André Dumont.

[2] *Grandeur et décadence des Romains*, ch. VI : De la conduite que les Romains tinrent pour soumettre tous les peuples.

naient insensiblement le système des affranchissements des premiers mois de la Convention, et préparaient celui des républiques vassales du Directoire et des alliés assujettis de l'Empire.

Les pays allemands de la rive gauche du Rhin avaient été soumis au même régime ; mais dans les premiers mois de 1794, les représentants en mission s'y étaient montrés moins intelligents qu'en Belgique, plus impitoyables au peuple, plus complaisants aux exactions des agents réels ou prétendus du fisc et des armées. « Vaincre l'ennemi et vivre à ses dépens, écrivait Baudot, c'est le battre deux fois [1]. » Les coalisés furent, en ce sens-là, battus à fond sur le dos des malheureux habitants du Palatinat et du pays de Trèves. Tout ce qui pouvait être emporté fut requis et expédié en France. Cette « évacuation » du Palatinat, c'est le terme qu'on employait, fut aussi calamiteuse au pays entre les mains des conquérants républicains, que l'incendie l'avait été entre les mains des soldats de Louis XIV. Elle peut, rapporte un conventionnel, « être considérée comme une compilation de monstruosités, de scélératesses, d'exécutions, de vols et de rapines ». Sous l'invasion des bandits qui arrivèrent munis de commissions de Saint-Just, de Lebas, de Hentz, surtout, qui opérait lui-même avec une férocité stupide, la maxime : « Paix aux chaumières », ne fut plus que l'enseigne menteuse de charlatans cyniques d'humanité. Les paysans, traités à la Vendéenne, comme les Vendéens l'avaient été à la Palatine, se virent enlever toutes leurs ressources ; leurs maisons furent fouillées « depuis le grenier jusqu'à la cave » ; on arracha et « évacua » « jusqu'aux serrures des portes ». Sans ces extorsions et ce pillage, le pays, disent les rapports, aurait pu fournir deux cents millions à la République et nourrir l'armée pendant quinze mois [2]. C'est l'époque de la grande déception, du désespoir et de la fuite d'une partie de ces peuples sur la rive droite du Rhin ; Gœthe en a fait un tableau immortel, aussi vrai dans ses traits lamentables, que celui qu'il

[1] Discours du 16 mars 1794.
[2] Rapport de Becker, 13 juin 1795 ; Discours de Merlin de Thionville, 5 avril 1795 : *Moniteur*, t. XIV, p. 683, 152.

avait fait auparavant de la confiance dont ces braves gens avaient accueilli, en 1792, la nouvelle de la délivrance et l'Évangile républicain[1].

Le pire était que ces flibustiers démagogues, émules des commissaires du pouvoir exécutif de 1792, en ravageant le pays, affamaient les armées. Elles étaient alors dans leur âge héroïque et dans cette époque de jeunesse où l'enthousiasme se tourne en vertu; où la force, en sa plénitude, ne se connaît point encore et s'effraye de l'abus de soi-même; où la victoire, encore nouvelle, suffit à ravir les âmes et demeure à la fois joyeuse et pitoyable. Nulle avidité, nul mépris des faibles, des pauvres, des désarmés; mais le sentiment expansif de la délivrance qu'on porte avec soi. Ces armées semblaient se lever dans l'aurore d'un beau jour. La fraîcheur de l'air, la certitude d'un repos prochain et d'un bonheur qui ne finirait plus donnaient à leur allure je ne sais quoi d'allègre et d'exalté, qui les faisait marcher sans souci des épreuves et sans tentations[2]. Commandées par de jeunes hommes au génie chevaleresque, au cœur magnanime, comme Marceau et Desaix, les peuples les voyaient avec étonnement, déguenillées, tristes, amaigries, mais fières, gaies, martiales et disciplinées, s'avançant dans leur conquête avec la poussière et les haillons de la déroute. Les peuples s'inclinaient devant je ne sais quoi d'inattendu et d'auguste qu'ils devinaient en ces troupes, et les soldats gagnaient les cœurs de leurs hôtes dont ils partageaient la misère[3].

---

[1] *Herrmann et Dorothée*, Clio. Cf. t. III, p. 101.

[2] « Les officiers donnaient l'exemple du dévouement : le sac sur le dos, privés de solde... ils prenaient part aux distributions comme les soldats... On leur donnait un bon pour toucher un habit ou une paire de bottes. Cependant, aucun ne songeait à se plaindre de cette détresse, ni à détourner ses regards du service, qui était la seule étude et l'unique objet d'émulation. Dans tous les rangs le même zèle, le même empressement à aller au delà du devoir... C'est l'époque de ma carrière où j'ai le plus travaillé et où les chefs m'ont paru le plus exigeants. Dans les rangs des soldats, c'était le même dévouement, la même abnégation... Jamais les armées n'ont été plus obéissantes ni animées de plus d'ardeur; c'est l'époque des guerres où il y a le plus de vertu dans les troupes. » SOULT, *Mémoires*.

[3] Voir principalement VENEDEY, p. 176-179, 186-188; PERTHES, t. I, p. 163. — Cf. *Journal de Fricasse*. — *Bricard*, p. 117, 162. — *Politische Annalen*, t. V, 1794, p. 129-130. Lettre d'un officier allemand; il raconte, avec étonnement, que les sold t fait prisonnier ne l'ont point dépouillé de ses bijoux.

Après le 9 thermidor, le Comité fit rappeler les commissaires terroristes et tâcha de purger les pays du Rhin des pirates dont ces commissaires les avaient infestés. Les nouveaux commissaires furent consternés et navrés du spectacle de souffrances et d'oppression qu'ils trouvèrent en arrivant. Ils s'efforcèrent d'arrêter l'émigration en rassurant les paysans. Ils déclarèrent que le pillage serait réprimé, que les objets requis seraient payés, que justice serait faite aux habitants de bonne volonté, que les *Droits de l'homme* leur seraient garantis. « Les Palatins, toujours bons, dit le conventionnel Becker, savaient pardonner, et étaient toujours portés d'inclination vers la nation française [1]. » Mais il fallait, avant tout et malgré tout, remédier à l'effroyable dénuement de l'armée, et les commissaires s'occupèrent de régler les réquisitions.

Le Comité des finances les talonnait incessamment. Il leur envoyait des notices prestigieuses sur les trésors des grandes Églises de Cologne, Bonn, Coblence, Trèves; sur les biens du clergé, sur ceux des nobles absents. « Nous pensons, écrivait le Comité le 14 octobre, qu'au moyen de ces nouvelles conquêtes, nous pourrions porter à cent millions les contributions en numéraire que vous avez déjà poussées (en Belgique) au delà de soixante-deux millions. » L'électorat de Trèves, « où il paraît que l'on n'a pas révolutionné avec la même activité que vous l'avez fait dans la Belgique », offre des biens nationaux que l'on évalue à un milliard. Révolutionner s'entendait d'ailleurs, ici, au sens purement fiscal : à mesure que l'armée avançait, répandre les assignats et les faire rentrer en vendant des mobiliers, des terres et des maisons confisqués; saisir, avec ordre et sur bons, en due forme, les fers, les charbons, les chanvres, tout, — « nous avons besoin de tout, il faut donc tout prendre », — et le jeter dans l'intérieur [2].

Les représentants continuèrent donc l' « évacuation » de la

---

[1] Proclamation de Neveu, Feraud et Merlin de Thionville, octobre 1794. — REMLING, *Die Rheinpfalz*, t. II, p. 131-136.

[2] Le Comité des finances au représentant Haussmann, 14 octobre 1794. Signé : Cambon, Humbert, etc.

rive gauche du Rhin; mais ils le firent avec une âpreté plus réglée et sans pillage, ce qui fut déjà un soulagement pour les habitants. Ils établirent une administration centrale à Aix-la-Chapelle pour tous les pays entre la Meuse et le Rhin. Ils taxèrent ces pays à vingt-cinq millions en numéraire. Ils déclarèrent émigrés, c'est-à-dire frappés de confiscation, tous les individus qui avaient combattu contre la République, et ils annoncèrent qu'ils frapperaient de la même peine tous les absents qui ne rentreraient pas dans un délai de quinze jours[1]. Ils notifièrent au peuple que les immenses richesses de « ses irréconciliables ennemis, la noblesse et le clergé », passeraient, s'il le voulait, entre ses mains, rendraient les terres à l'agriculteur et uniraient « les hommes à la Révolution par l'indissoluble lien de la propriété ». Comme en Belgique, pour profiter de ces avantages, il fallait faire acte de dévouement à la République, et en donner des preuves sonnantes et trébuchantes. Point de numéraire, point de *Droits de l'homme!* — « Méritez par votre obéissance et vos sacrifices cette glorieuse adoption », disaient les représentants. « Mais il faut que les réquisitions soient livrées avec la plus scrupuleuse exactitude. Songez que le moindre retard enchaînerait l'activité de vos généreux libérateurs. A ce prix, vous vous montrerez dignes d'être libres, et vous le serez[2]. »

Cependant, l'armée préparait à la République de nouvelles ressources et de nouvelles conquêtes. La Hollande était sans défense. L'Autriche était impuissante à la couvrir. « Vous connaissez, écrivait l'Empereur au général Clerfayt, mes pertes énormes en hommes et les difficultés à peu près insurmontables pour les réparer désormais, vu l'épuisement qui com-

[1] Cf. t. I, p. 88 : Les précédents de l'ancien régime.

[2] Arrêtés des représentants, 14 novembre et 11 décembre 1794, pour l'administration des pays conquis entre la Meuse et le Rhin. — Arrêté de Gillet, Cologne, 19 octobre 1794, sur les émigrés et les absents. — Proclamation de Frecine aux habitants de Bonn, 11 janvier 1794. — Voir : PERTHES, t. I, p. 122 et suiv., 141 et suiv., 177 et suiv. — HESSE, *Geschichte der Stadt Bonn*, 1792-1815, Bonn, 1879, p. 11, 42, 61 et suiv. — HÜFFER, *Zur Geschichte der Stadt Bonn*, Cologne, 1863. — VENEDEY, p. 182 et suiv. — VIVENOT, *Saxe-Teschen*, t. II, p 24 et suiv. — RAMBAUD, ch. IX.

mence à se faire sentir dans mes États[1]. » Les Autrichiens se retiraient; les Prussiens étaient partis; il ne restait que les Anglais, et ils se conduisaient de telle façon, « la licence scandaleuse de leurs armées et la hauteur insultante de leurs procédés » étaient telles que les Hollandais n'aspiraient qu'à les voir évacuer leur pays. « Croyez à notre haine profonde pour les Anglais, disait le colonel hollandais Bentinck au représentant Portiez de l'Oise ; ils ont ruiné nos manufactures, anéanti notre commerce ; ils nous ont entraînés dans une guerre ruineuse et contraire à nos propres intérêts. Leurs soldats volent et pillent partout. Moi-même, quoique proche parent du stathouder, je n'ai pas été épargné plus qu'un autre. Ma maison de campagne a été dévastée. Chevaux, voitures, jusqu'à la serrure des portes, tout a été enlevé. » Quant à la petite armée hollandaise, 30,000 hommes environ, elle estimait s'être assez battue pour le compte des alliés pour ne point risquer d'être anéantie pour son propre compte. Les habitants refusaient le service du *landsturm*. Les arsenaux étaient vidés depuis longtemps. Le pays réclamait la paix[2].

Le gouvernement, réduit aux abois, songeait à se la procurer par l'entremise de la Prusse. Il s'y prenait trop tard. La nation ne lui pardonnait ni les pertes qu'elle avait subies, ni l'invasion dont elle était menacée ; elle ne songeait qu'à adoucir le vainqueur en offrant de fraterniser avec lui. Une révolution allait ouvrir les portes à la conquête. L'ancien parti démocratique, le parti français, comme on l'appelait, reforma ses comités et tâcha de prendre les devants avec la République. L'opinion soutenait toutes les démarches de ces citoyens qui se croyaient en droit d'obtenir des ménagements de la France et de substituer à un traité de capitulation un pacte d'alliance. Ils avaient d'autant plus de motifs de l'espérer, qu'ils voyaient marcher à l'avant-garde de l'armée française, comme

---

[1] 7 novembre 1794. — Cf. *id.*, 2 novembre et 10 décembre 1794. — Vivenot, *Thugut-Clerfayt*, p. 35, 39, 44.

[2] Michel, *Mallet du Pan*, t. I, p. 109. — Cf. Rapport des agents autrichiens. Vivenot, *Thugut-Clerfayt*, p. 51; *Saxe-Teschen*, t. II, p. 325.

l'un des généraux de la République, un des principaux meneurs de la Révolution de 1787, Dændels[1].

Le 27 septembre 1794, Dændels se présenta sur la frontière hollandaise, à la tête d'un détachement. Le fort de Crèvecœur, qu'il somma de se rendre, capitula. Pichegru prit Bois-le-Duc, le 10 octobre, et le 3 novembre Nimègue ouvrit ses portes. Partout des comités révolutionnaires s'organisaient, prêchant la soumission. Les représentants qui accompagnaient l'armée, Haussmann, Bellegarde et Lacombe du Tarn, convièrent les Bataves à s'affranchir et à mériter, par leurs sacrifices, la protection des Français. « Ils ne viennent point en dominateurs, mais en frères, auxquels vous pouvez vous unir en toute confiance... Ils ne veulent que s'entourer de peuples libres. » Les personnes, les propriétés, les usages, les croyances seront respectés. Les troupes payeront tout ce qui leur sera fourni, et l'immense hypothèque des assignats sera la garantie de la monnaie républicaine. « Nous jugerons, concluaient-ils, votre affection pour la République française par l'empressement avec lequel vous pourvoirez aux besoins de nos troupes[2]. » Le Comité de salut public approuva ce langage. La Hollande n'était point un pays à rançonner comme la Belgique : « L'intérêt de la République est que les Hollandais soient rassurés, qu'ils n'émigrent point avec leurs trésors, que leur commerce fleurisse..., que la Hollande fournisse à nos approvisionnements ; que les Bataves, au moins ceux d'outre-Rhin, soient nos alliés ; que le stathoudérat soit écrasé ; qu'enfin, ce point de ralliement, ce nœud de la coalition soit saisi par nous, et tous les fils qui l'attachent aux autres puissances, coupés. » Il importe de s'assurer de cette République, en rasant ses forteresses ; mais il ne convient pas que les Anglais aient à se féliciter, surtout à profiter de sa ruine[3]. Le 8 novembre, le

---

[1] Kampen t. II, p. 528 et suiv. — Sybel, Trad., t. III, p. 253, 368 et suiv. — Vivenot Saxe-Teschen, t. II, p. 328. — Bonnal, Le royaume de Prusse, Paris, 1883, p. 316 : Lettre d'Altona, 20 août 1794. — Zeissberg, t. V, p. 13, 16, 17.

[2] Proclamation du 30 vendémiaire an III. — 21 octobre 1794 — Moniteur, t. XXI, p. 385.

[3] Le Comité aux représentants, 7 brumaire-28 octobre 1795.

Comité manda aux représentants de s'emparer du stathouder, de sa femme, des chefs militaires, des émigrés français, et il lança un avis aux Bataves, les invitant à ouvrir les yeux sur l'abîme où les précipitait la perfidie britannique. Persuadé que des négociateurs allaient se présenter, le Comité autorisa, le 25 novembre, les représentants à leur délivrer des passeports.

Dans le Midi, la guerre de réquisitions avait été aussi implacable que dans le Nord ; les habitudes terroristes s'y maintinrent aussi plus longtemps. En Piémont, où la République avançait, tout fuyait devant ses troupes. « Les Français, écrit un Savoisien, se sont emparés d'immenses magasins ;... ils ont ajouté le pillage le plus effréné ; ils n'ont laissé ni un grain de blé, ni un bœuf, ni une volaille, ni un ustensile, ni un linge. On a traité les chaumières comme les châteaux. La horde a poussé la barbarie jusqu'à déshabiller dans les chemins les paysans, hommes et femmes, qui sont tombés entre ses mains. Pour le coup, les Français paraissent renoncer au prosélytisme ; les paysans émigrent par bandes, afin de fuir le voisinage de ces bons apôtres de la fraternité[1]. » De même sur les frontières d'Espagne. Les Espagnols n'ayant point exécuté la capitulation de Collioure, du 26 mai 1794, et restitué, comme ils le devaient, des prisonniers français, la Convention décréta, le 10 août, qu'il ne serait plus fait de prisonniers espagnols. Ce sauvage décret ne fut point appliqué, et les soldats ne massacrèrent personne. Les « ordonnateurs en chef et les exécuteurs subalternes » opérèrent dans le Guipuzcoa et la Biscaye avec plus de férocité peut-être encore que leurs émules sur le Rhin[2]. Ce ne furent, aux termes mêmes d'un rapport du Comité de salut public, qu'horreurs, excès et crimes qui souillèrent la conquête. En Catalogne, « les villes, les bourgs, les villages étaient déserts ; le peuple fuyait, chargé de tout ce qu'il pouvait emporter de meubles et de denrées, et

---

[1] Costa de Beauregard, *Un homme d'autrefois*, p. 262. Lettre de septembre 1794.

[2] Rapport de Tallien, 16 avril 1795, au nom du Comité de salut public *Moniteur*, t. XXIV, p. 230. — *Revue historique*, t. XI, p. 317.

il mettait le feu à ce qu'il n'emportait pas ». Les habitants du Guipuzcoa et de la Biscaye étaient restés, sur la foi des proclamations, et ne demandaient qu'à se soumettre. On déporta leurs magistrats, on ferma leurs églises, on arrêta les prêtres, on expédia les religieuses dans des charrettes, entourées de piquets de hussards, on brûla les villages, on viola les femmes. « Vous pensez, disait plusieurs mois après le rapporteur du Comité de salut public, l'impression que cette série d'injustices, de violences et d'atrocités, dut produire sur un peuple aussi attaché à ses opinions religieuses et renommé par son respect pour la foi des traités. Tous ceux qui avaient les moyens de fuir abandonnèrent leurs foyers, et la France fut menacée, dans le Guipuzcoa comme en Catalogne, de n'avoir conquis que des déserts. » C'étaient les contre-coups de la Terreur, et voilà comment ce régime, qui ne se justifiait que par le sophisme des nécessités de la guerre et du salut de la Révolution, avait anéanti tous les avantages de la guerre et tourné à la révolte contre la France les peuples conquis par ses armées. Cependant, ces peuples ne désiraient que la paix, et leur vœu, tout autant que les défaites et la politique, y poussait les gouvernements.

LIVRE II

LA PAIX DE BALE

CHAPITRE PREMIER

LE COMITÉ DE L'AN III

1794-1795

I

Le Comité de salut public ne commença à s'occuper sérieusement de négociations que dans les derniers jours de novembre, mais il s'en occupa désormais incessamment. Les négociations prirent dans ses travaux autant de pla
guerre. Aucun gouvernement n'en a conduit à la plus nombreuses et de plus graves ; aucun n'a pris, en aussi peu de temps, des résolutions qui aient engagé pour plus d'années les destinées de la France. Il faut donc entrer dans l'intimité de ce conseil, étudier les hommes qui y siégeaient, dégager leurs caractères et démêler leurs intentions. Le Comité a eu pour principal objet la grandeur de la République et l'affermissement de la Révolution ; mais comme il n'a point eu d'autre guide que l'intérêt, d'autre règle que les circonstances et d'autre principe que la raison d'État, on ne comprend point sa conduite si l'on ne connaît point les personnes qui le formaient ; si l'on ne voit point ressortir sous l'étiquette anonyme et l'apparente unité de son gouvernement le rôle des individus et la divergence des opinions de plusieurs ; si l'on ne discerne pas enfin la suite réelle des desseins d'ensemble malgré les incertitudes, les revirements passagers et les variations dans les mesures.

Par le jeu des renouvellements qui en faisaient sortir quatre membres chaque mois et qui rendaient ces membres inéligibles pendant un mois, le Comité se modifiait continuellement, et les vacillations de l'opinion dans l'Assemblée s'y réfléchissaient ; mais comme tous les membres y restaient quatre mois, et que presque tous ceux qui en sortirent furent réélus, il s'y établit un fond permanent d'hommes et d'idées, une tradition de politique qui se transmit de soi-même des uns aux autres, enfin une sorte de consistance du tout indépendante de l'instabilité des parties. C'est un corps qui se déforme, se reforme et se transforme constamment, mais qui a cependant une existence propre, et qui s'identifie les éléments divers qui s'y confondent. On distinguera, selon l'intervention des personnes et selon les mutations de la Convention, les différentes époques du Comité de l'an III ; mais on reconnaîtra qu'il y a eu un Comité de l'an III, qui s'est soutenu et suivi soi-même à travers les évolutions des gens et des choses, et qui, par sa constitution même, a amorti, en les recevant, les contre-coups des agitations de l'Assemblée souveraine.

Du 15 vendémiaire an III-5 octobre 1794 jusqu'au 10 brumaire an IV-31 octobre 1795, date de l'expiration de ses pouvoirs et de l'élection du Directoire exécutif, c'est-à-dire pendant treize mois, 48 conventionnels ont siégé dans le Comité de salut public [1]. Les principaux d'entre eux y ont figuré : Merlin de Douai pendant 11 mois, Cambacérès pendant 10, Boissy, Reubell et Sieyès pendant 7 ; voilà le lien établi entre les différentes formations. La fusion des éléments procède d'ailleurs de la communauté d'origine. Sur ces 48 membres, on compte 28 légistes, 9 militaires, 3 anciens ecclésiastiques, 2 savants, 2 hommes de lettres, 1 pasteur protestant, 2 propriétaires, 1 employé d'administration et 1 clerc de notaire. Ainsi les légistes ont formé le fond permanent du Comité, et ils y ont toujours eu auprès d'eux des militaires. La Convention recruta ces commissaires d'abord sur la Mon-

---

[1] 51 si l'on part du 10 thermidor an II-28 juillet 1794.

tagne, puis dans la gauche modérée et jusque dans la Plaine; il s'y insinua de la sorte quelques membres qui, comme Boissy, Doulcet, Larivière, Daunou, Defermon, n'avaient pas voté la mort; mais, à ses débuts, le Comité fut composé exclusivement de régicides, et les régicides y demeurèrent toujours en très forte majorité. Tous se disaient républicains; on peut dire que, sur 48, 18 le restèrent : 5 qui moururent avant le dix-huit brumaire : Delmas, Lesage, Gillet, Aubry, Louvet; 4 qui disparurent dans la retraite : Prieur de la Côte-d'Or, Breard, Blad, Laporte; 6 qui se montrèrent opposants sous l'empire : Lindet, Prieur de la Marne, Dubois-Crancé, Revellière-Lépeaux, Reubell, Gourdan; 3, tous les trois militaires, qui, après avoir servi sous le Consulat ou participé à ce gouvernement, se retirèrent après 1804 : Carnot, Lacombe Saint-Michel, Letourneur. Les autres firent l'empire ou s'y rallièrent.

Tous étaient des démocrates autoritaires, tous étaient portés par leur éducation et leur tempérament à adapter à la République les traditions de gouvernement qui avaient permis aux grands rois Bourbons d'affermir en France, par le prestige de la gloire et des conquêtes, la monarchie absolue et centralisée[1]. Ils étaient nés serviteurs d'État. Ils avaient eu l'illusion et comme l'ivresse de la liberté, ils en avaient parlé le langage, ils n'en possédaient ni les mœurs, ni l'instinct, ni le goût. La révolution de Thermidor, en les portant au pouvoir, les rendit à eux-mêmes et à ces réalités du gouvernement qui étaient pour eux toute la politique. Plusieurs s'étaient montrés serviles devant la foule, devant les clubs, devant Robespierre; ils le parurent davantage devant Napoléon : c'était leur attitude naturelle, ils la portèrent partout.

La plupart étaient faits pour commander au peuple en obéissant à un maître. Quelques-uns auraient souhaité d'être eux-mêmes ce maître souverain qui parle au nom du peuple : ils

---

[1] Cf. t. I, p. 219-222.

l'essayèrent et n'y réussirent pas. Le Comité de l'an III ne rassembla en quelque sorte que les membres d'un puissant corps d'État; il ne révéla point de chef de gouvernement.

Ces hommes ne donnèrent toute leur mesure que lorsqu'ils furent conduits par une pensée et par une volonté supérieures. Ils sortaient de la rude officine du gouvernement révolutionnaire comme les intendants et les conseillers de Richelieu étaient sortis du chaos politique des guerres de religion et des guerres d'Allemagne. Il leur aurait fallu un Richelieu, et nul d'entre eux n'était de taille à en remplir le personnage. C'est dire que s'ils possédaient presque tous l'application, les aptitudes, les connaissances, le zèle, la discipline, le sens pratique qui font les ministres et les bons officiers de gouvernement, les vues d'ensemble et les vues prolongées, le caractère et le génie original leur manquaient, qualités sans lesquelles il n'y a point de grand homme d'État.

On ne peut les bien pénétrer, en leurs commencements, qu'en considérant leur fin. On aurait sur le Comité de l'an III un jugement très illusoire, si l'on ne pensait constamment qu'il en est sorti, dans l'ordre des titres : 1 prince, 13 comtes, 5 barons; dans l'ordre des dignités et des emplois : 7 sénateurs de l'empire, 6 conseillers d'État, 5 magistrats, 5 préfets, 2 sous-préfets, 1 diplomate, 1 consul et 4 fonctionnaires [1]. Qualités d'intelligence et défauts de caractère, ils sont personnifiés par deux hommes qui ont été, dans le conseil de l'an III, l'un, la tradition vivante, le modérateur commun, le président en un mot; l'autre, le moteur et l'agent principal, le travailleur et l'expéditeur de toutes les besognes, le secrétaire universel : tous les deux associés de complicité à l'œuvre terroriste, l'un par le tribunal révolutionnaire, l'autre par la loi des

---

[1] *Prince :* Cambacérès; *comtes :* Boissy, Cochon, Doulcet, Sieyès, Vernier, Pelet, Thibaudeau, Merlin de Douai, Eschasseriaux, Berlier, Treilhard, Fourcroy, Carnot; *barons :* de Bry, Richard, Guyton, Defermon; *sénateurs :* Cochon, Boissy, Sieyès, Creuzé, Vernier, Doulcet; *conseillers d'État :* Treilhard, Thibaudeau, Fourcroy, Berlier, Pelet, Defermon; *magistrats :* Laloy, Thuriot, Merlin, Gamon, Larivière (sous Louis XVIII); *préfets :* Cochon, Richard, Chazal, Doulcet, de Bry; *sous-préfets :* André Dumont, Rabaut; *diplomate :* Eschasseriaux; *consul :* Tallien; *fonctionnaires :* Guyton, Marec, Roux, Chénier.

suspects; tous les deux associés de labeur et d'honneurs à toute l'œuvre impériale, l'archichancelier et le procureur général de Napoléon, Cambacérès et Merlin de Douai.

Cambacérès, né dans la noblesse, judicieux, insinuant, de belles manières, spirituel sans grande étendue d'esprit, plus jurisconsulte que politique, plus politique qu'homme d'État, probe, quoique avide de biens, l'homme, dit un contemporain, « le plus propre à mettre de la gravité dans la bassesse [1] », appelé à devenir un des plus opulents, des plus titrés et des plus considérables personnages de l'Europe officielle : il eût fait, sous les rois, un président de Cour souveraine accompli. Merlin, que Richelieu eût tiré hors des rangs, avait en lui des parties d'un Letellier et d'un Louvois, également apte à diriger une chancellerie au milieu du dédale des ordonnances, des coutumes et des précédents, à conduire et à exécuter, dans de formidables complications civiles, sociales et politiques, la révocation d'un Édit de Nantes, à administrer une armée et une province conquise, à présider des chambres de réunion, à négocier des traités ; une lecture immense surtout de textes législatifs et juridiques; une mémoire insatiable et infatigable ; une pénétration d'esprit, subtile et forte, capable de s'appliquer, sans lassitudes, aux affaires les plus diverses; une faculté d'assimilation égale à la faculté de travail; une notion courte, mais puissante et ramassée, de l'État, prise dans la quintessence même de l'ancien État français : les ordonnances des rois et les arrêts des cours [2]; l'intelligence du despotisme, le caractère de l'obéissance, « l'air fin et rusé d'une belette [3]. »

Le Comité nommait chaque mois un président [4]. Merlin occupa d'abord cette place. Cambacérès la prit ensuite et ne la

---

[1] FAURIEL, *Les derniers jours du Consulat,* publié par Ludovic Lalanne, Paris, 1886, p. 37.
[2] Outre sa collaboration au répertoire de Guyot, il avait publié quatre volumes d'un *Traité des droits, fonctions, prérogatives, etc., attachés en France à chaque office.*
[3] Mot d'un Montagnard.
[4] Voir *Revue historique,* t. VI, p. 29-34.

quitta pour ainsi dire plus. Le Comité se divisait en sections : diplomatie, guerre, marine, armes et poudres, approvisionnements, correspondance. Dans la section de diplomatie, les membres qui la composaient, trois ou quatre, suivant les temps, se répartirent les pays, de sorte que les mêmes affaires étaient, au moins pendant quatre mois, préparées, rapportées au Comité, expédiées par la même personne. Les membres de la section diplomatique, n'étant pas soumis en même temps au renouvellement, se passèrent l'un à l'autre les affaires. Merlin, Boissy, Sieyès, Reubell, Treilhard, Cambacérès eurent ces affaires dans les mains tant qu'ils demeurèrent au Comité, et comme ils y furent presque constamment, ces affaires restèrent en quelque sorte dans les mêmes mains. Cependant, il fallait des bureaux pour recueillir les précédents, composer les dossiers, copier les dépêches, suivre les affaires secondaires. Dès que le Comité eut le loisir de songer aux négociations, il s'occupa de rassembler ces bureaux diplomatiques. Un arrêté du 14 octobre en régla l'organisation. L'esprit des gouvernants se révèle dans le rapport qui motiva cet arrêté[1] : « Le département des affaires sous la monarchie était le seul bien administré. Depuis Henri IV jusqu'en 1756, les Bourbons n'ont pas commis une seule faute majeure. Depuis Henri IV jusqu'au régent, les rois ou un premier ministre dirigeaient, lisaient et signaient de leur propre main les dépêches. Le ministre n'était qu'un scribe, un secrétaire d'État des volontés du maître. »

Le maître, c'était le Comité ; le scribe, ce fut le commissaire des relations extérieures. Buchot fut mis dehors[2] ; le Comité fit, pour remplacer cet incapable, un choix excellent, Miot, qui avait l'éducation et l'habitude des affaires. Sous sa direction, le travail se répartit entre trois divisions, composées chacune d'un chef, d'un sous-chef et de trois commis. Les chefs étaient

---

[1] Masson, *Affaires étrangères*, ch. IX.

[2] Il était sans ressource ; on lui donna une échoppe de commis d'octroi. Receveur des postes en 1808, il eut l'idée de solliciter une pension d'ancien ministre : il l'obtint, et eut six mille francs de rente, en 1810, jusqu'à sa mort, en 1813. Masson, p. 226.

d'habiles gens, qui possédaient déjà de l'acquis, et firent, dans la suite, bonne carrière de diplomates. Dans la première division : Espagne, Portugal, Italie et Suisse, Otto, ancien secrétaire de légation en France et aux États-Unis, premier commis en 1792 ; dans la seconde division : Prusse, Pologne, Porte et Russie, Reinhard. La troisième : Allemagne, Autriche, Hollande, Suède, Danemark, États-Unis, Angleterre, fut gérée par Perreau, qui était versé dans le droit public de l'Empire. Le Comité créa, en outre, le 8 novembre, un bureau d'analyse où travaillèrent deux historiens, Anquetil et Flassan.

Aussitôt que ces bureaux furent constitués, ils employèrent leurs soins à remettre de l'ordre dans la correspondance, à la renouer, à ranimer le zèle des agents qui se plaignaient d'être oubliés et de ne recevoir ni instructions ni encouragements [1]. « On sait, dit une note contemporaine, qu'au 9 thermidor, les cartons du Comité de salut public, section politique, étaient remplis de pièces et de rapports auxquels on ne songeait pas même à répondre. » Les membres du Comité se mirent au courant des affaires ; ils reconnurent promptement la nécessité d'augmenter le nombre des agents d'information. Deforgues avait naguère composé un plan de missions secrètes. On a vu comment ces missions avait dégénéré en une machine de propagande terroriste à l'intérieur [2]. Sur les rapports des bureaux et sur les représentations de l'ambassade de Suisse, le Comité décida, le 21 novembre, que Barthélemy enverrait dans les États coalisés des agents secrets chargés de renseigner la République sur les dispositions des peuples, les moyens de les incliner à la paix et ceux de dissoudre la coalition [3]. Bacher avait commencé d'organiser un service d'observations politiques et militaires, militaires surtout ; ce service, très insuffisant, faute de ressources, se compléta

[1] Cf. ci-dessus, p. 68-70, et *Revue historique*, t. X, p. 345.
[2] Cf. t. III, p. 532, 535.
[3] Arrêté du 1.er frimaire-21 novembre, *Papiers de Barthélemy*, t. V, p. 444. Voir à la table l'article : *Agents politiques à l'extérieur*, et les articles consacrés à chacun de ces agents.

peu à peu. Au mois de janvier 1795, le Comité y donna le ressort nécessaire par un premier envoi de 25,000 livres en numéraire.

II

Les gouvernants de l'an III rassemblaient ainsi toutes les connaissances qu'ils pouvaient recueillir sur l'Europe, et ils s'environnaient de la tradition vivante des anciennes affaires étrangères. Cette tradition s'était insinuée en eux par toutes leurs études et par toutes leurs lectures. Les circonstances ranimaient dans leur mémoire et coordonnaient à leur insu dans leur esprit les notions qui s'y étaient confusément amassées. Jetés brusquement dans la politique, ils se trouvèrent avoir un système avant même d'y avoir réfléchi[1]. Ce système était le traditionnel. « Le maître, dit le rapport cité plus haut, était l'héritier de quelques principes de famille, de quelques axiomes, bases des vues ambitieuses de la maison de Bourbon au préjudice des maisons rivales. Nos tyrans ne s'écartèrent jamais de ces axiomes, et, forts de l'industrie nationale, ils parvinrent à donner à la France les degrés d'étendue qui en ont fait la puissance la plus terrible au dehors. Dans toutes nos guerres, une province nouvelle était la récompense de notre politique et de l'usage de nos forces. » Le Comité fit siennes ces maximes. Il eut son dessein qu'il emprunta au recueil des grands desseins royaux : la limite du Rhin. L'idée s'en présenta spontanément aux membres du Comité, à mesure que les victoires permirent aux ambitions de se donner carrière[2]. Avant de raisonner cette idée, avant surtout de la motiver sur des

---

[1] Cf. t. I, p. 7, 304, 311, 319-325 : Les traditions politiques; Le problème des frontières.
[2] Sur cette idée, voir, pour les origines, t. I, liv. II, ch. II. La politique extérieure, p. 244 et suiv., et particulièrement 319, 325; pour l'évolution depuis 1789, t. III, p. 150, 198, 278, 385-386, et ci-dessus, p. 130-132.

principes, on les voit l'exprimer dans les rencontres. Elle surgit çà et là dans leurs lettres, non comme l'objet d'un plan qu'ils combinent, mais comme une sorte de vérité d'État dont ils sont naturellement pénétrés et qui se précise en eux, de soi-même, au cours des événements. Il suffit que les circonstances y donnent jour, pour qu'elle leur apparaisse, et dès qu'elle leur apparaît, ils la tiennent pour évidente et absolue.

Ainsi Merlin de Douai : il était au Comité depuis cinq semaines, n'ayant jamais touché aux relations extérieures ; le voilà chargé, le 6 octobre, de répondre aux ouvertures de l'Espagne, et il termine sa dépêche par cette phrase [1] : « Amis, sous peu de jours, le Rhin sera notre barrière. La nation n'a jamais été plus grande ! » Merlin de Thionville tourne cette politique en aphorismes à sa façon cavalière : « Notre principe, écrit-il le 21 novembre, doit être que les loups se dévorent entre eux... Pour moi, après avoir bien réfléchi, sur les lieux, au milieu de personnes bien instruites, je crois que la paix doit se faire aux dépens de tous nos ennemis, et surtout aux dépens des plus faibles. C'est par eux qu'il faut arriver aux plus forts... Une seule puissance dégagée de la coalition sera bientôt suivie de beaucoup d'autres. Chacun craindra de se trouver le dernier, et la République, après avoir reculé ses limites jusqu'au Rhin, dictera ses lois à l'Europe [2]. »

Ces idées sont dans l'air [3]. Duhem, Montagnard, médecin de sa profession, adresse au Comité, le 3 novembre, des *Réflexions sur la paix* : — Point de paix plâtrée ; poussons la guerre à fond, « sans pourtant dépasser le Rhin, si ce n'est pour quelques excursions, parce qu'il est notre limite naturelle... C'est sur le continent qu'il nous faut reconquérir nos colonies. » Quand les

---

[1] Cf. ci-dessus, p. 145.
[2] Jean REYNAUD, *Merlin de Thionville*, t. II, p. 128.
[3] Un royaliste émigré écrit à la fin de 1794 : « Le Rhin sera sans doute la moindre limite que la Convention voudra tracer à la République... Il sera bien heureux si les antiques limites de Charlemagne peuvent satisfaire une nouvelle génération élevée dans le sang. » *Le marquis de Vérac et ses amis*, Paris 1890, p. 76. — Albert SOREL, *Madame de Staël*, Paris, 1890, p. 55.

puissances continentales « seront affaiblies, il faudra bien qu'elles fassent une coalition d'un nouveau genre pour forcer elles-mêmes l'Angleterre à entrer dans le traité en nous rendant nos colonies ». — Les trois propositions s'enchaînent nécessairement : frontières naturelles, guerre à mort à l'Angleterre, coalition du continent pour réduire la nouvelle Carthage. Il n'y a pas besoin d'un grand génie pour découvrir ces conséquences : elles se sont imposées aux esprits dès le début de la guerre ; elles procèdent de la force même des choses, et qui veut cette fin en veut nécessairement le moyen [1]. Pendant vingt ans, la politique française ne sortira pas de ce dilemme. Ce Montagnard fort obscur et très grossier, Duhem, en sait aussi long là-dessus et y voit aussi clair que Napoléon. Dès 1793, Hoche écrivait : « L'ennemi, ce n'est point la Vendée. L'ennemi, ce n'est point l'Allemagne. Repousser l'Allemagne, rallier la Vendée et la lancer en Angleterre. L'Anglais est le seul ennemi [2]. » Un diplomate du métier, Caillard, conclut de même dans un mémoire qu'il envoie au Comité : *Quelques idées sur les rapports actuels de la France avec les principales puissances de l'Europe* : « Il faut poser en principe que l'Angleterre est l'ennemi héréditaire de toutes les nations de l'Europe [3] » ; il faut leur fermer le continent par un système d'alliances : « Depuis le Tage jusqu'à l'Elbe, il n'est aucun point sur le continent où les Anglais puissent aborder ! » Il conclut à l'alliance avec l'Espagne, la Prusse, la Hollande, le Danemark, la Suède, les États secondaires de l'Allemagne.

Tels étaient les vœux des Montagnards, des Thermidoriens, de la plupart des conventionnels républicains. Parmi ces conventionnels, cependant, quelques-uns plus modérés, plus clairvoyants surtout, s'effrayaient de la perspective d'une guerre illimitée dans son étendue aussi bien que dans sa durée ; ils se demandaient s'il ne serait pas sage de s'en tenir

---

[1] Cf. t. III, p. 244, 473, 476.
[2] MICHELET, *Histoire du dix-neuvième siècle*, t. I, p. 125.
[3] Sur cette haine universelle des Anglais, voir MICHEL, *Correspondance de Mallet du Pan*, t. I, p. 54.

au plan proposé, en juillet, par Carnot[1] : la limite de la Meuse jusqu'à la frontière de Hollande. Cet accroissement n'était disproportionné ni avec les victoires ni avec les forces réelles de la France. Il ne dépouillait que la seule Autriche ; il ne touchait point la Prusse, et l'Empire s'en désintéresserait aisément. L'Autriche, isolée, serait contrainte à la paix, et, si l'on ne parvenait point à l'y contraindre, on l'y déciderait par des dédommagements. L'Angleterre, abandonnée de ses alliés, serait forcée de se résigner. La paix serait donc possible. Mais si la République s'obstinait à conquérir la rive gauche du Rhin tout entière, le problème se compliquerait singulièrement : il faudrait démembrer la Hollande et donner à la Prusse des compensations qui la grandiraient dans l'Empire et la rendraient plus redoutable. Il faudrait, pour payer le consentement et le concours des États secondaires, dédommager sur la rive droite ceux que l'on dépouillerait sur la rive gauche, les concentrer ainsi et bouleverser l'équilibre de l'Allemagne. L'extension de la France inquiéterait tous ses voisins, et l'Angleterre, qui s'y opposerait avec plus d'obstination, trouverait pour soutenir son opposition plus de facilités. C'est ce que démontrèrent avec une fermeté remarquable deux Mémoires anonymes remis au Comité de salut public, le 14 octobre et le 21 novembre[2].

La conquête de toute la rive gauche du Rhin et de la Belgique, disent ces Mémoires, procède d'une « tendance inconsidérée à une forme gigantesque ». Pour accomplir et pour soutenir cette conquête, il faudra entretenir d'énormes armées, ce qui ruinera la liberté et conduira la République au despotisme. L'Europe s'inquiétera, en voyant la France s'agrandir ; les grandes puissances voudront en faire autant : « Les guerres se multiplieront, et l'esprit de conquête anéantirait le bonheur que la France s'est préfixé. » L'Angleterre ne consentira jamais à cet accroissement. L'Autriche s'y opposera. Les neutres prendront peur. « Le Belge, le Palatin

---

[1] Cf. ci-dessus, p. 88, et t. III, p. 250, l'Opinion du général Scherer.
[2] *Revue historique*, t. XVII, p. 28-30.

aimeront-ils la France? Pourront-ils l'appeler leur patrie? Leur regard ne se tournera-t-il pas vers un autre pays, vers leur pays natal? » Il pourra se former, dans ces peuples, des foyers de mécontentement; la Prusse, l'Angleterre les nourriront; les guerres *se nationalisant* deviendront éternelles. La France n'a qu'à neutraliser ces pays, à s'en attacher les peuples en les affranchissant, à s'en faire aimer et respecter. Pour gagner la confiance, il lui suffit d'être juste. Pour être juste, elle ne sera pas moins redoutable dans son indépendance et son indivisibilité. — La paix, écrivait à la même époque madame de Staël, c'est la liberté, c'est la pitié, c'est la justice, c'est aussi la politique. « La France n'a point d'intérêt à aguerrir les nations voisines, à les rendre belliqueuses comme elle, en y portant le même esprit. » L'auteur du Mémoire au Comité et l'auteur des *Réflexions sur la paix*[1], se rencontrent ici dans une même intuition de l'avenir; ils pressentent le grand reflux du siècle; ils entrevoient que la Révolution se retournera d'autant plus redoutable contre la France, qu'elle prendra, en dehors de la France, une forme plus nationale et plus démocratique.

Barthélemy, élève de Vergennes, comme Carnot était disciple de Vauban, était pénétré de ces vues. Les conventionnels qui les partageaient ne les exprimaient qu'avec timidité. Elles n'étaient pas populaires; elles passaient pour contraires au génie de la Révolution, et les passions tournaient à la conquête. A mesure que les « réacteurs » l'emportaient dans le gouvernement de la République, l'accusation, toujours redoutable, de « modérantisme » se reportait sur les pacifiques. Les membres mêmes du Comité de l'an II furent, un jour, accusés par les conquérants d'avoir voulu vendre la Belgique à l'Angleterre[2]. Les partisans du retour aux anciennes limites ou

---

[1] *Réflexions sur la paix adressées à M. Pitt et aux Français.* Cet ouvrage parut en Suisse à la fin de 1794. Madame de Staël, tout en discernant ces conséquences de la conquête, tenait cependant pour la limite du Rhin, tracée « par l'immuable nature des choses ». L'auteur des Mémoires est plus politique; il voit de plus loin et se montre plus conséquent. Cf. t. III, les vues de Danton en avril 1793, p. 385, 386.

[2] Voir *Revue historique*, t. XVIII, p. 308 : lettre de Reubell au Comité.

d'une simple extension de la France jusqu'à la Meuse se virent suspectés de conspirer la restauration de la monarchie. République et frontière du Rhin devinrent très vite, dans les esprits, deux propositions inséparables. Personne ne les séparait, au mois de novembre, dans le Comité de salut public, et Carnot signa avec Cambacérès, Merlin de Douai et Thuriot, le 25 novembre, cette dépêche aux représentants près les armées du Nord et de Sambre-et-Meuse : « Il faut que nos frontières soient à l'abri de nouvelles entreprises... » L'abri, c'était le Rhin. Voilà sur quel fond, avec quelles données et dans quelles dispositions le Comité de salut public allait aborder l'Europe et entamer les négociations.

Les Prussiens demandaient une réponse, et rien n'était plus conforme aux désirs du Comité que de commencer par la Prusse le siège de la coalition. Le Comité voulait rompre le faisceau afin d'accabler l'Autriche et d'isoler l'Angleterre; il voulait acquérir la rive gauche du Rhin. L'un et l'autre objet conduisaient à traiter avec le roi de Prusse, afin d'obtenir qu'il abandonnât l'Autriche et l'Angleterre, qu'il cédât les territoires possédés par lui sur la rive gauche, qu'il entraînât par son exemple les autres princes allemands possessionnés sur cette rive et qu'il procurât le consentement de la diète de l'Empire qui seule avait qualité pour céder définitivement ces pays. Cependant, deux considérations retenaient encore le Comité de salut public : l'une était de fond et procédait de l'état de l'Europe; l'autre était de forme et procédait de l'état de la Convention.

Les conventionnels avaient fait beaucoup de chemin vers les réalités de la politique, depuis 1792; ils n'y étaient pas encore tout à fait endurcis, et il leur restait de leur cosmopolitisme primitif un fond de sympathie pour la Pologne. C'était aussi, mais par pur intérêt d'État, la tradition des bureaux de soutenir cette république. Favier et son école n'avaient pas eu de pire trahison à reprocher à Louis XV, ni de pire critique à faire du traité de 1756, que l'abandon de l'antique alliée de la France et la ruine de la fameuse balance du

Nord [1]. La coalition de la Turquie, de la Pologne, de la Suède et du Danemark avait été le rêve constant, et comme le grand œuvre de la diplomatie de la République. Dumouriez en avait tracé le dessein, Lebrun l'avait mis vingt fois et remis sur le métier, Danton l'avait tenté. Le Comité de l'an III se proposait de le reprendre. Les Polonais, encore qu'entachés d'aristocratie, formaient une nation; leur révolution leur coûtait assez de sang pour qu'on leur fît crédit de quelques principes. Le roi de Prusse, au contraire, était un « tyran », et qui plus est, il avait indignement trompé et trahi cette nation polonaise dont il convoitait les dernières dépouilles. « Est-ce dans un tel moment que nous irons traiter avec la Prusse pour lui donner moyen de reporter sur la Pologne les troupes qu'elle a sur le Rhin? » écrivait un membre du Comité, Eschasseriaux [2]. Barthélemy, conséquent avec son système de modération et d'équilibre, ne cessait de plaider la cause des Polonais. « Souffre », écrivait-il, le 13 août, au commissaire des relations extérieures, « que mon ardent amour pour les intérêts et la gloire de ma patrie exprime ici un vœu. Le Comité de salut public n'a pas seulement l'honneur de la République à venger, il doit aussi venger celui de la trop malheureuse Pologne. Il trouvera sûrement dans la vaste puissance de la nation française et dans la confusion et la déroute des coalisés les moyens de faire cesser l'horrible brigandage qui devrait anéantir ce pays, et de lui rendre ses possessions et son indépendance [3]. »

Les Polonais, par l'entremise de Grouvelle à Copenhague et de Reinhard à Paris, multipliaient leurs sollicitations. Leur agent à Paris, Barss, reçut quelques bonnes paroles. La révolution du 9 thermidor, rapporte un mémoire du temps, changea le système qui avait été suivi jusqu'à ce jour envers la Pologne. On envisagea la révolution qui s'y était opérée sous

---

[1] Cf. t. I, p. 293 et suiv.

[2] *Des droits des peuples; des principes qui doivent diriger un peuple républicain dans ses relations étrangères.* — Eschasseriaux sortit du Comité le 5 novembre; cet écrit parut le 9. *Moniteur*, t. XXXI, p. 445.

[3] Kaulek, *Papiers de Barthélemy*, t. IV, p. 243.

son véritable point de vue. Pour la seconder, le Comité projeta d'opposer la Porte à la Russie et de porter les cours neutres du Nord à favoriser les Polonais. Les agents reçurent des instructions en conséquence, et Parandier fut même désigné pour aller en Pologne remplir, auprès du Conseil national, les fonctions d'agent secret de la République.

Les instructions qui lui furent données sont datées du 21 brumaire-11 novembre, et rédigées sous la direction de Cambacérès. Parandier n'avait qu'à observer et à renseigner. Il ne portait ni argent ni traités, mais simplement des encouragements : « La République française ne refusera point à la Pologne les secours directs que sa propre position pourra lui permettre d'accorder, pourvu qu'elle ait la garantie que ces secours serviront à la cause de la liberté. C'est sous la même condition que la République, lorsqu'elle jugera que l'époque d'écouter les propositions de paix est arrivée, combinera avec ses propres intérêts ceux du peuple polonais. » Parandier devait d'ailleurs s'abstenir de toute immixtion dans les affaires intérieures de la Pologne. Les motifs qu'en donnaient les instructions méritent d'être rapportés. C'est ici que l'on peut voir le chemin parcouru et mesurer le terrain gagné par la politique sur la spéculation. On reconnait l'esprit du décret de Danton, du 13 avril 1793, développé par un publiciste[1] : « Libre lui-même, allié naturel des peuples libres, le peuple français doit nécessairement désirer la liberté des peuples. S'il est vrai que les circonstances, les localités, le degré d'instruction et de lumières peuvent autoriser des modifications dans l'usage des droits politiques qui appartiennent à tous les citoyens, et qu'il soit permis d'en restreindre l'exercice pendant un certain temps, soit pour un peuple entier, soit pour quelques classes du peuple, il est vrai aussi que les agents de la République française, lorsqu'ils ont une opinion à prononcer ou un conseil à donner, ne peuvent puiser l'une et l'autre que dans les principes du peuple français, dans sa Constitution, dans les

---

[1] Très vraisemblablement Reinhard, chef de la division qui comprenait la Pologne.

exemples qu'il donne. En suivant cette règle, le citoyen Parandier alliera l'inflexibilité des principes à la tolérance des opinions, le respect dû à l'indépendance des nations, à la fidélité qu'il doit aux principes et aux lois de la République[1]. »

Ce fut tout et ce ne fut rien. Parandier partit le 22 décembre : à ce moment-là il n'y avait plus de Pologne. Le fait est, et c'est une des fatalités de cette histoire, que les intérêts de la France et ceux de la Pologne étaient inconciliables : l'une des deux républiques devait nécessairement payer pour l'autre. Le démembrement de la Pologne avait retenu la Russie hors de la coalition ; il éloignait l'Autriche du théâtre de la guerre ; il en faisait partir la Prusse. L'évacuation de la Belgique et de la rive gauche du Rhin, l'abandon de la Hollande, procédaient d'une seule et même cause. C'était le motif des ouvertures de paix de la Prusse et la condition de tout accommodement avec cette puissance. Le Comité de salut public le sentit d'abord confusément, et comme cette pensée le troublait, il s'en détourna. Il lui plut de s'en remettre à la nécessité ; mais de même que Louis XV avait été contraint, pour conserver l'alliance autrichienne, de laisser accomplir le premier démembrement de la Pologne, le Comité de salut public dut laisser accomplir le troisième pour obtenir la paix de la Prusse et s'assurer la complaisance de cette cour à l'acquisition de la rive gauche du Rhin.

Le Comité s'y acheminait dans les tâtonnements, et non sans inquiétude. Il craignait de se faire jouer par les agents de Frédéric-Guillaume et de servir les convoitises de ces Prussiens sans que la République en profitât. Il craignait surtout quelque éclat dans la Convention. Les passions n'y raisonnaient point : les orateurs n'auraient point été embarrassés de reprocher tout ensemble au Comité de trahir la cause de la liberté, en abandonnant la Pologne, et de trahir les intérêts de la

---

[1] Dans le même esprit, dès le 8 septembre, les instructions données à Adet, envoyé à Genève, en remplacement de Soulavie, rappelé : « Assurez le peuple genevois que le peuple français ne fera jamais rien qui puisse être contraire à son indépendance. »

République en n'exigeant point de la Prusse la cession immédiate de ses États de la rive gauche. Il y avait sur les bancs de la Convention nombre d'esprits entiers, qui ne comprenaient les négociations, comme la guerre, que d'une façon : à la romaine. Le classique cercle de Popilius était le symbole de leur diplomatie. Si certains Thermidoriens se proposaient de continuer Louvois et Richelieu, d'autres rangeaient ces fameux ministres au nombre des tyrans. « Le fourbe Mazarin, le sanguinaire Richelieu! » disait Eschasseriaux. « Alors, la diplomatie gouverna le monde : cette science funeste, fille de la tyrannie, usurpa la place des droits de la nature [1]. » Pelet avait, le 14 novembre, insinué qu'il convenait de dissoudre la coalition pour concentrer tous les efforts de la République contre l'Angleterre. Barère reparut à la tribune; il réclama la guerre implacable, il dénonça la paix comme une trahison; il insinua que le Comité, en la négociant, ne cherchait qu'à asseoir sa dictature : il recueillit par cette « carmagnole » rétrospective quelques aumônes d'applaudissements. Tallien le releva vertement, et défendit le Comité : « Hommes méprisables! cria-t-il aux Terroristes, vous faisiez accroire au peuple que c'étaient les supplices qui attachaient la victoire à nos drapeaux, et vous passiez sous silence la bravoure et l'intrépidité de nos troupes! » Elles ont conquis le Rhin, poursuivit-il; nous pouvons, en nous débarrassant d'une partie de nos ennemis, nous porter sur la Tamise et détruire la nouvelle Carthage. N'essayez point de faire croire qu'il se trouve un gouvernement de républicains pour proposer une paix honteuse à la République!

Ces incidents, où l'on mêlait à dessein la question de la paix et celle du gouvernement révolutionnaire, n'étaient pas faits pour encourager le Comité à porter ses plans de négociations à la tribune, encore moins à négocier sans l'aveu de l'Assemblée. Il se trouvait dans une sorte d'impasse. Au moment où les négociations s'offraient à lui, il ignorait dans quelle

---

[1] Eschasseriaux fut plus tard chargé d'affaires dans le Valais, 1804, puis à Lucques, près de la sœur de Napoléon.

mesure il pouvait s'y engager [1]. Le décret du 7 fructidor-24 août qui l'avait chargé des relations extérieures n'avait déterminé ni l'étendue ni la nature de ses pouvoirs. Avait-il le droit de conclure un armistice, de suivre une négociation occulte, de consentir des engagements secrets? Ce sont les préliminaires indispensables et les conséquences presque toujours nécessaires d'un traité. Cambacérès entra au Comité le 5 novembre, il pressa ses collègues de résoudre cette question préjudicielle qui pouvait arrêter toutes les affaires. Il fut seul de son avis. La difficulté ne pouvait être tranchée que par la Convention, et un débat tant sur les affaires extérieures que sur ses propres attributions était précisément ce que redoutait le Comité. Il ajourna, s'en remit aux événements, qui décidaient de tout, de décider aussi de cette affaire, et il se réserva, le cas échéant, de se tirer de cette difficulté comme des autres par un expédient. C'était l'esprit de la Convention de discuter péniblement sur les principes et d'accepter sans débat les faits accomplis. Quand on lui demandait les moyens, elle était intraitable; quand on lui imposait la fin, elle consentait presque toujours. Elle poussa souvent jusqu'à rendre tout gouvernement impossible la jalousie théorique de ses droits; elle se soumit maintes fois aux abus que l'on avait faits de ces droits sans son aveu. C'est pour cela qu'elle avait indéfiniment reculé l'ouvrage d'une constitution, et que, pour réserver à l'avenir les garanties de la liberté, elle les sacrifiait dans le présent. Le Comité le savait. Cette disposition des esprits était sa principale raison d'être. Il attendit que les circonstances lui forçassent la main et lui permissent de la forcer à la Convention.

La nouvelle que Meyerinck avait reçu des pouvoirs pour traiter [2], obligea le Comité à faire un pas en avant, et, en même temps, le rassura. Toutefois, il ne s'avança qu'avec infiniment de prudence. Merlin écrivit, le 1ᵉʳ décembre, à Bacher : « Pour peu que les propositions fussent importantes, il conviendrait qu'elles fussent discutées de vive voix avec nous à Paris; dans

---

[1] Voir *Revue historique*, t. VI, p. 48-52.
[2] Cf. ci-dessus, p. 147-149.

ce cas, tu pourrais donner le passeport qui serait nécessaire à cet effet. » Après cette dépêche, si un agent prussien se présentait à Paris, le Comité ne pouvait refuser de le recevoir ; il ne pouvait, par suite, différer davantage de préparer la Convention à en apprendre la nouvelle. Merlin fut chargé de présenter à l'Assemblée, sous la forme d'un rapport sur les relations extérieures, une sorte de profession de foi du Comité et un exposé des vues qui le dirigeraient dans ses négociations. Ce rapport, lu dans la séance du 14 frimaire-4 décembre, réfutait à la fois les opinions de ceux qui prétendaient que la France ne souffrirait autour d'elle que des gouvernements démocratiques, et les opinions de ceux qui insinuaient que la République, ayant besoin de la paix, se prêterait, pour l'obtenir, à tous les sacrifices. « Nous voulons la paix, dit Merlin, mais nous la voulons garantie par notre propre force et par l'impuissance où nos ennemis seront à jamais de nous nuire. » Merlin invectivait l'Angleterre, « cette odieuse puissance » ; il condamnait « l'astucieuse Autriche » ; il invitait la Hollande et l'Espagne à réfléchir sur leurs vrais intérêts ; il ménageait la Prusse. Quant aux conditions de la paix, il les indiquait à mots couverts, sans doute, mais couverts d'un voile très transparent : « Le peuple français, en traçant de sa main triomphante, mais généreuse, les limites dans lesquelles il lui conviendra de se renfermer, ne repoussera aucune des offres compatibles avec ses intérêts et sa dignité, avec son repos et sa sûreté. » Aucun publiciste ne pouvait se méprendre au sens de ces mots. L'Assemblée applaudit Merlin ; elle ordonna que le rapport serait traduit dans toutes les langues, envoyé à toutes les communes et à toutes les armées de la République, « afin que tous les Français disent, comme la Convention : La paix, mais une paix solide et glorieuse ».

Le Comité avait évité le débat qu'il redoutait et obtenu le vote de confiance dont il avait besoin. La Convention déclara ses sentiments par des votes plus significatifs encore : le club des Jacobins avait été fermé le 11 novembre, Carrier mis en accusation et déféré le 23 au tribunal révolutionnaire ; la

Convention décida, en principe, le rappel des soixante-treize députés détenus, la plupart Girondins, tous modérés. Merlin fit rendre le décret le 8 décembre: « Aujourd'hui, dit-il, que vous n'avez plus rien à redouter ni des tyrans ni des factieux... » C'était un puissant renfort aux partisans des négociations. Le Comité s'enhardit. Dès le 5 décembre, Merlin écrivit à Bacher que le Comité était disposé à écouter les propositions de la Prusse : — La France et la Prusse ont des ennemis communs. Que Frédéric-Guillaume traite avec loyauté, et le système de l'Europe sera changé pour le plus grand bien de sa monarchie et de la République. Puis, comme Bacher n'était qu'un agent en sous-ordre, bon à nouer les premiers fils, mais non à suivre les grandes affaires, le Comité se mit en rapport avec Barthélemy, lui exposa l'état des choses et lui demanda son sentiment.

Le 10 décembre, Bacher reçut, avec son courrier, des exemplaires du rapport de Merlin. Il communiqua le tout aux agents prussiens. Ceux-ci exprimèrent leur satisfaction de voir « les maximes d'État de la République française s'accorder si parfaitement avec celles qui dirigeaient actuellement Frédéric-Guillaume et ses ministres ». Meyerinck demanda l'autorisation de se rendre à Paris, et le secrétaire de légation Harnick partit en toute hâte pour Berlin. Quand il y arriva, les résolutions du roi étaient arrêtées. Les nouvelles de Pologne qui avaient successivement décidé toutes ces démarches le décidèrent encore à faire le dernier pas.

III

« Faut finir ce qu'on a commencé », écrivait la grande Catherine, « avant que de se mêler d'affaires d'autrui qui ne sont pas de notre avis et qui ont commencé le menuet du pied gauche, et dansent sans mesure [1]. » Ce qu'elle avait com-

---

[1] A Grimm, 26 décembre 1794.

mencé, c'était l'anéantissement de la Pologne ; Souvorof y mettait la dernière main. Le 3 novembre, il arriva devant Praga, le faubourg de Varsovie. Il se rappela son arrivée au siège d'Ismaïl et résolut de commencer ici comme on avait fini là-bas. Ce qu'il fit le 4 novembre ne rappelle que trop le fameux assaut de 1790. L'armée russe marcha sur Praga, couverte par un feu formidable d'artillerie. Les Polonais n'avaient plus Kosciusko pour les entraîner. Ils étaient déconcertés : ils furent écrasés et moururent avec courage. La lutte, dans les rues, dura jusqu'à la nuit. Les Russes massacraient tout, envahissaient les maisons, pillaient, violaient, brûlaient. Un des leurs tenait un enfant ; quelqu'un essaya de le lui arracher : — « Cela ferait un homme qui assassinerait nos frères ! » dit le soldat, et il le tua. Beaucoup d'habitants, éperdus, se noyèrent dans la Vistule. Le lendemain matin, les Varsoviens, qui avaient vu Praga brûler toute la nuit, députèrent vers Souvorof. Ils le trouvèrent dans un de ses accès de mysticisme, sous l'impression de la nausée du sang. Il était accroupi dans sa tente, à l'orientale ; il se leva dès qu'il les aperçut et courut à eux, en leur criant : « Paix ! paix ! » Il les embrassa, leur accorda toutes les garanties qu'ils demandèrent pour la sûreté des particuliers, et dit ensuite : « Il y a un article que vous oubliez : c'est l'oubli du passé ; je l'accorde aussi ! » Le 8 novembre, il entra dans Varsovie. L'armée polonaise fut licenciée, les chefs de l'insurrection emmenés en Russie. Souvorof en laissa échapper beaucoup, mais il garda Stanislas-Auguste. L'ouvrage que Catherine avait confié, en 1764, à son ancien amant, n'était pas achevé : il fallait encore un roi de Pologne pour abdiquer la couronne polonaise et sanctionner la destruction de la République.

Souvorof avait promis l'oubli ; ses lieutenants n'accordèrent même pas la pitié, et la garantie qu'il avait donnée ne protégea personne. Les biens des nobles compromis dans la révolution furent placés sous séquestre ; on leva des otages ; on emprisonna les suspects. Les routes virent d'interminables convois de ces malheureux acheminés vers la Sibérie. En attendant la spoliation des grands domaines, l'armée russe pratiqua le « pillage universel et organisé » du mobilier des châteaux. Les soldats orthodoxes, plus sauvages que les sans-culottes, n' « évacuèrent » même pas la Pologne, comme les sans-culottes avaient naguère « évacué » le Palatinat et la Belgique. Ils détruisirent sur place. On vit dans maints châteaux ce qui se passa dans celui des Czartoryski, quand la troupe de Valérien Zoubof l'occupa. « On cassa, brisa tout ce qui était ornement intérieur. Des tableaux précieux furent coupés en bandes; les livres de la bibliothèque pillés et dispersés ; une salle principale du château fut seule épargnée, parce que des lambris dorés et des dessus de porte firent croire aux Cosaques que c'était une chapelle. Les provisions de la maison, huile, vin, sucre, café, spiritueux, citrons, viandes fumées, etc., furent jetées pêle-mêle dans un bassin qui orne le milieu de la cour, et les Cosaques s'y baignèrent [1]. »

Les soldats se donnaient curée ; les diplomates, à Pétersbourg, découpaient les pièces seigneuriales et se disputaient, autour de la table, les morceaux d'honneur. Le 21 octobre, le Prussien Tauenzien réclama, pour frontière, la Vistule, la Narewe et le Niémen, ce qui aurait attribué à la Prusse Cracovie, Sandomir et la Samogitie. Les Russes répondirent, le 30, que Cravovie et Sandomir passeraient à l'Autriche, que la Samogitie resterait à la Russie, et que la Prusse s'accommoderait avec le reste de la rive gauche de la Vistule, Varsovie et un beau terrain sur la rive droite pour relier la vieille Prusse à ses nouvelles possessions. C'était le dernier mot de la tsarine. Tauenzien en référa à Berlin. Catherine pressait Cobenzl de conclure, parce que, l'accord signé avec l'Autriche, la Prusse serait contrainte de céder.

La cour de Vienne faisait attendre son consentement. En l'attendant, la tsarine adressait à l'ambassadeur de François de beaux discours sur la nécessité de poursuivre en France la guerre de principes et de reconnaître les Bourbons. Cobenzl

---

[1] Le prince ADAM CZARTORYSKI, *Mémoires*, t. I, p. 161. — LANGERON. *Journal des campagnes de Pologne.*

écoutait, ne répliquait rien et tenait ces harangues pour ce qu'elles valaient, de pures simagrées. Markof, plus cynique que sa souveraine, déposa le masque et rompit l'équivoque où la Russie s'était renfermée depuis le commencement de la guerre de France. Il railla les scrupules de la cour de Vienne à reconnaître la régence de Monsieur, sous le prétexte que la guerre, tournant aux principes, elle ne pourrait conduire aux conquêtes. La cour de Vienne n'entendait rien au jeu des principes, au maniement des émigrations et aux entreprises de restauration monarchique! Markof engagea Cobenzl à se mettre à l'école des Russes et à s'inspirer des exemples qu'ils donnaient en Pologne. — « Ce n'est pas d'aujourd'hui, lui dit-il, que vous connaissez l'opinion de l'impératrice, qui n'a pas varié... » Ce ne sont pas les troupes qui ont manqué contre les Français, ce sont les opérations qui ont été mal conduites. C'est « surtout le principe affiché de faire la guerre à la France pour faire des conquêtes, au lieu d'avoir toujours pour langage de faire la guerre pour la France contre les scélérats qui la ruinent, ce qui n'empêche pas qu'une fois étant en possession, on n'obtienne le dédommagement qu'on voudra avoir ». « Il faudrait aussi, ajoutait ce ministre éclairé d'une souveraine ennemie de la fraude et de la scélératesse jacobines, il faudrait ne pas traiter avec des révoltés de puissance à puissance, et, dans une guerre d'opinion, ne rien négliger de ce qui peut l'établir en faveur de la bonne cause. Voyez ce qui vient de se passer en Pologne. Les prisonniers qu'ils avaient de nous à Varsovie ne nous ont pas empêchés de traiter toujours nos adversaires en vrais rebelles, sans nous soucier des excès auxquels ils pourraient se porter. » Sur l'article de la coopération russe, Markof se montrait plus réservé : « Ce point demande mûre et sérieuse réflexion. » Il faut que l'affaire de Pologne soit terminée, et elle ne le sera que quand le partage sera conclu, accompli et parfait. Puis, « nous avons les Turcs et les Suédois qu'il ne faut pas perdre de vue[1]... »

---

[1] Cobenzl à Thugut, 2 décembre 1794. ZEISSBERG, t. V, p. 47. — Cf. t. III, p. 449.

Markof ne mentait point quand il disait que l'opinion de sa souveraine au sujet de la guerre de France n'avait jamais varié; toutefois le langage que Catherine et ses agents tenaient aux princes français était fort différent de celui-là, et si ces princes étaient dupes, ils avaient véritablement quelques motifs de l'être. La tsarine continuait de les leurrer des mêmes propos à double sens; mais elle ne ménageait plus les émigrés. Ces gentilshommes qui avaient si obséquieusement fait le jeu de Catherine ne semblaient même plus bons à cet emploi. On nous reçut mal, — rapporte l'un d'eux, Langeron, qui avait fait la campagne de Pologne et revint, en ce temps-là, à Pétersbourg; — au fond, « les Russes nous portaient, ainsi qu'à tous les étrangers, une haine d'autant plus active que nous avions été plus distingués auparavant. La cause des Bourbons semblait perdue; celle de la noblesse française devait l'être; l'on n'avait plus, pour nous traiter avec faveur, l'espoir de voir cette magnanimité publiée dans les gazettes ou célébrée par ceux que des malheurs inouïs et qu'on croyait irréparables, semblaient éloigner pour jamais de leur patrie. »

Enfin, Cobenzl reçut les instructions de Thugut [1]. Ce ministre se résignait, faute de mieux, à accepter les offres de la Russie; il reconnaissait à la Russie la faculté de porter sa frontière jusqu'au Bug, et il prenait acte de la promesse de Catherine d'assurer à l'Autriche les palatinats de Cracovie et de Sandomir. Cet arrangement attribuait aux deux cours un nombre à peu près égal de Polonais, mais cette attribution ne concernait que l'avenir. Si le « principe d'égalité » était ainsi observé dans le partage futur, il restait à y donner satisfaction dans le partage accompli, celui de 1793. L'Autriche attendait encore l'équivalent des bénéfices que la Russie et la Prusse s'étaient alors procurés. On rentrait ici dans l'interminable litige des indemnités de la guerre de France, qui était antérieur à cette guerre même et qui pendait depuis 1791. Il

---

[1] Thugut à Cobenzl, 29 novembre 1794. HÜFFER, *Die Politik der deutschen Mächte*, p. 231 et suiv. — Cobenzl à Thugut, 11 décembre. ZEISSBERG, t. V. p. 43, 63.

est vrai que le traité du 23 janvier 1793 accordait à l'Autriche le droit de troquer la Bavière contre les Pays-Bas; mais les Pays-Bas étaient perdus, et, d'autre part, l'Autriche avait toujours soutenu que, le troc ne représentant qu'un avantage d'arrondissement, un surcroît d'indemnité lui était dû pour compenser les acquisitions faites en Pologne par la Russie et par la Prusse[1]. La « déloyauté » de la Prusse ne permettait plus d'attendre ces indemnités de conquêtes opérées en commun sur la France; Thugut était bien obligé de les chercher ailleurs. Mais la Pologne et la France n'étaient point les seules républiques qu'il y eût en Europe; le « principe d'égalité », universel de sa nature, s'appliquait aux États monarchiques aussi bien qu'aux républicains. Thugut conclut donc, comme autrefois Kaunitz, lors du premier partage, que, ce principe posé, « il y aurait moyen d'enlever encore du terrain à quelque autre qui en avait de reste et qui serait obligé d'y donner la main, malgré lui, en trouvant là-dessus les trois cours d'accord[2] ». Cela se pouvait entendre de la république de Venise, de l'Empire ottoman et, au besoin même, du Saint-Empire. Thugut mentionna expressément « des parties du territoire de Venise usurpées par la République ».

Il insista, en outre, pour que le traité de partage fût doublé d'une convention secrète contre « l'ennemi commun » : cette proposition s'appliquait à la Prusse et visait le cas où cette cour oserait contrarier les opérations de ses associés. Sous cette garantie, l'Autriche était disposée à poursuivre vigoureusement la guerre de France. « Nous sommes parfaitement d'accord avec les principes de Sa Majesté l'impératrice, écrivait Thugut, c'est-à-dire que nous pensons que l'unique moyen te plus efficace pour dompter l'hydre révolutionnaire, c'est de provoquer des explosions dans l'intérieur, et que pour faciliter le succès d'une telle entreprise, rien ne sera plus à propos que d'y faire intervenir les princes de la maison de Bourbon. » Thugut opinait naturellement que les provinces con-

[1] Cf. t. III, p. 216.
[2] *La question d'Orient*, 2ᵉ éd., ch. xv.

quises autrefois par Louis XIV sur la maison d'Autriche et le plus directement placées sous les prises de l'armée impériale, étaient aussi les plus propres à ce genre « d'explosion ». Il proposait donc de « créer une seconde Vendée dans la Franche-Comté ou autres parties adjacentes ». Le corps de Condé, porté à 10,000 hommes, contribuerait à l'entreprise; mais pour la mener à bonne fin, il serait nécessaire que la tsarine y contribuât par 30,000 à 40,000 hommes, « principalement d'infanterie avec des poulques de Cosaques », le tout commandé par Souvorof. Autrement l'Autriche ne serait point en mesure de faire face à tant d'opérations, sur des terrains si distants les uns des autres, et si on ne l'y aidait, tous les principes du monde ne pourraient prévaloir contre la nécessité de la paix qui s'imposerait à l'Empereur. Thugut l'insinuait clairement : « Faute de quoi », disait-il en parlant du corps auxiliaire russe, « nous courons risque d'être entraînés d'un moment à l'autre par le torrent irrésistible des circonstances [1]... »

Les Russes déclinèrent, comme ils l'avaient toujours fait, les demandes de coopération directe à la guerre de France; pour le reste, ils trouvèrent que les raisonnements de Thugut partaient d'un bon naturel, et ils se mirent d'accord avec Cobenzl. Ils invitèrent alors Tauenzien à des conférences; mais ce Prussien se montra intraitable. Il s'obstina à refuser Cracovie et Sandomir à l'Autriche [2]. « Ces deux provinces entre vos mains, dit-il à Cobenzl, le 19 décembre, nous feront plus de mal que les démocrates du monde entier. » Il alla jusqu'à avancer que la Prusse renoncerait au partage plutôt que de se départir de cette prétention. Ce n'était pas le moyen de faire prendre sa résistance au sérieux. « La Pologne est morte, on ne réveille pas les morts », dit le chancelier russe Ostermann, qui, sans doute, avait recueilli, dans les gazettes, les aphorismes de Barère. Un procès-verbal constata la dissi-

---

[1] Thugut à Cobenzl, 4 décembre 1794. — Zeissberg, t. V, p. 48.
[2] Protocoles des conférences des 16, 17, 18, 19 décembre 1794. *Archiv für œsterreichische Geschichte*, t. XLII. — Zeissberg, t. V, p. 64, 70.

dence de la Prusse et l'accord de la Russie avec l'Autriche. Tauenzien se vit relégué en quarantaine, et ses partenaires, l'abandonnant à ses réflexions, achevèrent l'ouvrage sans lui. Le traité fut signé le 3 janvier 1795 : il se composait de trois instruments [1].

Par le premier, l'Autriche accédait au traité de partage, conclu entre la Russie et la Prusse, le 23 janvier 1793 : ce traité impliquait, pour l'Autriche, le troc de la Bavière contre les Pays-Bas. Par le second, l'empereur et l'impératrice distribuaient les lots qu'ils s'attribuaient et ceux qu'ils réservaient à la Prusse dans le nouveau partage : la Russie acquérait 1,176,000 Polonais, l'Autriche 1,037,000, la Prusse 939,000. Par le troisième, Catherine et François contractaient une alliance secrète contre la Prusse, renouvelaient leurs anciens traités d'alliance contre la Turquie et marquaient les morceaux qu'ils se tailleraient, le cas échéant, dans un démembrement de cet empire, conformément aux dispositions arrêtées entre Joseph II et Catherine en 1782 [2]. Puis, pour couronner le tout, venait la clause qui, depuis deux ans, tenait la diplomatie autrichienne en haleine : les compensations aux avantages obtenus par la Prusse et la Russie en 1793. L'Autriche était autorisée à prendre ses équivalents en France ; mais le traité prévoyait le cas où elle n'y réussirait point. En ce cas, l'impératrice « donnait d'avance son adhésion la plus complète aux vues de dédommagement » que l'Autriche porterait sur le territoire de Venise, « même à tel autre projet d'acquisition qui pût remplir convenablement le but proposé ». Cette clause était commode, et il n'est pas malaisé d'estimer la valeur de ce blanc-seing. Le but proposé, c'était de fournir à l'Autriche un équivalent au partage de 1793 : le traité de 1793 y avait pourvu par le troc de la Bavière, « en y ajoutant tels autres avantages compatibles avec

---

[1] Martens, t. II, p. 228 et suiv.
[2] Cf. t. I, p. 451, 519. — L'Autriche acquérait par ce projet : la terre ferme de Venise, l'Istrie, la Dalmatie, une partie de la Serbie, la Bosnie, l'Herzégovine et le Monténégro.

la convenance générale ». Ces avantages supplémentaires, le traité de 1795 les procurait par le démembrement de la république de Venise; mais il restait à compenser le fond, les Pays-Bas, qui étaient perdus, et le troc qui n'avait plus d'objet. Cette compensation ne pouvait être prise ni en Pologne, où il ne restait plus rien à prendre, ni dans la Turquie, dont le traité réglait le partage éventuel selon les accords de 1782. Il ne pouvait donc s'agir que de la Bavière : l'Autriche annexerait purement et simplement cet électorat, sauf à dédommager l'électeur aux dépens d'autres princes allemands ou italiens.

Tel est le traité de janvier 1795. Il caractérise la politique de la coalition : elle y accomplit son seul dessein constant, le gain. « L'Europe s'en va! » écrivait, quelques mois plus tard, Mallet du Pan [1]. L'Europe que regrettait Mallet du Pan, l'Europe des prétendus principes et du prétendu droit, n'était qu'une idole d'argile, dressée sur le sable par les publicistes et dorée par les rhéteurs de chancellerie pour l'ébahissement des foules contemporaines et la déception des historiens futurs. Ce simulacre de république chrétienne s'était évanoui depuis longtemps. Le mot de Mallet ne porte pas moins. L'Europe s'en allait, c'est-à-dire l'Europe réelle, celle des monarchies et de l'ancien régime. Elle se dissolvait, elle s'écroulait sur soi-même; mais le vice qui la rongeait ne provenait ni d'une blessure reçue, ni d'une contagion du dehors. Elle s'en allait de sa mort naturelle, par le jeu même de ses organes et l'évolution de sa vie [2]. Jamais elle n'avait été plus conséquente avec soi-même que dans cet acte du 3 janvier 1795 : c'était la conséquence jusque dans l'abîme. Cette Europe semblait, en consacrant sa coutume par un contrat solennel de spoliation, disposer aux pouvoirs issus de la Révolution les seules voies par lesquelles la République française pourrait s'introduire dans la société des anciennes monarchies et s'y établir. Elle définissait les moyens, elle déterminait la fin, elle marquait les points d'attache et plaçait

---

[1] Savous, t. II, p. 136. — Cf. *Revue historique*, t. VII, p. 357-358; t. XVII, p. 47-50.
[2] Cf. t. I, liv. I, ch. i, p. 89.

les amorces : le démembrement de Venise, la confiscation des petits États de l'Allemagne, le partage de la Turquie. C'est, en effet, selon ces conditions, ces « principes », si l'on veut, car la vieille Europe n'en suivait pas d'autres, que la Convention traitera avec la Prusse, que le Directoire continuera l'ouvrage et traitera avec l'Autriche, que l'Empire, enfin, négociera avec Vienne et s'accordera, en 1807, à Tilsitt, avec la Russie.

IV

Les traités du 3 janvier 1795 furent tenus secrets. Mais le ministère prussien les prévoyait, et il n'attendit pas qu'ils lui fussent notifiés pour en conjurer les effets [1]. Tout le monde, en Prusse, inclinait à l'accommodement avec la République : quelques-uns par goût, la plupart par calcul, plusieurs avec l'arrière-pensée que la paix paralyserait la France. « Ce peuple insensé devient plus formidable à mesure qu'il avance sur la terre étrangère », écrivait le piétiste Wœllner [2]; « il tire toutes ses forces de la guerre, la paix lui portera un coup mortel. Quand les armées françaises ne seront plus occupées aux frontières, les factions se partageront la France, et la guerre civile commencera... Ce sera le moment de tomber sur eux, de leur faire payer les frais de la guerre, avec les intérêts au centuple, de venger leur roi et de leur donner un nouveau souverain. » Cette perspective dans l'avenir, dans le présent la nécessité de se concentrer en Pologne et l'honneur, très avantageux, de se faire le pacificateur de l'Empire, finirent par entraîner Frédéric-Guillaume. Il manda près de lui, le 1er décembre, dans le plus grand secret, le comte de Goltz. Ce diplomate avait été ministre de Frédéric en France; il y était demeuré jusqu'à la rupture; il avait fréquenté tous les hommes marquants de la Révolution; il connaissait tous les

---

[1] Voir *Revue historique*, t. VI, p. 62-81.
[2] Octobre 1794. PHILIPPSON, t. II, ch. III.

intrigants et toutes les cabales ; il détestait l'Autriche ; il aimait peu la Russie ; il n'était point hostile à l'alliance française, et il semblait, à tous égards, par ses sentiments comme par son expérience, l'homme le plus propre à négocier avec les républicains. Le prince Henri l'avait désigné au choix de son neveu. Goltz, quoique très souffrant de la goutte, n'hésita point à accepter la mission, et le ministère eut ordre de lui dresser des instructions. Les anciens disciples de Frédéric triomphaient. « Dieu soit loué, s'écria le vieux Finckenstein, le fer est enfin au feu ! »

L'*Instruction générale pour le général-major comte de Goltz* porte la date du 8 décembre 1794. Le roi y déclare que « la chute du parti jacobin » lui permet d'espérer le retour de la paix ; il le souhaite ; il ambitionnerait même, « si les circonstances s'y prêtaient, le beau rôle de pacificateur d'une grande partie de l'Europe ». Il ne peut être question d'une paix définitive avec la France, encore moins d'une alliance. L'alliance est chose d'avenir : Goltz en parlera en termes vagues, mais avec sentiment ; la paix définitive dépend de l'Empire. Le roi désirerait ménager un armistice, qui comprendrait Mayence, se porter médiateur pour une partie de ses co-États qui l'en sollicitent, procurer à ces États le bénéfice de la neutralité jusqu'à la paix d'Empire, étendre sa médiation, non seulement à l'Empire entier, mais à la Hollande, à la Sardaigne, à l'Autriche, à l'Espagne, à l'Angleterre. Il préférerait n'avoir point à reconnaître explicitement la République : si toutefois la France y tient, elle devra payer cette formalité par l'évacuation des États prussiens de la rive gauche du Rhin. Le roi voudrait que la paix se fît sur le pied du *statu quo ante*, que la France renouvelât la garantie de la paix de Westphalie et s'intéressât ainsi à la conservation de l'Empire. L'*Instruction* n'allait pas au delà. Sur le reste, Goltz devait seulement s'enquérir des intentions de la France.

L'un des ministres, Alvensleben, convaincu que les Français ne consentiraient pas à « morceler » leurs conquêtes, demanda que la Prusse déterminât les compensations que, le cas échéant, elle réclamerait pour ses possessions de la rive gauche. Ses collègues furent d'avis d'ajourner la question. « Cela, dit Finckenstein, ne manquerait pas de révolter le roi et engagerait peut-être Sa Majesté à ne plus vouloir entendre parler de la mission du comte de Goltz. » C'était déjà beaucoup d'avoir conduit Frédéric-Guillaume à négocier avec les « régicides »; c'eût été trop de lui demander, prématurément, de consentir au démembrement de l'Empire, et l'on eût perdu par là le principal moyen que l'on avait de l'engager à la paix. Enfin, le bruit n'aurait pas manqué de s'en répandre, et il s'en serait suivi un scandale dans toute l'Allemagne. Cette opinion, appuyée par Haugwitz, prévalut dans le conseil des affaires étrangères. Les ministres s'accordèrent pour attendre et se réservèrent de décider selon les événements.

Goltz se mit en route, s'aboucha, en chemin, avec Hardenberg, et visita Mœllendorf à Francfort, où il arriva le 21 décembre. Pendant ce temps-là, Harnier était à Berlin. Il représenta aux ministres la nécessité de donner au Comité de salut public un gage de la sincérité du roi, et il obtint l'autorisation de se rendre à Paris pour y préparer les négociations de Goltz. La Diète de Ratisbonne prit, le 22 décembre, un *conclusum* invitant l'empereur, de concert avec le roi de Prusse, à préparer une paix équitable et acceptable, sur le principe des traités de Westphalie. L'ambassade de France en Suisse fut instruite, au fur et à mesure, de tous ces événements. Le 18 décembre, Harnier reparut à Bâle. Dans la soirée, Goltz y arriva, et, le lendemain, le major Meyerinck réunit ces deux diplomates, à dîner, avec Bacher. Ils burent à la gloire de la République française et à celle du royaume de Prusse. Bacher était autorisé à donner des passeports. Harnier les reçut le 31 décembre, et partit le 2 janvier 1795 pour Paris. La veille, le baron de Staël, qui traversait la Suisse, avait visité Barthélemy et lui avait exprimé le désir de renouer avec la République. Dans le même temps, le stathouder de Hollande, à qui le roi de Prusse se flattait de procurer la paix, se sentait perdu et députait directement à Paris.

Il s'y était fait autoriser par les États généraux dès le commencement de décembre, après le départ des Anglais. Un des membres du parti stathoudérien, Repelaer, se rendit en secret auprès du représentant Lacombe Saint-Michel, qui passait pour pacifique. Il ne put le rejoindre. Alors, sur le bruit de la défection de la Prusse, le stathouder adjoignit Brantzen à Repelaer, et ces deux négociateurs se rendirent au quartier général français. Ils y trouvèrent le représentant Bellegarde. Endoctriné par Daendels et les patriotes bataves, ce conventionnel se montra fort peu empressé de nouer des pourparlers. Il refusa d'entendre à un armistice quelconque, mais ne put refuser des passeports pour Paris. — Ces agents, écrivit-il au Comité, le 20 décembre, ne veulent que nous leurrer par des propositions insignifiantes, gagner du temps et attendre le dégel.

La gelée, en effet, détruisait toutes les défenses de la Hollande, et les fameuses inondations qui devaient arrêter les Français offraient, au contraire, à leur marche des facilités inattendues. Pichegru hésitait cependant, craignant un changement de température qui exposerait son armée à un désastre. Les représentants Bellegarde, Alquier et Roberjot, plus audacieux, lui intimèrent l'ordre de franchir le Wahal sur la glace et de pousser vers le nord. — Ce sont, lui dirent-ils, les derniers ordres du Comité : si dans deux heures tu n'es pas en marche, tu es destitué. — C'était le 27 décembre. Pichegru se mit en route et, une fois lancé, ne s'arrêta plus. Le froid le favorisa. La Hollande entière était, comme sa flotte, échouée et paralysée au milieu des glaces. Les envoyés du stathouder n'arrivèrent à Paris, le 8 janvier, que pour se voir éconduire. « La même main, rapporte Cambacérès, qui les fait admettre dans le Comité, signe l'ordre aux troupes de la République de s'avancer jusqu'à Amsterdam. » Le 25 janvier, la soumission de la Hollande fut annoncée à la Convention : « Toute la Hollande est au pouvoir de la République, et c'est par une charge de cavalerie que nous nous sommes emparés de la flotte du Texel. »

Le stathouder s'embarqua, le 18 janvier, pour l'Angleterre; son gouvernement fut dissous; les comités révolutionnaires s'emparèrent du pouvoir. Le peuple ne réclamait même pas la paix : il la croyait faite. Les représentants encourageaient cette confiance : « Nous ne venons pas chez vous pour vous imposer un joug; la nation française respectera votre indépendance. Le peuple batave, faisant usage de sa souveraineté, pourra seul altérer ou améliorer la constitution de son gouvernement[1]. » L'admirable discipline des soldats de Pichegru semblait une garantie de ces promesses. La conduite de ces conquérants présentait un contraste complet avec celle que tenaient naguère les Anglais, protecteurs patentés des Provinces-Unies. L'effet en fut d'autant plus saisissant que les victoires avaient été plus extraordinaires et que la misère des soldats était plus lamentable. Ils arrivaient, par un froid intense, en haillons, exténués, sans souliers, dans un des pays les plus riches de l'Europe. Nul pillage, pas même d'abus. « C'est, rapporte Soult, qui faisait la campagne, l'époque des guerres où il y a eu le plus de vertu dans les camps. » Les patriotes hollandais admiraient ces républicains et les acclamaient : ils avaient le droit de compter sur la modération du gouvernement de Paris, lorsque l'armée française leur montrait tant de ménagements. Ils en appelèrent au Comité, pleins de confiance dans la justice de la Convention et dans les principes de la Révolution française que, depuis trois ans, la France les conviait à imiter[2].

Cet appel à la justice française, cette invocation des principes de la Révolution arrivaient de toutes parts à la République victorieuse, avec les vœux des peuples pour la paix. La France avait tiré, en 1792, de grandes lettres de change sur toutes les nations de l'Europe. Ces lettres lui revenaient acceptées, et le moment arrivait pour la République de faire honneur à sa signature. A la fin de novembre, Carletti, qui s'était

---

[1] 1ᵉʳ pluviôse-20 janvier 1795. *Moniteur*, t. XXIII, p. 393.
[2] Voir Soult, *Mémoires*, t. I, p. 109. — Rapport de Portiez. — Albert Réville, *La Hollande et le roi Louis. Revue des Deux Mondes*, 1870.

rendu à Gênes de la part du gouvernement toscan, remit à Villars, chargé des affaires de la République, un mémoire où il rappelait la conduite loyale et amicale de son maître. En réclamant la reconnaissance de sa neutralité, la Toscane ne réclamait qu'un acte d'équité. Carletti demandait des passeports pour Paris [1]. Gênes était déjà dépendante.

La Sardaigne, qui avait tout convoité, ne pensait plus qu'à se garantir [2]. L'alliance autrichienne, détestée dans la nation, redoutée à la cour, avait fait banqueroute. La misère du peuple aidait les mouvements des factions révolutionnaires. L'État était positivement aux abois. On payait les troupes en papier. On avait fait un emprunt de neuf millions sur les biens des églises, et l'on était en instance auprès du pape pour en faire un autre de six millions. On édicta un emprunt forcé; on porta à la monnaie la vaisselle du roi, et l'on mit en vente les diamants de la couronne. Plusieurs politiques avisés avaient déjà parlé de la paix. Dans cette extrémité, ils n'hésitèrent pas à risquer des avances, et comme Barthélemy leur était tout indiqué par son rôle, par sa résidence, par sa réputation, ils cherchèrent à s'aboucher avec lui. Le baron Vignet des Étoles, ministre de Sardaigne en Suisse, lui fit demander s'il serait en mesure de recevoir des propositions de paix, et Barthélemy en informa aussitôt le Comité [3]. « Notre profession de foi a été faite hier à la tribune », répondit Merlin, le 5 décembre. Il s'en référa à son rapport de la veille, et ajouta que si la Sardaigne désirait sérieusement négocier, elle n'avait qu'à députer à Paris, auprès du Comité : Barthélemy était autorisé à délivrer des passeports. Les Sardes n'en étaient point encore à ce degré de confiance ou de résignation. Ils redoutaient les exigences du Comité de salut public et les représailles des Autrichiens. Leurs vues, comme celles de toute l'Italie, disait Vignet des Étoles,

---

[1] Rapport de Villars, 1er décembre 1794. — Rapport de Cacault, 25 novembre 1794. — ZEISSBERG, t. V, p. 18-19, 22-23, 26-27. Cf. ci-dessus, p. 100.

[2] BIANCHI, t. II, p. 174-184, 215, 262 et suiv. — FRANCHETTI, t. I, p. 98-99. — Rapports de Gherardini. ZEISSBERG, t. V, p. 44, 89. Cf. ci-dessus, p. 75.

[3] Rapport de Barthélemy, 26 novembre 1794.

ne tendent qu'à la neutralité. Ce ministre adressa ses doléances au secrétaire d'État de Berne, qui les traduisit à Barthélemy, et Barthélemy recommanda ce vœu des Italiens, celui des Sardes en particulier, à la sagesse politique du Comité. « Il est bien certain, écrivit-il, que les Piémontais ne sont plus actuellement les maîtres chez eux... Le gouvernement sarde, déjà écrasé par nos victoires, l'est encore davantage par les Autrichiens... Tout ce que nous ferons pour affaiblir le Piémont, qui ne peut jamais être redoutable pour nous, et que la République doit plutôt chercher à protéger, tournera à l'avantage et au profit de la cour de Vienne... La réputation, la gloire, tous les intérêts de la République, présents et à venir, peuvent être compromis dans la manière dont elle décidera du sort du faible Piémont. »

Barthélemy en causait souvent avec le ministre de Venise, San Fermo. Ce diplomate lui montrait la révolution prête à éclater dans le Piémont, à gagner le Milanais et tout le nord de l'Italie, dès que les Français y pénétreraient. Barthélemy se demandait si l'intérêt de la République était d'exciter ces mouvements, si elle serait la maîtresse d'organiser à sa guise ces peuples révoltés, si la France gagnerait à supprimer toute barrière entre elle et l'Autriche, en supprimant le Piémont, si l'Autriche enfin n'en profiterait pas pour étendre ses territoires et son influence [1]. C'étaient les réflexions d'un sage ; mais le Comité recevait d'autres avis, qui répondaient mieux à ses dispositions intimes. Cacault lui montrait, de Florence, les gouvernements de l'Italie divisés entre eux, ruinés, énervés, impuissants ; les Italiens même, « amollis et dans l'inertie ». Le Piémont seul offrait de la résistance ; qu'on le battît, que l'on chassât les Autrichiens du Milanais, et l'on était maître du plus riche pays du monde. La République pousserait à Rome, elle y abattrait « l'hydre renaissante », « le tyran de l'opinion » ; elle « sacrifierait aux mânes de Galilée » les « satellites de l'infâme tribunal » de l'Inquisition. Les peuples se révolteraient ; on les

[1] Rapports des 5, 18, 19 janvier, 25 février 1795. — Voir *Papiers de Barthélemy*, t. IV, p. 535 et suiv.

laisserait se niveler entre eux, et la France porterait avec ses armes la révolution jusqu'à Naples [1].

Naples commençait de le craindre. C'était une cour terroriste : la peur y menait tout, lâchement dans la défaite, avec férocité dans le succès. Elle inclinait alors vers les lâchetés. Les Anglais n'étaient plus là pour soutenir les sentences du saint-office royal, la junte tyrannique, qui était devenue tout le gouvernement de Ferdinand et de Caroline. Le Comité de salut public comprenait l'intérêt qu'il y aurait à enlever à l'Angleterre les ports napolitains ; il manda à ses agents en Italie d'insinuer, le cas échéant, que si les Bourbons de Naples désiraient un rapprochement, la République serait disposée à leur faciliter les choses. Jacob le disait à Venise, Villars à Gênes; Descorches l'insinua à Constantinople. Le roi de Naples fit écrire, le 25 novembre 1794, à Micheroux, qui le représentait à Venise, de s'assurer confidentiellement des intentions de la République. Lallement, ministre de France, arriva sur ces entrefaites à Venise, Micheroux le vit en cachette, le 6 décembre, et le Comité fut instruit de la démarche [2].

Il en recevait en même temps des nouvelles de la part des Bourbons d'Espagne [3]. Cette monarchie n'avait pour la diriger que les impulsions les plus changeantes du monde : les emportements d'une reine amoureuse qui voyait tout l'État dans son amant, et les combinaisons d'un favori qui plaçait toute la politique dans le soin de sa fortune. Aranda avait payé de l'exil son opposition à Godoy; Campomanès, survivant disgracié du règne heureux de Charles III, et Valdès, le ministre de la marine, élevaient encore hardiment la voix en faveur de la paix. Ces représentations de leurs adversaires importunaient la reine et Godoy; mais la continuation de la guerre les inquiétait bien davantage. Ils voyaient, dans les provinces menacées d'invasion, se manifester des dispositions à la révolte.

---

[1] Rapport de Cacault, 26 novembre 1794.
[2] MARESCA, *La pace del 1796 tra le Due Sicilie e la Francia*, Naples, 1887. — ZEISSBERG, t. V, p. 50.
[3] *Revue historique*, t. XI, p. 325-330.

Il s'organisait en Navarre, en Catalogne, en Biscaye, des juntes secrètes qui appelaient le peuple aux armes, à la fois pour repousser l'ennemi et pour réclamer du gouvernement la restitution des antiques libertés. Godoy oscillait entre deux craintes, il cherchait son intérêt et tâchait de se garder de tous les côtés. « Mes rapports doivent vous faire une impression singulière, écrivait l'agent prussien Sandoz; j'y passe alternativement du noir au blanc. » Godoy correspondait avec Cabarrus, père de madame Tallien, et tentait d'arriver par là jusqu'au Comité de salut public. Il suivait attentivement les mouvements de la Prusse; il tâcha de régler son pas sur celui des ministres de Frédéric-Guillaume, et les mêmes nécessités suggérèrent aux Espagnols les mêmes expédients qu'aux Prussiens.

Le général Urrutia se mit à écrire à Pérignon sur un ton de sensibilité et en un style humanitaire qui rappellent les missives de Meyerinck et de Mœllendorf à Bacher. Il y avait à la Cour de Madrid un gentilhomme qui portait un des plus beaux noms de France, Crillon, passé au service d'Espagne lors du *Pacte de famille*. Son fils, fait prisonnier, fut interné à Montpellier. Le vieux Crillon lui écrivit, le 30 décembre : « Il me semble que mes forces... se renouvellent telles que je les avais, il y a soixante ans, à ma première campagne (sous Villars, en Italie, en 1733), lorsque j'ai un reste d'espoir de voir finir cette monstrueuse guerre à mes yeux, pour en recommencer une nouvelle, où je pourrais encore espérer de combattre avec les Français, unis aux Espagnols, contre les vrais ennemis de nos deux nations... » Cette lettre, toute chaude du souffle militaire de la vieille noblesse française, fut adressée à Pérignon. Elle était faite pour le toucher au cœur, car il avait servi dans l'ancienne armée. Il l'envoya, avec celle du général Urrutia, au Comité de salut public, le 16 janvier 1795. Ainsi, dans les premiers jours de janvier, le Comité se trouvait mis en demeure, de tous les côtés à la fois, de donner la paix à la France et au continent. Il semblait, à vrai dire, qu'il n'y eût plus d'intraitable que l'Angleterre, et d'acharnée que l'émigration. Mais l'une et l'autre se sentaient atteintes, et leur coalition, toute passionnée qu'elle était encore, se voyait frappée d'infirmité.

V

L'été s'était passé mal en Angleterre. La turbulence du peuple augmentait à Londres : les enrôlements donnaient des occasions de révolte. Le nombre des mécontents, et par suite des partisans de la paix, augmentait. Les sociétés secrètes se multipliaient et tournaient au complot. Les associations loyalistes contribuaient à la répression des séditieux dans les rues ; les juges sévissaient. En août et en septembre, deux membres de la *Société des amis du peuple* furent condamnés à mort par les tribunaux écossais. Les tribunaux de Londres voulurent suivre l'exemple, et treize personnes furent poursuivies pour haute trahison. Le procès commença en octobre. Erskine défendit les accusés avec un éclat incomparable : trois furent acquittés, les magistrats abandonnèrent la poursuite pour les autres. Le peuple détela les chevaux d'Erskine et le ramena chez lui, en traînant sa voiture, au milieu des acclamations. La guerre avait toujours eu des adversaires parmi les libéraux qui la trouvaient injuste et inutile. Les bourgeois et le peuple commençaient à la critiquer parce qu'elle coûtait cher et n'était point glorieuse. La conquête des Antilles et de Pondichéry ne les consolait pas de leurs humiliations sur le continent et de la défection de leurs alliés. Le gouvernement payait tous les coalisés, il les payait très cher, et il ne semblait entretenir que la défection.

La session s'ouvrit sous ces impressions fâcheuses, le 30 décembre. Sheridan et Fox n'avaient jamais désarmé ; ils semblèrent s'animer d'une ardeur nouvelle. Ils tentèrent, mais vainement, de faire rétablir l'*habeas corpus*. La majorité demeura fidèle au cabinet. Wilberforce, aux Communes, demanda des négociations, et Stanhope, aux Lords, présenta une motion contre toute intervention dans les affaires intérieures de la France. Les ministres, malgré leurs déceptions réitérées, firent front des deux côtés. « Quelle que soit la canaille qui forme un nouveau gouvernement en France, dit Grenville aux Lords, le 30 décembre, elle est également hostile à la prospérité et à la gloire de ce pays. » Le même jour, Pitt déclara, aux Communes, sa résolution de combattre jusqu'à l'extrémité. — Il faut que l'on puisse dire de cet État :

Toto certatum est corpore regni.

Le nouveau gouvernement français, poursuivit-il, continue envers l'Angleterre la politique de l'ancien. Ils veulent la ruine d'une constitution qui est une perpétuelle satire de leur anarchie. L'Angleterre, d'ailleurs, ne peut renoncer à ses conquêtes. Elle est en état de soutenir la lutte, elle est riche, la France ne l'est pas. Toute la question est de savoir qui durera le plus longtemps, c'est-à-dire qui aura le plus de crédit. « La guerre d'aujourd'hui ne dépend que des finances. » — Fox montra que les *Droits de l'homme* n'empêchaient point le cabinet de traiter avec les États-Unis, ni la Terreur pratiquée en Pologne de s'allier à la Russie, à la Prusse et à l'Autriche. Il réunit 73 voix contre 246. Aux Lords, Stanhope et Lansdowne en groupèrent tout au plus une douzaine.

Pitt fit voter un emprunt de dix-huit millions de livres et la garantie de trois millions sterling empruntés par l'Autriche [1]. Il avait beau dire que l'argent était tout dans cette guerre, encore fallait-il le répandre à propos et savoir pourquoi on le dépenserait. Dans cette lutte acharnée qu'il menait imperturbablement, Pitt songeait toujours à la paix. Il s'était trompé sur la force de résistance des Français. Il avait cru suffisant, pour la sécurité de l'Angleterre, de leur enlever quelques ports, de démembrer leur pays, de prendre leurs colonies, de ruiner leur commerce, de les affamer et de les laisser se consumer dans l'anarchie [2]. Les menaces de démembrement les avaient

---

[1] Sur cette négociation d'emprunt, voir ZEISSBERG, t. V, p. 66-67, 69, 71. — Rapports de Starhemberg.
[2] Cf. t. III, p. 320, 366, 458, 484.

réunis dans une défense furieuse, la famine les avait obligés à envahir pour vivre, la guerre avait engendré, du sein même de l'anarchie, un pouvoir militaire plus efficace et plus redoutable que ne l'avait jamais été celui des anciens rois. Il fallait donc chercher d'autres moyens, et prendre de plus loin la paix que l'Angleterre prétendait imposer à la France. Pitt l'essaya et désormais il ne varia plus dans ses desseins.

La paix, selon lui, ne pouvait être assurée que par certaines conditions immuables, nécessitées par les intérêts permanents de l'Angleterre. Il ne songea plus à conquérir, au moins sur le continent : il se contentait des colonies, à titre d'indemnité de guerre. Il reconnut qu'en menaçant de démembrer la vieille France, on soulèverait tous les Français et l'on conserverait tout son ressort au gouvernement révolutionnaire. Mais il s'affermit dans la pensée que l'Angleterre ne serait point en sécurité tant que la France conserverait la possession de la rive gauche du Rhin, surtout celle de la Belgique. Écarter la France de la Belgique était, à ses yeux, la condition primordiale et indispensable de la paix. Il avait commencé la guerre le jour où cette condition avait été détruite; il continuerait la lutte jusqu'à ce que cette condition fût rétablie. Il avait hâte d'y réussir. Il n'en apercevait qu'un moyen, y intéresser les Français eux-mêmes en leur montrant dans cette paix la fin de leur révolution. Cela le conduisait en dépit de ses déclarations officielles à s'immiscer dans le gouvernement intérieur de la France [1], à souhaiter et à encourager un gouvernement qui terminerait à la fois la guerre et la révolution en donnant à la France une constitution stable et en ramenant l'État à ses limites antérieures. Il fut ainsi amené à associer les intérêts de l'Angleterre avec le rétablissement, en France, du *statu quo ante :* la monarchie et les frontières de l'ancienne France.

Il estimait que les républicains seraient, par leurs intérêts, encore plus que par leurs principes, forcés de continuer et d'étendre indéfiniment la guerre; que la guerre engendrerait

---

[1] Cf. t. III, p. 501-502.

le gouvernement d'un chef d'armée, c'est-à-dire la guerre en permanence et l'extension indéfinie de la conquête. Il ne voyait qu'une monarchie capable de procurer la paix et de la maintenir, la monarchie légitime. Il ne confondait point la monarchie légitime et la monarchie absolue. La première lui semblait nécessaire et la seconde impossible. Il se flattait que si la France se réconciliait avec sa dynastie, elle serait assez heureuse de recouvrer le repos pour y sacrifier ses ambitions, et que les rois seraient assez heureux de retrouver leur couronne pour sacrifier à l'Europe les conquêtes opérées par la Révolution. Cette restauration devrait être l'œuvre commune de la nation française et des Bourbons, autrement elle n'aurait aucune stabilité. Pitt ne songeait point à s'ingérer directement dans cette affaire ; il savait qu'une restauration qui paraîtrait imposée par les étrangers serait odieuse au peuple français. Il s'en remettrait aux royalistes de rétablir la royauté, mais il les détournerait de rétablir l'ancien régime, dont la nation avait horreur et qui ne serait jamais qu'une œuvre vaine et précaire de la force.

Ces raisonnements s'enchaînaient assez logiquement, mais ils péchaient par la base et ne se soutenaient point. Les princes s'étaient montrés incapables de rien faire et semblaient incapables de rien comprendre. Les émigrés ne savaient que cabaler les uns contre les autres et s'épurer avec acrimonie. Ils ne s'accordaient même pas sur le sens de la contre-révolution : ils la voulaient tous, totale et despotique, mais chacun voulait la conduire à sa façon, s'en attribuer les honneurs et en accaparer les bénéfices. Les Constitutionnels, plus que jamais honnis par les émigrés, reprenaient quelque consistance : c'était pour marquer aussitôt l'abîme qui les séparait des princes et de leurs confidents. Les Vendéens et les Bretons demeuraient en armes, mais personne ne se présentait pour les diriger. Il n'y avait cependant, pour les Anglais, de ressource d'action qu'avec la Vendée et de ressource politique qu'avec les Constitutionnels. Pitt avait mis du temps à l'apprendre ; il n'en doutait plus. Il résolut de nouer avec ces deux partis et tâcha de régler leurs mouvements.

Un officier breton, Prigent, qui avait sa confiance, le mit en rapport, au mois de septembre 1794, avec le comte de Puisaye[1]. Ils s'occupèrent de préparer un grand débarquement en Bretagne. Un prince prendrait la direction de la guerre et rassemblerait les Vendéens dispersés. Le comte d'Artois fut pressenti sur le projet. Il daigna en approuver la conception, mais ne s'engagea point à y participer. Puisaye cependant se voyait traité en intrus par les émigrés de Londres : il n'était point de leur monde ; il n'était émigré que de la « troisième époque », il sentait son intrigant de province et passait pour suspect sur l'article des deux Chambres[2]. Il éprouva toutes les difficultés imaginables à recruter le corps que les Anglais promettaient d'armer et de convoyer jusqu'en Bretagne. C'était une opération malaisée d'enrégimenter les émigrés; c'en était une plus malaisée encore d'accorder leurs projets de guerre civile avec les combinaisons politiques des Constitutionnels.

Pitt ne connaissait ces derniers et leurs vues que par Mallet du Pan et par Mounier. Leurs propositions étaient l'antipode de celles de Puisaye[3]. Mallet soutenait que la force ne devait être employée en France que comme « auxiliaire des mobiles qui travailleraient à rétablir le gouvernement monarchique ». Le premier point était de ne pas parler des princes, surtout de ne les pas montrer : « Leur impopularité était immense, et il ne fallait songer ni à leur faire un parti, ni à leur donner la régence. » Mallet conseillait de soutenir les royalistes modérés, les Lameth, les Mounier, les Mathieu Dumas, les seuls hommes capables d'amener une « capitulation » entre les princes et le peuple. Ces royalistes exciteraient des mouvements dans le pays, ils se feraient un parti dans la Convention, ils tâcheraient de faire entrer des hommes à eux dans les comités, et, les choses ainsi disposées, ils provoqueraient un soulè-

[1] Voir *Mémoires de Puisaye*, t. II, p. 579 et suiv.; t, III, p. 50 et suiv., 61, 179, 215, 218, 229, 248 et suiv. — ANDRÉ LEBON, *L'Angleterre et l'émigration*, Paris, 1882, p. 4. Cf. t. III, p. 50.
[2] Cf. Rapport de Starhemberg. ZEISSBERG, t. V, p. 314.
[3] SAYOUS, *Mallet du Pan*, t. II, p. 93 et suiv. — ANDRÉ LEBON, p. 1 et suiv.

vement général contre les anciens Jacobins, avec ce programme : « Guerre à l'anarchie ! Respect pour la religion et la propriété ! Un roi héréditaire et une représentation nationale ! » Quant aux Bourbons, il faudrait bien qu'ils en vinssent à transiger, sinon avec leurs principes, au moins avec leurs entêtements et leurs préjugés : « Jamais, concluait Mallet, Henri IV ne fût monté sur le trône s'il n'eût accordé aux Calvinistes l'édit de Nantes et abjuré leur religion. »

Pitt appréciait ces conseils ; mais les royalistes qu'il voyait autour de lui n'étaient capables ni d'une concession ni d'une abjuration politique ; ils étaient plus près de fonder une inquisition d'État, à la napolitaine, que d'octroyer un édit de Nantes civil. Les Bourbons se renfermaient dans leur tour d'ivoire : infaillibles dans leur néant et inaccessibles à la vie. Que pouvait-on attendre des survivants du groupe constitutionnel, qui s'étaient réfugiés en Suisse, et des partisans qu'ils pouvaient avoir conservés en France ? Pitt voulut s'en éclairer et s'assurer en même temps, aux frontières de la France, des ressources politiques qui s'ajouteraient aux moyens militaires qu'il cherchait à se procurer dans l'Ouest.

Il envoya en Suisse un de ses meilleurs agents, Wickham, ami de collège de lord Grenville. C'était un homme d'action, de ressource et d'intrigue ; il aimait les complots, il en aimait les moyens ; l'espionnage le passionnait ; c'était un conspirateur autant et plus qu'un diplomate. Zélé, d'ailleurs, d'un zèle tout personnel pour sa mission ; bon Anglais dans ses desseins, émigré de tempérament et portant dans la cause des Bourbons la passion d'un jacobite travaillant à la restauration des Stuarts. Ses instructions, datées du 15 octobre 1794, lui prescrivaient de se mettre en rapport avec Mounier et son parti, de rechercher ce que leurs plans offraient de praticable et de les aider dans la mesure des intérêts anglais [1]. Wickham emportait des pouvoirs très étendus et des crédits presque illimités pour agir à l'intérieur de la France. Il était homme à user amplement

---

[1] ANDRÉ LEBON, *op. cit.*, ch. I.

des uns et des autres. Arrivé à Berne, le 1ᵉʳ novembre, il s'y trouva dans son élément. La Suisse était déjà et devint de plus en plus le rendez-vous et le laboratoire des intrigants, des espions, des conspirateurs, des aventuriers de toute l'Europe. C'était l'officine centrale des pamphlets et des faux assignats. Wickham, avec ses bons de caisse, allait faire de sa légation la terre promise des brouillons. Il n'eut qu'à paraître et à ouvrir la main pour qu'on lui offrît, en concurrence et au rabais, tous les secrets de la République, la trahison de tous les républicains, l'insurrection de tous les départements français. Il paya tous les agents qui s'offrirent et crut tous les agents qu'il payait. C'était sa grande faiblesse : comme tous les agioteurs politiques, il était dupe de la corruption qu'il nourrissait. Tout rapport qu'il reçut passa pour document. Tout commérage, dans sa correspondance, se transforma en événement. Il s'imagina, au bout de quelques semaines, tenir la France, son gouvernement, ses armées, parce qu'il avait des courtiers qui les lui vendaient et qu'il avait soldé d'avance la commission. Persévérant, d'ailleurs, plein d'expédients et de ressort, invulnérable aux déceptions, inépuisable en espérances.

Il trouva les royalistes purs très découragés. L'armée de Condé, ignorant qui elle servirait le lendemain et de quelle cour elle serait réduite à devenir la mercenaire, passa le terrible hiver de 1794-1795 dans une misère égale à celle des républicains. Au mois d'octobre 1794, quand Pitt songea à le secourir, le prince de Condé n'avait plus que soixante-quatorze louis dans sa caisse et pensait à licencier ses troupes[1]. Ces troupes continuaient de se bien battre dans les rencontres ; mais leur indiscipline, leur arrogance et leurs mœurs soldatesques les rendaient insupportables aux habitants des pays où elles vivaient. Les Condéens traitaient ces habitants en canaille, doublement corvéable, étant canaille allemande. Ils malmenaient les filles et s'établissaient en seigneurs dans les

---

[1] Henri WELSCHINGER, *Le duc d'Enghien*, Paris, 1888, p. 74.

domaines des moines. Les paysans les rançonnaient quand ils leur croyaient de l'argent, les tuaient quand ils les trouvaient isolés, et les exécraient triplement comme envahisseurs, comme nobles et comme Français. Au mois de janvier, Condé arriva à Bruchsal, résidence des princes-évêques de Spire. Il réclama des logements pour lui et pour sa suite : son fils, le duc de Bourbon, son petit-fils, le duc d'Enghien, son cousin, le duc de Berry, 14 gentilshommes, 34 adjudants, 15 officiers d'état-major, 4 dames du premier rang, 14 femmes de la suite, l'escorte et les valets : en tout, 543 personnes et 311 chevaux. L'évêque, exproprié par les républicains sur la rive gauche, refusa de se laisser dépouiller par les royalistes sur la rive droite. Condé s'établit de force dans le château, et pour mieux déclarer son droit de guerre, se mit à chasser dans les forêts de l'évêque. L'évêque protesta, et tout le monde, seigneurs et paysans, ne demanda qu'à être débarrassé de ces Français[1].

C'étaient divertissements de princes, même proscrits. Les soldats, les émigrés du rang, gens de conviction, mais de petite souche, se décourageaient de leur métier et de leur entreprise. « De dix lettres qui arrivent de l'armée de Condé », écrivait un correspondant de Barthélemy, homme de sens et bien informé, « de dix lettres, six au moins expriment le repentir, le dégoût et le désespoir de la réussite. Ils sont là parce qu'ils ont dix sols par jour, et qu'il vaut mieux se faire fusiller en se battant que les mains liées derrière le dos. Ils comptent sur le bienfait d'une amnistie générale à la paix. » Parmi les émigrés qui ne se battent point, la plupart ne pensent plus à conspirer : ils ne songent qu'à rentrer chez eux, « n'importe à quel prix et à quelles conditions », pourvu que le gouvernement leur assure la justice et la paix. C'est, en particulier, surtout le vœu de ceux qui n'ont fui que devant les excès. Depuis que l'on ne décapite plus, ils ne demandent qu'à se soumettre. Pour peu que la République s'adoucisse et s'ordonne, l'émigration ne sera plus bientôt qu'un état-major sans armée et une coterie

---

[1] Voir REMLING, t. II, p. 151-155. — CONTADES, *Journal d'un fourrier*, p. 18 et suiv. — *Politische Annalen*, t. VI, p. 92. — Cf. FORNERON, t. II, p. 17.

politique sans adhérents ; il en sera de la grande masse de ces proscrits, si on leur rend leur foyer, comme des paysans insurgés de Vendée, si on leur rend leurs prêtres. Sous ce rapport, les émigrés de Suisse se rapprochent infiniment des anciens royalistes demeurés en France. L'opinion qui domine parmi eux se résume, selon la définition très exacte de Mallet, en « une tendance naturelle vers le premier ordre de choses qui promettra la paix et la sécurité[1] ».

Wickham trouvait de l'empressement chez les meneurs et chez les intrigants du parti, aucune ressource dans le gros de l'émigration. Il y découvrit même des répugnances, car ces royalistes étaient demeurés Français : ils avaient la haine et la méfiance invétérées de l'Angleterre. Tous prétendaient que l'Angleterre les rassurât sur l'article des conquêtes. « S'ils doivent incontestablement combattre pour leur cause, écrit un royaliste pur, ils ne peuvent combattre pour une autre cause. Or, quel signe, quelle garantie ont donnés les puissances que c'est pour cette cause qu'elles combattent ? Quand a-t-on démenti les Jacobins qui excitent les esprits de tous les partis à qui ils persuadent que les puissances veulent simplement conquérir la France pour se la partager[2] ? » Les répugnances étaient plus vives encore parmi les constitutionnels. Lameth refusa d'abord de voir Wickham, et quand il le vit, ce ne fut que pour déclarer qu'il ne saurait s'engager à rien. Wickham alors se retourna vers les agents des comités royalistes de Lyon, de la Franche-Comté, de la Bourgogne, et chercha à fomenter des insurrections. Il eut vite fait de comprendre que rien ne serait possible tant que les Français ne seraient pas tranquillisés sur ces deux articles : point de contre-révolution totale, point de démembrement de l'État; il le fit connaître à son gouvernement[3].

Les rapports de Wickham, sans donner beaucoup d'espé-

---

[1] Voir *Revue historique*, t. VI, p. 80, 84-86. — Thureau-Dangin, *Royalistes et Républicains*, p. 15. — Cf. t. III, p. 367, 502.
[2] Le baron de Guilhermy, p. 49 et suiv. — Cf. Zeissberg, t. III, p. 220.
[3] Rapport du 27 février 1795. André Lebon, p. 16-18.

rance à Pitt, ne pouvaient que le confirmer dans son opinion. Ainsi, dans le temps où la Convention revenait à l'antique dessein des rois de conquérir les limites de la Gaule, l'Angleterre se fortifiait dans sa tradition, qui était de s'y opposer; tandis qu'en France l'idée de la barrière du Rhin tendait à se confondre avec l'existence de la République, les Anglais se persuadaient que le rétablissement de la monarchie pouvait seul, en ramenant la France dans ses anciennes limites, assurer la paix à l'Angleterre. Cet antagonisme dura jusqu'en 1815 : il procédait des éléments mêmes de la guerre, et la guerre même procédait de toute l'histoire des deux nations.

CHAPITRE II

LA MISSION DE BARTHÉLEMY

1795

I

« Si nous étions maîtres de Mayence, je parie que le traité avec la Prusse serait signé dans dix jours », écrivait Merlin de Douai à Merlin de Thionville, le 4 janvier 1795; « tout, au surplus, va bien, à cet égard... Le plus difficile, je crois, sera de trouver une forme qui puisse ne pas être désapprouvée par nos virtuoses; car, au fond, nous pouvons, par un partage bien concerté de l'Allemagne, faire une opération solide et durable. Mais il faut pour cela mettre un peu la philosophie de côté, et j'appréhende toujours qu'il n'y ait encore parmi nous des gens plus attachés au genre humain qu'à leur patrie[1]. » Voilà l'esprit de l'an III. Les « virtuoses » dont parlait Merlin et dont les scrupules inquiétaient fort ses amis du Comité, c'étaient à la fois les revenants de l'ancien parti de la Gironde, le parti de l'affranchissement des peuples, et les débris de l'ancien parti jacobin conquérant et cosmopolite. C'était enfin ce groupe incohérent et indécis, mais nombreux, de modérés qui réclamaient, tout ensemble, une constitution et la paix. Les fidèles du décret du 19 novembre 1792 ne formaient plus qu'une petite Église : ils répugnaient au trafic des peuples et au troc des États; les zélateurs du décret du 15 décembre se méfiaient des diplomates et de la diplomatie, et craignaient que la Révolution ne dégénérât, en transigeant avec les rois; les modérés redoutaient que des prétentions

---

[1] REYNAUD, *Merlin de Thionville*, t. II, p. 156.

exagérées ne prolongeassent indéfiniment la guerre, c'est-à-dire le gouvernement révolutionnaire : tous, pour des motifs très différents, s'accordaient à suspecter le Comité de salut public et menaçaient continuellement d'embarrasser ses mouvements, les uns en voulant le presser, les autres en voulant le retenir.

Le Comité de salut public représentait un parti moyen plutôt qu'un parti modéré. Il ne faudrait pas se figurer ce Conseil d'après la notion toute moderne d'un cabinet parlementaire. Il n'était point constitué par un chef désigné, à la suite de quelque grand débat, selon le vote d'une majorité. Il était élu au scrutin secret par une assemblée qui ne reconnaissait point de chefs et qui ne renfermait point de partis organisés. Au lieu d'être composé d'un seul coup et sous l'influence d'une même pensée, il se formait, pour ainsi dire, par des alluvions successives. Il était donc soumis à tous les flux et à tous les reflux de l'Assemblée, mais il ne l'était jamais complètement ni d'une manière directe. Le choix des commissaires ne se faisant point sur une question de principes ou d'affaires, il ne dépendait que des combinaisons de personnes, et comme il se faisait secrètement, toutes les passions, tous les caprices, toutes les intrigues du moment s'y donnaient carrière. Les membres sortants du Comité avaient à composer avec toutes ces partialités, s'ils voulaient être réélus le mois suivant. Ces compositions portant sur les gens beaucoup plus que sur les choses, sur des tendances plus que sur des faits, sur des antipathies communes plus que sur des accords, le Comité ne trouvait dans les élections ni direction ni soutien. C'était une espèce de syndicat anonyme des diverses factions républicaines, et pour leur donner les garanties que chacune réclamait, il ne pouvait que les neutraliser les unes par les autres. Il n'avait rien du ministère uni et autonome de Pitt ; il ressemblait plutôt au conseil subordonné d'un despote agité, qui force ses ministres à compter constamment avec ses passions et avec les cabales de sa Cour ; mais ici, le despote était une Assemblée souveraine.

Le Comité de l'an III ne s'était élevé et ne se maintenait à l'intérieur que par l'appui de la Plaine, qui l'aidait à résister aux Montagnards, à rétablir l'ordre dans l'État et à réprimer les Terroristes; mais il avait besoin des Montagnards pour retenir la Plaine dans la Révolution et empêcher que la réaction autoritaire et démocratique de Thermidor ne se tournât en une réaction girondine constitutionnelle ou royaliste. Faute de pouvoir réunir un parti qui s'imposerait aux autres partis et les rallierait en les dominant, le Comité de salut public était condamné à une bascule continuelle entre la Plaine et la Montagne. D'où le décousu, l'inconséquence, les surprises de son gouvernement à l'intérieur de la République, et le silence surprenant qu'il y observait dans toutes les affaires. Il ne pouvait s'expliquer sur rien. Son art de gouverner se réduisait à disposer les personnes et à gagner les voix dans la coulisse, à n'apporter à la tribune, dans des rapports d'apparat, que des solutions qu'il tâchait de faire ratifier sans débat, ou après un débat de pure forme, par la Convention.

On s'explique ainsi le vide, le refroidissement, la brièveté des séances. Fatigue, prudence, calcul, tout concourut, en cet hiver de l'an III, à en diminuer l'intérêt. Ce n'était plus cette Assemblée orageuse et tragique des débuts, dont chaque journée semblait un drame destiné à remuer pour des siècles, sur le théâtre, dans le roman, dans l'histoire, l'imagination et les passions des hommes. C'était toujours une réunion de patriotes ardents; mais ils se sentaient inférieurs, pour la plupart, à la tâche qui leur était échue et aux crises qu'ils avaient traversées[1]. Les événements les avaient soulevés au-dessus d'eux-mêmes et emportés dans le tourbillon; ils retombaient sur la terre étourdis de ce vol, épuisés par l'excès de leurs efforts, et ne comprenant plus ni ce qu'ils avaient fait, ni comment ils l'avaient pu faire. Ajoutez que la Convention, encore que rendue à soi-même par le retour des proscrits, ne se retrouvait qu'estropiée et rompue. Elle n'avait jamais été propre qu'aux

---

[1] Cf. t. III, p. 69, 73.

besognes extraordinaires; elle n'avait point d'aptitude aux pratiques humbles et continues de la politique. Elle les abandonnait au labeur obscur de ses Comités. Elle ne se réveillait avec ses grands troubles et ses grandes résolutions que quand le salut de la patrie ou les principes de la Révolution semblaient en jeu. La question de la paix ou de la guerre était la plus capable de la passionner; mais c'était l'affaire qu'elle avait le moins de goût à discuter, car il n'y en avait point où elle se sentit plus troublée et plus divisée contre soi-même.

Le pays avait besoin de la paix, il l'attendait comme la fin de la misère, et la misère était atroce. L'hiver, qui avait donné la victoire en Hollande, répandait la maladie et la famine en France. Le bois, qui n'était guère apporté que par la Seine, n'arrivait plus à Paris : on y gelait. On était rationné de chandelle comme on l'était de viande et de pain. Dans les départements, nul n'osait se hasarder sur les routes défoncées, et s'exposer aux attaques des brigands qui infestaient le pays. On se barricadait dans les maisons de campagne. Les villes étaient en armes. On tremblait devant les chauffeurs. Les champs demeuraient en friche; les réquisitions avaient dévasté les fermes et vidé les greniers. Les terres tombaient au quart, les maisons au cinquième de leur valeur. Le propriétaire ne trouvait ni à vendre, parce que les biens nationaux avaient avili les prix, ni à emprunter, parce que l'administration des hypothèques avait été bouleversée. Les capitalistes cachaient leur argent ou se hâtaient de le placer en biens confisqués. Cet hiver rappelait celui de 1709, de sinistre mémoire; mais la République avait la victoire et la conquête. Elles consolaient de tout, car elles annonçaient une paix glorieuse et prospère.

L'avenir était à qui donnerait cette paix, et avec elle la garantie des droits conquis en 1789. La monarchie, abolie depuis moins de trois ans, semblait finie depuis des siècles. Elle avait disparu des imaginations populaires; ce qui en subsistait dans les esprits se confondait avec l'émigration et le retour de l'ancien régime : ce fantôme faisait horreur. La

République existait; le peuple l'identifiait avec l'indépendance nationale et la liberté civile; elle semblait éternelle, étant triomphante. « La nouvelle de l'invasion de la Hollande, consommée sans résistance, écrivait un royaliste, recule les espérances que donnaient les dispositions de Paris et l'esprit public du royaume. Le peuple est aussi transporté de cette conquête que la Convention; il se croit déjà le maître de l'Europe; il désire moins la paix depuis qu'il se juge en état de la dicter quand et à qui il voudra [1]. »

Le Comité de salut public spéculait sur ce mouvement d'opinion. Il jugeait qu'une paix partielle était indispensable, et il en jugeait mieux que personne, connaissant de plus près et dans l'ensemble le dénuement de la République. Il pensait que des traités de ce genre satisferaient le gros du public en allégeant le fardeau du présent et en rapprochant les espérances. Ces espérances seraient ensuite d'autant plus patientes qu'elles auraient été plus encouragées. En ne traitant que pour mieux combattre, en ne combattant que pour traiter avec plus d'éclat, le Comité se flattait de gagner à la fois les glorieux et les pacifiques; c'était dire presque toute la France, car il n'y avait guère de Français qui ne se passionnât tout ensemble pour ces deux objets : la grandeur et la prospérité de la patrie. Les modérés, qui prêchaient la paix, seraient désarmés par les traités partiels et se verraient réduits à soutenir vainement l'opinion impopulaire du retour aux anciennes limites. Les Montagnards perdraient leur plus beau thème de déclamations et demeureraient impuissants à combattre un gouvernement soutenu par l'orgueil républicain. Le Comité trouverait ainsi, dans sa politique extérieure, le prestige qui lui manquait. Il obtiendrait, par le contre-coup du dehors, cette suprématie des factions qu'il ambitionnait dans la Convention. Il se formait, avec réflexion, cette idée toute romaine de la République que le peuple concevait par intuition traditionnelle.

---

[1] Mallet du Pan, 8 février 1795. MICHEL, t. I, p. 107. — *Revue historique*, t. VI, p. 80.

« Ce mot, la souveraineté du peuple, a dit Sieyès[1], ne s'est présenté si colossal devant l'imagination que parce que l'esprit français, plein encore des superstitions royales, s'est fait un devoir de la doter de tout l'héritage de pompeux attributs et de pouvoirs absolus qui ont fait briller les souverainetés usurpées. On s'irritait de ne pouvoir lui donner encore davantage. On semblait se dire avec une fierté patriotique : Si la souveraineté des grands rois est si puissante et si terrible, la souveraineté d'un grand peuple doit être bien autre chose encore. »

Ainsi pensaient les membres du Comité de l'an III. Ces plébéiens autoritaires, forcés de disputer pied à pied dans la Convention un pouvoir conquis à coups de révolutions, épris de la force, condamnés aux faiblesses, réduits à dissiper le meilleur de leur temps et de leurs talents dans des intrigues médiocres, des luttes sourdes de couloir, des débats publics parfois humiliants, obligés de compter avec tout et avec tous, attaqués par les journaux, hués souvent par les tribunes, soupçonnés dans leurs intentions, contestés dans leurs projets, gênés dans leurs actes, se relevaient devant eux-mêmes, lorsque, dans le secret de leurs délibérations, ils réglaient les mouvements des armées victorieuses et se consultaient sur la paix qu'ils dicteraient aux rois. C'était la revanche de leur fierté, c'était aussi la récompense de leur patriotisme et la rançon de leur dignité. Grâce aux succès des armées françaises, ils se sentaient maîtres d'accomplir en Europe, pour la République et par la Révolution, les grandes choses qu'ils étaient incapables d'accomplir en France par la liberté. Spectacle étrange d'un gouvernement qui vacille sur sa base, semble toujours à l'instant de crouler et terrifie tout autour de lui, partout où portent ses canons. Spectacle plus étrange encore d'une assemblée impuissante à conduire la France et à se conduire soi-même, qui cependant tient l'Europe en échec, conquiert des provinces, soumet des peuples, humilie des princes, et porte son gouvernement précaire à un degré de

---

[1] Discours du 2 thermidor an III.

puissance extérieure que l'antique monarchie, en ses jours de plus grand éclat, n'avait jamais dépassé. L'histoire s'en étonnerait, si, un siècle et demi auparavant, la France n'avait présenté déjà un spectacle analogue, et si l'on n'avait vu un roi enfant tout à l'heure réduit à coucher sur la paille, un ministre détesté, vilipendé, environné de complots, une Cour ruinée et souvent fugitive, un État déchiré par les séditions des nobles, par les insurrections populaires, par la révolte des plus grands corps du royaume, mener avec des armées incertaines et des généraux factieux la guerre la plus glorieuse, et conclure la plus profitable paix que pût souhaiter le pays.

Comme autrefois Mazarin et comme aussi Richelieu au temps de ses grandes contestations de cour, le Comité de salut public n'était maître que de la politique extérieure. Il n'était libre que là de ses desseins, et il ne pouvait y apporter de suite qu'avec l'Europe. Mais il était tenu de montrer d'autant plus d'énergie et de frapper des coups d'autant plus significatifs au dehors qu'il sentait la Convention et la France plus indifférentes ou plus rebelles à sa domination. Les instincts patriotiques, les ambitions fières, les préoccupations personnelles concouraient ainsi à inspirer la diplomatie de ces conventionnels. Comme ils étaient de complexion violente et emportée, que l'excès de logique dans la pensée et l'hyperbole dans le langage étaient devenus pour eux une habitude, qu'ils avaient vécu et qu'ils continuaient de vivre dans les impatiences et dans la lutte, on s'explique les brusques revirements de leur politique, la violence de leur style, leurs exigences intempestives, le caractère comminatoire et fantasque de leurs négociations, les intermittences de fièvre révolutionnaire qui, par moments, suspendirent la vigueur de leur diplomatie et jusqu'à l'action même de leur propre volonté.

Depuis le mois de septembre, date des premières insinuations de paix, ils avaient eu le temps de se reconnaître, de recueillir les avis, de concerter leurs vues et de les arrêter[1]. Ces vues sont

---

[1] Voir *Revue historique*, t. VI, p. 78-80.

précisées avec une singulière énergie dans un *Plan de conduite à tenir par le Comité de salut public pour arriver aux moyens d'assurer la prospérité de la République française et ses succès contre ses ennemis dans la campagne de* 1795. Ce plan est composé par Dubois-Crancé, qui entra au Comité le 5 décembre 1794 et qui y demeura jusqu'au 4 avril 1795[1]. « Il faut, dit Dubois, à tel prix que ce soit, débloquer la République, nous faire des amis, des alliés... C'est s'honorer, étant vainqueur, de faire un pont d'or au vaincu... » Les alliés se présentent d'eux-mêmes ; les occasions sont propices. « Jamais ni l'Espagne, ni la Prusse, ni la Sardaigne n'obtiendraient les avantages que nous pouvons leur offrir sans qu'il leur en coûte rien. La France s'unirait aux États-Unis ; elle contiendrait la Russie au moyen du Danemark, de la Suède et du Turc coalisés pour la neutralité, sinon pour une diversion. Ces combinaisons nous permettront de poursuivre notre objet immuable : « — Guerre à mort à l'Angleterre et à l'Autriche. » En voici les moyens : L'Espagne ne sera point démembrée sur le continent ; elle obtiendra même la restitution éventuelle de Gibraltar ; mais elle cédera ce qu'elle possède à Saint-Domingue ; moyennant ces accords, la République obtiendra l'alliance offensive et défensive des Espagnols. S'il le faut, la République donnera davantage : « On peut, en outre, garantir au roi d'Espagne le Portugal, dont l'invasion lui serait facilitée, à charge de nous céder la Havane, en échange du Brésil. » La Sardaigne abandonnera la Savoie et Nice en échange de la Lombardie qu'elle recevra. La Prusse, alliée nécessaire et naturelle de la France, aura, en échange de la possession de la rive gauche du Rhin, le Brunswick et, au besoin, la Silésie autrichienne. Le duc de Brunswick deviendra Électeur de Hanovre. Le landgrave de Cassel sera élevé à la dignité électorale, s'il fait la paix et cède ce qu'il a sur la rive gauche. Quant aux territoires rhénans, le Comité avisera, selon les circonstances : il jugera s'il convient de porter les frontières françaises à la Meuse seu-

---

[1] IUNG, *Dubois-Crancé*, t. II, p. 179 et suiv.

lement et de former du reste du pays conquis deux républiques qui, unies à celle de Hollande, vivraient sous la suprématie de la France; ou bien si la France doit s'incorporer les pays jusqu'à la frontière de la Hollande. Cette nation deviendra une république alliée. Dans tous les cas, la France, avec les flottes espagnoles et bataves, réunira 123 vaisseaux. Elle aura en ligne 440,000 hommes, plus 149,000 hommes dans les garnisons et dans les dépôts. Elle s'emparera du Hanovre avec 100,000 hommes, occupera la rive droite du Rhin avec 120,000, débarquera 60,000 hommes sur la rive gauche de la Tamise, 80,000 sur la rive droite, 20,000 en Irlande, et c'en sera fait à tout jamais de la coalition de l'Angleterre et de l'Autriche [1].

On discerne, dans ce plan, l'idée première du camp de Boulogne, celle des remaniements de l'Allemagne en 1803, celle de la campagne de 1805, en un mot, l'avenir des guerres de la République et de l'Empire; c'est que ce plan dérive de tout le passé de la politique républicaine et se relie aux anciens projets d'ambition de la monarchie. Le Comité, selon le hasard de ses renouvellements, selon les nécessités de la politique intérieure et des finances, selon les fluctuations de la guerre et les difficultés de la diplomatie, embrassa tour à tour ce dessein tout entier, en abandonna certaines parties, l'amenda, le reprit, l'exagéra encore; mais on peut dire que d'une façon générale ce plan demeura, dans ses lignes essentielles, le fond diplomatique, l'idée maîtresse, l'arrière-pensée dirigeante de la majorité des membres du Comité. Le Comité semble toujours avoir agi sous cette impulsion; on le voit déclarer ses vues dès ses premiers pourparlers avec la Prusse, comme si elles étaient irrévocablement arrêtées dans l'esprit de ses membres.

[1] Pour la suite de ces idées, cf t. Ier, p. 319-327; t. III, p. 244-245, 278, 293-307, 344, 471-478, 531.

II

Aussitôt qu'il fut instruit de la mission du comte de Goltz, le Comité de salut public exprima la satisfaction qu'il en ressentait. Il aurait préféré que la négociation s'engageât à Paris ; mais ignorant quelles étaient, à cet égard, les vues du roi de Prusse, et ne voulant point retarder les choses, il décida, le 1ᵉʳ janvier, d'envoyer, à tout événement, Barthélemy à Bâle [1]. Le 5 janvier, Harnier arriva à Paris et demanda une audience. Le Comité s'était renouvelé le 4 [2]. Merlin, qui suivait la correspondance diplomatique depuis le 5 novembre, était sorti. Cambacérès, membre du Comité depuis deux mois, prit la direction de cette correspondance. Harnier fut reçu le 7, à midi. Cambacérès présidait ; il fit asseoir l'envoyé prussien auprès de lui. Harnier donna lecture du rescrit royal qui indiquait l'objet de sa mission. La conversation qui s'engagea entre lui et les membres du Comité est comme la préface de la négociation. Tous les points du débat y sont déterminés, et la position de chacun y est nettement définie.

« Le roi mon maître, dit Harnier, a pu être révolté des horreurs qui, principalement sous le règne de Robespierre, ont marqué l'époque de la Révolution française ; mais loin d'en vouloir à la France de ce dont elle-même était victime, loin d'avoir la prétention de la subjuguer ou de s'immiscer dans son régime intérieur, le roi de Prusse n'a désiré que lui voir retrouver le bonheur qu'elle avait perdu dans ses convulsions intestines. Sa Majesté, charmée du changement décisif qui paraît être survenu dans les principes et dans la marche du gouvernement français depuis la chute du parti jacobin, en tire

---

[1] Voir *Revue historique*, t. VI, p. 79, 314-330.
[2] Le Comité du 15 nivôse au 15 pluviôse — 4 janvier, 3 février 1795 : Cambacérès, Carnot, Boissy d'Anglas, Dubois-Crancé, Pelet, Prieur de la Marne, Guyton, Richard, Dumont, Marec, Chazal, Breard.

le plus heureux augure pour le rétablissement de la paix; elle ambitionne même, si les circonstances s'y prêtent, le beau rôle de pacificateur d'une grande partie de l'Europe. » Cette ouverture amena tout de suite un échange de propos sur les intérêts identiques des deux États, sur les motifs qu'ils avaient de conclure la paix, et sur ceux qu'ils auraient de s'unir contre leurs ennemis communs. L'Autriche, dirent les conventionnels, n'ayant pu anéantir la France, sera d'autant plus avide de trouver ailleurs de quoi satisfaire sa rapacité : elle reprendra ses anciens projets contre l'Empire. La Russie vise à la domination totale de l'Orient. La France et la Prusse, unies au Danemark, à la Suède, à la Turquie et à la Pologne, doivent combattre des ambitions qui menacent toute l'Europe. — Harnier répondit que son maître ne saurait prendre les armes contre ses alliés. Ses résolutions, sur cet article, étaient formelles; mais s'il écartait l'idée d'une alliance avec la République, Frédéric-Guillaume était disposé à offrir sa médiation pour la paix générale. Le Comité n'admit point le mot médiation : ce mot impliquait une sorte d'autorité reconnue au médiateur, et la République s'était conquis en Europe une situation qui la dispensait de reconnaître aucune autorité étrangère; toutefois, elle accepterait volontiers des bons offices. Quant à un armistice, il était inutile d'en parler : les Allemands auraient à choisir entre la paix définitive avec la France et la continuation de la guerre, sous le joug de l'Autriche. Ce propos conduisit aux conditions de la paix. Le Comité déclara fermement les siennes : c'était l'acquisition de la rive gauche du Rhin, « limite naturelle de la France ». Il demanda même la reddition immédiate de Mayence. Harnier se récria : c'était bouleverser l'Empire et y décréditer la Prusse au moment où l'on parlait de grandir son rôle! « On croirait, dit-il, que vous ne voulez que prolonger indéfiniment la guerre; vous y réussirez si vous ne changez pas de ligne de conduite, et votre avidité finira par mettre toute l'Allemagne contre vous. » — « Le roi de Prusse, répondit un des membres du Comité, ne subordonnera pas l'intérêt de sa propre puissance aux prières de quelques-uns de ses co-États; d'ailleurs, le désir de la paix est si vif et si déclaré en Allemagne, qu'une guerre nationale ne pourrait être allumée contre la France. » Un autre membre ajouta : « La République ne s'opposera pas à ce que la Prusse et les princes d'Allemagne auxquels cette cession doit enlever des provinces ou des portions de territoire, cherchent les moyens de s'indemniser, soit aux dépens de la maison d'Autriche, soit par des sécularisations de biens ecclésiastiques : le traité de Westphalie en a déjà donné l'exemple. » Le Comité, ajouta-t-il, aurait même été disposé à offrir à la Prusse le Hanovre, pour prix d'une alliance[1]; mais comme l'idée de l'alliance est écartée par le roi, le Comité retient ses largesses. Harnier se convainquit que, sur cet article du Rhin, ses interlocuteurs ne fléchiraient point; il prit alors ses précautions. « Je doute fort, dit-il, que mon gouvernement consente à renoncer à la rive gauche du Rhin; mais ce qui est certain pour moi, c'est que la guerre serait inévitable si, en ce cas, une ample compensation n'était pas accordée à la Prusse. » Le Comité n'y contredit pas, et les deux parties arrivèrent, sinon à concilier leurs vues, du moins à les fixer.

Harnier prit acte, par écrit, des déclarations qui lui avaient été faites, et s'en alla les porter à Berlin. Le Comité rassembla ces mêmes déclarations, les développa et en fit le fond des instructions qui furent dressées pour Barthélemy, discutées le 12 et le 15, et adoptées définitivement le 26 janvier. Ce travail parait avoir été exécuté par Reinhard, sous la direction de Cambacérès. Le contraste qui se marquera de plus en plus entre les apostrophes, l'emphase, les métaphores des manifestes publics du Comité, et la précision directe, souvent brutale, de son style d'affaires, se signale dans ce document. Les manifestes étaient des compositions d'école, destinées au public, écrites en un langage convenu; le style des dépêches était la langue naturelle des commissaires, le style de la raison d'État.

[1] C'est ce même Hanovre que Napoléon offrit et donna en 1805 et en 1806 pour prix de la même alliance, destinée aux mêmes effets : soumettre l'Angleterre et subjuguer l'Autriche.

Ils motivaient leurs actes après coup, pour la galerie, et ils les illustraient en quelque sorte de principes universels et abstraits, comme un auteur qui ajouterait à son ouvrage, pour y donner du ragoût et de la vogue, des images à la mode. Il n'y avait dans les instructions de Barthélemy rien qui sentit le cosmopolite, encore moins l'homme sensible; les *Droits de l'homme* en étaient absents, et rien n'y indiquait que le droit public eût changé de fondement depuis 1789. Mazarin, Louvois et le grand Frédéric auraient pu signer ce document. Bonaparte, quand il fit faire des instructions, les commanda de ce ton. Les seuls droits dont il y fût parlé étaient ceux de la conquête : le Comité s'adressant à l'Europe, il en employait la langue et il la parlait spontanément.

Cette disposition d'esprit paraissait surtout dans l'article essentiel, celui des conditions territoriales de la paix. Le citoyen Barthélemy, disait le Comité, « déclarera que la République regarde le Rhin comme sa limite naturelle, qu'elle est résolue de conserver. Les motifs de droit et de convenance, même réciproque, qui ont dicté cette résolution seront aisément saisis par le citoyen Barthélemy, et le Comité ne croit pas avoir besoin d'en faire l'énumération. » Voilà tout, et c'était, en effet, suffisant, selon le droit public de l'Europe, puisque les armées françaises avaient conquis ce pays. Les instructions s'étendaient longuement sur les formes. Le Comité, comme autrefois Cromwell, y attribuait une extrême importance. Il ne voulait point de médiation, surtout en Hollande, et point d'armistice, même en Allemagne. Il recommandait à Barthélemy de serrer de près les diplomates prussiens, dont la réputation de cautèle était fort répandue en Europe. Malgré leur intérêt à traiter, il fallait agir avec eux comme si l'on doutait de leur sincérité. D'ailleurs, le Comité était tout prêt à faire un pont d'or à la Prusse, si elle consentait à s'unir à la République contre l'Autriche, à refréner la Russie, à réparer les injustices commises envers la Pologne. La France étendue jusqu'à ses limites naturelles, loin d'être dangereuse pour l'Allemagne, en sera la plus fidèle alliée : elle verra volontiers les princes laïques, possessionnés sur la rive gauche, s'indemniser par le partage des territoires ecclésiastiques de la rive droite; grâce à ce moyen « qu'autorise la paix de Westphalie et que les lumières du siècle semblent prescrire impérieusement », le roi de Prusse pourra « former le noyau d'une alliance » qui établira dans l'Empire un équilibre nouveau. C'était l'allèchement à l'ambition prussienne, la perspective d'une *Confédération du nord de l'Allemagne*, testament politique de Frédéric II, devenu, au moins à titre de moyen et de complément nécessaire, l'un des chapitres du grand dessein des politiques républicains [1].

En ce qui concernait l'Allemagne, le Comité jugeait plus à propos de négocier directement avec les petits États, par l'entremise d'un petit État. C'était la tradition, et elle était fondée. Le comte de Bernstorff désirait ce rôle. Le Comité l'y encouragea, et écrivit en ce sens à Grouvelle, le 15 et le 19 janvier : « Les frontières de la République doivent être portées au Rhin. Ce fleuve, l'ancienne limite des Gaules, peut seul garantir la paix entre la France et l'Allemagne... » Le Comité ajoutait une considération particulièrement intéressante pour le Danemark, qu'il n'avait pas eu lieu de développer dans les instructions de Barthélemy : « La tyrannie de l'Europe et des mers repose à Saint-Pétersbourg, à Vienne et à Londres. Cette ligue criminelle menace d'engloutir les États particuliers et la liberté des mers. C'est à la France d'empêcher l'oppression du monde. Pourquoi les cours de la Haye, de Berlin, de Stockholm, de Copenhague et de Constantinople ne partageraient-elles pas la gloire de combattre ce triumvirat oppresseur? » Ces États ont, en outre, le même intérêt que la France à empêcher que la Pologne ne devienne définitivement la proie de la Russie. La Pologne apparaissait ainsi, dans cette dépêche, comme dans les instructions de Barthélemy, à l'arrière-plan du dessein. Le Comité n'avait pas encore pris son parti de l'abandonner : il ne connaissait pas le

---

[1] Cf. t. I, p. 413 et suiv. La Confédération des princes. — Idée reprise par Napoléon Ier en 1806, et réalisée par la Prusse en 1866.

traité de Pétersbourg, et il ne discernait pas encore où était, en cette affaire, l'intérêt immédiat de la République. Mais avec cette sagacité de procéduriers qui ne les abandonna jamais, même dans leurs plus grands troubles, les membres du Comité eurent soin d'ajouter qu'ils avaient besoin de démêler les intentions de la Prusse, et qu'en attendant d'y voir plus clair, ils « croyaient devoir ajourner encore les mesures que la République prendrait pour sauver la Pologne ».

Barthélemy était arrivé à Bâle le 12 janvier [1]. Cet ambassadeur, qui fut en réalité, pendant toutes les négociations de l'an III, le véritable ministre des affaires étrangères du Comité de salut public, avait les façons et les habitudes du monde diplomatique. Ses liaisons de « carrière » lui facilitèrent singulièrement son rôle. La considération personnelle dont il jouissait, sa réputation d'homme discret et de galant homme lui permirent d'adoucir les premiers froissements et de rompre la première glace. Personne n'était plus propre à relier la politique de la nouvelle France à celle de l'ancienne; mais ce disciple judicieux de Vergennes allait, sur cet article principal, se trouver en conflits fréquents avec le gouvernement de Paris. Il sut, avec des ménagements parfaits, concilier les représentations et les conseils que son expérience lui dictait, avec une obéissance intelligente aux instructions qui lui étaient adressées. Il essaya souvent de suggérer ces instructions, il les discuta plus d'une fois, il réussit en plus d'une occasion à les corriger; mais lorsqu'il les reçut formelles et les reconnut impératives, il ne songea plus qu'à les exécuter, et il le fit toujours avec autant de tact que de fermeté. Au temps de la guerre à outrance, le Comité avait trouvé en lui un informateur très utile; il trouvait maintenant un négociateur fort expert. C'était une bonne fortune, dont il sut profiter.

Barthélemy se rencontra avec Goltz dès le jour de son arrivée. Ils échangèrent leurs pouvoirs le 22 janvier, et leurs conférences commencèrent aussitôt. Mais ils eurent à peine le

[1] Voir *Revue historique*, t. VI, p. 340-350. Cf. *L'Europe et la Révolution*, t. III, p. 121.

temps de dessiner leurs positions respectives. Goltz, qui était parti malade de Berlin, fut contraint de s'aliter. Il mourut dans la nuit du 5 au 6 février, et, bien que les pourparlers pussent se continuer avec le secrétaire de la mission, Harnier, il fallut renoncer à l'espérance d'une conclusion immédiate de la paix.

III

Cependant le Comité, ayant arrêté ses vues sur la marche des négociations, jugea nécessaire de se mettre en règle avec la Convention. Il trouvait périlleux de provoquer un débat; il trouvait imprudent de s'avancer davantage sans s'assurer qu'il serait soutenu. Il prit un moyen terme et recourut à l'expédient qu'il avait déjà employé au mois de décembre. Il fit composer par un de ses membres un grand rapport où il réunit ses propositions et posa ses principes de diplomatie. Si, comme il l'espérait, ce rapport était applaudi, il en prendrait acte; il appliquerait, selon ses convenances, aux divers paragraphes du discours, l'assentiment donné à l'ensemble; il se ferait, à l'égard des étrangers, un argument des intentions indirectement manifestées par la Convention; il n'aurait plus de scrupule à poursuivre des négociations secrètes, puisque l'objet en aurait été publiquement avoué par l'Assemblée, et il apporterait ensuite à la Convention un fait accompli : la majorité le ratifierait, puisqu'il serait conforme à ses désirs, et la minorité ne pourrait que critiquer vainement les moyens et la forme. Cette procédure était fort adroitement conçue; il est permis d'y reconnaître la main de Cambacérès. Le Comité esquiva ainsi les difficultés qu'il redoutait le plus. Il échappa à ces conflits de tribune qui auraient mis aux prises les factions entre lesquelles il manœuvrait. Comme il convenait, dans les conjonctures, de ménager les modérés et les constitutionnels, le Comité chargea du rapport celui de ses membres qui était le mieux fait pour inspirer confiance à cette partie de l'Assemblée, Boissy d'Anglas.

Ce conventionnel avait prononcé, le 27 décembre 1794, un grand discours « sur les principes du gouvernement actuel et sur les bases du crédit public ». Il y fit allusion en commençant son rapport. « J'ai retracé dans un premier discours, dit-il, le 11 pluviôse-30 janvier, les principes de justice et de loyauté sur lesquels repose aujourd'hui le gouvernement de la France... Je dirai comment de l'établissement de la liberté de ce vaste empire, doit nécessairement résulter le bonheur du monde, et la paix de l'Univers de celle que vous allez négocier avec vos voisins. » « On ne peut vaincre les Français, on cherche à les calomnier », poursuivit-il. Il réprouva toute propagande et convia l'Europe à se réconcilier pour lutter contre le « triumvirat » funeste qui conjure sa ruine et convoite ses dépouilles. L'Autriche veut prendre la Bavière et assujettir l'Empire. L'Angleterre vise à la tyrannie du commerce et des mers. La Russie a ligué les puissances contre nous sous le prétexte fastueux de soutenir la querelle des rois, mais dans le dessein réel de nous arracher « l'Alsace, la Lorraine, une partie de la Flandre », de se débarrasser de tout obstacle, d'accabler le Turc, d'assujettir le Polonais. « Danois, Suédois, Allemands, Prussiens, Ottomans, songez-y : le temps vole, la foudre gronde; Vienne vous trahit; le torrent moscovite s'amoncelle; Attila s'avance une seconde fois, et vous êtes perdus, si vous ne vous réunissez à temps pour arrêter ce torrent dévastateur! » La République ne veut que la paix, mais elle la veut juste et durable : elle se renfermera dans des frontières qui seront à la fois la sécurité pour elle, et pour l'Europe la garantie de sa bonne foi : « Nos dangers passés, la nécessité d'en rendre le retour impossible, l'exemple de la ligue menaçante qui voulut nous envahir et qui a porté un moment la désolation dans le cœur de la France; le devoir d'indemniser nos concitoyens de leurs sacrifices; le désir sincère de rendre la paix solide et durable, nous obligent à étendre nos frontières, à nous donner de grands fleuves, des montagnes et l'Océan pour limites, et à nous garantir ainsi d'avance et pour une longue série de siècles de tout envahissement et de toute attaque. »

Le discours de Boissy fut écouté dans un grand silence. La conclusion en fut saluée d'applaudissements unanimes. L'Assemblée décida d'en discuter les principes ; mais elle ajourna aussitôt cette discussion ; elle se contenta d'ordonner l'impression du rapport. Les Montagnards approuvaient. Bourdon félicita même son collègue Boissy de « l'énergie avec laquelle il avait eu le courage de poser les colonnes de l'Hercule français ». Le Comité n'avait qu'à se louer de cette séance. La Convention avait adhéré au système des limites naturelles, et l'Europe en était solennellement avertie. Quant aux motifs donnés par Boissy, c'étaient ceux de tous les conquérants victorieux : tous avaient déclaré que leur conquête marquerait la fin de toutes les guerres, et que le repos de l'humanité était intéressé à l'extension de leur puissance. Beaucoup l'avaient cru sincèrement, en le disant ; aucun n'en avait persuadé les étrangers, surtout les vaincus. Le Comité de salut public n'y devait pas plus réussir que les autres, et il ne mit pas plus d'affectation qu'il ne fallait à le prétendre. Il se sentait le plus fort, ce fait suffisait, dans sa pensée, à convaincre l'Europe : les considérations de droit, les belles espérances et les lois de la nature étaient destinées à satisfaire la Convention : ces artifices de rhétorique ne portaient point de conséquences en dehors de l'enceinte de l'Assemblée et surtout au delà des frontières de la République.

Si la Convention abandonnait aisément au Comité de salut public la faculté de disposer de la nature des choses, de décréter des causes finales et de remanier la carte de l'Europe, elle se montrait infiniment moins accommodante sur ses prérogatives. Le débat que le Comité parvint à éviter sur le fond des négociations se souleva sur la forme, dès la première occasion qui s'en offrit et à propos du traité qui semblait le moins fait pour passionner les esprits. La Toscane sollicitait la reconnaissance de sa neutralité ; ce grand-duché avait tous les titres à l'obtenir. Il était de l'intérêt de la France de s'ouvrir le commerce de Livourne. Manfredini était un philosophe; Carletti passait pour très français, presque pour républicain. Le Comité lui envoya des passeports, le 27 janvier. Le traité qui stipulait la paix et l'amitié entre la France et la Toscane fut signé à Paris le 9 février. Richard, qui avait suivi l'affaire et qui était sorti du Comité le 3 février, fut chargé de faire le rapport à la Convention sur les ratifications de ce traité [1]. Il le lut dans la séance du 22 pluviôse-10 février. Il présenta le traité avec la Toscane comme un premier témoignage de la sincérité des dispositions pacifiques de la République et de sa bienveillance envers les puissances faibles. La République, conclut-il, ne s'en montrera que plus ferme à l'égard des grandes puissances et plus implacable avec l'Angleterre.

Thibaudeau demanda l'impression du rapport et l'ajournement de la discussion. Lacombe Saint-Michel, qui venait d'entrer au Comité, fit observer que les discussions de cette sorte offraient des inconvénients; que si l'on portait à la tribune les motifs des puissances qui demandaient la paix, plusieurs négociations, alors en cours, seraient compromises : les négociateurs craindront la publicité. Bourdon répliqua que le droit de faire la paix appartenait à l'Assemblée tout entière; il appuya la motion d'ajournement, afin que la Convention discutât. Ce voyant, les diplomates du Comité allèrent au-devant du vote de l'Assemblée. Boissy reparla des limites, qui seraient telles que les ennemis ne pourraient jamais les franchir. « Toutes nos opérations, dit Cambacérès, sont mûries avec sagesse, et nous appellerons toujours sur nos projets de décret la discussion de la Convention nationale, qui les ratifiera, si elle les trouve conformes à ses vues... Le Comité de salut public voudrait que, des quatre coins de l'Europe, on pût entendre la séance d'aujourd'hui dans laquelle on a vu tous les membres de la Convention ne faire qu'un vœu, celui

---

[1] Le Comité du 15 pluviôse au 15 ventôse — 3 février, 5 mars 1795 : Cambacérès, Carnot, Boissy d'Anglas, Dubois-Crancé, Merlin de Douai, Pelet, Dumont, Marec, Chazal, Breard, Fourcroy, La Combe Saint-Michel.

d'une paix glorieuse. » Ainsi chaque fois que la question de paix était portée à la tribune, le dessein des limites naturelles sortait du débat confirmé, précisé, comme l'expression même du vœu de l'Assemblée. A ce vœu, l'Assemblée joignait une injonction : c'était de parler haut et de dicter la loi.

Le 13 février, la discussion s'ouvrit sur le traité de la Toscane. Plusieurs conventionnels discutèrent la procédure suivie : le Comité, dirent-ils, ne soumettait à la Convention que des faits accomplis. Cambacérès répondit, avec l'expérience et le sens commun, que toute négociation exige de la célérité et du secret : si l'on mettait en délibération des préliminaires de paix, « la masse de la coalition regarderait la puissance qui se serait rapprochée de vous comme son ennemie, et les coalisés se réuniraient pour l'opprimer ». Il demanda que la Convention « confirmât » le traité avec la Toscane et délibérât incessamment sur l'étendue des pouvoirs du Comité de salut public. Le vote fut unanime ; mais le Comité en conclut que s'il voulait obtenir les pouvoirs qui lui étaient nécessaires, il devait se montrer énergique et craindre par-dessus tout, en paraissant user de diplomatie, de passer pour la dupe des diplomates étrangers.

Les étrangers ne craignaient pas moins de se compromettre avec le Comité de salut public et de se faire, sinon jouer, au moins malmener par ces rudes démocrates. Les négociations s'en ressentaient. On a vu que Godoy avait fait insinuer, comme condition de paix, la mise en liberté des prisonniers du Temple. Le Comité jugea la proposition déplacée, et y coupa court. Le 22 janvier, Cambacérès, présentant un rapport sur les enfants de Louis XVI et discutant l'hypothèse de la captivité et celle de l'expulsion, conclut : « Il y a peu de danger à tenir en captivité les individus de la famille Capet ; il y en a beaucoup à les expulser. L'expulsion des tyrans a presque toujours préparé leur rétablissement, et si Rome eût retenu les Tarquins, elle n'aurait pas eu à les combattre. » Cette hypothèse écartée, le Comité n'en désirait pas moins renouer avec l'Espagne. « Cette paix, écrivait le 3 février Merlin, qui rentrait ce jour-là même au Comité, nous est nécessaire, si nous voulons préserver le Midi de la famine et de toutes les horreurs qui marchent à sa suite, rasseoir dans l'intérieur les esprits agités, terminer irrévocablement la funeste guerre qui déchire encore plusieurs de nos départements, diminuer nos dépenses dont le monstrueux excès nous conduit journellement à notre perte, et nous mettre à même de réunir contre nos ennemis naturels la masse des forces nécessaires pour les écraser en peu de temps. »

Pour augmenter l'armée de l'Ouest, pour mettre les armées d'Italie et du Rhin en état d'attaquer l'Autriche de deux côtés à la fois et de l'écraser, il fallait disposer des deux armées des Pyrénées. La République était parvenue à repousser tous ses ennemis; mais si forte qu'elle fût, elle ne l'était pas assez pour les écraser tous et partout à la fois. La paix avec l'Espagne était le préliminaire indispensable d'une campagne d'Italie qui, seule, permettrait de réduire l'Autriche à céder les Pays-Bas et à consentir à la cession de la rive gauche du Rhin. Le Comité en était convaincu, mais il craignait de faire des avances, et il s'impatientait de voir que l'Espagne n'en faisait plus. Il écrivit à Grouvelle, s'étonnant que Murquiz n'eût pas renouvelé ses démarches. Il autorisa Pérignon à reprendre la correspondance avec les généraux espagnols. Il invita Barthélemy à insinuer, dans les occasions, au ministre de Charles IV en Suisse que, « loin de chercher à détruire l'Espagne, la France voulait raffermir son existence ». Il manda les mêmes instructions à Lallement, ministre à Venise. Il fit venir de Nevers le dernier ministre de France en Espagne, Bourgoing, et lui fit écrire, en son nom personnel, à deux diplomates espagnols, Ocaritz et Yriarte, qui étaient ses amis. Enfin, il mit en liberté, sur parole, le jeune Crillon. Reconduit à la frontière, cet officier y rencontra le représentant Goupilleau-Fontenay, et lui dit, en confidence, que son père était disposé à se laisser prendre aux avant-postes : il aurait des pouvoirs, il viendrait à Paris, il traiterait, et la coalition ne le saurait que quand tout serait conclu. « L'Espagne, dit Goupilleau, ne pourrait pas choisir un envoyé plus agréable à la République. » Crillon demanda si la République entendrait garder ses conquêtes. Goupilleau lui répondit : « Elle a moins le projet d'étendre ses limites que de se renfermer dans celles que la nature semble avoir placées pour sa sûreté et pour le maintien de son indépendance [1]. »

Le Comité ne désirait pas moins négocier avec la Sardaigne qu'avec l'Espagne. Il avait posé ses principes dans une lettre à Barthélemy; et ces principes, qui permettaient de ne rien prendre aux Espagnols, commandaient de conserver ce qui avait été conquis sur les Piémontais : « Nous te recommandons d'annoncer que les Alpes étant une des barrières que la nature a données à la France, il faut renoncer à toute idée de restitution de la Savoie et du comté de Nice [2]... » Mais, écrivait Merlin, le 6 février, « le Comité sent fort bien qu'en privant le roi de Sardaigne de ces deux pays, il n'aurait plus ni consistance ni influence politique, et que la République française doit, au contraire, désirer que le Piémont devienne une puissance assez forte pour que la maison d'Autriche trouve en elle un obstacle permanent à ses vues sur l'Italie... Qu'il s'entende avec nous, et bientôt la Lombardie autrichienne nous aura offert pour lui l'équivalent des pays qu'il a perdus dans le cours de cette guerre [3]. » La Lombardie était le Hanovre de cette Prusse italienne, l'appât offert à son alliance, et cette alliance était particulièrement intéressante dans le temps où le Comité songeait à tourner l'Autriche par le nord de l'Italie. Il invitait donc Barthélemy à faire passer ces insinuations à Turin par des voies indirectes. Barthélemy n'avait pas laissé d'instruire les Sardes des intentions de la République sur la Savoie. Il en avait aussi prévenu les Suisses, qui prétendaient se mêler de la négociation, sous le prétexte que, par cette réunion, la France les envelopperait et les ser-

---

[1] *Correspondance* du 19 janvier au 21 février 1795. — *Revue historique*, t. XII, p. 279-288.
[2] Le Comité à Barthélemy, 24 nivôse-13 janvier 1795. Cambacérès.
[3] Le Comité à Barthélemy, 19 pluviôse-7 février 1795.

rerait de trop près. Mais le rôle de courrier officieux entre la Suisse et Turin n'était pas sans péril, dans l'état de sujétion où les Autrichiens tenaient les États de Victor-Amédée. C'est ainsi que soupçonnant quelques pourparlers à Bâle, « ils firent assassiner sur le territoire piémontais le porteur de la malle venant de Suisse et enlever les lettres ». San Fermo, le diplomate vénitien, qui parlait volontiers de la Sardaigne à Barthélemy, lui confia le secret de cet enlèvement, dont il paraissait fort préoccupé [1]. Le Comité refusa de prendre au sérieux les objections des Suisses et manda à Barthélemy de le leur faire entendre. Ni la Savoie ni le comté de Nice ne pouvaient être rendus. Ces pays étaient départements français; ils étaient représentés à la Convention. « Il ne dépend pas plus de nous, écrivit Merlin, de les restituer au roi de Sardaigne que de lui céder Paris ou Versailles. » C'était vers la Lombardie et le Milanais que la Sardaigne devait tourner ses vues, et le Comité était tout disposé à reprendre, en les accommodant à sa politique, les desseins que d'Argenson avait jadis formés sur l'Italie [2].

Pour continuer les guerres contre l'Autriche, le Comité avait besoin de la paix avec l'Espagne et de l'alliance avec la Sardaigne : comme ces États n'étaient qu'entamés, il les recherchait secrètement et tâchait de les attirer dans son jeu. La Hollande était à la merci de la République; les mêmes motifs de guerre et de politique qui faisaient ménager l'Espagne et la Sardaigne conduisirent le Comité à subjuguer la Hollande. Nul exemple ne montre mieux à quel point la raison d'État dirigeait ces gouvernants et combien la considération des peuples et de leurs droits occupait peu de place dans leurs conseils. La Sardaigne était une monarchie hostile, l'Es-

---

[1] Rapport de Barthélemy, 21 pluviôse-9 février 1795. — Cet enlèvement de courrier forme le trait d'union entre l'arrestation de Maret et Sémonville et l'assassinat des plénipotentiaires à Rastadt. L'objet de ces trois coups est le même : connaître les négociations de la République avec les États secondaires.

[2] Le Comité à Barthélemy, 28 pluviôse-16 février 1795, Merlin; 4 ventôse-22 février, Merlin. — Rapports de Barthélemy, 28 pluviôse-16 février; 4 ventôse-22 février. — Sur les projets de l'ancienne diplomatie, voir t. I, p. 281, 327, 395. — Le duc DE BROGLIE, *Le maréchal de Saxe et le marquis d'Argenson*, Paris, 1891, t. Ier, p. 119-122.

pagne était régie par des Bourbons, la nation espagnole détestait les Français, la République et la Révolution : cependant le Comité offrait la Lombardie à Victor-Amédée et songeait à offrir le Portugal à Charles IV. La Hollande était une république; une révolution, accomplie sous les auspices de la France, venait d'y introduire la démocratie; un parti qui avait fait ses preuves d'attachement à l'alliance française y dominait : cependant le Comité de salut public n'était préoccupé que de l'exploiter, de la démembrer, d'y retarder la libre constitution de la démocratie, afin d'avoir la faculté de la traiter plus longtemps en pays conquis et de la contraindre à céder à la France des territoires qu'il déclarait compris dans les limites naturelles de la République française.

IV

Les représentants en mission en Hollande assistaient à la révolution de cette République; ils en appréciaient l'esprit; ils recueillaient les vœux de ces peuples; ils les voyaient à l'œuvre, soumis, amicaux, hospitaliers, enthousiastes des principes français, admirateurs sincères des armées républicaines, confiants dans les promesses réitérées du gouvernement de Paris, des généraux, des députés. Toutes les dépêches qu'écrivaient ces représentants au Comité recommandaient la modération dans l'exercice des droits de la conquête : « Nous croyons, disaient-ils, devoir nous réserver la faculté de faire les réquisitions nécessaires à la subsistance et à l'entretien de l'armée. Nous prendrons pour cet objet des arrangements avec les autorités constituées, et, par ce moyen, nous écarterons cette nuée d'agents et de réquisiteurs dont la présence, l'impéritie ou l'improbité ont été si funestes aux pays que nous avons conquis [1]. » Le Comité trouva que ces conven-

---

[1] Les représentants en mission au Comité, 2 pluviôse-21 janvier 1795.

tionnels s'abandonnaient à une sensibilité qui pouvait convenir aux orateurs philosophes d'une nation envahie, mais qui n'était plus de mise chez les mandataires politiques d'un peuple victorieux : ils se trompaient de temps et se croyaient encore à l'automne de 1792. Le monde avait changé, la Convention surtout. Le Comité chargea deux représentants à l'armée du Nord, Cochon et Ramel, de se rendre en Hollande, d'y observer les choses sans préventions et de rappeler leurs collègues à la réalité[1].

Cochon de Lapparent, ci-devant conseiller au présidial de Poitiers, et Ramel de Nogaret, ci-devant avocat du roi à Carcassonne, tous les deux régicides, tous les deux légistes d'État et travailleurs de comités, passaient pour gens d'autorité, très fiscaux, incapables de régler les affaires d'après les sentiments, de subordonner les intérêts aux principes, enfin les politiques les moins cosmopolites du monde. Ils arrivèrent à la Haye le 10 février et s'y réunirent avec Bellegarde, Alquier, Joubert, Lacoste, Roberjot, Haussmann, Frecine. Ces neuf conventionnels formèrent un vrai comité des affaires bataves. Cochon et Ramel trouvèrent leurs collègues sous l'impression de l'accueil qu'on leur avait fait dans cette capitale : « Nous avons reçu, dirent-ils, les visites des ambassadeurs des États-Unis, de Suède, de Danemark, de Pologne et même de Russie et de Portugal. Tous ces ministres ont donné à la représentation nationale les assurances et les démonstrations du plus grand respect. » Les représentants y avaient répondu par « les plus grands égards »; ils y ajoutèrent des sauvegardes et des passeports, qui prouvèrent à ces étrangers que les conventionnels comprenaient la valeur et entendaient le sens des politesses diplomatiques[2].

Les représentants avaient alors été saisis d'un acte signé le 3 février et connu sous le nom de capitulation de la Zélande.

---

[1] Décision du 8 pluviôse-27 janvier 1795. Membres du Comité : Cambacérès, Carnot, Boissy, Dubois-Crancé, Pelet, Prieur de la Marne, Guyton, Richard, Dumont, Marec, Chazal, Breard.

[2] Les représentants au Comité, 9 pluviôse-28 janvier 1795.

Cet acte assurait à la France la soumission des îles et la possession du port de Flessingue; elle garantissait aux habitants leur indépendance, le respect des propriétés et la liberté religieuse. Toute la Hollande était ainsi au pouvoir de la République. Cochon et Ramel n'hésitèrent pas à s'associer à l'approbation que leurs collègues donnaient à cette mesure. Ils en informèrent tous ensemble le Comité[1]. Il n'y avait pas autre chose à faire, écrivirent quelques jours après Cochon et Ramel : « Si les habitants eussent voulu se défendre, il eût été extrêmement difficile, pour ne pas dire impossible, de pénétrer très loin dans un pays couvert de villes très peuplées et entrecoupé d'une multitude de canaux et de rivières. D'ailleurs, les places les plus fortes, telles que Breda, Berg-op-Zoom, Naarden et plusieurs autres, tenaient encore et n'étaient pas même attaquées. L'invasion de la Zélande était pour ainsi dire impossible, si elle eût voulu se défendre, et cependant il n'y avait pas un *instant* à perdre, car nous pouvons vous assurer avec vérité que si l'invasion de la Hollande eût été retardée seulement de quinze jours, nos troupes étaient absolument obligées de se replier et d'abandonner la Belgique, à défaut de subsistances[2]. »

La révolution de Hollande s'accomplissait ainsi pacifiquement dans le sens le plus favorable à la République française[3]. Le 6 février, les États généraux avaient aboli le stathoudérat; le 16, ils décidèrent de notifier aux représentants du peuple français la proclamation des *Droits de l'homme* en Hollande, l'indépendance de la nation batave, sa souveraineté, le désir de la nouvelle République d'entrer en relation avec la France, « comme deux Républiques égales et indépendantes », et de former ensemble une confédération solide et également avantageuse aux deux nations[4]. Les Hollandais donnèrent une preuve manifeste de leur bonne volonté : un arrêté de leur

---

[1] 22 pluviôse-10 février 1795.
[2] Cochon et Ramel au Comité, 2 ventôse-20 février 1795.
[3] Voir Louis Blanc, t. XII, p. 23.
[4] *Moniteur*, t. XXIII, p. 545.

gouvernement provisoire régla la circulation des assignats[1]. Les représentants y répondirent en rétablissant, le 18 février, les relations commerciales avec la France. « Nous ne pouvons, écrivaient, la veille, Cochon et Ramel, tirer des ressources de ce pays que par la force ou la confiance. Ce dernier moyen sera le plus sûr et le plus durable, mais il sera long, d'après le caractère des Hollandais, et nos besoins sont instants. Les armées, celle de Sambre-et-Meuse surtout, manquent de tout; notre collègue Gillet nous annonce qu'elle n'est approvisionnée que pour cinq jours. La Belgique est épuisée, les habitants réduits au désespoir. Nous avons donné des ordres pour y faire passer de ce pays-ci des secours provisoires en grains et fourrages... Nous voilà au mois de mars, et l'Autrichien peut bientôt rouvrir la campagne et surprendre nos armées sans moyens de transport, sans approvisionnements dans les places fortes. » On ne saurait, poursuivaient-ils, employer la force après les promesses faites aux Hollandais; d'ailleurs, le voulût-on, on ne le pourrait pas. « Notre armée est disséminée dans toutes les villes de la Hollande, et s'il y avait un soulèvement général, qui serait infailliblement partagé par les Belges, nos armées seraient exposées aux plus grands dangers. »

C'était la vérité, c'était aussi la politique; mais il n'était pas permis de le dire à la Convention. Toute l'autorité du Comité procédait du prestige des armes et du progrès des conquêtes de la République. Ce n'était pas, d'ailleurs, au moment où il négociait avec la Prusse et tâchait de contenir l'Autriche, qu'il pouvait étaler à la tribune l'épuisement des armées françaises et l'incertitude de leur établissement dans les pays occupés. Le Comité était tenu de payer de contenance, à la fois devant les étrangers et devant l'Assemblée. Lorsque, le 28 pluviôse-16 février, la capitulation de la Zélande fut communiquée à la Convention, de violents murmures l'accueillirent[2]. La force

---

[1] *Moniteur*, t. XXIII, p. 513.
[2] Cf. Rapport de Carnot, 2 ventôse-20 février 1795. *Moniteur*, t. XXIII, p. 518.

des choses qui, dès le mois de novembre 1792, avait fait de la conquête de la Hollande une conséquence de la conquête de la Belgique, et de la domination de la Hollande par la France une condition du système des limites naturelles, s'imposait aux esprits. Les paroles de Danton se réveillaient dans les mémoires : « Prenons la Hollande, et Carthage est à nous ! » — Nous voulons la liberté et la régénération du peuple batave, dit Mathieu [1]; mais « qu'il ne s'étonne point de notre sévérité : la sévérité a quelque chose de mâle et de rassurant. Il faut que nous sachions si les Hollandais seront vraiment nos alliés, que nous sachions s'ils ont voulu figurer une capitulation ou une neutralité... La Hollande ne peut parfaitement secouer le stathoudérat qu'en brisant tous les ressorts de l'Angleterre... C'est à Amsterdam, à la Haye, qu'il faut que nous commencions à détruire Londres [2]. » Mathieu avait été à chaque instant interrompu par les applaudissements. Carnot s'efforça, dans la séance du 20 février, de défendre la capitulation : elle ne garantissait, dit-il, que les propriétés privées; celles de l'État appartiennent au vainqueur. Sans doute, ajouta-t-il, nos collègues, « entraînés par le sentiment d'une générosité expansive », ont proclamé « que le peuple batave seul pourrait altérer ou améliorer sa constitution »; mais cette déclaration ne peut s'appliquer aux partisans de l'Angleterre. La France n'est liée que par le droit de la nature, le droit qu'a tout peuple d'être libre quand il n'attaque pas la liberté d'autrui. Ce grand mot de la nature avait toujours le don d'apaiser la Convention : c'était un mot magnifique, confus et docile [3]. La Convention l'aimait, parce qu'elle l'interprétait à sa guise et qu'elle y voyait le symbole de son omnipotence. Carnot défendit le Comité du reproche « de n'avoir pas tiré d'une aussi brillante expédition tout l'avantage qu'elle semblait promettre ».

[1] Mathieu, de Mirampal (Oise), journaliste, régicide, thermidorien, — membre des Cinq-Cents et du Tribunat, — directeur des droits réunis dans la Gironde après 1804.

[2] Cf. t. III, p. 174, 208, 311, 343-344, 476-477.

[3] Cf. t. III, Rapport de Carnot, p. 309; Rapport de Cambon, p. 311, février 1793.

Il repoussa l'insinuation qu'en Hollande « les vainqueurs semblaient, en quelque sorte, recevoir la loi du vaincu ». Il lut des dépêches du Comité et prouva la fermeté de ses mesures. Il affirma que « les résultats seraient toujours ce qu'ils devraient être ». La République est débloquée, dit-il; « nous avons acquis la navigation de trois grands fleuves, une vaste province est enlevée au patrimoine de l'Angleterre, une marine importante est à notre disposition ». Le représentant Richard, ajouta-t-il, est sorti du Comité le 15 nivôse; il est parti pour la Hollande : il est énergique, il connaît toutes les vues du Comité, il saura les faire prévaloir.

Cette fois, la Convention applaudit, et le fait est qu'à moins d'exiger l'annexion pure et simple de la Hollande, elle ne pouvait demander davantage. Pour obtenir ce blanc-seing de l'Assemblée, le Comité avait dû s'engager. Restait maintenant à contraindre les Hollandais à cette paix romaine. Le Comité entendait appliquer dans toutes ses conséquences le principe des limites naturelles, et ce principe entraînait l'incorporation à la France de tous les territoires hollandais situés sur la rive gauche du Rhin. Le soir même, Merlin écrivit aux représentants, à la Haye [1]. Ils devaient préparer les esprits à un traité de paix capable de garantir la France contre de nouvelles attaques et de l'indemniser de ses énormes dépenses. « La République doit, en faisant la paix, profiter de ses victoires pour donner à son territoire des limites propres à en imposer à ses ennemis, et il nous paraît, par cette raison, que les Provinces-Unies pourraient, à l'avenir, être séparées de la France par le Wahal et la Meuse, jusqu'à son embouchure. » Il faudra y joindre une indemnité ou des subsides en argent, dont le chiffre sera ultérieurement fixé; de plus, une partie de la marine militaire, les magasins, la garde des places fortes. « En dernière analyse, vous devez insister fortement sur une alliance offensive et défensive, et la présenter comme une mesure préliminaire à tout autre arrangement. Cette alliance,

---

[1] Le Comité aux représentants, 2 ventôse-20 février 1795.

vous le savez, est tout ce qu'on a promis par la proclamation du 1er pluviôse [1], et elle peut seule motiver toutes les demandes ci-dessus. »

Le Comité ne comptait qu'avec les passions de la Convention ; les représentants envoyés en Hollande devaient compter avec la nature des choses. Le jour même où Carnot, pour corriger les impressions de la séance du 28 pluviôse, traçait devant l'Assemblée un plan d'assujettissement et le démembrement de la Hollande, les représentants en mission à la Haye avertissaient le Comité de l'effet déplorable produit, dans ce pays, par cette même séance du 28 pluviôse. — La capitulation de la Zélande, disaient-ils, a sauvé l'armée. Nous avons suivi un système d'aménité et de fraternité sans nous départir cependant des droits de la victoire. Si on change de système, nous ne pouvons rester. « Si on manque ouvertement et sans ménagement à la foi promise, on ruinera le pays sans un avantage réel et durable pour la France. » Le péril leur parut si grand qu'ils décidèrent d'envoyer Cochon à Paris pour en instruire le Comité [2]. Cochon était né pour les affaires ; il était de la race et du milieu d'où sortaient les intendants des rois. Il avait vu très vite et très clairement. Il parla au Comité en véritable conseiller d'État [3]. « On s'est formé, dit-il, dans la Convention et dans le public de bien fausses idées sur la Hollande, où l'on a cru trouver toutes les richesses de l'Europe accumulées. » La richesse des Hollandais procède de leur commerce et de leur économie nationale. « Si l'on veut agir comme dans la Belgique, mettre tout en réquisition, dépouiller tous les particuliers, on pourra, avec ce qui reste en Hollande, approvisionner pour quelques mois nos armées du Nord et de Sambre-et-Meuse ; mais le pays sera ruiné, il ne fournira aucune ressource pour l'avenir, et on se sera fait des ennemis irréconciliables avec les Hollandais, car le Hollandais pardonne rarement l'injure et surtout le

---

[1] *Moniteur*, t. XXIII, p. 393. Cf. ci-dessus, p. 238.
[2] Les représentants au Comité, 2 ventôse-20 février 1795.
[3] Cochon au Comité, 13 ventôse-3 mars 1795.

manque de foi. » Inspirez-leur confiance : ils vous aideront de leur crédit; mais pour que leur alliance soit sincère, il ne faut pas trop restreindre leur territoire; pour qu'elle soit utile, il ne faut pas trop les appauvrir. — Cochon conseillait de ne prendre que Maëstricht et quelques places-barrières sur la Meuse; de n'exiger, à titre de contribution, que le double du produit des impôts d'une année, soit 80 à 90 millions; d'y ajouter un emprunt de cent millions à 3 ou 4 pour 100; de s'assurer la disposition d'une partie de la flotte et de promettre, en retour, de ne traiter avec l'Angleterre qu'après avoir obtenu la restitution des colonies hollandaises. « Je crains bien même, concluait-il, que ces conditions ne paraissent trop onéreuses aux Hollandais, et qu'ils ne vous disent : — Puisque vous êtes dans une si grande défiance de nous et que vous prenez des précautions pour nous tenir dans une perpétuelle dépendance, nous préférons d'être traités en pays conquis; chacun de nous alors prendra son parti et fera ce qu'il pourra. »

Cochon précédait de quelques jours les délégués que les États généraux envoyaient à Paris pour négocier la paix, l'alliance et un traité de commerce. Leur mission fut notifiée, le 3 mars, aux représentants à la Haye. Le Comité allait se heurter à une résistance dont il ne pourrait avoir raison que par la force, et cette force, il n'en disposait pas.

Il avait frappé de grands coups de prestige, mais l'éblouissement ne s'en pouvait prolonger longtemps. La République avait besoin de la paix avec la Prusse, avec la Hollande, avec l'Espagne, avec la Sardaigne, pour concentrer ses armées contre l'Autriche; or les conditions que le Comité prétendait imposer à la Prusse, à la Hollande, à l'Espagne et à la Sardaigne, n'avaient d'autre raison d'être que les succès de ces mêmes armées. Toutes ses négociations s'échafaudaient les unes sur les autres, et toutes s'élevaient sur un même fondement très chancelant. Tout était entrepris, rien n'était consolidé : qu'une seule des négociations se dérobât, et les autres tombaient; que l'une ou l'autre tardât seulement, et l'armée, sur laquelle tout reposait, menaçait de se dissoudre, faute de subsistances. Il fallait donc intimider les Hollandais par la défection des Prussiens, décider les Prussiens par la soumission de la Hollande et entraîner les Espagnols et les Sardes par l'exemple des deux autres. Et en attendant, il fallait vivre : on ne le pouvait qu'aux dépens des pays conquis. Ces pays étaient à bout. Si une révolte éclatait quelque part, elle risquerait de tourner en désastre. Le Comité ne se faisait aucune illusion sur ce danger : les rapports des représentants ne lui en laissaient aucune.

Malgré l'éclat du succès et la supériorité de puissance déployée par la France depuis 1793, la situation de Pichegru en Hollande demeurait presque aussi précaire que l'avait été celle de Dumouriez en Belgique. Un coup de hardiesse des coalisés, un retour des Prussiens à la coalition, une reprise de l'offensive, et l'on était exposé à revoir les désastres de 1793[1]. — « Citoyens collègues, écrivaient, dans les derniers jours de pluviôse, les représentants en mission près les armées du Nord et de Sambre-et-Meuse, nous vous devons la vérité tout entière. » La Belgique est ruinée et désespérée. « *Des vêpres siciliennes* seraient peut-être à redouter dans le cas où les armées françaises feraient une marche rétrograde. » Les habitants imploraient la pitié et demandaient justice. Les Liégeois députèrent à Paris, le 23 février; les Gantois, le 5 mars : on les avait frappés, disaient-ils, d'une contribution de 7 millions, qui représentait plus que dix années d'impôts. Jamais les Belges n'avaient éprouvé tant de rigueurs de la part des pires tyrans : Philippe II, Louis XIV, Louis XV. « Les temps anciens et barbares seraient-ils revenus, et doit-on croire que le droit de conquête, depuis le 9 thermidor, soit le droit de destruction[2]? » — La Belgique, écrivaient les administrateurs, a payé 32 à 33 millions en numéraire : pour les obtenir, il a fallu lever des otages, pressurer le pays,

---

[1] Voir *Revue historique*, t. XVII, p. 33-34. Cf. *L'Europe et la Révolution*, t. III, p. 286, 338 et suiv.; et ci-dessus, p. 240 et suiv.

[2] BORGNET, ch. XXII.

vendre à vil prix les biens nationaux. Il reste 23 millions à percevoir; « il y a impossibilité morale et même physique d'en obtenir la moitié en numéraire ». Luxembourg a payé 400,000 livres. « Ce pays dévasté, brûlé en partie et hors d'état de se rétablir en moins de vingt ans, ne pourrait entrer dans la répartition. »

Les Belges demandaient la réunion à la France comme un allégement au régime de la conquête. Ils alléguaient les vœux émis et les décrets portés en 1793. Le Comité finit par se rendre à leurs sollicitations, considérant « que l'intérêt commun des deux peuples paraissant être que la Belgique soit réunie à la France, il n'est pas du bien-être de la République d'ôter à ces contrées les moyens nécessaires à l'industrie des habitants » ; il rapporta les mesures les plus vexatoires et les plus onéreuses; il restitua aux communes l'administration de leurs revenus, réduisit à un quart le payement en numéraire du reste de la contribution, et facilita aux émigrés non nobles les moyens de rentrer [1].

Il fallut en user de même dans le pays entre Meuse et Rhin. « Ce pays est dévasté pour trois ans, écrivait le représentant Gillet. Que reste-t-il? rien ou à peu près rien... Nous ne faisons pas la guerre aux peuples; nous ne voulons pas les réduire au désespoir [2]. » Roberjot, ci-devant prêtre, sorte de vicaire savoyard de la République, envoyé en mission, écrit d'Aix-la-Chapelle : « Ce pays... est dans une sorte de stupeur. » La Convention y dépêcha Becker, député de la Moselle, humain, modéré, bon administrateur, qui fit une enquête sur les excès et les répara, dans la mesure du possible. Il rendit de la confiance aux peuples, en leur montrant de la pitié et en mettant de l'ordre dans leurs affaires. Le Comité, sur les rapports de ces envoyés, leva les séquestres placés sur les prétendus émigrés de ces pays, qui n'étaient que des fugitifs, et leur procura les moyens de rentrer. Comme en Belgique, les

---

[1] BORGNET, ch. XXII. — Arrêté du Comité de salut public, 25 germinal-14 avril 1795. — MICHEL, *Mallet du Pan*, Lettre du 7 mars 1795, t. I, p. 138.
[2] 26 ventôse-14 février 1795. — Voir *Revue historique*, t. XVII, p. 34-37.

habitants appelaient la réunion pour voir finir les maux de la guerre. Ils réclamaient un gouvernement régulier et demandaient à jouir des bienfaits de cette révolution qu'on leur avait apportée comme une délivrance, et dont ils n'avaient jusque-là éprouvé que les rigueurs [1]. Mais pour réunir la Belgique et la rive gauche du Rhin, pour porter au delà et faire vivre aux dépens d'autres peuples les armées de la République, il fallait avancer l'ouvrage de la paix. Toutes ces conjonctures ajoutaient à l'impatience avec laquelle le Comité attendait les conclusions des négociations entamées avec la Prusse. Il ne voulait abandonner aucune des conquêtes de la République; il se rendait compte cependant qu'il y avait des articles sur lesquels il fallait transiger, et c'est ainsi qu'il en vint très vite à faire le sacrifice de la Pologne.

V

C'était un sacrifice d'intérêts, non de principes ou de sentiments. Les démocrates de l'an III s'attendrissaient ou s'exaltaient encore, à l'occasion, dans leurs rapports écrits pour la tribune ou dans leurs discours préparés, jamais dans le conseil et du premier mouvement. L'indépendance et la souveraineté des nations autres que la nation française étaient pour eux choses subsidiaires et subalternes; ils venaient de montrer par leurs projets sur la Hollande que le démembrement même d'une république les embarrassait peu. La révolution de Pologne était d'ailleurs entachée d'aristocratie. Kosciusko s'était trop montré l'émule de La Fayette pour les gagner sérieusement à ses desseins. Mais la Pologne formait une des pièces de la machine politique qu'ils avaient trouvée, détraquée et déla-

---

[1] Rapport de Roberjot sur sa mission, 16 fructidor-21 septembre 1795. — Rapport de Becker sur sa mission, 25 prairial-13 juin 1795. — Rapport de Dubois et Roberjot, 1ᵉʳ floréal-20 avril 1795. — *Moniteur*, t. XXIV, p. 29 et suiv., 307, 683-688. — REMLING, t. II, p. 160-164. — VENEDEY, p. 205-215.

brée, dans l'arsenal de l'ancien régime, et qu'ils prétendaient remonter. Ils tenaient à la Pologne comme à l'Empire turc, ni plus, ni moins, ni autrement, afin de les liguer contre la Russie avec le Danemark et la Suède.

La Suède venait au-devant d'eux, et ils auraient voulu y rattacher tout le reste. Le baron de Staël avait été autorisé à se rendre à Paris afin d'y renouer les négociations suspendues, plutôt que rompues au temps de la Terreur[1]. Arrivé le 23 janvier, il eut son audience le 24. Le Comité exprima le désir qu'avant d'entrer en pourparlers, Staël fût officiellement accrédité en qualité d'ambassadeur. Les conventionnels attachaient de l'importance à cette démarche, qui aurait emporté la reconnaissance de la République par la Suède et entraîné la reconnaissance de la République par les Turcs.

Bien qu'accusés par les agents de la coalition d'être « trop jacobins » et de montrer « une partialité pour les démagogues français[2] », les ministres turcs ajournaient, tant qu'ils pouvaient, une mesure qu'ils jugeaient compromettante. Descorches, qu'ils traînaient de la sorte, se dédommageait en plantant des arbres de la liberté et en publiant, en langue turque, un bulletin des victoires de la République[3]. En résumé, il n'avait obtenu que de bonnes paroles et des ouvertures discrètes de médiation. « Tout, dit un mémoire du mois de mars, se réduit à une note dans laquelle la Porte offre l'envoi d'un plénipotentiaire au Congrès général... Il serait bien difficile de dire que Descorches, sans instructions, sans aucun secours que celui de la force des choses, aurait pu faire mieux qu'il n'a fait. » Mais cet envoyé s'était décrédité par son insuccès. Le Comité le remplaça par Verninac, qui avait fait ses preuves en Suède. Cette mission fut décidée à la fin de février[4].

---

[1] Voir *Revue historique*, t. VI, p. 76-78. Cf. ci-dessus p. 65-66.

[2] Kotchoubey à Woronzof, 25 août 1794. *Archives Woronzof*, t. XVII, p. 80.

[3] Rapport de Descorches sur sa mission, 18 messidor an III-6 juillet 1795. — Mémoire du 24 janvier 1796. ZEISSBERG, t. V, p. 79.

[4] Le Comité à Barthélemy, 22 février 1795.

Cependant le bruit d'un nouveau partage de la Pologne se répandit en Europe. La nouvelle en fut connue à Paris vers la fin de février. Le Comité se rendit compte qu'il compliquerait inutilement ses propres affaires en y mêlant celles des Polonais. L'intérêt de la Prusse n'était pas de se brouiller avec la Russie pour sauver la Pologne. Si le Comité s'était fait quelques illusions sur le désintéressement de Frédéric-Guillaume, il lui avait suffi pour les perdre à jamais d'avoir entendu les propos de Harnier et reçu, par Barthélemy, le résumé de ceux de Goltz. « Le Comité de salut public, dit une note du 21 février, ayant ajourné la question de la Pologne dans ses négociations avec la Prusse, ne pourra ni ne voudra prendre aucun parti définitif dans les circonstances actuelles. » Toutefois, le Comité n'entendait point renoncer aux avantages qu'une diversion polonaise pouvait lui procurer, ni laisser tomber, sans essayer de le soutenir, au moins indirectement, un des contreforts de la puissance française en Europe. Il s'en remit aux Turcs de ce soin et chargea Verninac de les persuader.

Les instructions qui furent données à cet ambassadeur portaient que s'il y avait un congrès pour la paix générale, la Porte y devrait être représentée. Le principal objet de la mission de Verninac était la Pologne. La République ne reconnaîtrait point le partage de cet État, alors même qu'elle ne croirait point devoir s'y opposer. Elle compte sur la Porte pour en empêcher l'accomplissement. C'est pour la Turquie une question d'existence, car, la Pologne partagée, les puissances copartageantes se tourneront vers l'Empire ottoman, et c'est aux dépens de cet Empire qu'elles chercheront désormais les compensations des défaites que leur aura infligées la France. Verninac pressera donc les Turcs d'agir, d'accord, s'il se peut, avec la Suède et le Danemark. « Il faut que l'Autriche mûrisse pour l'état d'abaissement où elle doit être réduite vis-à-vis de la République, et que l'orgueil de l'Angleterre succombe [1]. »

Pour seconder son ambassadeur et préparer les voies à une

---

[1] Le Comité à Verninac, 21-26 février, 28 mars 1795.

nouvelle insurrection de la Pologne, le Comité chargea Stamaty, qui se morfondait inutilement en Allemagne, d'une mission secrète à Jassy et à Bucharest. Stamaty en avait lui-même dressé le plan. Il devait animer les Moldaves et les Valaques contre la Russie et tâcher de les coaliser avec les Polonais [1]. Le Comité, qui remontait volontiers aux précédents, ne réfléchit point sans doute qu'il en relevait ici un des plus fâcheux de la ci-devant diplomatie royale. Il était amené, par la force des conjonctures, à renouveler, pour conjurer le dernier partage de la Pologne, l'expédient très vain que Choiseul avait imaginé pour prévenir le premier [2]. C'était la même combinaison des États secondaires et le même rôle de « Souffleur de Mustapha » repris à Constantinople. Les temps, sans doute, étaient fort différents, et la République avait en 1795 autant de prestige militaire que la Monarchie en avait peu en 1768. Mais les mêmes empêchements subsistaient au sujet de la ligue des neutres et de la Pologne, parce qu'ils procédaient, non du plus ou moins de puissance de la France, mais de la constitution même de l'Europe. L'alliance autrichienne, qui était le fondement du système de Choiseul, paralysa son dessein sur la Pologne et sur l'Orient. Le traité avec la Prusse, qui était le pivot du système du Comité de salut public, emporta les mêmes conséquences : loin de se prêter à une restauration de la Pologne, le roi de Prusse ne consentait à traiter avec la République française que pour être plus maître de dépouiller la République polonaise.

[1] Stamaty au Comité, 7 et 8 février 1795. — Réflexions sur la mission en Moldavie et en Valachie du citoyen Stamaty. — Instructions de Stamaty, 28 mars 1795.
[2] Voir *La question d'Orient au dix-huitième siècle*, 2ᵉ éd., p. 21-26.

CHAPITRE III

LE TRAITÉ DU 16 GERMINAL

1795

I

« Je pense, écrivait Barthélemy, que le roi de Prusse fera la paix; il dépendra de nous de la lui accorder; mais renonçons à l'idée de lui faire jouer un rôle de grandeur. Il n'entendra jamais ce langage. Il se dédommagera volontiers, aux dépens de la Pologne et des princes allemands ses voisins, de ce qu'il perdra à la rive gauche du Rhin. Il ne se rapprochera de nous que lorsque la peur des progrès de la Russie lui en fera une nécessité[1]. » Ce qui se passait à Berlin justifiait ces conjectures[2]. Le 7 janvier, c'est-à-dire le même jour où Harnier recevait à Paris les conditions de paix du Comité de salut public, le ministre de Russie à Berlin, Alopéus, remit aux ministres prussiens un mémoire significatif. Tauenzien avait déclaré, à Pétersbourg, que si l'Autriche exigeait Sandomir et Cracovie, la Prusse, plutôt que de les livrer, préférerait renoncer au partage. « L'impératrice, disait Alopéus, n'a pu sans un profond étonnement entendre la Prusse proposer de laisser subsister la Pologne. C'est là un de ces désirs qui peuvent bien naître dans un cœur, mais qui doivent être aussitôt réprimés, car ils sont contraires à la nature des

---

[1] Rapport de Barthélemy, 13 pluviôse-1er février 1795.
[2] Voir *Revue historique*, t. VI, p. 330-340. — PHILIPPSON, t. II, ch. III, p. 93 et suiv. — Sur le rôle de Haugwitz, TREITSCHKE, t. I, p. 139. — BAILLEU, *Preussen und Frankreich*, von 1795 bis 1807, Leipzig, 1881, t. I, p. xxi. — MARTENS, t. VI, p. 168 et suiv. — ZEISSBERG, t. V.

choses¹... » Donc, il y aurait partage, et il était évident que l'Autriche et la Russie s'étaient concertées, coalisées peut-être. Les rumeurs de négociation secrète entre l'Autriche et le Comité de salut public semblaient, dans le même temps, prendre de la consistance. Thugut, disait-on, avait chargé de cette négociation l'envoyé de Toscane, Carletti. Enfin, les Français étaient maîtres de la Hollande. La Prusse était entreprise à l'est par la ligue de l'Autriche et de la Russie, pressée à l'ouest par les Français : si elle ne prenait les devants, elle verrait ses adversaires s'unir pour lui enlever tous dédommagements, en Allemagne aussi bien qu'en Pologne. Les Prussiens, menacés ainsi de ne rien recevoir de personne, devaient trouver plus expédient de prendre à tout le monde en même temps, d'acquérir par une transaction avec la France des territoires allemands, et, grâce aux moyens que leur procurerait la paix avec la République, d'exiger en Pologne ce qui y serait à leur convenance.

Ils méditaient sur ces problèmes, lorsqu'ils reçurent le rapport de Harnier et les « explications du Comité de salut public ». Le Comité les mettait en demeure de trancher cette question redoutable de la rive gauche du Rhin qu'ils avaient tant désiré ajourner. Finckenstein, Alvensleben et Haugwitz, le « triumvirat », comme on les appelait, engagèrent sur cet article un débat en règle. Ils firent assaut de subtilités pour arriver à capituler d'un même pas. Aucun de ces trois ministres n'avait l'esprit ni les vues d'un homme d'État. Ils ne mesuraient les forces réelles ni de la France ni de la Prusse; ils n'avaient pas le sens de l'Europe; ils décidaient comme les procureurs d'un grand propriétaire qui est en litige sur ses limites : ils ne considéraient que l'accroissement du domaine de leur maître, sans se soucier des conséquences que cet accroissement emporterait pour la prospérité de l'État dont ce domaine faisait partie. — L'armée prussienne, dit Finckenstein, est intacte, l'armée française doit faire face partout à la fois; le

---

¹ Même réponse à l'Autriche après une insinuation analogue de la Cour de Vienne, mai 1795. ZEISSBERG, t. V, p. 181-182, 208-212, 215.

trésor prussien est vide, mais le trésor français n'est pas mieux garni. La France a un besoin aussi pressant de la paix que la Prusse. En tenant ferme, la Prusse obligera la France à se départir de ses exigences. — Hardenberg avait écrit dans le même esprit, alléguant, à l'appui de son opinion, les lettres qu'il recevait de Mallet du Pan : elles peignaient la France épuisée, impatiente de la paix ; la nation, l'Assemblée, le Comité même divisés sur l'article des conquêtes. Alvensleben estimait, au contraire, que si la paix était nécessaire à la Prusse, elle n'était qu'utile à la France. — Que la guerre reprenne sur le Rhin, répétait-il, et la Prusse aura toute l'Europe sur les bras. Ni la France, qui est victorieuse, ni l'Autriche et la Russie, qui sont liguées, ne se départiront de leurs prétentions. Il convient donc de s'allier avec la France et de lui abandonner la rive gauche du Rhin, à la condition qu'elle indemnisera la Prusse et lui garantira, avec l'ensemble de ses possessions présentes, l'acquisition de la Pologne jusqu'à la Vistule.

Ainsi, d'un côté, la fidélité aux traités, la cause des rois, l'intégrité de l'Empire, mais point de bénéfices, ou de fort hasardeux, la guerre en perspective et, en cas de défaite, la subordination à l'Autriche et à la Russie ; de l'autre côté, la défection aux engagements et aux principes, l'Allemagne livrée aux Français, mais des acquisitions partout, des biens ecclésiastiques ici, des starosties là, de la terre, des sujets et des revenus. Le dilemme était embarrassant pour le roi de Prusse, qui avait ensemble la passion du gain et le goût de la loyauté. Haugwitz tâcha de concilier les intérêts de l'État avec l'honneur du souverain. — Le roi de Prusse, fit-il observer, n'a point à céder la rive gauche du Rhin, car il ne possède dans ces territoires que des parcelles, et ces parcelles, il ne peut les abandonner que sous la réserve de l'assentiment de la Diète, seule compétente pour consentir un démembrement de l'Empire. — Haugwitz suggéra d'ajourner à la paix générale la question de la cession définitive de la rive gauche du Rhin, de laisser en suspens le sort des possessions prussiennes dans ces pays, et de convenir seulement que, pour le cas où ces possessions seraient réunies à la France, « l'intérêt mutuel des deux pays exigeait que l'on convînt d'un arrangement quelconque d'échange et d'équivalent ».

Le roi accepta cette proposition, qui retardait la décision sur l'article du Rhin et permettait, dans le présent, de se donner les mains libres en Pologne. Des instructions conçues en ce sens furent adressées, le 28 janvier, au comte de Goltz. Quant à l'armistice, les Prussiens y renoncèrent. Le Comité de la guerre, consulté par le roi, répondit qu'il convenait de laisser Mayence à la garde de l'Autriche et de couvrir les possessions prussiennes de la Westphalie et de l'Ost-Frise. L'armée reçut, en conséquence, l'ordre de se former sur une ligne dont le centre serait à Osnabrück, dont la gauche s'étendrait jusqu'aux environs de Giessen et d'Hanau, et la droite sur l'Ems, jusqu'à Emden. La garnison de Wesel, au confluent de la Lippe et du Rhin, fut renforcée. Ces dispositions avaient un double objet : elles facilitaient la conclusion de la paix en éloignant les troupes prussiennes des territoires occupés par les Français ; elles ménageaient à la Prusse, si les négociations se rompaient, le moyen de défendre l'Allemagne du Nord et de s'entendre, en vue d'une reprise des hostilités, avec l'Angleterre [1].

Frédéric-Guillaume se laissait entraîner à la paix, comme il s'était laissé entraîner à la négociation, par feintes et subterfuges. Il allait à la République en chancelant, à reculons, en quelque sorte, les yeux toujours tournés vers Varsovie. Toute sa politique était en Pologne ; son cœur restait aux coalisés. Il ne désespérait pas de se réconcilier avec eux et de les amener à ses fins dans le partage. Il se flattait encore de rompre la négociation avec la France après en avoir tiré les effets qu'il en attendait. Ainsi, dans ce cabinet de Berlin, un des ministres, Finckenstein, voulait tout refuser à la France, au péril même de la guerre ; un autre, Alvensleben, conseillait l'alliance immédiate et une association de bénéfices avec la République ; le troisième, Haugwitz, fit prévaloir une négociation dilatoire en

---

[1] Voir *Revue historique*, t. VII, p. 19-27.

vue d'une entente éventuelle. Ses collègues accédèrent à cet expédient, parce qu'il était équivoque, et qu'il ouvrait la voie à toutes les collusions. Le roi n'y consentit qu'avec l'arrière-pensée de s'en dégager.

Les agents anglais et le parti de la coalition, car il y en avait encore un, très faible à la vérité, dans la Cour de Prusse, tâchaient de profiter des irrésolutions du roi, de ses penchants secrets et des dissentiments des ministres pour renouer l'affaire des subsides. Lord Spencer, qui avait rempli, à l'automne, une mission à Vienne, fut envoyé, à cet effet, à Berlin. Pitt fit, le 26 janvier, un discours dont Frédéric-Guillaume se montra fort ému : « C'est parce que la Prusse nous quitte, dit-il, qu'il faut rattacher encore plus fortement l'Autriche à notre cause... L'Autriche a une politique fixe... » Par contre, le prince Henri de Prusse travaillait ouvertement à la paix. « Elle est certaine, dit-il un jour à Massenbach. J'ai engagé l'affaire, je la poursuis. Cette guerre, commencée bêtement, a été bêtement conduite. Elle est contraire à l'intérêt de notre pays. Nous avons d'autres ennemis que les Français. — En ce cas, répliqua Massenbach, je crois qu'il faut faire un pas de plus. La Prusse doit s'allier à la France et imiter la politique du grand Électeur : France, Hollande, Saxe, Porte ottomane, Prusse. » Le prince l'interrompit : « C'est trop tôt. Vous allez trop vite. On n'a pas ici de goût pour le Comité; on en a même honte. Écoutez donc; ce sont de mauvais gars : plusieurs d'entre eux ont voté la mort de leur roi. — Que Votre Altesse Royale me pardonne, si j'exprime une pensée peut-être trop hardie : je songe à Louis XIV, à Mazarin et à Cromwell. — Qu'entendez-vous? — Louis ne voulait pas donner à Cromwell le nom de *frère*. Nommez-le votre père, s'il le faut, et obtenez par là ce que vous désirez, répondit Mazarin. » Les yeux du prince brillèrent à ces mots. Il poussa Massenbach dans l'embrasure d'une fenêtre et lui dit : « Vous êtes tout à fait dans mes principes. »

Avant que ces principes prévalussent dans la politique prussienne, cette politique devait subir encore bien des fluctuations. Animé par les propos des Anglais, Frédéric-Guillaume prit en fort mauvaise part le discours de Boissy d'Anglas. Il s'emporta, déclarant que ses ministres le tiraient où il ne voulait point aller, et que les révolutionnaires prétendaient lui dicter des conditions auxquelles il ne souscrirait point. Il fit écrire, le 15 février, à Harnier que non seulement toute idée de cession devait être ajournée à la paix générale, et qu'il ne pouvait être question d'aucun accommodement éventuel avec les Français, mais encore que si la République désirait la paix, elle devait commencer par évacuer les territoires prussiens de la rive gauche qu'elle avait occupés et qu'elle prétendait garder. Sur ces entrefaites, arriva la nouvelle de la mort de Goltz. Le roi décida de remplacer ce diplomate par Hardenberg. Il venait de lire un mémoire où Hardenberg développait des vues qui lui semblaient opportunes. — Il ne faut traiter, disait Hardenberg, que si la France renonce à la rive gauche du Rhin; encore ne conviendra-t-il pas de traiter de la paix générale, mais seulement d'une neutralité où la Prusse envelopperait les États de l'Empire qui entreraient dans son système. Si nous pouvons atteindre ce but sans rompre avec nos alliés actuels, en particulier avec la Russie, et sans provoquer de trop grands dangers en Pologne, ce sera de toutes les conjonctures la plus favorable pour la Prusse [1]. — C'était tout à fait la politique du roi. Hardenberg reçut l'ordre de venir immédiatement à Berlin. La Prusse reculait; mais tandis que pour sauvegarder ses principes, soutenir sa réputation en Allemagne et y préparer, au moyen d'une paix avantageuse et honorable à tous les Allemands, l'hégémonie prussienne, Frédéric-Guillaume jugeait utile d'éluder la cession de la rive gauche du Rhin, le Comité de salut public, pour maintenir son autorité dans la Convention, élever le préstige de la France en Europe et s'assurer le gouvernement de la République, jugeait indispensable de faire de cette même cession de la rive gauche du Rhin la condition nécessaire de la paix.

[1] *Revue historique*, t. VI, p. 332-334.

II

La situation du Comité, toujours précaire, devenait critique. La lutte pour le pouvoir, qui était au fond la lutte pour l'existence, s'était, durant quelques semaines, poursuivie sourdement dans les couloirs. Elle remontait à la tribune, et les séances de la Convention redevenaient orageuses. Les Montagnards dénonçaient, comme autant de complots contre-révolutionnaires, toutes les mesures du Comité pour organiser la République et réprimer l'anarchie. Ils travaillaient à soulever la populace; ils ne trouvaient que trop de prétextes et trop de ressources dans l'horri*le* misère qui sévissait à Paris. Le Comité sentait que s'il se laissait déborder par les violents, il s'exposerait à un assaut et y succomberait. Il résistait. Les actes de réaction se succédaient à l'intérieur. Un décret apporta un sursis à la vente des biens des parents des émigrés, un autre abolit le *maximum*, un autre autorisa la mise en liberté des prêtres et ci-devant nobles condamnés à la déportation[1]. Le 19 février, les comités révolutionnaires furent supprimés. Le 21, Boissy d'Anglas fit décréter la liberté des cultes. Le 28, la Convention vota une loi contre les attroupements. Le 2 mars, les anciens membres du Comité de l'an II, Barère, Collot, Vadier, Billaud-Varenne, furent décrétés d'accusation et arrêtés. Pour exécuter ces mesures, le Comité était forcé de recourir aux modérés, et les modérés se montraient envahissants : le Comité n'entendait point leur livrer la République; mais pour la garder, il jugeait qu'un coup d'éclat était nécessaire. Jamais la paix ne lui avait paru plus urgente. « Nous devons te confier une grande et triste nouvelle, écrivait Merlin à

---

[1] 1er nivôse-21 décembre, 4 nivôse-24 décembre 1794; 23 nivôse-12 janvier, 29 nivôse-18 janvier 1795.

un des représentants en mission aux Pyrénées, c'est que si, dans le plus bref délai, il n'y a pas une paix conclue avec quelques-unes des puissances marquantes de la coalition, la République pourrait courir les dangers les plus effrayants, peut-être même se perdre sans retour. Rien de plus critique que notre position... La famine menace de toutes ses horreurs les communes les plus peuplées. Paris même, l'objet de nos principales sollicitudes en ce genre, n'est pas à l'abri du péril... Faciliter la navigation pour nos approvisionnements, diminuer nos consommations, réduire nos dépenses, ranimer le crédit par la confiance des citoyens dans la stabilité de la République, prévenir la lassitude et le désespoir du peuple, voilà ce que nous devons chercher, voilà ce qui fait l'objet continuel de nos méditations, et voilà ce que nous pouvons obtenir par quelques traités de paix honorables et avantageux[1]. »

Telles étaient les inquiétudes du Comité de salut public, lorsqu'il connut, par les rapports de Barthélemy, les nouvelles dispositions et l'espèce de retraite du gouvernement prussien[2]. Harnier avait laissé espérer la cession de la rive gauche du Rhin : il se dérobait maintenant. Le Comité s'était toujours méfié des intentions du roi de Prusse. Ni la correspondance de Barthélemy, peu porté vers le système prussien et peu complaisant aux manèges de Berlin, ni surtout les rapports de Grouvelle qui relataient toutes les manœuvres des Anglais pour circonvenir Frédéric-Guillaume, n'étaient faits pour dissiper ces soupçons. Le Comité se crut joué, et, le 1ᵉʳ mars, sans réfléchir que l'armistice de fait qui s'était établi profitait surtout à la République, sans se préoccuper des 80,000 hommes de troupes, reposées et refaites, dont disposait Mœllendorf, Merlin écrivit à Barthélemy : « Nous revenons purement et simplement à notre résolution précédente de continuer les opérations militaires, nonobstant les négociations pour la paix[3]. » Le

---

[1] 17 ven... 795. *Revue historique*, t. XII, p. 290.
[2] Pour le... es pourparlers entre Barthélemy et Harnier, du 11 au 25 février 1795, voir *Revue historique*, t. VI, p. 30-40.
[3] Voir *Revue historique*, t. VI, p. 43-45.

Comité comptait qu'en parlant de ce ton, il intimiderait les Prussiens et les amènerait à résipiscence. En ce cas, il faudrait les prendre au mot, surtout payer leur consentement par des indemnités stipulées selon les formes. Le Comité ne se flattait point d'obtenir, par un acte public, l'assentiment de Frédéric-Guillaume à la cession de la rive gauche. Il n'y parviendrait qu'au moyen de transactions secrètes. Il ne possédait point les pouvoirs nécessaires pour les conclure, et il ne pouvait différer davantage de demander ces pouvoirs à la Convention.

Il s'était engagé à provoquer sur cette grave affaire un débat de principes. Cambacérès fut chargé du rapport. Il l'apporta, le 13 ventôse-3 mars, à la tribune. Pour obtenir la confiance que le Comité sollicitait de la Convention, aussi bien que pour signifier au roi de Prusse des conditions dont la République ne serait plus maîtresse de se départir, Cambacérès revint, avec plus de développements et d'ampleur que ses collègues ne l'avaient encore fait, sur les principes de négociation de la République et le système des frontières naturelles. C'était la politique du Comité d'éviter une discussion complète et directe de ce système, mais de le développer dans des harangues de circonstance, de manière que l'approbation donnée à ces discours emportât, par une sorte de prescription, un consentement implicite; et, comme une consécration du système, Merlin, au mois de décembre, en avait présenté les données essentielles; Boissy, au mois de janvier, en avait montré les grandes applications. Leurs arguments, fondés sur les seules raisons d'État, ne parurent point suffisants pour engager une Assemblée qui, tout en vivant d'expédients, prétendait stipuler pour le genre humain et se décider selon les règles d'une justice universelle. Il fallait absolument que la politique extérieure rentrât dans les principes et que la raison pure y exerçât, au moins dans les motifs, sa souveraineté abstraite. Voilà l'objet véritable des discours de Cambacérès. Ce jurisconsulte se proposa de ramener au droit éternel des desseins suivis jusqu'alors dans le seul intérêt de la France, et de présenter à l'Europe la paix de la République comme le préliminaire de la paix du monde [1].

« C'est, dit-il, au moment où les circonstances peuvent donner une grande activité à nos relations extérieures, qu'il importe de manifester vos intentions sur cette partie du gouvernement... La paix est le but de la guerre. La République triomphante... veut la paix : elle la voudrait universelle. » Cette paix est impossible dans l'état de l'Europe : l'Angleterre, l'Autriche et la Russie sont conjurées pour l'empêcher. La France, du moins, donnera l'exemple et, traitant pour elle-même, disposera en vue de l'univers. « Rassurons l'Europe après l'avoir étonnée... Il faut réconcilier à notre cause les amis de l'humanité, créer un droit des nations... Mais en écoutant la voix de la justice, nous n'oublierons jamais ce que nous devons à la prospérité de la patrie, à l'affermissement de la République... La paix doit détruire le germe des guerres futures, fixer et garantir les intérêts réciproques, éviter les pièges, assurer le droit des nations... » La France ne poursuit ni « des arrangements de convenance ou d'astuce, ni des balancements artificiels de restitutions ou d'indemnités, — ces garanties qui ne garantissent rien »; elle « n'ambitionne pas quelques centaines de lieues carrées par cet instinct de conquête qui peut guider un despote ou une aristocratie concentrée dans un Sénat ». Elle ne veut que les limites nécessaires à sa sécurité; elle les veut telles qu'elles soient assurées pour toujours et qu'elles consacrent ses droits en ménageant l'intérêt bien entendu des autres nations. Elle tracera ces limites définitives selon la loi suprême des nations, celle qui conciliera les droits de toutes en déterminant les droits de chacune : la loi naturelle. Reprenant alors au compte de ce droit naturel tiré de la raison d'État l'hypothèse de Strabon sur les frontières providentielles de la Gaule, Cambacérès conclut ainsi [2] : « La République a des limites naturelles dans les Alpes et les Pyrénées, dans les deux mers et dans un pays libre, notre

---

[1] *Moniteur*, t. XXIII, p. 596-599.
[2] Cf. t. I, p. 324-325; t. II, p. 260; t. III, p. 198, 278, 307, 477, note.

allié depuis plusieurs siècles : elle se trouve contiguë, vers le nord, à des possessions étrangères dont la démarcation et des gouvernements jaloux ont causé des siècles de guerre... C'est dans ces pays, aujourd'hui soumis à nos armées, qu'un grand nombre de fleuves, après avoir arrosé nos départements, prennent leur cours vers la mer et vous invitent à leur confier les productions de notre sol et de notre industrie. Vous examinerez si les conseils de la nature et l'expérience des siècles ne demandent point que vous traciez d'une main sûre les limites de la République française, si l'exécution de ce grand dessein ne doit pas être la base et la véritable garantie de la paix universelle. »

Le Comité, par la voix de Cambacérès, interrogeait la Convention ; il lui dicta sa réponse, par la voix de Dubois-Crancé. Quelques instants après que Cambacérès avait présenté son plan de négociations, Dubois-Crancé apporta un projet de décret sur les mouvements des armées, qui devait assurer l'exécution de ce plan. Le Comité motiva le décret de façon qu'aucune équivoque ne subsistât sur les intentions de l'Assemblée : « En vain, les puissances coalisées, dit Dubois-Crancé, réclameraient-elles quelques propriétés sur la rive gauche du Rhin : la nature, le vœu des peuples et l'intérêt de la République française exigent que ce pays reste à jamais conquis à la liberté... Le Comité croit remplir vos intentions et son devoir. Nous pensons qu'il n'est pas un bon Français qui n'applaudisse à cette mesure... » La disposition des armées proposée, en conséquence, fut votée sans débat[1]. La Convention ajourna la délibération sur le projet de décret présenté par Cambacérès pour régler les attributions diplomatiques du Comité.

Le Comité se renouvela le 5 mars : Cambacérès, Carnot et Pelet sortaient. Ils furent remplacés par Laporte, Reubell et Sieyès. C'était la rentrée en scène d'un homme qui s'était tu longtemps, par orgueil dans la Constituante, par prudence

---

[1] *Moniteur*, t. XXIII, p. 600.

dans la Convention, et qui, Mirabeau mort et Danton tué, jugeait que son heure arrivait dans la Révolution. Il s'introduisit dans les négociations, jugeant que c'était l'entrée la plus habile pour le personnage qu'il se destinait. Reubell lui fut adjoint, et ils composèrent avec Merlin la section diplomatique. Ils apportaient un renfort considérable au parti de la conquête au dehors et à celui de l'autorité au dedans.

Cette autorité était alors attaquée par les survivants de la faction montagnarde. Le Comité donna de nouveaux gages aux modérés. Le 18 ventôse-8 mars, Chénier demanda le rappel des vingt-deux députés proscrits à la suite du 2 juin 1793. « La mesure ne peut être discutée, elle est de droit », dit Sieyès, qui reparut ce jour-là à la tribune. Merlin appuya la proposition. Le décret fut porté : Isnard, Louvet, Lanjuinais, Defermon, Doulcet de Pontécoulant, Revellière-Lepeaux, Henri Larivière rentrèrent dans la Convention. Mais en leur rendant leurs sièges et en se ménageant leur voix, le Comité ne voulait point passer pour faire une avance aux royalistes. Il confondit ce parti avec celui de la Terreur, dans un commun anathème. « Guerre à mort aux ennemis de la République, dit Boissy, le 11 mars, aux traîtres qui voudraient ressusciter le terrorisme, le despotisme et la royauté ! »

Affermi de la sorte dans ses positions, le Comité se crut en mesure d'entamer la périlleuse discussion de ses pouvoirs en matière de traités. Le débat commença le 22 ventôse-12 mars. La Convention décida que le Comité négocierait, au nom de la République, les traités de trêve, de paix, d'alliance et de commerce; toutefois, ces traités ne seraient valables qu'après avoir été examinés, ratifiés et confirmés par l'assemblée. Dans le projet de Cambacérès, les conventions préliminaires, telles que les armistices et les neutralisations, n'étaient pas soumises à la ratification. Les Montagnards, Prieur de la Marne, Hermann, Duhem, protestèrent avec véhémence. Cambacérès leur répondit qu'en enlevant au Comité la faculté de contracter des engagements de cette espèce, on l'empêcherait d'engager les négociations; les armistices en forment presque toujours le début, et il est impossible de discuter publiquement ces préliminaires avant que la négociation ait abouti. « Voulez-vous, dit-il à ses contradicteurs, être perpétuellement en guerre avec l'Europe? Eh bien, il faut dire au peuple qu'on le fera périr par l'excès de la démagogie, si l'on n'y prend garde... J'ai reconnu pendant les quatre mois que je suis resté au Comité qu'il était entièrement paralysé, qu'il n'avait aucun moyen de traiter avec les puissances étrangères. » L'article passa. Les articles qui venaient ensuite réglaient le mode des stipulations secrètes : Cambacérès les soumettait à l'examen d'une commission spéciale. Merlin de Thionville demanda la question préalable sur cette proposition. Il comprenait fort bien que, pour atteindre son but, diviser la coalition et appliquer sa maxime d'État, « que les loups se dévorent entre eux », la faculté de conclure des stipulations secrètes était nécessaire au gouvernement. Mais concéder sans restriction ni contrôle les articles secrets au Comité, c'était lui délivrer un blanc-seing et annuler toutes les précautions prises dans les premiers articles du décret. Les opposants n'eurent pas de peine à le démontrer. Thibaudeau ramena la question à ses véritables termes : « Il s'agit de savoir si vous aurez un gouvernement ou si vous n'en aurez pas. Il faut revenir aux principes, sans quoi vous ne ferez que changer d'anarchie. Si vous n'investissez pas le Comité de salut public d'une grande confiance, vous ne lui donnerez pas celle des gouvernements étrangers. Ils verront bien que la Convention fait des lois, mais ils ne verront pas de gouvernement. »

La discussion fut ajournée au lendemain, 23 ventôse-13 mars. Elle reprit avec une grande vivacité. « Il n'y a, dit Merlin de Thionville, que les ennemis de la paix qui ne veulent pas qu'il y ait des articles secrets dans les traités. » Boursault fit voir qu'autrement les traités partiels seraient impossibles : « Je suppose que l'Autriche veuille traiter avec la République, mais à condition que le traité demeurera secret pendant deux ou trois mois, parce qu'elle a elle-même à traiter avec une autre puissance. Si vous trouvez ce traité utile, irez-vous divulguer ce secret, ou refuserez-vous de traiter avec elle à cette condition? » La Convention voulait des traités partiels; elle se rendit compte qu'il fallait en vouloir le moyen, et cet argument la décida. Villetard avait dit : « Le peuple français doit traiter comme le Sénat romain. » — « Délibérons-nous sur la place publique? répliqua Cambacérès. La République est-elle affermie par trois siècles de victoires?... On n'a pas assez distingué le temps actuel du temps à venir... Peut-être alors n'aurons-nous plus d'autre diplomatie que celle de Popilius, et c'est la diplomatie que je crois digne d'un peuple libre; mais nous n'en sommes pas encore à ce temps[1]. » La Convention argumenta encore sur les textes le 26 ventôse; enfin, il se fit un accord. Le Comité fut autorisé à conclure des articles secrets, pourvu qu'ils eussent pour objet « d'assurer la défense de la République, d'accroître ses moyens de prospérité », et qu'ils ne fussent de nature ni à contrarier ni à restreindre les articles patents. Le décret rédigé par Cambacérès sur ce principe fut adopté dans la séance du 27 ventôse-17 mars. Le Comité tenait ses pouvoirs. Il en usa immédiatement, sentant que le seul moyen de justifier la confiance arrachée avec tant d'efforts à la Convention, c'était de frapper fort, de frapper vite, de frapper partout à la fois, et de satisfaire les passions glorieuses de la nation tout en diminuant les charges effroyables dont elle était écrasée.

III

Le 16 mars, Merlin de Douai écrivit à Barthélemy[2] : « Il faut en finir, il est impossible que nous soyons paralysés plus long-

---

[1] La France y vint : elle n'était pas libre alors, mais Cambacérès était prince et archichancelier de l'Empire.

[2] Le Comité du 15 ventôse au 15 germinal-5 mars au 4 avril 1795 : Merlin de Douai, Sieyès, Reubell, Boissy d'Anglas, Dubois-Crancé, Dumont, Marec, Chazal, Breard, Fourcroy, Lacombe, Laporte.

temps. » Trois jours après, le 19, le Comité apprit que la négociation serait suspendue jusqu'à l'arrivée du nouveau plénipotentiaire, Hardenberg, et que ce diplomate ne se hâtait point de se mettre en route. Reubell écrivit à Barthélemy : « Nos dernières instructions doivent servir d'*ultimatum*... Sans les préliminaires, nous aurions pris Wesel, et nos troupes auraient pu pénétrer dans les pays où il y a encore des ressources. Tu peux voir combien le moindre délai pourrait nous attirer de reproches. Il nous faut un *oui* ou un *non* positif pour que nous puissions aller en avant[1]. » Le secret de certains articles n'était nécessaire dans la négociation de Prusse que pour rassurer les Prussiens et prévenir les récriminations de l'Empire : l'attribution d'indemnités à la Prusse par voie de sécularisations serait certainement vue avec faveur par la Convention, et le Comité n'avait point à redouter de ce chef de critiques sérieuses, lorsque le traité viendrait en discussion. Il n'en allait pas de même avec l'Espagne, et c'était pour ses desseins sur cette Cour que le Comité avait besoin de secret.

Ces desseins seraient vraisemblablement approuvés la Convention, lorsqu'ils seraient accomplis ; mais il été hasardeux de les découvrir à la tribune au lendemain du jour où Cambacérès s'était fait applaudir en opposant la politique républicaine, toute naturelle et droite, « aux arrangements de convenance ou d'astuce, aux balancements artificiels d'indemnités » de l'ancienne politique. Le Comité était impatient de la paix d'Espagne, non seulement pour disposer des armées des Pyrénées, mais pour acheminer une alliance qui procurerait à la République le secours des flottes espagnoles et fermerait au commerce anglais une immense étendue de côtes, dans les deux mondes. Cependant, cette grande combinaison demeurerait vaine tant qu'une grande partie des côtes de la péninsule Ibérique demeurerait soumise aux Anglais. Il fallait donc que le Portugal se coalisât contre l'Angleterre ou qu'il fût assujetti. La coalition semblait improbable ; l'assujet-

[1] *Revue historique*, t. VII, p. 59-61.

tissement était plus pratique et plus avantageux. La République, en effet, ne pouvait exiger d'un Bourbon un reniement de ses principes et de son sang, comme celui qu'elle attendait de Charles IV, sans le payer de ces compensations contre lesquelles, en tout temps, les principes et les liens du sang ont rarement prévalu[1]. Il fallait acheter la Cour d'Espagne, en monnaie monarchique, avec des terres et avec des hommes : il ne s'agissait que d'y mettre le prix. Le Portugal se trouvait là tout à point; l'intérêt de la République se rencontrait, sur ce terrain-là, avec les convoitises du cabinet de Madrid. Dubois-Crancé avait suggéré ce pacte dans son mémoire du mois de janvier; Napoléon le conclut à Fontainebleau et l'appliqua par ses décrets de décembre 1807[2]. C'est qu'il était une des conditions du succès de la politique que le Comité de salut public avait conçue et que Napoléon exécuta, la conquête des limites naturelles et la soumission de l'Angleterre à l'extension continentale de la France.

Merlin écrivit, le 7 mars, à Bourgoing « qu'il était mis en réquisition pour une mission importante », et qu'il eût à se rendre sans délai aux Pyrénées, où le représentant Goupilleau-Fontenay lui ferait connaître les ordres du Comité[3]. Ces ordres partirent le jour même, et Merlin, qui les rédigea, traça la direction de la politique française avec l'Espagne jusqu'à la catastrophe de ce royaume. — Le Comité donnait la paix au roi d'Espagne; ce roi devait révoquer tous les actes d'adhésion qu'il avait faits à la coalition. Il céderait à la France le Guipuzcoa, Fontarabie et le port du Passage; il abandonnerait tous les confins en litige depuis le règne de Louis XIV; la République achèverait ainsi l'ouvrage encore imparfait de la paix des Pyrénées et acquerrait le même territoire que, dans

---

[1] Vues de l'Espagne sur le Portugal : la cour, cf. t. Ier, p. 273; le parti démocratique, t. III, p. 299. — Cf. le Mémoire de Dubois-Crancé, ci-dessus, p. 221.

[2] 27 octobre 1807. Traité de partage du Portugal entre la France et l'Espagne. — « Faites ôter partout les armes de la maison de Bragance et expliquez-vous comme considérant cette maison comme ayant régné. » Napoléon à Junot, 20 décembre 1807.

[3] Voir *Revue historique*, t. XII, p. 288-295.

son plan de partage de 1699, Louis XIV destinait au dauphin[1]. Charles IV abandonnerait la partie espagnole de Saint-Domingue ; il s'engagerait à fournir à la France une quantité à déterminer de juments, de brebis et de béliers mérinos. Moyennant cela, la France évacuerait les territoires qu'elle occupait en Espagne et qui ne lui étaient pas attribués. Elle offrirait à l'Espagne une alliance offensive et défensive contre l'Angleterre ; l'Espagne mettrait à la disposition de la République vingt vaisseaux de ligne et vingt frégates, qui seraient commandés par des Français et dont les équipages seraient mi-partis. Le Comité autorisait ses négociateurs à céder, au besoin, sur l'article de Saint-Domingue. « Nous serions plus rigoureux, disait Merlin, si la paix nous était moins nécessaire. Au reste, il y aurait peut-être un moyen de rendre le gouvernement espagnol facile. Sur ce point comme sur les autres, ce serait de lui faire entendre que, s'il connaît assez bien ses intérêts pour réduire le Portugal à son ancien état, c'est-à-dire pour en faire une province espagnole, le gouvernement français s'engagerait volontiers à l'aider dans la conquête de ce pays : 1° parce qu'en cela, la nation française ne ferait que combattre une des puissances liguées contre elle, et qu'en la combattant, elle aurait le droit de la détruire ; 2° parce qu'en abattant le gouvernement portugais, nous aurions l'avantage d'enlever à l'Angleterre une de ses plus précieuses provinces... Tu vois, en résumé, que notre but principal doit être de devenir maîtres de la Méditerranée, d'en chasser les Anglais, d'augmenter nos forces sur l'Océan, d'ouvrir à nos approvisionnements, à notre commerce et à notre industrie les débouchés les plus avantageux. » Bonaparte, s'il n'avait eu le génie de la conquête, en aurait trouvé là, toute vive et renouvelée, l'ancienne tradition[2].

---

[1] Traité de partage de la succession d'Espagne entre Louis XIV et Guillaume III, 11 juin 1699. REYNALD, *Louis XIV et Guillaume III*, Paris, 1878, t. I, p. 359.

[2] « Le Portugal offre depuis seize ans la scandaleuse conduite d'une puissance vendue à l'Angleterre... Je m'entendrai avec Votre Majesté pour faire de ce pays ce qui lui conviendra... Nous ne pouvons arriver à la paix qu'en isolant l'Angleterre du continent... » — Napoléon à Charles IV, 12 octobre 1807.

Quelques jours après, Merlin prépara une instruction, pour la paix de Naples, tendant aux mêmes fins : isoler l'Angleterre et nourrir la République. Le ministre de France à Venise, Lallement, avait continué de causer avec son collègue napolitain Micheroux, et il avait demandé des instructions à Paris[1]. Le Comité les arrêta le 5 germinal-25 mars. « Nous n'aimons pas les longueurs ni les tracasseries diplomatiques », écrivit-il à Lallement. Il posa comme conditions de la paix la rupture complète de tous actes d'adhésion à la coalition ; l'engagement de ne s'opposer ni directement ni indirectement aux opérations militaires de la République en Italie ; la restitution des biens confisqués aux Français ; le droit pour eux de s'établir dans les Deux-Siciles ; la promesse d'un traité de commerce. Le Comité ajouta un article secret qui serait, non le complément, mais le préliminaire du traité patent. « Cet article, ou plutôt cette condition *sine qua non* de toute négociation, doit avoir pour objet les indemnités que la République française est en droit d'attendre du gouvernement napolitain. » Ces indemnités consistaient en cinq cent mille quintaux de blé, trois cent mille au moins, transportés en France, s'il était possible, sous pavillon napolitain. Le citoyen Lallement, concluait le Comité, « annoncera, au surplus, que si cet article préliminaire n'est pas consenti dans les quinze jours qui suivront l'échange des pleins pouvoirs, la République ne s'en tiendra pas à la condition qu'elle impose, et qu'elle deviendra plus exigeante en raison des retards qu'éprouvera la négociation ».

La paix d'Espagne fournirait des troupes à l'armée d'Italie, la paix de Naples lui fournirait des vivres et lui assurerait la neutralité de la moitié de la Péninsule ; il restait à obtenir le droit de traverser le territoire piémontais et, s'il était possible, à s'assurer le concours de l'armée sarde. Le Comité fit inviter Victor-Amédée à députer à Genève. Il avait là, comme résident, ce même Desportes qui avait été, dès 1792, à Paris et aux Deux-Ponts, un précurseur de la diplomatie de l'an III. Desportes

---

[1] Voir ci-dessus, p. 202. MARESCA, *La pace del 1796*, ch. I. — *Correspondance de Venise*, Affaires étrangères : Lettres de Micheroux et de Lallement.

adressait au Comité sur l'alliance de Sardaigne et la réforme de l'Italie des dépêches inspirées des projets de d'Argenson, en 1745 ; elles semblaient au Comité les plus républicaines du monde. Il proposait de former une ligue de la France, de l'Espagne et de la Sardaigne ; elle aurait pour but « la destruction totale de la pernicieuse influence et du joug tyrannique dont la maison d'Autriche accable depuis trop longtemps l'Europe et particulièrement l'Espagne et l'Italie ». Ce ton et ces vues répondaient mieux aux instincts du Comité que les conseils mesurés et les remontrances diplomatiques, très discrètes en la forme, mais fort pressantes au fond, de Barthélemy. Le Comité estima que cet ambassadeur était suffisamment occupé avec la Prusse, et Merlin écrivit, le 26 mars, à Desportes : « Le Comité verrait avec plaisir que Genève devînt pour la Sardaigne ce que Bâle est en ce moment pour la Prusse, et qu'il se formât entre toi et un envoyé de Turin un point de réunion où la paix pût se négocier... Tu peux regarder comme adoptées par nous, à peu de chose près, les conditions que tu proposes dans ta lettre du 4 ventôse. » C'était l'alliance contre l'Autriche, la cession de la Savoie et de Nice à la France, la cession au Piémont de la Lombardie et du Milanais, qui seraient conquis en commun [1].

IV

La Hollande était une des pièces principales du système que le Comité de salut public montait ainsi dans toute l'Europe. Le Comité tenait cette république dans ses prises ; le parti qui y dominait, étant démocratique, avait besoin de l'alliance française pour se soutenir. C'était une puissance vain-

---

[1] Rapports de Desportes, 26 nivôse-15 janvier ; 18 pluviôse-6 février ; 4 ventôse-22 février. Le Comité à Desportes : 28 pluviôse-16 février ; 6 germinal-26 mars 1795.

cue, faible et nécessairement dépendante. Le Comité la traita en vassale. Estimant qu'elle était trop heureuse d'obtenir le droit de vivre et de n'être point entièrement dépouillée, il considéra comme autant de présents qu'il lui faisait, tout ce qu'il ne lui prenait point, et il ne crut pas nécessaire de lui offrir, comme à l'Espagne et à la Sardaigne, l'appât de territoires étrangers pour gagner son alliance. Le Comité transigeait avec les rois selon le droit public de la vieille Europe, celui des partages; il stipulait avec les républiques selon le droit public des Romains, celui de la suprématie romaine.

Les citoyens Blauw et Meyer, délégués du nouveau gouvernement hollandais, arrivèrent à Paris le 10 mars. Le Comité les reçut le même soir, à dix heures; mais, dans le billet d'audience qu'il leur adressa, Merlin eut soin de ne leur point donner la qualité de plénipotentiaires, afin de ne préjuger ni, en leur faveur, une reconnaissance de leur République, ni, au détriment de la France, une distraction quelconque de ses droits de conquête. Merlin s'était attaché à la correspondance de Prusse. Sieyès s'empara de l'affaire de Hollande. Il rédigea le « plan de négociation » avec les Bataves que la section diplomatique adopta le 24 ventôse-14 mars : « La République batave ne sera point gardée (*sic*) comme pays conquis, mais comme allié. » Toutefois il faut que la France reçoive auparavant satisfaction sur l'article des limites et sur celui des indemnités de guerre. Quant aux limites, la France exigera Flessingue, « car il est instant de raviver la Belgique et de porter un coup mortel à l'Angleterre, en opposant l'Escaut à la Tamise, Anvers à Londres, et les flottes que nous aurons à Flessingue aux flottes anglaises qui voudraient dominer la mer d'Allemagne et celle du Nord et la Baltique [1] ». L'indemnité serait de cent millions de florins, payables en trois mois, plus la

---

[1] « La Hollande est le premier intérêt politique de la France... La Hollande étant située à l'embouchure des grandes rivières qui arrosent une partie considérable de notre territoire, il fallait que nous eussions la garantie que le traité de commerce que nous conclurons avec elle fût fidèlement exécuté... » Napoléon, décret du 5 juin 1806, constituant le royaume de Hollande.

garantie d'un emprunt à 3 pour 100 de cent millions de florins. La France se réserverait le droit de conquête sur les biens du stathouder. Le traité signé, la République batave serait reconnue aussitôt; mais il serait « absurde » de la reconnaître d'abord, car on ne saurait « reprendre le ton d'un conquérant à l'égard d'un peuple qu'on aurait déjà reconnu et traité en allié ». « Il est clair que cet acte prématuré tendrait à rendre la question des indemnités à peu près interminable et celle des limites à peu près impossible. En effet, à quoi ressemblerait alors la demande d'un démembrement de territoire, peut-être considérable, faite par une puissance indépendante à une puissance indépendante? On peut prévoir le refus, et l'Europe entière l'approuverait. Si les envoyés bataves se plaignent des lenteurs de cette marche, nous leur prouverons que le traité peut être fait en entier et signé en une heure. » C'était raisonner en habiles praticiens d'État. Depuis une semaine que le ci-devant chanoine Sieyès et le ci-devant avocat au conseil d'Alsace, Reubell, étaient aux affaires, la vieille diplomatie n'avait pas plus de secrets pour eux que pour leur collègue Merlin. Le Comité de salut public raisonnait sur la reconnaissance des républiques tout comme la chancellerie de Vienne sur la reconnaissance de Louis XVII et sur celle de la régence de Monsieur.

Les envoyés ou plutôt les « citoyens bataves » Blauw et Meyer, ainsi que le Comité affectait de les qualifier, protestèrent, naturellement, contre cette procédure. Ils assurèrent que leur République, dans sa gratitude, ne refuserait point à la France le juste dédommagement de la guerre; mais la France pouvait-elle songer à la ruiner, à la démembrer de la sorte, à effacer, en réalité, le peuple batave de la ligue des puissances? Ils demandèrent à être rassurés sur leur sort, et ils insistèrent pour que la reconnaissance de leur indépendance fût le préliminaire du traité. « Le gouvernement français, dirent-ils, doit d'autant moins faire aucune difficulté à cet égard que la Convention a déclaré solennellement qu'elle ne faisait point la guerre aux peuples, mais aux tyrans; au stathouder, et non pas à la nation : ce que les représentants français, à leur entrée en Hollande, ont bien empressément confirmé. » Ils conclurent en disant qu'ils devaient en référer à leur gouvernement [1].

La vieille diplomatie ne distinguait point les droits de l'État de ses intérêts ; elle n'avait jamais proclamé les *Droits de l'homme,* ni introduit la souveraineté des nations dans ses manifestes ; elle avait eu cependant à compter avec la résistance des peuples, avec leurs caractères, avec leurs conditions d'existence, avec leurs intérêts, expressions nationales de la nature des choses. Les administrateurs éclairés des anciennes armées, les intendants des pays conquis, les généraux avaient souvent cherché et quelquefois réussi à tempérer par leurs doléances et leurs représentations la rigueur systématique des ordres donnés par les bureaux de Paris [2]. La correspondance des représentants en mission, celle de Cochon en particulier, rappelle fort ces doléances d'autrefois, que chaque guerre voyait se renouveler. — L'armée manque de tout, répétaient les conventionnels. Nous ne pourrons rien obtenir si l'on ne rétablit la confiance, et l'on s'exposerait aux plus grands malheurs, l'armée même serait en danger, si l'on persistait à refuser aux Hollandais de reconnaître leur indépendance [3]. Reubell était de ces légistes pour lesquels rien ne prévaut contre les décrets du pouvoir souverain ; Sieyès tenait l'expérience pour subalterne et méprisait les faits. Ils avaient l'un et l'autre signifié, dans leur plan de négociation, les volontés du peuple français. Les commissaires de la Convention n'avaient qu'à imposer ces volontés, les Hollandais qu'à s'y soumettre. — Si les Bataves le veulent, répétait Sieyès, « on peut terminer en une heure ».
« Nous ne mériterons point les reproches de la Convention en séparant des questions indivisibles ; nous ne voulons pas les

---

[1] Les envoyés bataves aux commissaires du Comité de salut public, 27 ventôse-17 mars 1795.

[2] Voir CAMILLE ROUSSET, *Louvois,* en particulier t. I, p. 442-450 ; t. IV, p. 166 et suiv., p. 180 et suiv.

[3] Alquier et Cochon au Comité, 21 ventôse-13 mars ; Cochon au Comité, 29 ventôse-19 mars 1795.

lier et nous lier nous-mêmes par un acte qui, sous prétexte d'accélérer la besogne, la rendrait interminable pour tout ce qui serait à notre avantage. »

Sieyès, assisté de ses deux collègues, était en train de rédiger cette lettre, le 4 germinal-24 mars, lorsque les envoyés bataves se firent annoncer. Les membres du Comité leur réclamèrent un acompte de vingt millions sur l'indemnité de guerre. Ils leur déclarèrent que sur l'article des cessions territoriales, c'est-à-dire la limite de la République portée au Rhin et au Wahal jusqu'à la mer, ils étaient liés par les décisions de l'Assemblée. « Nous ne pouvons, dirent-ils, quitter cette donnée qu'autant que la Convention aura entendu autrement l'opinion si souvent émise dans son sein et toujours applaudie par la presque unanimité[1]. » Le lendemain, les Bataves apportèrent un projet de traité. Le chiffre de l'indemnité était laissé en blanc : les articles stipulaient la reconnaissance de la souveraineté et de l'indépendance de la Hollande. Les délégués invoquaient les décrets du 19 novembre, du 15 décembre 1792, du 2 mars 1793[2]. Ils alléguaient les termes de la déclaration de guerre, et ils demandaient que la France garantît « l'intégrité, l'unité et l'indivisibilité de la République batave, telle qu'elle a existé avant cette déclaration de guerre contre le stathouder et ses adhérents ». Nous avons, ajoutaient-ils, prêté « le serment de ne jamais signer aucune espèce de démembrement de territoire », et « la cession d'un pouce de terre nous ferait encourir l'exécration des Hollandais et de toute l'Europe ». Les conventionnels n'admettaient qu'un principe de négociations : l'intérêt de la France. « Nous ne demandons pas mieux, répondirent-ils aux Bataves, que de reconnaître votre République et votre indépendance, et de conclure un bon traité d'alliance. Mais hâtez-vous donc de nous payer les frais de la guerre que la France a eu à soutenir contre vous, ou du moins convenons d'une somme et donnez-

---

[1] Le Comité aux représentants, 4 germinal-24 mars 1795.
[2] La Convention nationale aux Bataves, 2 mars 1793. *Moniteur*, t. XV, p. 610. — Cf. t. III, p. 280-282.

nous une garantie d'avance... La coalition dans laquelle votre nation était entrée voulait démembrer la France ; si elle avait réussi, vous auriez partagé nos dépouilles ; ne trouvez donc pas extraordinaire que la République française veuille conserver dans les pays conquis ce qu'il est de sa convenance politique de réunir au territoire français. La Convention a déjà plus d'une fois fait entendre ses intentions sur de nouvelles limites à donner à la France ; nous ne pouvons donc pas traiter avec vous dans la supposition contraire, savoir, dans la supposition que nous ne pouvons point toucher au territoire appartenant à l'ancien gouvernement des Provinces-Unies [1]. »

Sieyès, Reubell et Merlin en prenaient à leur aise avec les délégués bataves ; ils se sentaient plus gênés avec leurs collègues en mission dans la Hollande. Si un débat s'engageait devant la Convention, l'opinion de ces représentants serait d'un grand poids. Les membres de la section diplomatique résolurent de leur envoyer quelqu'un qui leur enseignerait, selon la doctrine de Paris et la tradition des anciens bureaux, ces affaires de Hollande qu'ils comprenaient mal pour les observer de trop près, dans la réalité des choses, et sans une étude suffisante des précédents. Le 24 mars, le jour même où ils avaient reçu communication du projet hollandais de traité, ils dressèrent un *État de la question*, et ordonnèrent à un ancien diplomate, alors employé dans les bureaux en qualité de conseil officieux, Caillard, de se rendre à la Haye. Caillard avait vu de près la révolution de 1787 et composé sur les relations de la France et de la Hollande un mémoire qui passait pour classique, dans l'école de Favier [2]. Sieyès rédigea l'*État de la question*, et Merlin, la lettre aux représentants. L'un et l'autre insistaient sur la nécessité d'avoir Flessingue, afin de poursuivre la lutte commerciale contre l'Angleterre. « Telles sont nos vues politiques, parce que tel est le grand intérêt de la République française... Il n'y a qu'une manière de nous attirer à votre avis, c'est de nous dire si les armées françaises en

---

[1] Le Comité aux représentants en Hollande, 5 germinal-25 mars 1795.
[2] Voir ce mémoire dans le t. III de la *Décade historique* du comte de Ségur.

Hollande ne sont pas assez fortes pour se faire respecter... »

Le lendemain, 26 mars, Blauw écrivit à Sieyès : « Je vous l'avoue, c'est avec la plus grande consternation que nous avons appris votre idée de vouloir joindre à la République française une partie de notre territoire, dont, d'après vos propres principes, le gouvernement batave ne saurait disposer sans le vœu librement prononcé des habitants de la République, et dont, à coup sûr, la nation française n'a nullement besoin ni pour sa sûreté ni pour sa grandeur. Citoyen, s'il y a quelque chose de sacré dans le monde, ce sont assurément les déclarations solennelles du premier peuple de l'univers... » Sieyès aurait pu répondre que la Convention, aussi bien que la Constituante, avait toujours eu soin de distinguer les choses : que si ces assemblées avaient établi la maxime de l'indivisibilité de la République française, elles avaient toujours suivi la coutume de la divisibilité à l'infini des autres États; que si elles avaient proclamé le dogme universel de la souveraineté des nations, elles avaient pratiqué, avec une jalousie exclusive, le culte de la souveraineté de la nation française; que le premier objet de cette souveraineté était l'existence de la nation, le second la sûreté de l'État; que les autres peuples n'avaient point qualité pour en décider; enfin l'on s'était battu pour savoir de quel côté était la raison pure et universelle, et le canon avait décidé que cette raison était du côté de la République française. C'était revenir à l'ultime raison des rois; mais ni la Convention, ni le Comité, ni personne en Europe ne connaissait, en matière d'État, d'autres raisons que celle-là. Toutes les déclarations, paroles ailées ou feuilles volantes, s'étaient échappées et avaient disparu dans la tempête. Ce n'étaient que des propos de tribune ou des dissertations académiques, dont on se réconforte dans les temps calamiteux et dont on se distrait dans les époques de langueur. Sieyès le dit en termes clairs, quelque temps après, à ces mêmes Bataves : « Les principes sont pour les écoles, l'intérêt est pour l'État[1]. »

[1] 15 août 1795. BAILLEU, t. I, p. 410. — Cf. *L'Europe et la Révolution*, t. III, p. 236, 310.

Ce jour-là, il se contenta de leur répondre : « Si vous êtes si pressés d'avoir cette déclaration de notre part, pourquoi ne concluez-vous pas sans délai sur les deux articles? »

Tout se ramenait donc à la force. Mais, sur ce chapitre, le Comité était loin d'être sûr de son fait. Lorsqu'il adressait ces injonctions aux Bataves, il venait d'échapper à une émeute et il en voyait une autre, plus redoutable, se préparer dans les faubourgs de Paris. La mise en accusation des terroristes, membres des anciens comités, et le rappel des Girondins, avaient porté au comble la fureur et l'inquiétude des Montagnards. Profitant de la misère qui sévissait dans Paris, ils préparèrent une journée qui devait être, dans leur pensée, le 31 mai des Thermidoriens[1]. Mais ils avaient affaire à des hommes d'autorité, autrement résolus et pratiques que n'étaient les Girondins de 1793. L'armée de l'émeute avait perdu ses chefs, ses cadres, son impétuosité même. Enfin, l'esprit de la Convention et celui de la ville avaient changé. Les modérés faisaient cause commune, contre les assaillants, avec les républicains de gouvernement. Le 1er germinal-21 mars, Sieyès fit voter une loi, dite *de grande police*, destinée à réprimer les complots et à étouffer les séditions. C'était la loi des suspects de l'insurrection. Les peines y étaient adoucies. La déportation remplaçait la mort, mais elle frappait tout ce qui semblait menacer la République, le gouvernement et la Convention. Les actes incriminés entraînaient la mise hors la loi. En cas de danger, l'Assemblée devait se retirer dans un département. Pendant que la Convention édictait cette loi, on se battait dans les Tuileries. Les partisans de la Convention expulsèrent les émeutiers. Le lendemain commença le procès de Billaud, Collot et Barère. Laisser condamner ces terroristes, c'était pour les survivants de la Montagne s'avouer vaincus et se livrer eux-mêmes. D'autre part, une défaite à Paris, une retraite en province auraient anéanti le

---

[1] Voir sur la rivalité des Montagnards et des Thermidoriens « réacteurs » : QUINET, *La Révolution*, liv. XX : La réaction — d'après les notes de Baudot. — Sur la misère, les émeutes, les commencements du socialisme, voir MICHELET, *Histoire du dix-neuvième siècle*, t. I, 1re partie : La fin des Jacobins.

prestige du Comité de salut public. Des deux côtés, on marchait à « une journée ».

Ces conjonctures expliquent l'impatience du Comité de salut public et le ton comminatoire de ses négociations. La soumission de la Hollande était un des arguments sur lesquels il comptait pour décider le roi de Prusse à la paix. Mais la paix avec la Prusse était le motif suprême qui devait décider la soumission de la Hollande; le Comité pressait donc Barthélemy. Dans le temps où il se montrait impitoyable aux supplications des Hollandais, il multipliait les séductions à l'adresse de Frédéric-Guillaume. « Ses indemnités, écrivait Merlin le 2 germinal-22 mars, c'est à lui de les choisir au delà du Rhin... qu'il détermine, comme il lui plaira, son dédommagement, pourvu que ce soit aux dépens de nos ennemis... Nous souscrirons à tout, nous lui garantissons tout, et nous ne poserons les armes que quand il sera paisible possesseur... » C'était promettre beaucoup. Le Comité en eut le sentiment, quand il entendit la lecture de la minute. Merlin corrigea ainsi la dépêche : « Nous pensons que s'il était possible de lui faire accepter notre garantie pour n'importe quelle partie du territoire à lui céder, quelque évêché par exemple..., nous en serions fort aises... Le gouvernement prussien se lierait par là à notre cause. » Cette liaison n'était pas faite, et la négociation de Bâle, le pivot de toutes les autres, subissait en ce moment-là même des retards inquiétants [1].

V

Le nouveau plénipotentiaire prussien, Hardenberg, était un diplomate éclairé qui avait de larges aperçus d'homme d'État; il était capable de desseins, il possédait de vastes connaissances, et il montra du tempérament; mais à côté de ces qualités, un

---

[1] Voir *Revue historique*, t. VII, p. 61-65.

fond de déférence au prestige de la force, peu de consistance en ses propres volontés, peu de caractère devant celles des grands : un homme enfin que les événements ont, un jour, accablé tout d'un coup pour l'élever ensuite au-dessus de son génie, mais très supérieur, tel qu'il était, à des ministres usés comme Alvensleben et Finckenstein, à un brouillon comme Haugwitz. Plus Allemand que Prussien, très Hanovrien dans sa manière d'être Allemand, Hardenberg ne recherchait la paix avec la République que pour arracher l'Allemagne à la suprématie autrichienne et préparer une renaissance de l'Empire sous l'hégémonie de la Prusse. Point de démembrements; une neutralité destinée à gagner l'Allemagne du Nord à la politique prussienne par le bienfait qu'elle en éprouverait; la médiation de Frédéric-Guillaume pour la paix du reste de l'Empire, en un mot la *Confédération des princes* affermie et étendue, une *Confédération de l'Allemagne du Nord* préparée, peut-être, voilà ce que Hardenberg attendait de la négociation de Bâle. Il se flattait d'atteindre ce but sans rompre avec les coalisés, avec les Anglais surtout, pour lesquels, en sa qualité de Hanovrien, il garda toujours un goût prononcé et des complaisances particulières [1]. Il se trouvait ainsi, et surtout par ses arrière-pensées, bien plus rapproché du roi de Prusse que de ses ministres.

Les instructions que ceux-ci lui donnèrent, le 28 février, l'autorisaient à céder éventuellement les territoires prussiens de la rive gauche du Rhin; elles le pressaient « d'insister sur l'indemnisation » destinée à compenser cette perte; elles l'invitaient à négocier la neutralisation de l'Allemagne du Nord, sous la garantie de la Prusse. Le Hanovre y devait être compris; toutefois, si la République craignait que la neutralité ne fût pas bien observée dans cette dépendance de la couronne d'Angleterre, le roi de Prusse se déclarait prêt à prendre le Hanovre en dépôt. — Pour les ministres, l'article de l' « indemnisation » était le principal; pour Hardenberg, c'était celui

---

[1] Voir *Revue historique*, t. VII, p. 316-335.

de la « ligne de démarcation », ou de la neutralité. Si la France repousse cette proposition, dit Hardenberg, le 1ᵉʳ mars, elle montrera qu'elle médite un bouleversement général de l'Empire, et mieux vaudrait alors continuer la guerre, à quelque prix que ce fût.

Hardenberg se mit en route à très petites journées. « Il cherche à traîner les négociations, écrivait Malmesbury, jusqu'à ce qu'il sache par moi que l'Angleterre — et il l'en presse vivement — offre des subsides à la Prusse. » Hardenberg l'avait dit au duc de Brunswick, il le répéta à l'agent anglais à Francfort, Crawford. Les Anglais le tenaient pour sincère, « lui, mais non sa Cour ». Il arriva à Bâle le 18 mars, sans avoir entendu parler de subsides, mais décidé à temporiser encore autant qu'il le pourrait.

Il vit Barthélemy le 19. Ils entrèrent aussitôt en conférences. Barthélemy fit toute sorte de difficultés sur la neutralisation de l'Allemagne du Nord; Hardenberg disserta indéfiniment sur les cessions de territoire. « Il me paraît impossible, dit-il, que voulant marquer des égards à la Prusse et préparer pour l'avenir des arrangements utiles pour votre politique, vous commenciez par la dépouiller d'une partie de son ancien domaine sans lui offrir de dédommagement, et par la déshonorer aux yeux de l'Allemagne, qui verrait avec douleur dans la cession du pays de Clèves la certitude et le signal du démembrement de l'Empire. » Sous l'impression des rapports de Mallet du Pan, encouragé peut-être aussi par quelques propos imprudents de Barthélemy et de Bacher sur la réaction qui se faisait à Paris dans les esprits, sur le retour des modérés dans la Convention et sur l'hostilité de ce parti à la politique des annexions, Hardenberg se fit un argument de l'état intérieur de la France, du besoin impérieux que la République avait de la paix, du vœu général que formait le peuple pour l'obtenir. « L'opinion, dit-il, se déclare de plus en plus contre une guerre à laquelle la conquête de la liberté et l'intégrité de l'ancien territoire français ne peuvent plus servir de prétextes. »

Les deux plénipotentiaires discutaient de la sorte académiquement, lorsque, le 21 mars, Barthélemy reçut l'*ultimatum* du Comité. Hardenberg affecta de n'en tenir aucun compte. Il se montra d'autant plus réservé que Barthélemy paraissait plus pressant. C'est la parade classique des bottes trop impétueuses. Tout exercé qu'il était, Barthélemy s'en alarma : « Nous sommes tombés en mauvaises mains », écrivit-il au Comité le 22 mars. Cependant, le délai que Hardenberg s'était prescrit pour attendre les subsides des Anglais s'écoulait sans nouvelles. Il se sentit enfin forcé, comme il l'avait annoncé à lord Spencer, « de ne plus songer qu'à conclure avec les Français aux meilleures conditions possibles ».

Il se rendit, le 23 mars, chez Barthélemy, et il aborda la discussion des articles du traité. La principale difficulté était la rédaction de l'article relatif aux cessions. Barthélemy, selon les ordres qu'il avait reçus, proposait de le rédiger ainsi : « *La République française continuera d'occuper les pays de Meurs, Clèves et Gueldre situés sur la rive gauche du Rhin... Ces pays suivront définitivement, à la pacification générale entre la République française et le reste de l'Allemagne, le sort des autres États de l'Empire situés sur la même rive.* » Hardenberg prétendait « sauver la réputation du roi de Prusse et ses intérêts, sans compromettre ceux de la France ». Il se figurait qu'il y arriverait par un artifice de forme. Au lieu de « *la République* », on écrirait : « *les troupes de la République* »; au lieu de dire : « *Ces pays suivront...*, etc. », on dirait : « *Tout arrangement définitif à l'égard de ces provinces sera renvoyé jusqu'à la pacification générale entre la France et l'Empire germanique.* » L'arrangement se réduirait ainsi à reconnaître et à définir, dans le présent, le fait de l'occupation, et à réserver tous les droits, pour l'avenir. C'était peu de chose. Hardenberg crut cependant pouvoir en réclamer un gros prix, et il se découvrit. — Le roi de Prusse, dit-il, écarte l'idée d'une cession, même éventuelle ; mais la Convention insiste, et le roi est contraint, par cette insistance, à prévoir cette hypothèse. Hardenberg demanda, en conséquence, qu'un article secret stipulât qu'en ce cas, le roi s'entendrait avec la République sur « l'indemnisation qui lui compéterait ». Puis, il revint à la neutralité.

Barthélemy démêla le jeu de son partenaire, qui était, non pas de rompre la négociation, mais « de couvrir le Hanovre et de jouer un grand rôle ». Il comprit les avantages que la neutralité du nord de l'Allemagne offrirait à la République : elle assurerait la sécurité de la Hollande, permettrait de porter toutes les armées du Nord et de l'Est dans le sud de l'Allemagne, et de les concentrer contre l'Autriche ; enfin elle préparerait ce partage de l'Empire, cette Confédération de l'Allemagne du Nord, qui était une des conceptions favorites de la diplomatie du Comité. Hardenberg se montrant plus accommodant sur l'article des cessions, Barthélemy fléchit sur celui de la neutralité. Hardenberg alla jusqu'à dire que « si la France adoptait la ligne de démarcation, il avait des pouvoirs suffisants pour traiter séance tenante ». Barthélemy y inclinait fort; toutefois, la neutralité pouvait soulever des orages dans la Convention; le Comité y répugnait, et la discussion se prolongea. « Nous nous disputons toujours, sans nous fâcher cependant, et chacun reste dans son opinion », écrivait Barthélemy. Il avait raison de se tenir en garde sur cet article de la neutralité. Le Comité était encore fort loin d'y consentir; mais les événements, qui emportent tout dans les affaires de ce genre, allaient l'y obliger très brusquement.

VI

L'émeute montait dans Paris. Le Comité était forcé de payer de contenance au dehors, tout en louvoyant dans la Convention et en se préparant à soutenir, dans les rues, l'assaut des affamés, des anarchistes et des Montagnards coalisés. « Les délibérations, écrivait Sieyès, ont été prises, quittées, reprises, interrompues de nouveau par le grand intérêt de chaque jour[1]. » Le 5 germinal-25 mars, Merlin manda à Barthélemy de ne rien concéder au sujet de la rive gauche, et il ajouta : « Presse la négociation par tous les moyens possibles, et ne perds pas une minute pour la mener à fin[2]. » Le 10 germinal-30 mars, au reçu du courrier de Bâle, Merlin écrivit avec plus d'impatience encore : « Nous ne pouvons, sans nous exposer à un désaveu certain de toute la France, changer un seul mot » à la rédaction de l'article VI, l'article des cessions. Il prescrivit à Barthélemy de stipuler que le roi de Prusse s'abstiendrait de « toute entreprise hostile sur les Provinces-Unies », et ajouta : « Le plan de neutralisation n'est pas proposable... Le Comité te charge de demander une explication prompte et précise, et d'en finir. Plus de délais ultérieurs. Oui ou, non, voilà ce que nous attendons par le retour du courrier. »

Dans la même nuit où il signait cette dépêche, le Comité adressa un ultimatum aux Hollandais. Pichegru était à Paris ; le Comité se réservait de l'employer, s'il y avait lieu, contre l'émeute. Il fut appelé à la séance, et prit part à la délibération sur les affaires de Hollande. L'*ultimatum* répétait simplement les conditions déjà posées. Le Comité arrêta les mesures qui seraient prises, si les Hollandais s'entêtaient dans leur résistance : les troupes françaises se retireraient sur Dordrecht et Flessingue ; elles évacueraient sur ces deux places tout ce qu'elles pourraient tirer des arsenaux de la marine, et emporter d'artillerie et de subsistances ; le pays conquis et destiné à être réuni à la France serait organisé en conséquence. Les négociateurs bataves furent convoqués pour le lendemain. « Nous allons, écrivait Sieyès, les mettre, sans autre délai, dans la nécessité de s'expliquer par oui ou par non. » Le Comité comptait, pour les réduire à capituler, sur une des ruses classiques de la diplomatie. Tandis qu'il mandait à Barthélemy de stipuler que le roi de Prusse s'abstiendrait de toute entreprise hostile contre la Hollande, il ferait entendre à ces démocrates bataves que s'ils refusaient l'alliance de la République, ils

---

[1] Le Comité aux représentants en Hollande, 11 germinal-31 mars 1795.
[2] Voir *Revue historique*, t. VII, p. 335-350.

se verraient exposés à une intervention armée de la Prusse en faveur du parti stathoudérien.

Le 11 germinal-31 mars, au matin, le Comité reçut un rapport de Barthélemy, du 27 mars. Ce rapport contenait cette déclaration de Hardenberg : « La Cour de Prusse veut sincèrement et promptement la paix avec la France ; mais plutôt que de souscrire à des conditions incompatibles avec son honneur et ses intérêts, elle est résolue à reprendre les armes et à tout risquer pour se soustraire à la honte. » Ce discours signifiait qu'en y mettant le prix, la République aurait raison des scrupules de la Prusse, mais qu'elle n'obtiendrait rien par les menaces stériles et les refus. Merlin écrivit à la hâte un billet à Barthélemy. Le Comité va délibérer, lui dit-il : « En attendant, nous te recommandons de ne pas communiquer notre dépêche d'hier, et de la regarder comme non avenue, jusqu'à nouvel ordre. » Ce billet fut remis à un courrier extraordinaire qui partit immédiatement. Le soir, le Comité délibéra, et comprenant qu'il n'arracherait le consentement éventuel de la Prusse à la cession de la rive gauche qu'en concédant à cette Cour l'honneur et le bénéfice de la pacification de l'Allemagne du Nord, il s'y résolut. « Mais, écrivit Merlin à Barthélemy, ce consentement, nous ne le donnons qu'à la charge que la paix sera signée à l'instant. »

C'étaient les troubles de Paris qui commandaient au Comité de transiger sur l'article de la neutralité. Dans le même temps, Hardenberg recevait une dépêche de Berlin lui enjoignant de signer, pourvu que l'Allemagne du Nord fût neutralisée. C'étaient les affaires de Pologne qui décidaient les Prussiens à transiger sur l'article du Rhin. Les nouvelles de Pétersbourg étaient alarmantes. La tsarine se croyait même en droit d'exiger que Frédéric-Guillaume continuât la guerre avec la France. « D'un trait de plume, écrivait-elle le 19 mars à un de ses agents, le roi de Prusse a reçu une indemnité telle que dix ans de guerre ne la lui auraient pas donnée [1]. » C'était

[1] Martens, t. VI, p. 165.

pour le partage de 1793. Quant à celui qui se préparait en 1795, Catherine affectait de n'en point parler; ses ministres opposaient aux réclamations des Prussiens un silence ironique. Une rupture semblait imminente. Quand les ministres prussiens virent que Hardenberg les exposait à recommencer les hostilités avec la France, ils entrèrent en fureur. « On voit bien, s'écria Alvensleben, que Hardenberg n'est pas Prussien, mais Hanovrien. » Ils le soupçonnaient de cabaler sous main avec les Anglais contre la Prusse. Frédéric-Guillaume n'attendait plus rien de l'Angleterre; il ne lui voulait plus faire aucune avance. Ainsi furent rédigées, le 24 mars, les instructions qui parvinrent, le 31, à Hardenberg.

Cependant, le courrier extraordinaire du Comité avait fait une telle diligence que le porteur du contre-ordre arriva à Bâle, le 3 avril, avant le porteur de l'ordre. Le 15 germinal-4 avril, les dépêches du 11-31 mars étaient entre les mains de Barthélemy. Les deux négociateurs n'étaient plus séparés que par des nuances de mots. Hardenberg s'entêtait à employer ces expressions : *Les troupes de la République continueront d'occuper.* Il lui semblait que cette formule voilait la défection. Barthélemy considéra que le fait seul importait; que le point, pour la France, était d'occuper les pays prussiens et d'obtenir l'adhésion éventuelle du roi de Prusse à la cession de toute la rive gauche. L'Empire aurait pour sa garantie le traité ostensible, qui sauvait la forme, et la République aurait le traité secret, qui établissait le fond. Barthélemy observait en outre chez Hardenberg les signes d'une inquiétude croissante sur la situation intérieure de la France et sur la stabilité du gouvernement du Comité. Les bruits que les émigrés répandaient à Bâle et les gazettes qui arrivaient de Paris justifiaient trop ces inquiétudes. Barthélemy se décida, et le 16 germinal-5 avril, à six heures du soir, le traité fut signé.

Les articles patents portaient que les troupes françaises évacueraient les États prussiens situés à la rive droite du Rhin et continueraient d'occuper ceux de ces États situés sur la rive gauche. Tout arrangement définitif à l'égard de ces derniers territoires était ajourné jusqu'à la pacification générale entre la France et l'Empire. Les deux puissances s'engageaient à concerter leurs mesures pour éloigner le théâtre de la guerre de l'Allemagne du Nord. La République consentait un armistice de trois mois pour les États allemands de la rive droite du Rhin, auxquels le roi de Prusse s'intéresserait, et elle acceptait les bons offices de ce prince en faveur de tous les États de l'Empire. — Les articles secrets portaient que si, à la pacification générale avec l'Empire, la France conservait la rive gauche du Rhin, le roi de Prusse s'entendrait avec la République pour l'indemnité qu'il aurait à recevoir. La Prusse promettait de ne former aucune entreprise hostile contre la Hollande et contre les pays occupés par la République. L'Allemagne du Nord, déterminée par une ligne de démarcation, était neutralisée sous la garantie du roi de Prusse [1].

Barthélemy avait sagement fait de signer, le 5 avril. Trois jours après, les nouvelles de Paris auraient tout remis en question, confirmé les doutes de Hardenberg et soutenu sa résistance.

L'émeute redoutée éclata le 12 germinal-1er avril. Des bandes, où figuraient en grand nombre des femmes et des enfants, se formèrent le matin dans les faubourgs. Les sections du Temple et de Saint-Antoine prirent les armes, et tous ces insurgés se mirent en marche vers les Tuileries, en criant : Du pain et la Constitution de 1793 ! La foule investit l'Assemblée, et les députations l'envahirent peu à peu, forçant les entrées et se poussant les unes les autres. C'était là tactique habituelle des « journées ». Si, comme au 31 mai et au 2 juin, l'insurrection avait trouvé des complices nombreux parmi les conventionnels, l'affaire se serait terminée par la chute du parti qui gouvernait, par la proscription des modérés, et par l'asservissement de la représentation nationale. Mais les époques avaient changé. Cette invasion d'affamés et d'anarchistes ne troubla pas plus la marche rétrograde de la Révo-

---

[1] DE CLERCQ, *Traités de la France*, t. I, p. 232 et suiv.

lution qu'un fleuve débordé ne retarde le reflux de la mer. Danton n'était plus là pour mener l'assaut, et l'esprit de Danton soufflait maintenant la résistance à l'anarchie. Tallien, qui avait siégé dans la Commune insurrectionnelle du 10 août, déclarait le 11 germinal : « Le temps est passé où la Convention se laissait dicter des lois par quelques portions du peuple ; nous saurons faire notre devoir. » Lorsque, le 12 germinal, un membre de la section de la Cité, ci-devant proscripteur des Girondins, s'écria : « Représentants, vous voyez devant vous les hommes du 10 août et encore du 31 mai ! » la Montagne applaudit ; mais les Comités firent sonner le tocsin ; les gardes nationaux fidèles prirent les armes et dissipèrent les attroupements qui entouraient l'Assemblée. Barras, qui avait fait ses preuves au 9 thermidor, somma les envahisseurs de se retirer. Les sections dévouées à la Convention défilèrent à la barre ; elles exhortèrent les députés à rester à leur poste, et, tout en manifestant leur dévouement à l'Assemblée, poussèrent dehors les émeutiers. Une sorte de bataille sourde de foules qui se heurtent, se pressent, s'entraînent, s'expulsent l'une l'autre, se livra ainsi dans les Tuileries et dans la salle même des séances. L'avantage demeura à la foule la plus nombreuse, celle dont la poussée était la plus intense et la plus soutenue.

La Convention délivrée se remit de son émoi, fière d'avoir échappé au péril, mais acharnée contre ceux qui l'y avaient exposée. Elle rendit un décret pour assurer l'arrivée des subsistances ; elle décréta la déportation des terroristes mis en accusation, Collot, Billaud, Barère, et de sept députés de la Montagne dénoncés comme fauteurs de l'émeute. Paris fut déclaré en état de siège ; Barras et Merlin de Thionville furent chargés de veiller à la défense de la République, et le commandement de la force armée de Paris fut confié à Pichegru. C'était un événement nouveau dans l'histoire de la Révolution. Depuis la chute de La Fayette, on n'avait pas vu de général d'armée à la tête de la garde nationale de Paris ; Pichegru passait pour très dévoué à la Révolution ; il en faisait profession publique, et ses démonstrations démocratiques avaient contribué, au moins autant que ses victoires, à l'élever à ce poste. L'exemple était donné; il fut de grande portée, et entraîna des conséquences très logiques, mais très inattendues. Le 12 germinal, on ne vit qu'un général victorieux délégué par extraordinaire au commandement des gardes nationales de Paris. La Convention allait bientôt faire un pas de plus, et introduire l'armée de ligne dans Paris. La République ne pouvait être un gouvernement et les républicains ne pouvaient se maintenir au pouvoir que par les moyens que les gouvernements de tous les temps et de tous les pays ont employés. Le recours à la force n'était point une innovation en soi; la force avait toujours décidé de tout depuis 1789; mais jusque-là, c'était la force populaire. A partir de ce moment, c'est la force militaire organisée qui va accomplir des « journées » et dominer la République.

L'émeute se continua le 13 germinal-2 avril avec plus de violence. Les insurgés voulurent s'opposer au départ des déportés, et, cette fois, le sang coula. Pichegru fit braquer des canons contre la foule. L'ordre et la fermeté de ses mesures, l'obéissance de ses troupes, sa grande réputation surtout imposèrent aux insurgés. Dans la nuit, il parut à la barre et dit : « Représentants, vos décrets sont pleinement exécutés. » Le président, Pelet, répondit que le vainqueur des tyrans ne pouvait manquer de triompher du crime. Pichegru fut invité aux honneurs de la séance. Un membre demanda l'arrestation de Cambon, Thuriot, Fouché et Lecointre : « L'âme du parti foudroyé respire dans ces quatre coquins. » La Convention décréta l'arrestation de neuf Montagnards[1] : Cambon, qui était honnête homme et avait rendu de grands services à l'État, y était compris; mais le futur ministre de Bonaparte et de Louis XVIII, Fouché, qui n'avait encore accompli que des forfaits, n'y figurait point : son caractère le plaçait au nombre des scélérats et des intrigants; mais le parti des victimes ne fut

---

[1] 16 germinal-5 avril 1795.

jamais le sien, et son rôle, jusqu'en 1816, ne fut point, lors des proscriptions, de se trouver du côté des proscrits.

La Convention jugea nécessaire de fortifier son gouvernement. Le nombre des membres du Comité de salut public fut porté à seize. Le 15 germinal, Boissy, Dubois-Crancé et Dumont sortaient. Ils furent remplacés par Cambacérès, Aubry, Tallien, Creuzé-Latouche, Lesage, Gillet et Roux. Creuzé et Gillet n'avaient voté que la détention de Louis XVI. Le nombre des modérés n'avait pas encore été aussi fort dans le Comité. Mais pour avoir ainsi modifié son Comité, la Convention n'était pas d'humeur à lui témoigner beaucoup plus de confiance. Elle s'irritait de la lenteur des négociations. Elle accusait le Comité d'user avec trop de discrétion et de politique du blanc-seing qu'elle lui avait donné [1]. Ces soupçons percèrent dans un rapport sur la situation extérieure, que l'Assemblée avait commandé le 18 germinal et qui lui fut fait le 19-8 avril, par Pelet. Ce représentant avait fait partie du Comité du 5 novembre 1794 jusqu'au 5 mars 1795, il avait présidé la Convention durant les journées du 12 et du 13; il était écouté. Son rapport, assez creux et médiocre au fond, était d'un esprit étroit et aigri. Pelet avait des prétentions sur la diplomatie; il appartenait à une sorte de petite coterie qui, sans apporter un plan déterminé de politique, blâmait celui du Comité et ne ménageait point la jalousie au triumvirat qui avait accaparé les relations extérieures. Comme ce triumvirat professait le système prussien, ceux qui le critiquaient inclinaient, plus ou moins sciemment, vers une combinaison autrichienne. Pelet constata le vif et très général désir de paix qui s'était manifesté en France; il rappela que le Comité avait formé le dessein de dissoudre la coalition au moyen de traités partiels; il insinua que cet espoir avait été déçu, que les dispositions pacifiques de la Prusse étaient feintes, et que cette Cour n'avait pas eu d'autre objet que d'en imposer aux puissances du Nord, afin de les obliger à sceller selon ses con-

---

[1] Voir *Revue historique*, t. VII, p. 350-361.

venances « l'œuvre machiavélique » du partage de la Pologne.

La duplicité de la Prusse était le point faible des négociations du Comité; le partage de la Pologne en était le point douloureux. Le Comité vit dans le discours de Pelet une résurrection du monstre auquel la Convention avait fait de si sanglants sacrifices : *le Comité autrichien.* Fort agité par cette séance, il attendait avec anxiété les nouvelles de Bâle, lorsque, le 20 germinal-9 avril, un courrier de Barthélemy apporta l'instrument du traité. La première impression fut d'orgueil et de contentement. La clause relative à l'armistice contraria les conquérants; mais, à la réflexion, ils se rendirent compte que cette clause n'était que le complément, dans le traité patent, de la clause secrète sur la neutralisation de l'Allemagne du Nord. Quelques-uns regrettèrent aussi que la Prusse ne se fût pas engagée à prendre le Hanovre en dépôt, ainsi qu'on l'y avait invitée : c'eût été une garantie de la neutralité de l'Allemagne du Nord et un moyen d'engager la Prusse dans l'alliance de la République. Mais ce n'étaient là que des critiques de détail, et la satisfaction l'emporta.

Le 21 germinal-10 avril, Reubell porta le traité à la Convention. L'Assemblée l'accueillit par des applaudissements réitérés. Reubell loua les négociateurs; il signala, en s'en félicitant, la grande situation que ce traité allait donner à la Prusse en Allemagne. Sans dévoiler les articles secrets, il en laissa deviner l'existence et le sens par ces paroles : « Quoique vous ne vous soyez pas encore prononcés sur les limites de votre territoire, votre Comité a cru devoir traiter dans le sens qui lui a paru avoir obtenu jusqu'à présent l'assentiment de la nation. » L'Assemblée ratifia le traité le 25 germinal-14 avril, à l'unanimité et aux cris de : Vive la République! Le Comité apprit quelques jours après que, le 16 avril, Barthélemy avait obtenu la promesse que la Prusse prendrait, le cas échéant, le Hanovre en dépôt, et il put, sans aucune arrière-pensée, adresser ses félicitations à Barthélemy.

Le contentement ne fut pas moindre à Berlin qu'à Paris. La combinaison de la neutralité consolait Hardenberg des concessions, d'ailleurs éventuelles, qu'il avait dû faire au sujet des pays du Rhin. « Cette paix, Sire, me paraît sûre, profitable et honorable », écrivit-il au roi. Les ministres se montrèrent enchantés : le traité était fait selon leurs désirs, et ils avaient la garantie d'une riche compensation : la Prusse s'arrondirait dans l'avenir, et elle avait ses coudées franches dans le présent. Un émigré français au service russe, le marquis de Lambert, arriva sur ces entrefaites à Berlin. Il venait de Pétersbourg : il apportait une lettre de l'impératrice et il avait reçu une instruction spéciale de Markof. L'une et l'autre avaient pour objet de mettre le roi en garde « contre les perfides conseillers dont il était entouré », de le « déterminer à rompre les négociations avec les régicides, à se lier étroitement avec la coalition et à continuer la guerre avec la plus grande vigueur ». La lettre était adressée au duc de Brunswick. Ce « héros » philosophe, frondeur et circonspect, avait, paraît-il, exprimé dans une lettre au marquis de Lambert « les plus vives appréhensions sur le sort de l'Allemagne en général et sur celui de ses États en particulier ». La tsarine comptait sur lui pour détourner Frédéric-Guillaume de son pacte avec la France et pour éloigner ainsi ce prince de la Pologne. Elle s'adressait mal, et son émissaire arriva trop tard. Brunswick, rassuré par la neutralisation de l'Allemagne du Nord, « saigna du nez » et se déroba quand Lambert le pressa de soutenir devant le roi les principes qu'il avait affichés dans sa lettre. Le roi, sollicité par Lambert, répondit que les négociations étaient trop avancées pour qu'on pût les rompre, et la conclusion de la paix, fut une des premières nouvelles que l'envoyé de Catherine apprit à Berlin[1]. Le prince Henri de Prusse exprima sa joie dans une lettre adressée à Bacher : « Puisse cette paix devenir l'objet de la félicité de la République française? Puisse-t-elle resserrer, comme je le désire, les liens de l'amitié entre les peuples, mais plus particulièrement entre la Prusse et la France ! »

---

[1] Rapport de Cobenzl, d'après le récit de Markof. ZEISSBERG, t. V, p. 285.

La paix de Bâle n'était, à la vérité, qu'un accommodement transitoire. Elle ne faisait guère, dans le présent, que suspendre les difficultés; mais elle ménageait les plus grandes combinaisons pour l'avenir. Il n'existait entre la nation française et la nation prussienne aucune cause de haine ni de ressentiment : il n'existait aucune opposition d'intérêts, ni de conflit d'ambition, entre l'État français et l'État prussien. En se rapprochant, ces deux pays obéissaient, malgré l'antinomie des principes de leurs gouvernements, à une tradition de leur histoire. La paix, qui était glorieuse pour la France, n'était point humiliante pour la Prusse.

Le traité ne résolvait point la question du Rhin, mais il en préparait toutes les solutions, et c'était justement ce qu'il y avait de mieux concerté dans cette transaction. Si la République persistait dans le système de la limite du Rhin, elle s'assurait le meilleur moyen de faire prévaloir ce système; si elle y renonçait, elle avançait singulièrement par cette paix partielle l'ouvrage de la paix générale, elle devenait l'arbitre de l'Allemagne, elle renouvelait la paix de Westphalie et se trouvait en mesure d'imposer à l'Autriche la cession de la Belgique. La Prusse voyait ses indemnités assurées dans le cas où la France garderait la rive gauche du Rhin. Sa défection à la cause de l'Empire était colorée par la convention de neutralité. Si Frédéric-Guillaume encourait les reproches de quelques-uns de ses co-États, il se ménageait la gratitude des autres. Il pouvait espérer davantage. Il pouvait se dire que, le parti modéré triomphant dans la Convention, la République se contenterait de la Belgique, avec une simple rectification de frontière du côté de l'Empire. Alors le traité de Bâle n'aurait plus pour lui que des avantages. La Prusse, pacificatrice de l'Allemagne, reprendrait le rôle que le grand Électeur par les traités de 1648, et Frédéric par la *Confédération des princes,* lui avaient préparé. C'était l'espoir de Hardenberg. Mais ce n'était pas le dessein du Comité de salut public, et ce Comité envisageait autrement l'avenir que le traité du 16 germinal ouvrait à la France, à la Prusse et à l'Empire. Il entendait faire de la Prusse un instrument de la grandeur de la République française et l'intéresser à cette grandeur en la comblant. Ce n'était pas à garantir l'intégrité de l'Empire et à confirmer les traités de Westphalie qu'il voulait la convier, c'était à partager les territoires et la suprématie de l'Allemagne réformée dans sa constitution. « Le gouvernement prussien, écrivait Merlin, entend trop bien ses intérêts pour ne pas sentir comme nous que le traité qui vient d'être conclu ne sera, s'il le veut, que le préliminaire d'un autre beaucoup plus important. Il ne tient qu'à lui, en concourant à nos vues, de s'élever à un point de grandeur et de stabilité qu'il lui importe infiniment d'atteindre, et d'exercer, conjointement avec la République française, la plus utile influence sur l'Europe entière [1]. »

[1] A Barthélemy, 22 germinal-11 avril 1795.

LIVRE III

LES DESSEINS DE LA RÉPUBLIQUE

CHAPITRE PREMIER

LES ULTIMATUMS DU COMITÉ

1795

I

Cette conception de la paix de Bâle impliquait un bouleversement de l'Allemagne. Le Comité, qui voulait porter la paix ainsi conçue jusqu'à ses dernières conséquences, ne recula point devant celle-là. On l'en vit constamment occupé à partir de la fin de germinal. Merlin avait jusqu'alors dirigé, à peu près exclusivement, la correspondance d'Allemagne; il va s'effacer désormais devant ses deux nouveaux collègues de la section diplomatique, l'un plus passionné et plus déterminé que lui dans ces affaires, l'autre plus porté aux longs desseins et plus apte à les développer, sinon à les accomplir, Reubell et Sieyès [1]. Reubell était un ancien avocat au conseil souverain d'Alsace, praticien retors et chicaneur, arrogant, entêté, brutal même de caractère et de façons, impatient de la contradiction, âpre au gouvernement et âpre au gain, peu crédule à la vertu d'autrui, réglant la sienne sur l'intérêt et sans autres principes dans la conduite des affaires que des formules dociles de procédure. Républicain exalté,

[1] Le Comité au 15 germinal-4 avril 1795 : Cambacérès, Merlin de Douai, Sieyès, Reubell, Breard, Fourcroy, Tallien, Aubry, Marec, Chazal, Lacombe, Laporte, Creuzé, Lesage, Gillet, Roux.

il demeura républicain fidèle; mais, dans la République, il aimait, par-dessus tout, l'État; il apportait à le servir un orgueil de robin qui commande à des militaires et une fierté de plébéien qui humilie des rois. Il avait autrefois géré les affaires de plusieurs princes allemands possessionnés en Alsace, et plaidé contre d'autres princes. Il était rompu aux querelles d'Allemagne, et il professait pour l'Empire, sa constitution, ses chambres impériales, sa diète, sa noblesse immédiate, ses princes ecclésiastiques, l'antipathie d'un légiste révolutionnaire, aiguisée des ressentiments d'un bourgeois alsacien. Il était de ces politiques qui, faute de comprendre la nation, prétendaient la mener du dehors, à coups de diversions; il voulait gouverner la France par l'Europe et l'Europe par les canons français, considérant surtout dans la victoire les ressources qu'elle procure et tenant qu'il n'y a pour les républiques, comme pour les particuliers, de bons placements que dans les terres.

Sieyès avait la prétention de réformer l'Europe et la France et de les plier toutes deux à sa raison. Il visait très haut, pour son pays dont il voulait faire le régent de l'Europe, pour lui-même dont il voulait faire le précepteur de la France. Il avait annoncé un très grand rôle dans le prologue et dans le premier acte de la Révolution; puis il avait disparu tout à coup, laissant la place à Mirabeau dont le génie l'offusquait, aux Girondins dont la médiocrité le déconcertait, à Danton qu'il dédaignait, à Robespierre qui lui faisait peur. Il se tut par orgueil, cherchant à se ménager des occasions, puis par prudence, afin d'obtenir le droit de vivre. Tous les protagonistes avaient disparu, le péril était passé, Sieyès sortit de sa retraite, fit publier une notice sur sa vie[1] et posa sa candidature au Comité. Il s'acquit très promptement dans les conseils de la République cette place de mécanicien supérieur et de grand machiniste politique qu'il avait toujours ambitionnée. Il y mettait sa gloire, son intérêt, ses passions : il aimait la France

---

[1] *Notice sur la vie de Sieyès, écrite en messidor, deuxième année de l'ère républicaine.* — Voir STERN, *Konrad OElsner*, Fribourg en Brisgau, 1890.

et la voulait très grande; il aimait la République et la voulait
très sage; il aimait son repos et sa fortune et les voulait très
assurés [1]. Il était porté à cette magistrature par l'étendue et
la profondeur de ses réflexions, par ses ressources dialec-
tiques, par son ton d'oracle, par sa croyance en l'absolu, par
sa confiance en sa propre raison. Il avait de grandes conceptions d'État : il lui manquait les premières qualités de
l'homme d'État, le sens des réalités, l'instinct de la vie, le
tact des hommes. Ce réformateur du monde avait commencé
par faire table rase de l'humanité. Il méprisait les faits contingents, l'expérience et l'histoire. « Assez d'autres, disait-il par
une allusion dédaigneuse à Montesquieu, se sont occupés à
combiner des idées serviles, toujours d'accord avec les événements. La science politique n'est pas la science de ce qui est,
mais de ce qui doit être. » En sortant de l'Église, il avait, du
même coup, rompu avec toutes les traditions : « Les prétendues vérités historiques n'ont pas plus de réalité que les prétendues vérités religieuses. » Mais, pour opérer ce vide dans
sa pensée, il n'en brisa point le moule. Ce rationaliste demeura
théologien par la méthode, et les facultés maîtresses qu'il
appliqua au gouvernement étaient tout ecclésiastiques : une
aptitude extraordinaire à analyser les conjonctures, à en
démêler les éléments, à les définir, à en saisir les nœuds; le
sentiment intense de l'harmonie nécessaire aux corps sociaux et
aux corps politiques.

Personne, dans les crises de la Révolution, ne détermina
plus nettement les termes des problèmes et n'en déduisit les
formules avec plus de précision. En 1789 et en 1799, il dit
le premier et le dernier mot. Il fut l'ouvrier de deux événements capitaux de cette période, celui qui l'ouvre et celui
qui la ferme, le serment du Jeu de paume et le 18 brumaire. Il discerna l'avènement du tiers état et la dictature de
Bonaparte; il les prédit, il y contribua. Mais il y travailla

[1] Voir t. II, p. 302. — ROEDERER, t. III, p. 327. — SAINTE-BEUVE, *Causeries
du lundi*, t. V, art. Sieyès. — MIGNET, *Portraits et notices*, Le comte Sieyès. —
TALLEYRAND, *Mémoires*, Paris, 1891, t. I, p. 211.

contre lui-même, et tous les événements qu'il avait dessinés tournèrent à sa confusion. C'est que deux éléments dont sa vanité philosophique refusait de tenir compte, les circonstances et les passions, mènent le train courant du monde. Sieyès en voyait les effets présents, dédaignait d'en rechercher les causes, en découvrait les conséquences lointaines, en méconnaissait les conditions actuelles. Dans ses essais, pour appliquer ses spéculations politiques au gouvernement des hommes, il s'infatuait de son astrologie et demeurait chimérique. Le public ne s'expliquait pas comment il pouvait unir tant de clairvoyance à si peu d'action. On a dit qu'il y avait en lui du Descartes : c'est au Descartes des tourbillons qu'il faudrait penser. « Il ne discute pas, parce qu'il ne sait que prescrire. Il n'a point le désir de convaincre, il veut subjuguer », disait Talleyrand qui était aux antipodes de cet esprit. Avec cela retiré, misanthrope, atrabilaire, dominateur, absolu dans ses maximes, inflexible dans ses déductions, mais subtil dans l'application de ses idées, artificieux dans l'exécution de ses plans et se croyant machiavéliste dans son scepticisme sur les moyens, alors qu'il n'était au fond qu'un casuiste de la raison d'État.

Sieyès, méditant sur les destinées de l'Europe, n'était point homme à s'arrêter aux demi-mesures et à s'enfermer dans les formules de Favier. La principale nouveauté du plan qu'il forma en 1795 est que l'Autriche y a sa place, une place même plus large que la Prusse. Sieyès ne partageait point les préventions de ses contemporains en faveur de la Prusse; ne fût-ce que par esprit de contradiction, il refusait de faire de la ruine de l'Autriche l'objet fondamental de la politique républicaine. Il ne croyait ni à l'énergie, ni à la consistance, ni à la fidélité du gouvernement prussien, et il voyait un péril à fortifier la Prusse, tandis que l'on écraserait l'Autriche. Il ne voulait point que la France fût réduite à composer avec l'une ou avec l'autre; il préférait opposer l'une à l'autre, les grandir toutes les deux, et, en augmentant leurs forces, aigrir leurs rivalités. Elles se neutraliseraient de la sorte. Au lieu de placer l'Allemagne sous la tutelle très suspecte de la Prusse, il prétendait la placer directement sous la suprématie de la République, et y constituer une ou même deux unions restreintes, qui sépareraient la France des deux grands États allemands et défendraient l'Allemagne contre l'invasion du commerce anglais [1].

Sieyès avait précisé ces vues dans sa pensée ; mais il n'était pas seul à les concevoir. Il y avait, à Paris et jusque dans la Convention, des politiques qui, sans se proposer des combinaisons aussi vastes, se demandaient simplement, en présence de la misère croissante, de la menace de la banqueroute, du danger de la prépondérance des armées, si le premier besoin de l'État n'était pas la paix continentale ; s'il était de l'intérêt de la France de se rendre systématiquement solidaire de la Prusse ; si, enfin, au lieu de poursuivre une guerre à outrance contre l'Autriche, il ne vaudrait pas mieux traiter dès à présent avec cette puissance, l'engager par un troc avantageux et de belles compensations à abandonner les Pays-Bas et à consentir à la cession de la rive gauche du Rhin [2]. Cette opinion était assez répandue dans l'espèce de *monde* qui s'était reformé à Paris et dans ces « salons dorés » où les prisonniers délivrés se rencontraient avec les Thermidoriens « réacteurs ».

La maison du baron de Staël était l'un des points de ralliement de ce monde qui cherchait surtout à se divertir, mais qui avait trop le goût de la cabale et l'habitude de l'intrigue pour s'en détacher, même au milieu des divertissements. Parmi ces cabaleurs et intrigants de profession, Carletti, l'envoyé de Toscane, s'était poussé au premier rang [3]. Il était, après Staël et à distance, le plus brillant échantillon de ce corps diplomatique de l'an III qui « était aux pieds du Comité de salut public, en conspirant contre lui [4] ». Carletti avait-il reçu le secret de Manfredini, et travaillait-il à rendre

---

[1] Voir les rapports de Sieyès de Berlin en 1799, notamment celui du 8 fructidor-25 août. Extrait publié par BAILLEU, t. I, p. 485.

[2] *Revue historique : L'Autriche et le Comité de salut public*, t. XVII, p. 25 et suiv. ; t. XIX, p. 47.

[3] *Revue historique*, t. XVII, p. 53-57.

[4] SAINTE-BEUVE, *Nouveaux Lundis*, t. I, article Benjamin Constant. — Madame DE STAËL, *Considérations*, 3ᵉ partie, ch. xx.

la Toscane médiatrice entre l'Autriche et la République? S'il reçut ce secret, il ne le garda point, et s'il fut chargé de travailler à cette affaire, il le fit avec indiscrétion[1]. Il avait les mœurs de ces brouillons du second rang qui, de tout temps, font profession d'officieux et d'importants, lancent les fausses nouvelles et alimentent les gazettes de leurs confidences. Il donnait des dîners de gala; Mme Tallien le traitait en grand diplomate; il se posait en ardent républicain. On le voyait se faufiler dans les cercles, semant la méfiance contre la Prusse, insinuant la réconciliation avec l'Autriche. A force de s'agiter sur la scène, il passa pour un personnage, et le bruit d'une négociation mystérieuse dont il aurait été chargé se répandit en Europe.

Le fait est qu'il n'en était rien, mais plusieurs pensaient à cette négociation, et il parut un moment que la Cour de Vienne même y était disposée. Thugut recevait des lettres d'Augeard, ancien secrétaire des commandements de Marie-Antoinette, qui jouait le pacificateur et le courtier de diplomatie. L'ancien secrétaire de Mirabeau, Pellenc, qui travaillait pour l'Autriche, se mêla aussi de procurer la paix. Dans le commencement d'avril, Gérard de Rayneval, ci-devant premier commis aux affaires étrangères, « épuré » par l'ancien gouvernement, mais très écouté par le nouveau, reçut une insinuation. Quelqu'un lui demanda un passeport pour la France et offrit de s'aboucher avec lui sur la frontière. Sieyès fut d'avis d'en essayer, et d'inviter l'agent à venir à Paris. « Nous l'entendrons, écrivit-il à Rayneval, le 12 avril. S'il a des pouvoirs, s'il est loyal et ouvert, s'il a véritablement envie de finir, il y aura économie de temps à le mettre tout de suite à portée du Comité de salut public. »

L'émissaire ne parut point; mais Sieyès se prépara à le recevoir, et c'est à cet effet que paraît avoir été dressé le *Projet de traité de paix présenté au Comité de salut public par l'organe du citoyen Sieyès, membre dudit Comité, en l'an III de*

---

[1] Miot, Rapport du 8 juillet 1795. *Mémoires*, t. I, p. 66.

la République. Ce plan est la préface du grand dessein que Sieyès conçut pour l'Allemagne et dont Bonaparte s'inspira en 1803 et en 1806. La paix durable, sinon perpétuelle, est l'objet déclaré de cet ouvrage et en forme le frontispice. La cession de la rive gauche du Rhin à la France en est la condition. Il faut obtenir cette limite et il faut la conserver. Pour l'acquérir, il faut dédommager les princes possessionnés sur la rive gauche et gagner leurs suffrages dans la Diète; pour la conserver, il faut en éloigner les grands États. « Une république est toujours sujette à des dissensions ; rien ne lui est plus dangereux qu'un voisin puissant. » La suppression totale des principautés ecclésiastiques, « bouleversement d'un tas de sable », permettra d'atteindre l'un et l'autre objet. La maison palatine, celle de Deux-Ponts, les deux ducs de Mecklembourg seront transportés dans les pays voisins de la rive droite du Rhin ; la Saxe sera agrandie. Les maisons de Cassel, Darmstadt, Wurtemberg et Mecklembourg-Schwerin seront élevées à la dignité électorale. Tous ces États, groupés, formeront l'embryon d'une *Confédération* ou *Ligue du Rhin* qui servira de tampon entre la France et les principaux États de l'Allemagne : la Bavière, qui sera fort accrue; la Prusse et l'Autriche, qui seront comblées. La Prusse aura Hildesheim, Paderborn, le duché de Westphalie, Essen, Werden, les deux duchés de Mecklembourg; l'Autriche aura une partie de la Bavière, Salzbourg, Passau, Ratisbonne.

Ce plan mettait en branle tout l'Empire, transportait des dynasties, taillait et recousait arbitrairement les territoires, échangeait les peuples et subordonnait au calcul d'État non seulement la souveraineté de ces peuples dont Sieyès n'avait cure, mais leurs traditions et leurs intérêts, dont il ne tenait aucun compte. C'était l'esprit du temps [1], et Grégoire fit l'effet d'une sorte de revenant d'un âge disparu, lorsqu'il proposa à la Convention de faire une déclaration solennelle du droit des

---

[1] Le représentant Dentzel présenta au Comité, le 20 pluviôse-8 février 1795, un *Plan de paix* qui se rapproche assez de celui-là, et où l'Empire est découpé avec la même aisance.

gens de la République [1]. « L'ancienne diplomatie et le droit public, dit-il, n'étaient qu'un échafaudage ridicule et souvent monstrueux, que le souffle de la raison a renversé. Nous avons détruit, mais qu'avons-nous mis à la place? » Nous-mêmes, et c'est assez, aurait pu répondre Sieyès, s'il avait daigné répondre à ces réminiscences de la Gironde. Un citoyen Burger, de Strasbourg, s'accordait infiniment mieux au ton de l'époque, lorsqu'il présentait des vues sur l'établissement d'une école de diplomatie [2].

II

L'Allemagne se disposait ouvertement à la paix [3]. Les landgraves de Cassel, de Darmstadt, de Hambourg ne demandaient qu'à négocier. Celui de Cassel envoya un plénipotentiaire, M. de Waitz, qui se présenta, le 19 avril, chez Barthélemy, avec des pleins pouvoirs. Dans le Wurtemberg, on signalait un mouvement très vif d'opinion en faveur de la neutralité. Georges Kerner, à qui le 9 thermidor avait rendu sa foi républicaine et ses illusions, était revenu dans son pays; il y avait organisé des correspondances pour Barthélemy, et il tâchait de pousser sa propagande pacifique dans tout le sud de l'Allemagne. Le duc Louis-Eugène détestait les Français : il fit chasser Kerner. Mais il mourut au mois de mai, et son frère, Frédéric Ier, qui lui succéda, s'empressa de réclamer les bons offices de la Prusse. Les Allemands, toutefois, quand ils sollicitaient la paix, l'entendaient pure et simple, sans concessions de leur part, et c'était l'intégrité de l'Empire, c'est-à-dire la conservation de leurs propres possessions, qu'ils demandaient à la Prusse de défendre et d'assurer. Le Comité

---

[1] 4 floréal-23 avril 1795.
[2] 23 germinal-12 avril 1795. *Procès-verbaux de la Convention.*
[3] *Revue historique : La neutralité du nord de l'Allemagne en 1795*, t. XVII, p. 257.

de salut public prétendait, au contraire, que la Prusse, moyennant un riche salaire, s'employât à lui procurer, par cette même paix de l'Empire, la cession de la rive gauche du Rhin. A mesure que l'Allemagne se montrait plus empressée à solliciter sa médiation, la Prusse paraissait plus préoccupée de se dérober aux grandeurs que lui destinait la République.

Le traité de Bâle à peine signé, la divergence des vues qu'y avaient apportées les deux contractants se déclarait par l'application que chacun d'eux prétendait faire du traité. Le Comité avait hésité longtemps à accepter en principe la ligne de démarcation; il en appréciait désormais l'utilité. Il pressait Barthélemy de négocier la convention publique qui neutraliserait effectivement, sous la garantie de la Prusse, toute la partie de l'Allemagne située au nord du Mein. Hardenberg avait fait insérer cette clause secrète dans le traité de Bâle et s'en était fait un grand honneur; il semblait pris de scrupules au moment de l'appliquer et de la publier. Il présenta cependant un projet de convention; mais il le discuta lentement, et, dans ses conférences, il remit sans cesse sur le tapis la question du Rhin. C'est qu'en Allemagne, le bruit du consentement éventuel donné par la Prusse à la cession de la rive gauche commençait à se répandre et détruisait d'avance tout l'effet que Hardenberg attendait de la neutralité.

Le ministre de l'électeur de Mayence, Albini, écrivit, le 15 avril, à Hardenberg : « Pour nous, il n'y a pas de paix possible aussi longtemps que nous ne saurons pas si la France renonce à la frontière du Rhin; nous devons, et lors même que personne ne nous soutiendrait, nous battre en désespérés; il ne nous reste plus qu'à *vincere aut mori*. » Hardenberg faisait peu de fond sur l'héroïsme de la Diète et sur le patriotisme des chancelleries de l'Empire; il avait plus de confiance dans ses propres négociations que dans le « beau désespoir » d'Albini. Il n'en apporta que plus de zèle à persuader Barthélemy. Il lui expliqua qu'avec le système du Rhin, la paix ne serait ni sincère ni durable. Il allégua les répugnances de son roi; il insinua que ce système détournerait l'Empire de la neutralité et de la médiation prussienne, qu'il le rejetterait vers la guerre et vers l'Autriche. Il communiqua à Barthélemy des lettres qu'il recevait de Gœrtz, l'agent prussien près de la Diète; elles étaient écrites dans cet esprit, et se terminaient toutes par le même refrain : la renonciation de la France à la rive gauche. « Ce serait, disait Gœrtz, le chef-d'œuvre de la plus sublime politique et une victoire éclatante pour la France et pour nous. » Toute l'Allemagne se jetterait dans les bras de la Prusse. « Quant aux Pays-Bas autrichiens, c'est une autre histoire; mais ce sera l'objet le plus important pour la France. »

Le Comité donna pouvoir à Barthélemy pour négocier des traités partiels avec les landgraves de Hesse, et réfléchit aux mesures que nécessitait ce mouvement rétrograde de la Prusse [1]. La plus simple et la plus efficace de ces mesures était peut-être de la piquer au jeu. Le Comité jugea qu'il avait eu tort de déclarer trop souvent et trop solennellement, que la République ne pactiserait jamais avec l'Autriche; c'était faire la part trop belle aux Prussiens et se mettre à leur discrétion. « Si vous voulez vous attacher la Prusse, disait plus tard Sieyès, montrez que vous pouvez vous passer d'elle... Vous consultiez plus ses intérêts que les vôtres quand vous ne cessiez de lui offrir un surcroît de considération, d'influence et d'agrandissement topographique, qui ne serait propre au fond qu'à la soustraire bientôt à la nécessité de respecter et de chérir l'amitié de la République [2]. » Carletti se trouva fort à propos pour faire le jeu du Comité. Le Comité le laissa dire et le laissa s'enfler; il l'y excita même. Le *Moniteur* inséra une lettre de Nuremberg où on lisait : « Beaucoup de personnes pensent que le comte Carletti peut n'être pas tout à fait étranger aux intérêts de l'Empereur, malgré l'obstacle éminemment insurmontable des Pays-Bas [3]. » Le Comité songea même à pousser

---

[1] *Revue historique*, t. XVII, p. 257-264, 279.
[2] BAILLEU, t. I, p. 486.
[3] Numéro du 9 floréal-28 avril 1795. — Comparez le projet de feintes par Sémonville, à Naples, en 1793, t. III, p. 401.

plus loin la feinte, à inquiéter l'Angleterre en même temps que la Prusse, et à reprendre la négociation de Toscane imaginée au temps de Danton, puis rompue par l'enlèvement de Maret et de Sémonville[1]. Le commissaire des relations extérieures, Miot, fut désigné pour le poste de Florence, et Sieyès lui fit dresser, dans le courant d'avril, un projet d'instructions. La véritable pensée du Comité de salut public s'y déclare, et l'on y voit à quoi se réduisait cette prétendue mission de Carletti dont toutes les chancelleries de l'Europe commençaient à se préoccuper.

Miot devait nouer des relations avec les diplomates étrangers, en vue de préparer des traités partiels, surtout avec l'Espagne. « Quant à l'Autriche, disait l'instruction, la conduite du citoyen Miot doit être beaucoup plus réservée. Après l'Angleterre, cette puissance a joué le premier rôle parmi les ennemis de la France, et il est de l'intérêt de la République qu'à la suite de ses nombreux revers, elle soit mise dans l'impuissance absolue de lui nuire. Mais il règne entre ces deux ennemis principaux de la République une défiance qu'il est de notre intérêt de nourrir... Nous savons que les Anglais ont déjà pris de l'ombrage de la mission du comte Carletti dont ils connaissent les principes, et qu'ils le croient chargé d'une négociation secrète pour le compte de l'Autriche. Il conviendra de fomenter adroitement ce germe de mésintelligence et d'égarer de plus en plus le gouvernement britannique par des bruits répandus à propos et même par quelques entrevues mystérieuses, mais réellement insignifiantes, avec des agents autrichiens... Le citoyen Miot... se pénétrera... de cette grande vérité : que rien ne pourra rompre plus efficacement la coalition que la crainte qu'il inspirera à ses membres d'être abandonnés par leurs alliés et d'avoir à supporter seuls une guerre très dispendieuse contre toute la puissance du peuple français. »

Tandis qu'un agent induirait ainsi l'Angleterre et la Prusse en soupçons contre l'Autriche, un autre y induirait l'Autriche

[1] Cf. t. III, p. 423-425.

contre l'Angleterre. Les Anglais avaient, par voie de parlementaire, demandé à conférer, en rade de Dieppe, sur un échange de prisonniers. Le Comité chargea, le 11 avril, le citoyen Comeyras de cette négociation. Comeyras devait refuser le cartel, par la raison que l'Angleterre manquait d'hommes et que la République en avait « plus qu'il ne lui en fallait pour achever la défaite de ses ennemis » ; mais il était autorisé à écouter les propos des Anglais et à les transmettre au Comité. Il pouvait faire davantage et rappeler, comme spontanément, que la Convention voulait la paix ; elle la voulait « honorable, glorieuse », mais elle la voulait sincèrement. « Si, écrivait Merlin à Comeyras, le 26 avril, le gouvernement anglais est prêt à traiter sur ce pied, quels que soient ses torts envers nous et envers l'humanité, il n'y trouvera point d'obstacle de la part des représentants de la nation française, dont la générosité égalera toujours la puissance. Au reste, il y aurait aux négociations un article préliminaire essentiel, savoir, l'engagement d'évacuer, avant le traité définitif, les îles françaises que les Anglais occupent en ce moment. » L'entrevue eut lieu dans les premiers jours de mai ; les Anglais demandèrent un cartel, Comeyras le refusa, et l'on rompit là-dessus. Il ne fut point question de la paix. Les Anglais ne se laissèrent point inquiéter et ne se prêtèrent pas au stratagème classique du Comité[1]. Un stratagème du même genre fit au contraire merveille avec Staël et les Suédois.

III

Staël était à Paris depuis plusieurs semaines. Il sollicitait un subside, proposait une alliance et offrait de reconnaître la République. Le Comité demanda que la Suède commençât par la reconnaissance, ce qui était logique ; mais Staël, qui

[1] ZEISSBERG, t. V, p. 128, 205, rapports de Starhemberg. — Cf. t. III, p. 419-421, mission de Forster, juin 1793.

voulait se faire payer fort cher cette reconnaissance, retarda le dépôt de ses lettres de créance, sous le prétexte qu'il n'avait pas encore tous les papiers nécessaires. Le Comité ne s'acommoda point de cette échappatoire et se piqua de montrer qu'en fait de diplomatie, il était de taille à faire la leçon à l'envoyé de Suède. Le bruit se répandit dans les « salons dorés » qu'il s'ourdissait contre la Suède une machination ténébreuse, dont Sieyès était à la fois le promoteur et l'agent. On se racontait à l'oreille que le plus laconique des régicides s'était tout à coup mis en grâce près de la plus véhémente des ennemis de la République, et que Sieyès s'était fait le chef clandestin d'une coterie russe, dont l'objet était de livrer la Suède à Catherine[1]. Si invraisemblable que fût l'aventure pour qui connaissait la tsarine et pour qui connaissait Sieyès, Staël s'en alarma, et il s'ensuivit que, le 15 germinal-4 avril, un courrier lui apporta très à propos ses lettres de créance. Le Comité en fut aussitôt informé. Staël joignit à cet avis une très longue missive où étaient exposées les négociations interrompues de 1793. Staël se montrait empressé de les renouer[2] : « Vous êtes trop justes, écrivait-il, pour vouloir nous compromettre avec la Russie, dont le système dévastateur devrait être pour vous un sujet pressant de réflexions sérieuses et même de mesures de prévoyance... Si je parlais à l'ancien ministre Vergennes, qui penchait infiniment pour la Russie, je lui dirais : Il se trouve peut-être des hommes dont la politique astucieuse tâchera à vous détourner de vos anciens liens; ils vous insinueraient que la Suède est pauvre, qu'il lui faut des secours; ils vous vanteraient la puissance de la Russie; mais ils se garderaient bien de vous rappeler sa haine croissante contre la France, son ambition... et surtout sa conduite en Pologne... » Staël demanda dix millions de livres pour les armements opérés par la Suède en 1793, dix millions de livres pour compenser le subside de la Russie, que la Suède avait perdu en prononçant sa neutralité, la signature

---

[1] Cf. t. III, p. 399, 416, 434.
[2] Léouzon le Duc, *Correspondance du baron de Staël*, p. 261 et suiv.

immédiate du projet de traité de 1793 et la formation d'une ligue où entreraient le Danemark, la Hollande et la Turquie. Il insinua que la République était dans le cas de faire payer les millions par les États généraux, et que la Suède s'accommoderait très bien de lettres de change tirées sur les républicains bataves.

Le Comité prit acte de la reconnaissance de la République française par la Suède. « Vos lettres de créance seront reçues et vous, Monsieur, présenté à la Convention le jour qu'il vous plaira de choisir vous-même, répondit aussitôt Sieyès. Vous ne pouvez à cet égard devancer nos désirs. » Quant aux réclamations, le Comité distingua : la Suède ne pouvait réclamer les subsides stipulés dans le traité de 1793, puisque ce traité n'avait pas été ratifié, encore moins exécuté. La Suède s'était bornée, dans son propre intérêt, à observer la neutralité, et la République n'avait point à lui en tenir compte. « Il n'existe point pour la République française d'obligation positive de payer à la Suède des indemnités pour le passé... Des dépenses à faire! Voilà le point important. Il faut que le passé, pour attirer notre attention, se lie à l'avenir. » Le Comité précisa les services que la République attendait : la Suède rappellerait son contingent de l'armée de l'Empire et engagerait ses co-États d'Allemagne à la paix; elle se liguerait avec le Danemark pour faire prévaloir la liberté des mers, rompre les blocus britanniques, troubler le commerce de l'Angleterre et fermer le Sund au pavillon anglais. Le Comité invita, en outre, le gouvernement suédois à s'expliquer sur le « degré d'intérêt » qu'il prendrait à la Pologne et sur l'étendue des liaisons qu'il contracterait au besoin avec la Porte. Lorsque tous ces points préliminaires seraient éclaircis, le Comité promettrait volontiers des subsides pour le cas où la Suède serait attaquée soit par l'Angleterre, soit par la Russie, et il serait disposé à en faire opérer le règlement par les Hollandais [1].

---

[1] Le Comité à Staël, 17 germinal-6 avril 1795.

Staël trouva le Comité fort exigeant, protesta, argumenta et ne parla plus de ses lettres de créance [1]. Le Comité les lui rappela sous une forme péremptoire. Sieyès lui transmit, le 19 avril, un arrêté daté de la veille et qui se terminait par ces mots : « Il est essentiel que M. de Staël se mette en règle le plus tôt possible. » Cette notification était accompagnée d'une lettre très développée de Sieyès ; elle demandait « une réponse catégorique ». Staël s'exécuta. Il transmit, le 1er floréal-19 avril, ses lettres de créance au Comité. C'était le jour du renouvellement du bureau à la Convention. Sieyès fut nommé président pour la circonstance et lut, le 2 floréal, à l'Assemblée, les lettres du régent de Suède. Il quitta la présidence le 3 et fut remplacé par Boissy d'Anglas. Le 4 floréal-23 avril, Merlin fit régler le cérémonial de la réception solennelle des ambassadeurs. Un fauteuil fut disposé en face du président, avec des banquettes, à droite et à gauche, pour le cortège. Staël fut introduit, s'assit et prononça un discours rempli d'effusion : il célébra les succès de la France et salua le règne de la puissance réunie à la vertu. Boissy d'Anglas lui répondit majestueusement : « Baron Eric-Magnus Staël de Holstein, venez recevoir l'accolade républicaine ; qu'elle soit le gage de l'attachement fraternel qui doit unir la République française et le royaume de Suède. » Staël monta au bureau présidentiel, et l'accolade lui fut donnée au milieu des applaudissements. « Jamais, dit une dépêche du Comité, on ne vit plus de dignité et de vraie sensibilité [2]. »

La négociation ne languit pas moins, Staël sollicitant des subsides afin d'armer des vaisseaux, et le Comité ne voulant accorder les subsides que quand les vaisseaux seraient armés. L'envoyé suédois montrait d'ailleurs le plus louable zèle à contenir l'Angleterre et à relever la Pologne. Il finit par obtenir la promesse d'une avance de quatre millions de livres « en valeurs métalliques », à condition que la Suède armerait immédiatement dix vaisseaux et cinq frégates et engagerait le

[1] Staël au Comité, 20, 25 germinal-9, 14 avril 1795.
[2] Le Comité à Grouvelle, 10 floréal-29 avril 1795.

Danemark à un concert d'opérations contre l'Angleterre. Staël y vit un gage des bonnes intentions du Comité, et présenta un projet de traité : moyennant dix-huit millions de livres tournois par an, la Suède ferait respecter sa neutralité, fermerait le Sund aux Anglais, ravitaillerait la France et s'engagerait à ne conclure aucun traité contraire aux intérêts communs qu'elle avait avec la République [1].

Le régent de Suède ne fit point attendre les marques de sa bonne volonté. Il écrivit, de sa main, au prince royal de Danemark, le 27 avril : il se plaignit de la mollesse que le Danemark apportait à soutenir la neutralité commune, et il engagea son allié à suivre son exemple en reconnaissant la République. Le roi de Danemark fit armer quatre vaisseaux, ce qui portait à huit vaisseaux son contingent dans la flotte confédérée. Quant à la reconnaissance, il continua de l'ajourner. Bernstorff était aussi fécond en échappatoires sur ce chapitre qu'il l'était en conseils sur le chapitre de la paix. Le Comité, pour en finir, adressa de nouvelles lettres de créance à Grouvelle : « C'est, écrivit-il, la réponse la plus claire et la plus prompte que nous puissions faire aux petites incertitudes de M. de Bernstorff [2]. »

IV

Le Comité ne se dissimulait point la fragilité de cette diplomatie. Ses négociations, entreprises partout ensemble et qui devaient se soutenir l'une l'autre, semblaient se dérober partout à la fois. Il en allait, sous ce rapport, en Espagne comme dans le Nord. Bourgoing était aux Pyrénées depuis le milieu de mars [3]. La correspondance qu'il avait engagée avec Ocaritz ne

---

[1] Staël au Comité, 3 floréal-22 avril; 8 floréal-27 avril; 14 floréal-3 mai. — Le Comité à Staël, 11 floréal-30 avril 1795.

[2] Le prince régent de Suède au prince royal de Danemark, 27 avril 1795. — Le Comité à Grouvelle, 26 germinal et 11 floréal-15 et 30 avril; 21 floréal-10 mai. — Rapports de Grouvelle, germinal, floréal, prairial-avril, mai 1795. — Le prince royal de Danemark au régent de Suède, 16 mai 1795.

[3] Cf. ci-dessus, p. 234, 266.

paraissait destinée qu'à amuser le tapis. Les représentants en mission soupçonnaient l'Espagne de s'en faire un prétexte pour renforcer ses troupes. Ils se trompaient. La Cour de Madrid désirait sérieusement négocier. Mais, dans la crainte des indiscrétions et des cabales, dans la crainte surtout de quelque mesure comminatoire des Anglais, cette cour avait décidé d'aller chercher la paix dans un lieu où l'on ne l'en soupçonnerait point. Elle chargea de la négociation son ancien agent à Paris, Yriarte, ministre en Pologne, que l'on venait de rappeler. Godoy lui envoya des instructions et l'ordre de s'aboucher avec celui des agents de la République qui serait le plus à sa portée et qui lui semblerait le plus propre à bien mener cette grande affaire. Le courrier s'en alla rejoindre Yriarte par Venise et l'Autriche. Le détour était long. Rien ne perça de cette mission, et pendant qu'elle tenait la négociation en suspens, le Comité de salut public se demanda naturellement si l'Espagne avait été sincère dans ses insinuations pacifiques.

Bourgoing inclinait à le croire ; mais il pensait que les prétentions du Comité étaient excessives. Il connaissait les Espagnols, il était honnête homme et bon serviteur de l'État. Il n'hésita point à découvrir ses réflexions au Comité. « Je vous avouerai, citoyens représentants, écrivit-il le 20 mars, que les bases sur lesquelles vous désirez qu'il s'entame une négociation avec l'Espagne ne me paraissent pas de nature à opérer un prompt rapprochement. » L'Espagne tient au Guipuzcoa. Elle ne le cédera point si de nouveaux revers ne l'y contraignent. Serait-ce d'ailleurs une bonne conquête? Les Guipuzcoans « ne sont pas mûrs pour la liberté, telle que nous la concevons ». Ils sont attachés à leurs franchises nationales ; ils feraient de mauvais citoyens français. La conquête du Portugal, par laquelle le Comité se flatte d'allécher l'Espagne, serait scabreuse et difficile aux Espagnols. Les Portugais les haïssent, et ils résisteraient. « Croyez-vous d'ailleurs que Charles IV, qui est aussi honnête homme que peut l'être un roi, voulût rompre, sans autre motif que la convenance, avec une puissance qui est en ce moment son alliée? » Ce serait détrôner sa propre fille, qui a épousé l'héritier présomptif du Portugal. Il faudrait des circonstances nouvelles, qui sont possibles, du reste, pour que Charles IV « et son épouse (le véritable souverain d'Espagne) se familiarisassent avec une idée aussi révoltante au premier aspect ». Les « circonstances nouvelles » se présentèrent en 1807, et l'on vit alors Charles IV et « son épouse » se familiariser avec « cette idée révoltante » et la pousser même au delà de ce que pouvait imaginer le loyal Bourgoing. On les vit conjurer la proscription de leur fille et le dépouillement de leur fils. Mais, en 1795, ces Bourbons n'étaient pas encore mûrs pour cette politique, et le Comité se rendit, sur ce point, aux représentations de Bourgoing.

Instruit par les représentants à la Haye que le ministre du Portugal dans cette ville, le comte d'Aranjo, était disposé à se rapprocher de la France et même à s'entremettre pour procurer la paix entre la République et l'Espagne, il consentit à accepter ces ouvertures. M. d'Aranjo fut averti que si son gouvernement envoyait un négociateur à Bâle, l'ambassadeur de la République s'aboucherait avec lui. La France réclamerait, à titre d'indemnité de guerre, du blé, des chevaux et la « restitution » des gouvernements de Fernambouc et du Para, contigus à la Guyane française, établissements fondés à l'origine par des colons français [1]. Quant aux conditions de la paix avec l'Espagne, le Comité n'y changea rien. Il s'attachait au Guipuzcoa, parce que cette province lui semblait former une « limite plus naturelle que la ligne de l'ancienne frontière ». Songeant à incorporer ce pays à la France, il reconnut la nécessité de le traiter avec moins de rigueur. Le 16 avril, sur le rapport de Tallien, la Convention décréta qu'elle désavouait « les cruautés et les injustices » commises dans le Guipuzcoa et la Biscaye par les « anciens tyrans ». Le 20, une proclamation « humaine » fut adressée aux habitants : elle promettait

---

[1] Cochon et Richard au Comité, 1ᵉʳ floréal-20 avril 1795. — Le comte d'Aranjo au Comité, 20 avril. — Le Comité à Cochon et Richard, 10 floréal-29 avril. Minute de Merlin de Douai.

le respect des personnes, des biens et des libertés religieuses. Les populations ainsi rassurées, le Comité estima que la Cour de Madrid ne résisterait plus; au besoin, la République saurait lui forcer la main. « Elle eut, disait une note soumise au Comité, la même répugnance, le siècle passé, à nous céder la Franche-Comté et le Roussillon. La terreur et l'impuissance l'y contraignirent. L'impuissance est au moins la même. La terreur est facile à augmenter... L'affaiblissement de l'Espagne ne doit pas entrer dans les vues de notre gouvernement, si nous ne l'affaiblissons qu'au profit d'une autre puissance; mais c'est la France qui en profitera... Les Pyrénées sont des limites naturelles; mais la possession du Guipuzcoa ne nous les donne pas en entier : elles s'étendent bien au delà. Après tout, ne vaut-il pas mieux posséder que partager la ligne qui forme la limite [1]? »

La nature avait parlé. Il semblait que le Comité n'eût qu'à interpréter ses oracles. Cependant, il s'éleva des doutes, et quelqu'un insinua que la restitution de la Louisiane conviendrait mieux à la République que la cession du Guipuzcoa. L'abandon de cette belle colonie avait été cruellement ressenti en France. On y avait vu à la fois une faute politique et un outrage aux *Droits de l'homme*[2]. Les desseins du Comité sur la Louisiane se découvrent d'abord sous forme dubitative, dans une dépêche adressée aux représentants aux Pyrénées le 28 germinal-17 avril. Le 4 floréal-23, le Comité n'hésite plus. Une considération nouvelle l'a décidé.

Paris vient de traverser une émeute. D'autres séditions s'annoncent. La République n'en a pas fini avec les factions. La *loi de grande police* a substitué dans presque tous les cas la déportation à la peine de mort. La République a besoin d'une terre d'exil. Il lui faut aussi un exutoire. La Vendée se pacifie, mais il y reste des chefs et des soldats qui ne se résigneront plus à la vie gênée et monotone qu'ils menaient avant la guerre. Enfin, la paix se fera : que deviendront les armées?

[1] Cf. les vues de Carnot en juillet 1794, ci-dessus. p. 90.
[2] Cf. t. I, p. 373.

Comment occuper tant de jeunes hommes dégoûtés des travaux des champs ou de l'industrie, excités aux ambitions, habitués à la vie des camps, aux grandes aventures et aux grandes licences de l'invasion et de la conquête? Une colonie leur ouvrirait la carrière, et peut-être les soldats de la guerre civile et ceux de la guerre nationale, réconciliés dans une émigration commune, relèveront-ils l'empire colonial de la France. Les deux inspiratrices constantes du Comité, la raison d'État et la grandeur de la République, se rencontrent ici pour conseiller une large mesure. Talleyrand l'avait suggérée dès 1792 : « Après une révolution... il faut donner des débouchés à toutes les passions [1]. » A peine le conseil pris, le Comité le poursuit avec passion : « Il faut vous dire notre dernière pensée, la voici, écrit Merlin [2]. La restitution de la Louisiane est, de toutes les conditions que nous avons proposées, celle à laquelle nous attachons le plus de prix, et que l'Espagne doit naturellement céder avec le moins de répugnance... Il nous importe, plus même qu'on ne peut le dire dans une lettre, d'avoir une colonie continentale à la fin d'une révolution... Une considération importante que vous devez mettre en avant pour amener l'Espagne à nous la restituer en échange de nos conquêtes, c'est l'attachement que les Louisianais ont conservé à la France [3]... »

Mais il y avait une nécessité plus urgente encore que celle d'ouvrir des colonies, c'était de nourrir le peuple et de nourrir l'armée. Il fallait de l'argent. Le Comité ne pouvait en tirer que de la Hollande, et cette République continuait de se montrer récalcitrante. Le Comité résolut de recourir aux grands moyens.

[1] Cf. t. III, p. 221. Rapport du 25 novembre 1792. PALLAIN, *Le ministère de Talleyrand sous le Directoire*, p. 56. — Cf. *Essai sur les avantages à retirer des colonies dans les circonstances présentes*, par le citoyen Talleyrand, messidor an V-juillet 1797.

[2] Aux représentants aux Pyrénées, 4 et 8 floréal-23, 27 avril 1795.

[3] *Revue historique : La diplomatie française et l'Espagne*, t. XII, p. 295-314.

V

Le 12 germinal-1er avril, les envoyés bataves Blauw et Meyer avaient adressé au Comité un long mémoire de leurs doléances. La Hollande, disaient-ils, est consternée des conditions que la France veut lui imposer. Si elle avait pu les imaginer, elle se serait défendue, et la conquête n'eût point été si facile. « Leur dernier mémoire est très positif, écrivait Sieyès[1]; au milieu d'un grand flux de paroles, ils nous annoncent qu'il leur faut la déclaration de leur indépendance avant toute condition, et ils nous menacent, sans celle-ci, de ne plus rien faire. » Ces derniers mots s'entendaient de l'entretien de l'armée de Pichegru : les Bataves déclaraient qu'il leur serait impossible d'y pourvoir tant que les négociations demeureraient en suspens. Le Comité entendait au contraire traiter la Hollande en pays conquis et n'en reconnaître l'indépendance qu'après qu'elle se serait soumise à ses injonctions. Tels étaient les « principes universels » de ces politiques : la Suède leur demandait une alliance et des subsides, et ils exigeaient qu'elle reconnût d'abord la République française ; ils voulaient imposer une alliance et une contribution aux Bataves : ils exigeaient que cette alliance fût conclue et la contribution stipulée pour que la République batave fût reconnue.

Blauw et Meyer refusèrent d'accepter les articles arrêtés par le Comité[2]. Le Comité en arrêta d'autres. Il exigeait cent millions, dont vingt payables immédiatement. La France occuperait jusqu'à la paix générale les pays en deçà du Wahal et du Rhin; elle conserverait Maëstricht, Venloo, Breda, Berg-op-Zoom, la Flandre hollandaise, la Zélande. Flessingue, disait le Comité, nous est nécessaire « pour dédommager la France

---

[1] Aux représentants en Hollande, 15 germinal-4 avril.
[2] 11 germinal-31 mars. Cf. ci-dessus, p. 273. Les détails qui suivent, d'après la dépêche du Comité aux représentants en Hollande, 15 germinal-4 avril. Minute de Sieyès.

de ses grands efforts, pour donner du corps à ses triomphes et lui assurer une source féconde de prospérités futures ». Afin de « ménager la sensibilité du gouvernement hollandais », et de réfuter les fins de non-recevoir tirées de la constitution des Provinces-Unies, le Comité recourait à une fiction où l'on reconnaît la casuistique de Sieyès : il posait en principe que les pays mentionnés au traité étaient conquis ; par suite, la Hollande ne cédait rien ; c'était la France, au contraire, qui restituait ce qu'elle jugeait inopportun de conserver. Ce projet de traité, disposé en articles, fut notifié, le 16 germinal-5 avril, aux délégués bataves. Les commissaires français, Sieyès, Reubell et Merlin, leur remirent en même temps une note « très vive » destinée à les « presser ». Le projet y était qualifié d'*ultimatum*, et le Comité donnait aux Bataves dix jours pour se décider [1]. Blauw partit immédiatement pour la Haye. Le Comité prit ses mesures pour que son *ultimatum* fût appuyé par des démonstrations énergiques. — Il ne faut point, écrivit Sieyès au représentant Richard [2], que les Hollandais cherchent à traîner en longueur, sous prétexte d'en référer des États généraux aux provinciaux, et de ceux-ci aux municipalités. Pendant ces délais, ils se procureraient des moyens de résistance. — Richard devait y mettre ordre en s'opposant à toute espèce de réorganisation militaire de la République : « Point d'armée hollandaise, tant que nous n'en aurons pas fini avec les États généraux ou la Convention qui pourra les remplacer. »

Ces instructions répondaient aux sentiments de Richard. Il était nécessaire, selon ce représentant, de soustraire « la Hollande aux erreurs du jacobinisme dont elle paraissait menacée ». Il estimait qu'en y mettant la rigueur nécessaire, on contraindrait les Bataves à payer ; il serait plus difficile de les déterminer à céder des territoires, car ils prétendaient n'en avoir pas le droit. C'était là, sans doute, une de ces « erreurs jacobines » dont il importait de les guérir, et Richard n'y voyait

---

[1] Minute de Sieyès, signée Sieyès, Reubell, Merlin.
[2] 15 germinal-4 avril.

d'autre remède que le grand remède des rois, celui que Frédéric, Catherine et Marie-Thérèse avaient appliqué, en un cas analogue, aux républicains de Pologne. « Je crois, écrivait Richard, que vous n'en sortirez qu'en faisant votre part vous-mêmes, et déterminant la part de la Hollande par un décret[1]. » La paix avec la Prusse permettait, sinon d'exécuter cette mesure, au moins d'en menacer les Hollandais. Par le traité de Bâle, Frédéric-Guillaume s'engageait à ne point intervenir en Hollande; mais c'était une clause secrète, et l'on pouvait « presser » les Bataves en les menaçant d'une intervention prussienne. La France avait alors grand besoin contre l'Autriche de l'armée qui observait naguère les troupes prussiennes, mais ce n'était point affaire aux Bataves de le connaître. Richard dut leur donner à entendre que la paix de Bâle rendait disponibles des forces avec lesquelles leur « inertie » pourrait être au besoin « stimulée[2] ».

Malgré toute la diligence qu'il avait faite, Blauw mit cinq jours à atteindre Anvers. C'était la moitié du délai prescrit aux Bataves pour accepter l'*ultimatum*. La Hollande s'agitait. Les agents anglais y semaient l'inquiétude et y fomentaient la révolte. « Nous vous répétons, écrivaient Alquier et Cochon au Comité, que s'il y avait un soulèvement bien prononcé en Hollande, nous ne sommes pas assez en force pour être assurés de nous faire respecter[3]. » Le même jour, Cochon adressait à Merlin une lettre particulière où il touchait le point vif du débat. Faisant allusion à un propos attribué à Sieyès[4] : « On va jusqu'à dire, écrivait-il, qu'un des commissaires du Comité de salut public a répondu aux ministres hollandais qui leur opposaient les principes et les capitulations, qu'il ne s'agissait point de principes, et qu'il n'y en avait pas en politique. Tu ne saurais croire l'effet funeste qu'ont produit toutes ces assertions, que nous n'osons même pas contredire trop

---

[1] Richard au Comité, Utrecht, 8 et 9 germinal-28 et 29 mars 1795.
[2] Le Comité à Richard, 22 germinal-11 avril 1795. Minute de Sieyès.
[3] D'Amsterdam, 21 germinal-10 avril 1795.
[4] Cf. p. 275 : « Les principes sont pour l'école, l'intérêt est pour l'État. »

affirmativement dans l'état actuel des choses. » Cochon se demandait si le système adopté par le Comité était sage et s'il procurerait des alliés fidèles à la République. Ne vaudrait-il pas mieux s'en tenir à l'annexion de la Belgique et ne point s'obstiner à réunir ensemble des populations aussi différentes de mœurs que celles de la Provence et celles de la Zélande ? Alquier et Ramel appuyèrent ces considérations. « Les députés zélandais écrivirent quelques jours après ces représentants, ont manifesté l'opposition la plus forte. Leur désespoir est tel qu'il parait qu'on a tout à redouter de leurs dispositions personnelles et des mouvements qu'ils chercheraient à exciter dans leur province, qu'ils aimeraient mieux livrer aux Anglais que partager avec la France. Nous croyons qu'il sera beaucoup plus facile de les soumettre par la force que de les rallier par principe et par sentiment au gouvernement français. — C'est au Comité à peser ces considérations importantes qui nous paraissent intéresser fortement le sort de la France. C'est à vous à examiner si des avantages trop brillants ne nous entraîneront pas, à une époque très prochaine peut-être, dans une nouvelle guerre et dans de nouveaux malheurs, et si des concessions solides et une paix modeste et durable ne sont pas pour la République préférables à un traité fâcheux et à des conditions exagérées[1]. » Richard reconnaissait, comme ses collègues, que les Hollandais « n'avaient qu'une opinion » sur la cession de la Zélande ; mais il s'en remit au souverain, c'est-à-dire à la Convention, de décider de la valeur et de la justice des sentiments de ces Bataves. Empruntant le ton, comme il empruntait la pensée d'un intendant de Louis XIV s'adressant au grand roi : « C'est à vous seuls, écrivit-il aux membres du Comité, qu'il appartient véritablement de prendre un parti dans cette grande affaire ; vous seuls pouvez la voir sous son véritable aspect. Ici elle prend, malgré qu'on en ait, quelque teinte des couleurs du pays... Vous êtes placés au centre de toutes les relations de la République. Vous embrassez

---

[1] Cochon, Ramel et Alquier au Comité, 24 et 25 germinal-13 et 14 avril 1795.

d'un coup d'œil tous les points d'intérêt qu'elle a à régler avec les gouvernements qui l'entourent. Vous changez le système politique de l'Europe et vous déplacez les grandes masses qui jusqu'à ce jour s'étaient opposées à l'influence et à la prospérité de la France [1]. »

Le Comité en jugeait ainsi. Toutefois le temps lui semblait long. Il redoutait, avant que la paix fût signée avec la Hollande, quelque nouvelle émeute à Paris, qui compromettrait son autorité; quelque mouvement des Autrichiens qui l'obligerait à concentrer ses troupes sur le Rhin; enfin quelque explosion de la misère de la nation et des armées qui dévoilerait les faiblesses de la République, animerait les Hollandais à la résistance et rendrait plus difficile cette paix de Hollande dont le principal objet était de remplir le trésor et d'alimenter le peuple. Le Comité menaçait; il savait que ses menaces ne se pourraient soutenir longtemps. Mais son prestige était encore intact, et il en usa, sauf à risquer de tout rompre. Sieyès écrivit à Richard que les discours et les proclamations faits par les représentants et les généraux en entrant dans la Hollande, n'étaient qu'un « langage de bon procédé »; qu'ils n'avaient ni le sens ni la portée d'engagements diplomatiques; qu'ils s'adressaient à tout le monde et à personne; « on s'est dit allié, de qui? est-ce des anciens États généraux? ils n'existent plus. Est-ce des nouveaux? ils n'étaient pas encore, et nous ne les avons pas reconnus... Véritablement les Bataves se moquent de nous... Nous ne le souffrirons pas, et nous te chargeons expressément de conserver à la République française la supériorité militaire et politique qu'elle doit avoir dans ces provinces jusqu'au jour du traité d'alliance [2]... » Ces sophismes sont commodes aux vainqueurs; ils étaient familiers aux diplomates de l'ancien régime; c'est ainsi que les politiques ont accommodé de tout temps leur langage avec leurs actes; les promesses captieuses qui trompent les scrupules des prétendants secourus et endorment la résistance

---

[1] Richard au Comité, Utrecht, 10 floréal-29 avril 1795.
[2] Le Comité à Richard, 25 germinal-14 avril 1795. Minute de Sieyès.

des peuples envahis, avec les exigences hautaines qui réduisent à merci les nations divisées et les royaumes conquis [1]. Le Comité accentua en même temps ses mesures comminatoires, et réitéra l'ordre de désarmer les Bataves s'ils continuaient à se rebeller. Jusqu'à la conclusion du traité, écrivit Sieyès, « ils ne doivent pas avoir la force de s'opposer à nos armes [2] ».

Trois jours après, le Comité apprit que ses volontés étaient accomplies. Le 21 germinal-10 avril, Moreau avait fait suspendre la réorganisation de l'armée batave. Mais les Hollandais refusaient encore les cessions de territoire, invoquant leur pacte national d'Utrecht, en 1579, qui interdisait d'en consentir aucune. Ce parchemin était insignifiant aux yeux du Comité de salut public. Il persista à exiger Flessingue. « Nous sommes tout à fait décidés à regarder déjà ce port comme français, écrivit Sieyès [3]. On vous a parlé de la résistance opiniâtre que les députés de la Zélande se préparaient à opposer. Le Comité vous autorise à dire avec circonspection qu'il lui sera très facile de la lever, cette résistance; en effet, notre idée est simple, quoique forte, et nous vous la communiquerons s'il y a nécessité. »

Cette nécessité se manifesta promptement. Blauw revint à Paris; il annonça, le 24 avril, au Comité, qu'il apportait un contre-projet des États généraux et demanda « un délai moral », pour préparer la nouvelle négociation qui allait s'ensuivre. Le Comité répondit, le 25 avril, qu'il ne s'agissait point de négocier, mais de répondre par oui ou par non, et qu'il n'était besoin pour cela « ni de temps moral ni d'éclaircissements ». Les Bataves remirent, le 26 avril, une note qui repoussait l'*ultimatum* du Comité. Alors ce Conseil avisa aux mesures « simples, quoique fortes », qui devaient terminer

---

[1] Comparez t. II, p. 459-462, t. III, p. 453, 495, les discours de Lucchesini aux Polonais, la conduite de Catherine envers les confédérés de Targowitz; t. III, p. 445-449, et t. IV, p. 44, 189, 418, les discours et les arrière-pensées des Russes à l'égard du comte de Provence et du démembrement de la France.

[2] Arrêté du 26 germinal-15 avril 1795. — Le Comité à Cochon et Alquier, à Amsterdam, à Richard, à Utrecht, 26 germinal. Minute de Sieyès.

[3] A Cochon, Alquier et Ramel, 29 germinal-18 avril 1795.

l'affaire. Ces mesures furent arrêtées le 13 floréal-2 mai 1795. Le Comité renonçait à annexer toute la Zélande : il se contentait d'occuper Flessingue, en déclarant que l'usage du port serait commun aux deux républiques. C'était « le point de conciliation ». Le Comité décida que Sieyès et Reubell se rendraient à la Haye, et il chargea Richard de disposer les esprits à leur venue, ou, si l'on peut ainsi parler, de préparer, avec ses collègues et généraux, la mise en scène de leur *ultimatum*. « Il sera bon, écrivit Sieyès à ce représentant, qu'une certaine inquiétude s'empare des esprits, qu'on croie la République française bien décidée à en finir à tout prix. Il sera bon que vous passiez d'abord quelques heures ensemble et enfermés, afin qu'on se persuade que des mesures militaires sont prises pour le cas où l'on présenterait de nouvelles difficultés. En effet, cher collègue, il est temps de terminer cette longue affaire ; et nous sommes bien décidés, si le traité n'est pas signé dans les vingt-quatre heures, de traiter les Provinces-Unies comme pays conquis et de lever à tout prix, par voie de contribution directe sur les villes et les villages, au moins la somme à laquelle nous avons porté l'indemnité[1]. » Les instructions qui furent données, le 15 floréal, à Reubell et à Sieyès, portaient que si, contre toute attente, les Bataves refusaient de signer, les représentants frapperaient le pays d'une contribution de guerre de cent millions de florins, en pratiqueraient la perception au moyen d'exécutions militaires, saisiraient les arsenaux et confisqueraient toutes les munitions de guerre de la flotte et de l'armée hollandaises[2]. Reubell et Sieyès se mirent, le jour même, en route.

[1] Le Comité à Richard, 13 floréal-2 mai 1795.
[2] Instructions de Reubell et Sieyès, 15 floréal-4 mai 1795, signées par Cambacérès, Merlin, Tallien, Bréard, Marec, Fourcroy, Lacombe.

VI

Le lendemain, le Comité reçut un courrier des Pyrénées annonçant que les hostilités allaient recommencer [1]. Ocaritz, qui correspondait avec Bourgoing, avait insinué, comme condition préliminaire de la paix, l'idée d'un armistice et celle de la délivrance des enfants de Louis XVI. Le représentant Goupilleau-Fontenay vit dans le renouvellement de ces « prétentions ridicules » une preuve de la duplicité des Espagnols. Malgré les sages représentations de Bourgoing, il lui donna l'ordre de rompre avec Ocaritz et de retourner chez lui. Ces nouvelles furent une déception pour le Comité. Il jugea que Goupilleau-Fontenay avait été trop vite en besogne, et que Bourgoing avait mieux compris les intentions du gouvernement. Il décida que ce diplomate resterait aux Pyrénées, où il recevrait des pleins pouvoirs et des instructions plus étendues. Merlin se mit immédiatement à l'œuvre, et le 17 floréal-6 mai les instructions étaient expédiées. Mais à ce moment Bourgoing était déjà revenu à Nevers, et la négociation eût éprouvé de nouvelles lenteurs, si le Comité n'avait appris tout à coup qu'elle s'offrait ailleurs, où il ne l'attendait point, et dans les conditions les meilleures qu'il pût souhaiter [2].

Yriarte avait rencontré à Venise le courrier de Godoy, qui lui prescrivait de s'aboucher avec l'agent français qu'il jugerait le plus propre à négocier la paix [3]. Yriarte conféra avec Lallement, le ministre de France à Venise, et conclut qu'il n'y avait rien de plus expédient pour lui que de se rendre au « parloir de Bâle ». C'est ainsi que l'on nommait la chancellerie de Barthélemy. Yriarte connaissait depuis longtemps cet ambassadeur. Ils s'étaient rencontrés à Vienne, à Londres, à

---

[1] Cf. ci-dessus, p. 312.
[2] *Revue historique*, t. XII, p. 299-300, 311-313.
[3] Cf. ci-dessus, p. 309.

Paris. Ils étaient en amitié et en confiance. Yriarte arriva à Bâle le 4 mai, trouva Barthélemy chez le ministre de Venise, San Fermo, renoua avec lui, et lui révéla l'objet de son voyage. Le Comité en fut informé le 21 floréal-10 mai, décommanda Bourgoing et envoya, séance tenante, à Barthélemy les pleins pouvoirs et les instructions destinés à ce diplomate. Ces instructions prescrivaient de refuser formellement la délivrance des enfants de Louis XVI. Toutefois, si l'Espagne insistait et si Yriarte en faisait une condition *sine qua non*, Barthélemy pourrait promettre qu'à la pacification générale « tous les individus de la famille Bourbon seraient remis au roi d'Espagne ». Il ferait ressortir l'intérêt commun des deux États à réprimer les entreprises de l'Angleterre dans les deux mondes. La France, dira-t-il, est disposée à seconder l'Espagne dans cette tâche. L'Espagne doit reconnaître les bonnes intentions de la République et donner un gage des siennes. Elle a contribué à brûler à Toulon treize vaisseaux français : il est juste qu'elle en paye la valeur. La France restituera les territoires qu'elle a conquis : l'Espagne abandonnera les confins litigieux. Barthélemy demandera le Guipuzcoa : si le plénipotentiaire espagnol se montre intraitable, Barthélemy réclamera Saint-Domingue et la Louisiane ; s'il voit qu'il ne peut obtenir ces deux colonies, il en exigera une, et ce sera de préférence la Louisiane. Il fera céder à la République une quantité à déterminer de chevaux andalous et de moutons mérinos. Il acceptera, comme un service et un sacrifice de la part de la République, l'idée d'une alliance défensive contre l'Angleterre.

Le Comité donnait des pouvoirs très étendus à Barthélemy, mais il redoutait la lenteur de ses formes et la modération de ses vues. Pour imprimer à la négociation le caractère qu'elle devait conserver, le Comité accompagna ses instructions d'un véritable *ultimatum* : « Si la paix n'est pas signée dans un mois, nous sommes décidés à donner l'ordre de faire démolir les fortifications de Rosas, de Figuières, du port du Passage et de Saint-Sébastien. » Telle était l'impatience du Comité de conclure cette paix, et telle était aussi son ardeur d'acquérir, que, les jours suivants, il dépêcha courrier sur courrier à Barthélemy afin de lui fournir de nouveaux arguments et d'élever de nouvelles exigences. C'est ainsi qu'il prescrivit à l'ambassadeur de demander la vallée d'Aran, et de l'obtenir à moins de résistance invincible[1]. Sur ces entrefaites, il reçut une lettre d'Ocaritz transmise par Bourgoing. Elle renfermait une série de questions sur la paix à venir, et entre autres celles-ci : « Quel serait le sort des enfants de Louis XVI? Quelles seraient les pensions des princes émigrés? Que deviendrait la religion en France? » — « Ces questions, dit un membre du Comité, sont attentatoires à la souveraineté nationale. — L'Espagne, dit un autre, n'a pas plus le droit de nous faire de telles demandes que nous n'aurions celui d'exiger le bannissement des inquisiteurs ou de réclamer des indemnités pour les familles de Montézuma, d'Atabaliba et de toute l'ancienne aristocratie du Pérou. » Le Comité décida de s'en tenir à ses instructions; mais plusieurs commissaires demandèrent s'il ne vaudrait pas mieux renouer avec Ocaritz par Bourgoing, que de laisser Barthélemy s'engager avec Yriarte. Les insinuations d'Yriarte semblaient vagues; Bâle était bien loin de Madrid. Enfin, Barthélemy, en réunissant dans ses mains toutes les négociations, ne menaçait-il pas d'empiéter sur le gouvernement? Plus d'un commissaire trouvait que ce politique d'ancien régime, très correct, sans doute, en ses discours et en sa conduite, mais rallié à la République par intérêt plus que par goût et uni d'intentions au parti le plus modéré, prenait trop de place dans l'État. D'autres firent observer qu'il était habile, qu'il était écouté des étrangers, qu'il avait réussi avec la Prusse. La prudence l'emporta, et le Comité attendit, pour modifier sa résolution, qu'Yriarte se fût expliqué[2]. Cette mesure de temporisation succédant tout à coup à un *ultimatum* n'était point dans les habitudes du Comité de salut public. Elle trahissait en effet une crise que traversait alors le gouvernement républicain : les négociations d'Espagne en ressentaient le contre-coup.

[1] 23, 25, 27, 29 floréal-12, 14, 16, 18 mai 1795.
[2] *Revue historique*, t. XIII, p. 41-51.

CHAPITRE II

LE TRAITÉ DE LA HAYE ET LA NEUTRALITÉ DE L'ALLEMAGNE DU NORD

1795

I

Le 15 floréal-4 mai, le jour où Reubell et Sieyès partaient pour la Hollande, le Comité se renouvela. Lesage avait donné sa démission. Marec, Chazal, Breard et Creuzé sortaient. Ils furent remplacés par Treilhard, Defermon, Doulcet de Pontécoulant, Rabaut-Pomier, Vernier. Des quatre membres qui entraient pour la première fois au Comité, Rabaut seul avait voté la mort. Fils d'un pasteur du Désert, il devint pasteur à Montpellier quand l'Église réformée recouvra le droit de cité. Ses goûts le portaient vers les modérés. Doulcet, Defermon et Vernier appartenaient à ce parti. Cambacérès continua de présider le Comité, et Treilhard fut placé aux relations extérieures, où l'absence de Reubell et de Sieyès exigeait qu'il y eût un adjoint [1]. Treilhard était éloigné du gouvernement depuis le mois de novembre ; Doulcet, Defermon, Rabaut et Vernier y étaient nouveaux. Ils se firent rendre compte de l'état des affaires. Cet état leur parut alarmant. Il l'était en réalité. Enveloppée de sa ceinture d'armées conquérantes, la République, considérée du dehors, apparaissait glorieuse et formidable. Mais tout était fièvre et déchirements à l'intérieur.

Sans doute la Vendée paraissait se pacifier : une trêve venait d'être signée avec les chefs. Ces partisans étaient à

---

[1] Le Comité au 15 floréal-4 mai 1795 : Cambacérès, Reubell, Sieyès, Merlin de Douai, Fourcroy, Treilhard, Doulcet, Aubry, Tallien, Lacombe, Laporte, Gillet, Roux, Vernier, Defermon, Rabaut.

toute extrémité. Ils n'avaient plus de ressources, et les populations ne voulaient plus se battre. Les soldats se débandaient. Le Comité avait dépêché aux Vendéens un homme qui, pour les pacifier, valait plus qu'une armée, Hoche, un héros doublé d'un politique. Le Comité prit en même temps une mesure qui, par la seule proclamation que l'on en fit, détruisit l'ouvrage funeste des noyades de Carrier et des colonnes infernales de Turreau : il donna l'amnistie et laissa rentrer les prêtres dans les églises. Il finissait par où l'on aurait dû commencer, et il enlevait à l'insurrection l'élément populaire et religieux qui en avait fait la force [1]. Mais les chefs vendéens étaient-ils sincères? Leur accommodement n'était-il pas une feinte? Réduits aux abois, n'avaient-ils pas d'autre objet que d'arrêter les armées républicaines, d'attendre les secours des Anglais, le prince annoncé depuis si longtemps et de nouveaux prétextes pour appeler les populations aux armes? Ces soupçons étaient permis. L'événement prouva promptement qu'ils étaient fondés [2]. D'autre part, le Midi était en feu. Partout où la réac-

---

[1] Arrêté des représentants en mission, 13 floréal-2 mai 1795 : « Considérant que les départements de l'Ouest sont dévastés depuis deux ans par une guerre désastreuse, que les troubles qui les agitent prennent leur source dans la clôture des temples et l'interruption du paisible exercice de tout culte quelconque; que les hommes auteurs de ces maux et de ces désordres sont ceux qui ont voulu plonger la France dans l'anarchie et qui, en persécutant, ont cherché à établir un culte particulier dont ils voulaient être les pontifes; que ces anarchistes, après avoir audacieusement violé les droits de l'homme, ont été atteints par le glaive de la loi..., arrêtent : Tout individu, toute section de citoyens peuvent exercer librement et paisiblement leurs cultes. » Signé : Ruelle, Chaillon, Jary. — Voir : La Sicotière, *Les articles secrets, Pacification de la Vendée, Revue des questions historiques*, janvier 1881. — *Louis de Frotté et les insurrections normande*, Paris, 1889, t. I, liv. II.

[2] « Le ministre britannique paraît avoir de bonnes raisons pour être convaincu que l'apparente soumission de M. Charette n'est qu'une feinte pour ôter toute défiance aux Français et pour épargner le sang et la vie des royalistes, jusqu'au moment de l'arrivée des secours qu'ils attendent. » — « J'ai eu lieu de me convaincre depuis quelques jours de la certitude de l'opinion que V. E. n'ignore pas que j'ai depuis longtemps, que le ministère anglais avait toujours eu une correspondance secrète avec MM. Charette et Stofflet, et que leur paix prétendue avec la Convention n'était qu'un stratagème imaginé de concert avec l'Angleterre pour gagner du temps, dans un moment où les royalistes manquaient de tout, et où il n'y avait aucune possibilité de leur envoyer des secours. » Rapports de Starhemberg, Londres, 17 avril et 23 juin 1795. Zeissberg, t. V, p. 171, 260.

tion l'emportait, elle se traduisait en pillages, incarcérations, massacres. Dès que les royalistes se trouvaient en force, ils pratiquaient une contre-terreur, aussi atroce que celle des Jacobins, toute de vengeance et de brutalité, sans l'excuse même apparente du Salut public. Les « réacteurs » persécutaient les républicains, comme les terroristes avaient persécuté les aristocrates. Les bandits profitaient du désordre et opéraient, pour leur propre compte, à côté des gentilshommes de grands chemins, semi-brigands, semi-conspirateurs, grands détrousseurs de diligences, qui se faisaient appeler *compagnons de Jéhu* ou *compagnons du soleil*[1].

Le gouvernement de l'an III, mal servi dans les départements, désarmé, impuissant, en usait avec cette anarchie contre-révolutionnaire comme le gouvernement de Louis XVI en avait usé, de 1788 à 1791, avec l'anarchie révolutionnaire. Il informait et ne réprimait pas. Des complots s'ourdissaient en Suisse, tout le long de la frontière neutre que les armées n'occupaient point, et il s'en faisait comme une infiltration lente et incessante dans la République. Ils avaient leur officine centrale et leur moteur dans la chancellerie de l'agent anglais Wickham. Le Comité en était informé par ses agents : leurs correspondances déclaraient, entre les projets de descente sur les côtes de l'Ouest, les tentatives de guerre civile dans les départements de l'Est et les manœuvres des anarchistes de Paris, des concordances trop répétées pour n'être pas réelles. Les meneurs de l'émigration ne s'en cachaient point. On les entendait annoncer à jour fixe les troubles de Paris et s'en féliciter quand ils en voyaient l'annonce confirmée[2].

Les deux factions ennemies que le Comité avait à combattre se rencontraient, au moins dans leurs bas-fonds communs. Les Thermidoriens affectaient de les confondre dans une réproba-

[1] Quinet, *La Révolution*, t. II, liv. XX, La réaction. — Louis Blanc, t. XII, liv. XIV, ch. ii, Terreur blanche. — Michelet, *Histoire du dix-neuvième siècle*, t. I, p. 168, 171.
[2] *Revue historique*, t. XVIII, p. 376. — Fain, *Manuscrit de l'an III*, ch. iv. — Discours de Rovère, 10 floréal ; de Merlin et de Bourdon, 1ᵉʳ prairial. — André Lebon, *L'Angleterre et l'émigration*.

tion commune. « Les cris d'anarchie et de royauté sont dans les mêmes bouches, disait Chénier, le 12 floréal-1ᵉʳ mai; on y regrette à la fois Robespierre et Louis XVI... L'anarchie n'est qu'un moyen de royalisme. » La Convention aiguisa, en quelque sorte, et aggrava, s'il est possible, les lois contre les émigrés[1]. Sous le coup de la même inquiétude, le Comité « requit » ses agents en Suisse d'insister « de la manière la plus énergique sur l'expulsion de tous les émigrés, de quelque parti qu'ils soient ». « La République française, écrivait-il, ne pourra s'empêcher de regarder comme une hostilité indirecte l'asile accordé à des hommes qui ne cessent de conspirer contre elle, et qui n'attendent que le premier moment favorable pour porter le dernier coup à leur patrie[2]. »

Le gouvernement se sentait insuffisant. Les comités s'entravaient les uns les autres. « Tout s'ajourne, disait Carnot à l'Assemblée, tout traine en longueur. Tout est frappé de stupeur parmi ceux qui sont dans les affaires publiques. » Thibaudeau proposa de concentrer tous les pouvoirs dans le Comité de salut public. « Ce projet est trop fort pour notre situation politique et morale », déclara Cambacérès. « Quant au gouvernement provisoire, ajouta-t-il, on n'en veut plus. Songez à donner promptement à la nation un gouvernement définitif, et jusque-là réunissons tous nos moyens, toutes nos forces, toutes nos conceptions, pour assurer la marche triomphante de nos armées, faire des traités de paix honorables et solides, réparer des injustices que nous n'avons pu ni prévoir, ni empêcher, et cicatriser les plaies de la Révolution. » La Convention nomma un comité de constitution. Elle y plaça les principaux membres du Comité de salut public, et elle confia, en attendant l'œuvre constitutionnelle, le pouvoir exécutif tout entier au Comité de salut public[3]. Restait à opérer

---

[1] Décret concernant les émigrés, 25 brumaire an III-15 novembre 1794, coordonnant et complétant les mesures antérieures. Décret du 1ᵉʳ floréal-20 avril 1795 sur les séquestres.

[2] Le Comité à Barthélemy, 26 floréal-15 mai 1795.

[3] Discours de Carnot, 3 germinal-23 mars; de Thibaudeau, 7 floréal-26 avril; de Cambacérès, 11 floréal-30 avril. Décret sur les Comités, 21 floréal-10 mai.

l'essentiel : assurer la marche des armées et cicatriser les plaies ouvertes par la Révolution. Or, la marche des armées était suspendue, la plaie sociale s'envenimait tous les jours, et, par l'effet des mêmes causes, on voyait s'aggraver la disette et la pénurie du Trésor.

Jusque-là, le Comité n'avait pas éprouvé de doute sur son système de politique extérieure. Il avait adopté ce système sans le discuter; il l'avait déclaré devant la Convention sans le faire sanctionner formellement, et il avait agi comme si, évident en soi, ce système était devenu la loi nécessaire de la diplomatie républicaine. Après le renouvellement du 15 floréal, l'incertitude paraît, puis l'inquiétude, puis l'anxiété. Les nouveaux commissaires, en se faisant rendre compte de l'ensemble des affaires, obligèrent leurs collègues à examiner ce qu'ils avaient cru ou voulu croire indiscutable. Ces questions, le vide des réponses qu'ils y font, la formidable objection des choses, tout agite les membres anciens du Comité. Il semble que Reubell avec son entêtement impérieux, Sieyès avec sa dialectique prestigieuse et l'imperturbable optimisme de son amour-propre, les avaient comme fascinés. Le voile qui dérobait l'état précaire de la République paraît se déchirer à leurs yeux. Tout était entrepris à la fois, tout s'était enchevêtré; un nœud très glissant retenait seul la trame : que ce nœud se défît, et tout se détachait.

Même dans l'esprit de ceux qui, comme Cambacérès et Merlin, avaient jusque-là rassemblé et conduit la majorité des commissaires, la conviction en l'excellence de leurs desseins était loin d'être aussi ferme que leurs déclarations le laissaient supposer. C'est un des traits singuliers des hommes de ce temps que ce mélange d'inconsistance dans le caractère et d'autorité dans l'expression. Ce même défaut de caractère explique leur sujétion à Robespierre, leur obéissance à Bonaparte, les revirements subits de leur politique et les tergiver-

---

Comité de constitution, 4 floréal-23 avril : Cambacérès, Merlin, Sieyès, Boissy, Lesage, Creuzé-Latouche, membres du Comité de salut public; Révellière-Lépeaux, Louvet, Berlier, Daunou, qui y entreront prochainement.

sations qui se dissimulaient sous l'arrogance de leurs discours. Ils s'étaient figuré que la conquête assurerait l'établissement de la République. Avant que la conquête fût consommée, la République menaçait de sombrer dans la famine et dans la banqueroute. Les notes de police que lisait le Comité n'étaient que l'écho monotone d'une énorme clameur de menaces et de misère[1] ; le peuple voulait la paix, pour avoir le travail, la sécurité, la vie ; le Comité imposait une politique de guerre à une nation qui ne demandait qu'à jouir des droits qu'elle s'était conquis et à reprendre son labeur. Le territoire était affranchi. La République était victorieuse. En continuant obstinément la guerre pour étendre le territoire et glorifier la République, le Comité ne risquait-il pas de compromettre le régime républicain, qu'il prétendait fonder et affermir? L'évidence des faits, les nécessités urgentes de la politique, la logique, le bon sens commandaient au Comité de réfléchir. Des hommes plus rompus à la politique, plus sûrs de leur expérience, plus convaincus de leurs desseins, auraient hésité. Ceux-ci furent troublés, et Merlin de Douai, qui portait à peu près seul tout le poids des négociations, paraît avoir été plus troublé qu'aucun des autres[2]. Il y eut un temps d'arrêt et une sorte de vacillation dans les affaires.

II

Sous une forme discrète et mesurée, presque impersonnelle, les rapports de Bâle prenaient de plus en plus un caractère de « remontrances diplomatiques ». Barthélemy relatait lon-

---

[1] SCHMIDT, *Tableaux de la Révolution française*, Leipzig, 1867. Id., *Paris pendant la Révolution*, trad. de Paul Viollet, Paris, 1880-1890. — TAINE, *La Révolution*, t. III.

[2] *Revue historique*, t. XVII, p. 264-268.

guement ses entretiens avec Hardenberg sur la question du Rhin ; il développait avec une particulière complaisance les arguments du diplomate prussien; les réponses qu'il y faisait semblaient, de son aveu même, plus faibles et ne dénotaient point la conviction. Le Comité s'en irrita d'abord et soupçonna bientôt son ambassadeur d'incliner vers la « faction des anciennes limites ». Le crédit de Barthélemy s'en ressentit ; les insinuations ne touchèrent pas moins le Comité. Il fut d'autant plus frappé de ces avertissements qu'il en recevait d'ailleurs de fort analogues, et ceux-là provenaient de conseillers que leur qualité de régicide défendait de tout soupçon, même sur l'article des *limites*. « Je crains bien, écrivait Cochon à Merlin, que nous n'ayons trop d'ambition. Eh quoi! lorsque nous ne pouvons pas seulement gouverner une ville, qui n'est qu'une petite partie de la République, nous parlons encore de reculer au loin les limites de la France? Je sais bien qu'on objectera : l'opinion, celle de la Convention, etc. Mais cette opinion est-elle bien certaine? Ne changerait-elle pas si la Convention et le public étaient instruits? Je crains bien qu'on ne regrette un jour de n'avoir pas éclairé la Convention. Le temps de dire la vérité est arrivé. Pouvons-nous nous dissimuler que nous sommes absolument hors d'état de faire une autre campagne après celle-ci? Le peuple demande à grands cris la paix, il en a un besoin pressant ; et croyez-vous que les puissances étrangères soient bien disposées à la faire, ou du moins à en faire une sincère et solide lorsqu'elles vous verront une ambition démesurée d'agrandissements?... Je crois que, si nous étions sages, nous devrions renoncer à cette barrière du Rhin, qui, au surplus, n'est pas aussi bonne que le prétendent des têtes exaltées qui n'y entendent rien... Ce serait alors que la Convention se montrerait vraiment grande, vraiment attachée aux principes qu'elle a établis elle-même [1]. »

Cochon était d'avis d'incorporer la Belgique jusqu'à Tournay et de faire du reste des Pays-Bas des républiques sous la

---

[1] *Revue historique*, t. XVII, p. 262, 266-267

protection de la France. Sur ce point-là, le Comité n'hésita jamais : il voulait garder la Belgique tout entière. Mais il se posa des scrupules sur la limite du Rhin. Merlin suivait la correspondance de Bâle. Il ne réfuta pas les objections de Hardenberg ; il ne blâma point Barthélemy de ses remontrances ; il se borna à presser la signature de la convention de neutralité de l'Allemagne du Nord. Il n'affirma plus comme un principe immuable l'acquisition de la rive gauche ; il déclara simplement que la République devait continuer d'occuper Mayence. « Cette occupation, dit-il, dans le cas même où nous ne conserverions pas définitivement la rive gauche du Rhin, est indispensable pour imposer à l'Autriche et lui faire accepter la paix aux conditions qu'exigent les intérêts combinés de la République, du roi de Prusse et de la majorité de l'Empire. » L'une de ces conditions, c'est la substitution aux électeurs ecclésiastiques, qui sont à la discrétion de l'Autriche, d'électeurs laïques « que leur intérêt attachera à la Prusse autant qu'à la République française ».

Cochon avait allégué à l'appui de son opinion celle des officiers. « Je n'ai pas rencontré, écrivait-il, un seul militaire instruit qui ne trouvât cette barrière (du Rhin) plus difficile et plus coûteuse à garder que les anciennes limites. » Le Comité voulut s'enquérir directement. Il écrivit aux représentants près l'armée de la Moselle et du Rhin, Cavaignac, Rivaud et Merlin de Thionville. Il leur demanda leur avis et les invita à conférer sur cette question avec Pichegru et les généraux dans lesquels ils avaient confiance : « L'objet est de la plus haute importance ; nous appelons à son examen tout votre zèle, toute votre sagacité, tout votre patriotisme. » Des copies des rapports de Barthélemy furent jointes à la dépêche, avec cette note : *Très essentielle ;* et pour qu'il ne subsistât aucune équivoque sur la consultation, Merlin de Douai adressa à Merlin de Thionville une lettre particulière : « Voilà, mon ami, lui dit-il, les données sur lesquelles nous attendons ton avis. En mon particulier, *je n'ai pas encore d'opinion...* Je vois beaucoup d'intrigues, même au milieu de nous, pour faire triompher tel ou tel système. Pour moi, je ne cherche qu'à m'éclairer le mieux possible [1]. »

En attendant, Barthélemy fut autorisé à signer le projet de convention de neutralité proposé par Hardenberg. La ligne de démarcation prussienne allait rendre les Français maîtres du cours du Mein et faciliter ainsi toutes les opérations de la guerre, en particulier le siège de Mayence. Avant de stipuler que cette place serait acquise à la République, il importait de s'en emparer. Tranquille du côté de l'Allemagne du Nord, le Comité pourrait faire vivre les troupes républicaines aux dépens de l'Allemagne du Sud, demeurée sous la suprématie de l'Autriche. Ce serait double profit pour la France : en frappant ces pays de contributions, elle les détacherait plus vite de l'alliance autrichienne, et elle les amènerait à conclure la paix, après en avoir retiré pour la guerre les ressources qu'ils pouvaient présenter [2]. Ces ressources, toutefois, étaient insuffisantes. Le Comité, qui ne voyait plus pour nourrir l'armée d'autre moyen que la guerre, désespérait presque de soutenir cette guerre. « Nous sommes vraiment dans un état terrible, écrivait Merlin de Douai à Merlin de Thionville, le 26 floréal-15 mai ; indépendamment de la pénurie des subsistances, qui nous afflige toujours, nous sommes sans numéraire. Il nous reste l'espoir de nous en procurer par la voie de la Hollande ; mais c'est encore chose incertaine. Hâte-toi de répondre à la lettre que le Comité t'a écrite dernièrement sur la neutralisation de Mayence et quelques moyens de pacification mis en avant par quelques ministres. Je t'avoue que notre état m'effraye et que je ne vois, pour nous en tirer, d'autres ressources qu'une prompte paix... Reubell et Sieyès sont à la Haye en conférence avec les États généraux. Dieu veuille qu'ils finissent à l'amiable [3]. »

---

[1] Le Comité à Barthélemy, 18 floréal-7 mai ; aux représentants, 19 floréal-8 mai ; Merlin de Douai à Merlin de Thionville, 19 floréal-8 mai. — *Revue historique*, t. XVII, p. 268-270.

[2] Le Comité à Barthélemy, 25 floréal-14 mai ; aux représentants en mission à l'armée du Rhin, 25 et 26 floréal-14 et 15 mai 1795. — *Revue historique*, t. XVII, p. 270-272.

[3] REYNAUD, *Merlin de Thionville*, t. II, p. 181-186, 190.

L'anxiété avec laquelle le Comité attendait les nouvelles de cette négociation se peint dans une lettre que Merlin de Douai écrivit, le même jour, à Reubell et à Sieyès : « Le sort de la République, nous ne vous le dissimulons pas, est en ce moment dans vos mains. Si vous parvenez à traiter et par ce moyen à obtenir l'argent que nous demandons, nous avons les plus grandes espérances de nous tirer de la crise où nous nous trouvons. Le Trésor public est à sec; nous avons les plus grands besoins de numéraire, et il en faut spécialement pour faire vivre les armées du Rhin et de l'Italie, qui sont aux abois pour les subsistances. Eh bien! à peine avons-nous pu en extraire 150,000 livres pour la première de ces deux armées qui ne peut avoir de succès qu'en passant le Rhin et qui ne peut le passer faute d'argent. Les assignats sont avilis à un point inconcevable; ils perdent à Bâle 95 pour 100, et vous savez que c'est à Bâle que les fournisseurs de cette armée se pourvoient du numéraire dont ils ont besoin. Les nouvelles que nous recevons de l'état des armées du Rhin et d'Italie augmentent le désir de traiter. Il faut 25,000 hommes au Rhin et 10,000 à l'Italie. On ne peut les prendre qu'à l'armée du Nord, et, pour les prendre, il faut être sûr de la Hollande. » Au moment où le Comité adressait cet appel désespéré à ses négociateurs, son énergie allait une fois de plus être récompensée. Les traités qu'il désirait si ardemment étaient déjà signés, l'un à la Haye et l'autre à Bâle.

III

Partis le 15 floréal de Paris, Reubell et Sieyès n'étaient arrivés à la Haye que le 19-8 mai 1795. Ils virent par eux-mêmes l'état désastreux des pays conquis : ils ne trouvèrent point de chevaux à louer, il fallut en réquisitionner : « Le maître de poste d'Anvers a déclaré nettement qu'il aimait mieux n'être pas payé que de recevoir des assignats. » A la

Haye, ils rencontrèrent Alquier et Ramel qui les attendaient, Richard qui venait d'Utrecht, et Cochon qui venait d'Amsterdam. Moreau les rejoignit et fit opérer du côté d'Utrecht un mouvement de troupes destiné à intimider les Hollandais. Toutefois, Reubell et Sieyès furent forcés de se rendre à l'évidence. Ils constatèrent le mécontentement chaque jour croissant des populations et le discrédit dont étaient menacés les États généraux. Ils notifièrent leur arrivée à cette Assemblée : elle nomma pour négocier avec eux cinq commissaires : Paulus, Lestevenon, Mathias, Pons et Hubert. La première conférence eut lieu le 11 mai; elle dura de onze heures à quatre heures de l'après-midi. Les représentants en mission y assistaient. On aborda immédiatement le point délicat : Flessingue. Les négociateurs français se persuadèrent que l'adoption de l'*ultimatum* du Comité dépendrait des règlements qui seraient arrêtés pour l'usage commun de ce port. « On insiste pour une bonification pour la cession de la Flandre hollandaise, écrivirent-ils. Quant à Berg-op-Zoom, nous ne croyons pas qu'il soit possible de l'obtenir. » Les conférences se poursuivirent durant une semaine. Sieyès les dirigea. Il a eu, écrivait Reubell, « tout le poids de la besogne pénible ». Enfin, les Français promirent une compensation territoriale, et, dans la nuit du 27 au 28 floréal-16 au 17 mai, le traité fut signé [1].

Il porte la date du 27 floréal-16 mai 1795. La République française reconnaît la République batave et en garantit l'indépendance. Les deux Républiques concluent une alliance générale offensive et défensive, jusqu'à la fin de la guerre présente, une alliance perpétuelle contre l'Angleterre. Les Bataves fourniront douze vaisseaux, dix-huit frégates et, s'il est besoin, la moitié de leurs troupes de terre; ces troupes seront sous les ordres des généraux français. La France conserve la Flandre hollandaise, Maëstricht, Venloo et leurs dépendances. Elle occupe Flessingue, dont le port reste commun. La Hollande obtiendra, lors de la paix générale, un dédommagement pro-

---

[1] Reubell et Sieyès au Comité, 22 et 28 floréal-11 et 17 mai; Reubell au Comité, 3 prairial-22 mai 1795.

portionné aux territoires qu'elle perd. La France occupe les places de guerre nécessaires à la défense commune. La Hollande paye une indemnité de guerre de 100 millions de florins. A ce traité patent sont joints des articles secrets : la Hollande prête trois vaisseaux et quatre frégates; elle entretient jusqu'à la fin de la guerre une armée française de 25,000 hommes; elle fournit des réquisitions jusqu'à concurrence de 10 millions de florins; elle abandonne à la France les biens des émigrés français réfugiés en Hollande; les deux Républiques se garantissent leurs colonies respectives des Indes et de l'Afrique [1].

Le lendemain, Barthélemy conclut avec Hardenberg la convention qui neutralisait l'Allemagne du Nord. Les bruits de négociation secrète entre le Comité et l'Autriche avaient produit leur effet. Les Allemands s'en inquiétaient, la Prusse s'en alarma. Hardenberg reçut de plusieurs côtés l'avis que l'Autriche était disposée à abandonner la rive gauche du Rhin à la France, pourvu que la France la laissât s'emparer de la Bavière. Si ces rumeurs étaient fondées, la Prusse risquait de perdre du même coup l'honneur et le profit de la pacification de l'Allemagne. La France pactisant avec l'Autriche aux dépens de la Bavière, la Prusse demeurerait sans crédit dans la République et dans l'Empire; ses compensations mêmes seraient fort compromises. Hardenberg attendait donc l'adhésion du Comité à son plan de neutralité avec inquiétude. Dès que les pouvoirs de Barthélemy furent arrivés, il se déclara prêt à signer. Par la convention du 28 floréal-17 mai, la France s'engagea à considérer comme neutres tous les États situés au nord de la ligne du Mein, qui retireraient leurs contingents de l'armée de l'Empire et qui observeraient strictement la neutralité. Le roi de Prusse promit de faire observer cette neutralité, et de prendre en dépôt le Hanovre, si cette mesure devenait nécessaire [2].

Ces deux traités, celui de la Haye et celui de Bâle, s'étaient

---

[1] De Clercq, t. I, p. 236.
[2] Ibid., t. I, p. 292. — Revue historique, t. XVII, p. 270, 278-281.

conclus à propos. Tandis que les courriers les portaient à Paris, une révolution qui rappelait les pires journées de 1793 remettait en question le gouvernement du Comité. La seule nouvelle en aurait suffi pour décourager l'empressement de Hardenberg et fortifier la résistance des Hollandais.

IV

La sédition qui avait avorté six semaines auparavant faillit réussir le 1er prairial-20 mai. Ce fut, mais plus sanguinaire et plus farouche, la même cohue qu'au 12 germinal : des misérables, des affamés, des scélérats, un peuple désespéré, une populace pillarde, avec quelques Montagnards fanatiques pour mener l'assaut, et çà et là, dans les rangs, des agitateurs équivoques de l'émigration qui soufflaient le feu. La foule s'en prenait à la Convention, en 1795, comme elle s'en était prise au Roi en 1789. La Convention était tout dans l'État, comme naguère le Roi, et elle assumait la félicité publique. La République avait promis le bonheur aux pauvres gens; ils se représentaient ce bonheur à leur façon : un temps où l'on ne mourrait pas de faim; ils attendaient encore cette révolution-là. Les anarchistes réclamaient leur millénium toujours annoncé et toujours reculé. La République répondait à leurs revendications par des emprisonnements et des déportations. Voilà le fond commun de toutes les émeutes : il bouillonnait depuis l'hiver. C'était le fond permanent. De même qu'aux journées d'octobre 1789, les agents d'Orléans et les grands factieux des clubs exploitaient les passions populaires pour hâter la chute de Louis XVI, en germinal et en prairial tout ce qui avait intérêt à la ruine de la Convention poussait à l'insurrection ou s'en félicitait.

Les Comités n'avaient, non plus qu'en germinal, pris aucune mesure. Ils étaient avertis, mais réduits pour toute défense à des gardes nationales frondeuses et toujours incertaines; ils n'osaient rien prévoir de peur de compromettre le peu de prestige qui leur restait. Les sections fidèles s'armèrent; elles furent impuissantes à refouler les insurgés. La populace envahit l'Assemblée. Un républicain, Feraud, revenu de Cologne à Paris tout exprès pour y combattre « les royalistes et les anarchistes [1] », fut pris pour Fréron. Les émeutiers le massacrèrent, lui coupèrent le cou, mirent sa tête au bout d'une pique et la présentèrent en vociférant au président Boissy d'Anglas, ainsi que naguère leurs prédécesseurs avaient dressé devant Marie-Antoinette la tête sanglante de madame de Lamballe. Le soir, l'insurrection semblait victorieuse. La Convention s'était dispersée. Il ne restait dans la salle des séances que ceux des Montagnards qui avaient mené la bataille ou qui se ralliaient aux vainqueurs. Ils se mirent en mesure d'exploiter « la journée », selon les précédents du 31 mai et du 2 juin. Ils décrétèrent qu'ils étaient l'Assemblée, et ils taillèrent à leur guise dans la République. La populace applaudissait et ratifiait leurs décrets par ses vociférations. Mais la répétition sinistre du 12 germinal devait être complète. Les Comités se remirent de leur émoi; les sections républicaines reprirent courage et reçurent des renforts. Elles envahirent à leur tour la salle, en chassèrent l'anti-Convention montagnarde et y rétablirent la Convention nationale. Cette Assemblée se montra, comme elle avait toujours fait, furieuse dans la victoire et implacable dans la répression. Les députés montagnards qui avaient usurpé la souveraineté du peuple furent mis en arrestation.

Le lendemain, l'insurrection revint à la charge. Les sections républicaines croyaient avoir fait leurs preuves. Elles en avaient assez. Elles refusèrent de tirer sur les attroupements. Les Comités comprirent qu'on allait en venir à une bataille de rues et que la garde nationale ne tiendrait point. Alors, il fallut se résigner à appeler des soldats de profession et des troupes régulières. Aubry, assisté de Gillet et de Delmas, tous les trois anciens officiers, requirent des troupes de ligne qui escortaient

---

[1] Feraud au Comité de salut public, 10 germinal-30 mars 1795.

des convois. Menou, ci-devant général de l'armée royale, reçut le commandement de ces forces. Le premier détachement qui arriva était formé de chasseurs, sous la conduite d'un jeune capitaine, soldat de la Révolution, Murat. La foule fut tenue en respect. Les jours suivants, le nombre des troupes grossit. Le 4 prairial, Menou disposait de 3,000 cavaliers, de plusieurs bataillons de ligne, avec de l'artillerie. Il y encadra les meilleurs bataillons des sections et se forma ainsi une armée de 20,000 hommes. Il marcha sur le faubourg Saint-Antoine où les émeutiers s'étaient barricadés, et il les désarma. Ainsi se continuait le reflux de la Révolution : en germinal, la Convention avait appelé Pichegru à commander les gardes nationales; en prairial, elle appela l'armée de ligne à réprimer l'insurrection.

Au milieu des péripéties de ces journées tumultueuses, dans « un des intervalles lucides » dont la Convention put jouir, le 2 prairial, Merlin lut à la tribune une dépêche annonçant la paix de Hollande[1]. La majorité accueillit cette nouvelle par des acclamations. « Jamais, s'écria Marec, les Jacobins ne nous eussent donné cette paix! » Les jours suivants, la Convention acheva de régler ses comptes. Les derniers Montagnards avaient tenté un 31 mai contre les Thermidoriens; les Thermidoriens firent de leur victoire un second 9 thermidor contre les Montagnards. Soixante-deux de ces députés furent décrétés d'accusation. Six d'entre eux furent condamnés à mort. La Convention ordonna de poursuivre les membres encore libres des anciens Comités. Quelques furieux, les mêmes peut-être qui le firent proscrire en 1797 pour cause de modérantisme, proposèrent d'arrêter Carnot. Les sections furent autorisées à désarmer et à saisir « les voleurs, les assassins et les agents de la tyrannie qui avait précédé le 9 thermidor ». On en guillotina en hâte quelques-uns. Le reste des vaincus fut enfermé ou déporté. On épura la garde nationale, et l'Assemblée se donna une garde permanente de troupes de ligne.

---

[1] Fain, *Manuscrit de l'an III*, p. 201.

Le Comité, lorsqu'il se remit aux affaires, se trouva singulièrement énervé et abattu. La nécessité de finir la Révolution et de constituer la République s'imposait à tous les esprits. La victoire de la Convention fortifiait le parti modéré et par suite le parti de la paix. C'est dans cet état d'esprit que le Comité délibéra sur les réponses qu'il avait reçues, de Barthélemy, de Pichegru, de Rivaud, de Cavaignac et de Merlin de Thionville, au sujet de la limite du Rhin. Pichegru avait conféré avec les représentants. Tous étaient d'avis de neutraliser Mayence, et de tenir cette place sous séquestre jusqu'à la paix, qui déciderait de son sort. Cette paix, ils la désiraient prochaine et générale. « Tout est disposé pour la victoire, écrivaient-ils, mais nous sommes sans chevaux, sans numéraire, sans assignats... Le moment de terminer cette guerre est arrivé, puisque tous les ennemis demandent la paix à des conditions que la France aurait gracieusement acceptées, s'ils les avaient proposées lorsqu'ils étaient maîtres d'une partie de son territoire. »

Merlin de Thionville, quand il spéculait sur l'Europe et y taillait, à son aise, dans le grand, aurait voulu laisser la Prusse à ses scrupules et se tourner vers l'Autriche, qui se montrerait peut-être plus accommodante : on lui ferait offrir la Bavière par Carletti et l'on traiterait avec elle « sans aucune considération ni pour le roi de Prusse ni pour l'Empire... » A quoi bon, disait-il, s'ériger en protecteur des petits États allemands? « Que nous importe la Bavière? Que nous importent les électeurs?... En politique, il faut abandonner le plus faible et se liguer avec le plus puissant. » Mais, se retournant vers la France et rentrant en lui-même, Merlin de Thionville ajoutait aussitôt : « Nous succombons pour ainsi dire sous le poids de nos victoires; bloqués dans la France même, nous manquons de tout... Et cependant l'Europe est à nos genoux. Le monde nous demande la paix, quand un seul échec pourrait nous faire perdre en un seul instant tout notre éclat antérieur... Pourquoi avons-nous pris les armes? Pour conquérir notre liberté, pour ramener la paix, l'abondance et le bonheur. On semble disposé à nous abandonner l'évêché de Spire, Trèves et le Luxembourg jusqu'à la Meuse, qui deviendrait notre limite; recevez cela en indemnité et donnez-nous la paix. Donnez-nous la paix, dussions-nous même rentrer dans nos anciennes limites : nous serions encore assez grands, plus grands même, puisque nous prouverions que nous n'avons pris les armes que pour la liberté. Voilà mon opinion; je la crois seule salutaire. Puisse-t-elle prévaloir sur les projets gigantesques des hommes qui ont oublié à quoi tiennent les existences des empires! » Il semble qu'il se soit fait alors dans cette âme violente et impétueuse une trouée de lumière, lumière fugitive, mais singulièrement intense [1].

Ces adjurations patriotiques du plus ardent zélateur de la conquête, ces aveux et ces conseils du plus brillant des généraux républicains, ajoutaient une force particulière aux représentations de Hardenberg traduites et commentées par Barthélemy. — Fortifiez et asseyez votre gouvernement, répétait Hardenberg. La pacification de l'Allemagne se fera de soi-même, et la Prusse vous aidera à établir en Europe une balance solide. Mais rien n'est possible si vous ne renoncez à la rive gauche du Rhin, et si vous n'y renoncez par générosité. « Comment, sans cela, prévenir en Allemagne des subversions immenses qui seront suivies de longues et interminables difficultés? Et cependant, quand leur terme arrivera, la prévoyance n'aperçoit-elle pas avec évidence, avec démonstration, qu'elles ne pourront finir que d'une manière, savoir : l'envahissement des petites puissances par les grandes? Or, cet état de choses, qui serait inévitable, tournerait-il à l'avantage de la France [2]? »

C'étaient des raisons d'État. Les événements les rendaient probantes. Le Comité fut ébranlé. Le 3 prairial-22 mai, Merlin de Douai écrivit à Barthélemy : — Jusqu'ici, le Comité s'est réglé sur « le mouvement général des esprits et le sentiment

[1] Pichegru au Comité, 21 floréal-10 mai 1795; Rivaud, Cavaignac et Merlin de Thionville au Comité, 22 floréal-11 mai; Merlin de Thionville au Comité. — REYNAUD, t. II, p. 191. *Revue historique*, t. XVII, p. 273, note 1.

[2] Rapport de Barthélemy, 24 floréal-13 mai 1795.

de la Convention »; mais la Convention n'a point décrété formellement que le Rhin serait la limite de la République, et pour qu'elle en délibère avec conseil, il lui faut connaître positivement quel autre système de paix la Prusse lui proposerait. La Prusse est-elle disposée à demander la paix pour l'Allemagne entière, à condition que la République conserverait non seulement les Pays-Bas, le Luxembourg, Liège et les possessions autrichiennes de la rive gauche « sur lesquels il ne peut y avoir aucune contestation », mais encore Aix-la-Chapelle, Saarbrück et Montbéliard? Le Comité attend que Hardenberg s'en explique. Quant à négocier avec l'Autriche, il n'y songe plus. Il a vu, dans les émeutes qui ont failli ruiner la République, « l'or de Londres et les intrigues de Vienne », et il ne pense qu'à réduire par la force ces ennemis perfides et irréconciliables [1].

Le Comité ne songeait plus à traiter avec l'Autriche; mais il y avait songé. Il en avait fait répandre le bruit, et Merlin de Thionville l'avait insinué très insidieusement dans ses conversations sur la frontière. Il s'était rencontré, le 19 mai, avec Hardenberg, à Huningue; leur entretien avait laissé ce diplomate persuadé que Carletti négociait à Paris le troc de la Bavière. Il s'en ouvrit à Barthélemy. « Cette acquisition, dit-il, porterait cette ambitieuse puissance au plus haut degré de force..., elle consommerait la ruine et l'asservissement de l'Allemagne, de l'Italie, des Grisons et des Turcs; elle écraserait l'influence de la Prusse et détruirait presque la Suisse... » Dans l'inquiétude où il était, Hardenberg crut nécessaire d'envoyer à Paris son secrétaire Gervinus : il le chargea de se concerter avec le Comité de salut public sur les moyens de contraindre l'Autriche à la paix. « C'est ici, écrivait Barthélemy, une superbe circonstance qui va ouvrir une belle carrière à votre sagesse. » Mais tout, ajouta-t-il, dépendra de la décision que la République prendra au sujet de la rive gauche du Rhin : si la République garde ces pays, « on ne peut prévoir

---

[1] Le Comité à Barthélemy, 3 et 5 prairial-22 et 25 mai 1795.

ce qui arrivera de l'intérieur de l'Allemagne... Le roi de Prusse n'osera pas concourir à dépouiller les États de l'Empire. » Si la République y renonce, elle obtiendra d'ailleurs et du consentement de toutes les puissances « les acquisitions nécessaires pour arrondir notre frontière et la mettre à l'abri de toute insulte [1] ».

Quand ce rapport parvint au Comité, Sieyès y avait repris séance. Il était de retour depuis le 4 prairial [2]. Le changement qu'il trouva dans les dispositions de ses collègues ne laissa pas de le surprendre. En partant pour la Hollande, écrivit-il à Reubell, « j'espérais que la paix de tout l'occident de l'Europe serait la suite moralement certaine du système de la barrière du Rhin... Je saurai, s'il le faut, me soumettre à la majorité, non sans gémir, en regardant sur la carte ce beau pays entre Meuse et Rhin qui, n'étant pas français ou batave, restera un foyer et le théâtre de dévastations périodiques [3]. » Gervinus allait donc trouver les diplomates du Comité fort divisés : Sieyès persistant dans son système, Merlin inclinant vers la modération, Treilhard ne se prononçant pas.

Gervinus arriva à Paris le 25 mai; il fut reçu le 29 par la section diplomatique. Sieyès, Merlin et Treilhard étaient réunis dans une pièce fort sombre. Sieyès avait l'air de présider. Il régla tout l'entretien. Il parut à Gervinus « très difficile, dur, tranchant, rusé, plein d'orgueil philosophique ». L'ancien précepteur de Hardenberg ne manquait point de coup d'œil; il montra du jugement dans la suite de la conférence. Il exprima le désir qu'avait la Prusse d'empêcher le troc de la Bavière et de consacrer, autant que possible, par la paix générale, l'intégrité et l'équilibre de l'Allemagne. Sieyès lui demanda d'où venaient les inquiétudes qu'il laissait percer : — « Est-ce que les troupes de l'Autriche ont quitté le Rhin? Je n'en ai rien appris. Si elles le font, nous les suivrons et les battrons. »

---

[1] Barthélemy au Comité, 1er prairial-20 mai 1795.
[2] Il apportait les articles du traité avec la Hollande, et le Comité les fit ratifier le 8 par la Convention.
[3] Sieyès à Reubell, 6 prairial-25 mai 1795.

Gervinus, en bon Prussien, trouva le propos louable, et le loua. Sieyès demanda que la Prusse présentât un plan de paix : « Il nous faut, dit-il, une paix glorieuse, et donner en même temps à l'Allemagne un système fixe et sûr... il ne tient qu'à la Prusse d'y contribuer... Il me semble que la Prusse prend fort à cœur la restitution des pays du Rhin et les intérêts du Corps germanique, auquel nous ne comprenons rien ; c'est un chaos qui ne nous présente pas une idée nette et juste... » Gervinus essaya de démontrer qu'il y avait, dans les propositions de la Prusse, au moins une idée simple, c'était de ne point démembrer l'Empire. Il lui sembla que Merlin l'approuvait. Sieyès objecta les résolutions de la Convention sur les limites naturelles de la République. Gervinus fit observer qu'il y avait eu, en effet, des déclarations faites à la tribune par des personnes, mais que l'Assemblée n'avait point rendu de décret. Devait-il considérer que les paroles de Sieyès engageaient, sur cet article, le Comité de salut public ? Sieyès répondit brusquement : — « Non, monsieur, je n'ai pas dit cela, et je ne l'entends pas comme cela. » Il se radoucit, et la conversation s'acheva sur le ton de la cordialité.

De tous les propos qu'il recueillit, Gervinus conclut que rien n'était engagé avec l'Autriche, et qu'en y mettant de la fermeté, la Prusse obtiendrait que la France renonçât à la plus grande partie de la rive gauche. Barthélemy donnait la même impression aux envoyés prussiens à Bâle. Il annonça au Comité qu'il était en mesure de traiter avec Cassel et avec le Wurtemberg. Mais, répétait-il, tous ces traités partiels ne serviront à rien, et la paix définitive restera en suspens tant que la question du Rhin ne sera pas résolue. Quant à l'Autriche, elle ne pense qu'à décréditer la Prusse dans l'Allemagne, à se faire le champion de l'Empire, à gagner le temps de renforcer son armée, à se procurer les subsides anglais et recommencer la guerre. Ces informations étaient exactes[1]. La cour de Vienne n'avait pas un instant pensé à entrer en collusion avec la République.

---

[1] *Revue historique*, t. XVII, p. 272-294.

V

Cette Cour apprit, le 22 avril, la conclusion de la paix entre la Prusse et la France [1]. Elle s'indigna de cette félonie, s'inquiéta des vues que la Prusse allait former sur l'Allemagne et s'alarma des entreprises que cette puissance pourrait accomplir impunément en Pologne. La grande Catherine, instruite, à peu près dans le même temps, du traité de Bâle, fit éclater très haut sa colère contre « cette paix infâme, honteuse, désastreuse », qu'un roi « sans foi ni loi » n'avait pas rougi de signer avec « les bandits régicides et l'écume du genre humain [2] ». Elle fit annoncer qu'elle combattrait avec la dernière énergie la République, en combattant les Prussiens et les Turcs. « C'est, disait le chancelier Ostermann, servir directement et efficacement la cause de l'Angleterre contre les factieux de la France. » En attendant mieux et pour faire acte de foi, la tsarine avait annexé la Courlande, ce qui lui donnait 452 milles carrés et 400,000 sujets de plus. Elle proposa à l'Autriche de notifier aux Prussiens leur traité du 3 janvier.

La guerre pouvait s'en suivre, et l'Autriche ne se sentait point en mesure de la soutenir à la fois contre les Prussiens en Pologne et contre les Français sur le Rhin. Thugut demanda des troupes russes, fit ajourner la notification du traité, et conclut, les 4 et 20 mai [3], des traités d'emprunt, d'alliance et de garantie avec l'Angleterre. L'Empereur ordonna de ne tenir aucun compte de la ligne de neutralité prussienne. Mais les généraux qui recevaient ses ordres n'en exécutaient aucun. Les mêmes obstacles qui empêchaient les Français de passer le Rhin et de

---

[1] *Revue historique*, t. XVII, p. 57-63. — Zeissberg, t. V, Rapports de Cobenzl. Dépêches de Thugut à Cobenzl, à Starhemberg et à Reuss, avril-mai 1795.
[2] Voir sa lettre à Frédéric-Guillaume, 12 mai 1795. Zeissberg, t. V, p. 286.
[3] Zeissberg, t. V, p. 201.

s'avancer sur la rive droite retenaient les Autrichiens sur cette rive [1]. La famine et la misère, suites de trois ans de guerre acharnée, imposaient à la République et à l'Autriche une sorte d'armistice de fait. « C'est en vérité à en pleurer à chaudes larmes! » écrivait Thugut. Il se distrayait de ses déceptions militaires, par la colère où le jetaient la perfidie des Prussiens, la lâcheté des princes allemands, la parcimonie des Anglais, la lenteur et les atermoiements des Russes.

Cependant l'Empire se précipitait vers la paix avec un tel empressement que l'Empereur était bien forcé de le suivre, ne fût-ce que pour enrayer le mouvement. La Diète avait voté une médiation de la Suède et du Danemark. L'Empereur la pressa de nommer la députation qui serait chargée de négocier [2]. Il choisit pour son commissaire Bartenstein homme droit, modeste et médiocre. « Il ne faut pas, écrivait Thugut, une grande lumière dans une négociation où notre intérêt secret est de trainer en longueur et de chercher dans les formes et dans le fatras des constitutions germaniques les moyens de temporiser [3]. »

Ce ministre qui temporisait avec les Allemands réprimait rudement ceux des sujets de l'Empereur qui semblaient suspects de connivence avec les Jacobins. Les patriotes hongrois, voyant la monarchie dans ses crises, jugeaient l'occasion bonne à revendiquer leurs libertés. L'Empereur fit arrêter les suspects. Ses agents répandirent une véritable terreur dans la Hongrie et procédèrent à un grand exemple. Cinquante accusés étaient détenus à Bude. On les transporta à Vienne, afin de les faire juger plus sûrement. Une sorte de Fouquier-Tinville hongrois les accompagna et requit contre eux. Cet « accusateur servile » trouva, pour les perdre, un complot qui sortait de la même officine que ceux dont son émule de Paris avait usé pour faire guillotiner tant de bons Français. Il allégua que ces Hongrois avaient reçu cinq millions de

---

[1] Zeissberg, t. V, p. 251-252.
[2] Décret du 19 mai 1795.
[3] A Colloredo, 14 mai 1795.

la République. Les principaux furent exécutés le 20 mai[1].

Cette conduite ne trahissait aucun goût à pactiser avec la République. Thugut en menaçait souvent les Anglais et les Russes, mais c'était par artifice de diplomatie, afin d'obtenir quelques milliers de livres sterling de plus ou quelques milliers de Cosaques. Ses propos, toutefois, répétés par les ambassadeurs impériaux, ne laissaient point de confirmer les bruits de négociation[2]. Thugut laissait dire ou protestait selon les besoins de sa politique. Au fond, il ne voulait que la guerre, parce que la guerre seule lui semblait lucrative. Il ne manquait pas, à Vienne, de politiques pour blâmer une lutte ruineuse et désastreuse, pour conseiller de consacrer toutes les forces de l'État à démembrer la Pologne, pour suggérer, en un mot, toutes les mesures qui avaient conduit la Prusse au « parloir de Bâle ». Thugut les vilipendait[3]. Non seulement il ne voulait point de la paix pour l'Autriche, mais il en détournait la Sardaigne.

La Cour de Turin était réduite à la misère et vivait dans l'effroi. Le 27 mai, le jour de la fête du prince de Piémont, la princesse fut contrainte de paraître sans habit de cour : elle avait vendu toutes ses parures. « La paix, disait un jour le ministre d'Hauteville, qui n'en voudrait pas? Mais ces 40,000 Autrichiens me font peur, puisqu'ils sont chez nous. » Les ouvertures de la France furent écartées sous la pression de l'Autriche[4]. Ce n'était point d'ailleurs par tendresse pour la maison de Savoie, encore moins par respect du droit public que Thugut en usait de la sorte et condamnait ces malheureux Sardes à l'héroïsme forcé. Il voulait protéger la Lombardie, ménager à l'Empereur la suprématie de l'Italie, étendre même la domination autrichienne dans cette péninsule et y chercher soit une compensation des bénéfices obtenus en 1793 par la Prusse et la Russie, soit une indemnité pour la perte des Pays-Bas.

[1] Sayous, p. 89 et suiv.
[2] Zeissberg, t. V, p. 179.
[3] Voir ses lettres à Colloredo. Vivenot, *Thugut*, t. I, p. 226 et suiv.
[4] Franchetti, t. I, p. 97 et suiv. — Costa de Beauregard, p. 294. — Bianchi, t. II, p. 216. — Rapports de Barthélemy, 11 floréal-30 mai, et de Desportes, avril, mai 1795. — Zeissberg, t. V, p. 74, 89, 151 et suiv.

Le traité de Pétersbourg du 3 janvier, en ses articles secrets, avait livré la République de Venise aux convoitises autrichiennes[1]. Thugut préparait par une terreur savamment graduée cette République à subir la destinée de sa sœur de Pologne. Il dénonça au doge le comte de San Fermo, envoyé de Venise à Bâle, comme coupable d'avoir facilité la paix entre la Prusse et la France. Cette dénonciation jeta le conseil de Venise dans une terreur indicible. On vit ces patriciens « trépignant des pieds, accusant avec des imprécations San Fermo d'avoir manqué à la neutralité et de compromettre les intérêts de l'État au plus haut degré ». San Fermo fut mandé devant les inquisiteurs d'État, et quand il partit de Bâle, tout le monde le considéra comme perdu. Les Vénitiens se courbèrent devant l'Autriche et s'efforcèrent d'amadouer la France. « Le Sénat de Venise, écrivait Lallement[2], n'a d'espoir que dans la République française. C'est ce que ne veut pas la cour de Vienne... J'ai répondu que le Sénat pouvait compter sur l'amitié et la loyauté du peuple français[3]. » Personne ne prévoyait alors que ce serait des mains de la République française que l'Autriche recevrait ce magnifique morceau, et Thugut le prévoyait moins que personne. Il ne désespérait pas encore de battre la France et d'en découper les frontières.

Il se faisait servir une correspondance par Mallet du Pan, partie pour se renseigner sur des choses très inconnues de l'Europe, partie pour museler « cet enragé » publiciste[4]. Mallet, informateur de profession et écrivain de tempérament, se souciait moins de paraître conséquent dans ses vues que d'exposer les faits au fur et à mesure qu'il les observait, et de peindre les choses dans le plein, en grande lumière, à chaque coup de pinceau. Thugut trouvait du fatras dans ces lettres : c'étaient les raisonnements de Mallet sur l'infirmité de la coali-

---

[1] Cf. ci-dessus, p. 193.
[2] Lallement à Barthélemy, 2 messidor-20 juin 1795.
[3] *Revue historique*, t. XVII, p. 299-300.
[4] Cette correspondance a été publiée par André Michel. Paris, 1884.

tion, l'impuissance des royalistes, l'invincible attachement de la nation française à l'ordre nouveau, sa volonté insurmontable de ne tolérer ni une immixtion des étrangers dans son gouvernement, ni une diminution du sol de la patrie, l'enthousiasme des armées, l'impulsion véhémente des jeunes chefs vers la gloire. Rien ne faisait plus d'honneur à la perspicacité de Mallet; il y avait dans ses conjectures des percées de génie, et dans ses descriptions des hommes et des choses des traits nets, profonds, simples et larges, à la David. Mais Thugut n'y comprenait rien et n'en voulait rien considérer. Il trouvait, au contraire, dans d'autres passages, « une bonne logique, des raisonnements conséquents, une suite de choses vues en grand ». C'étaient les interminables dissertations de Mallet sur l'incapacité de tous les partis en France, sur la corruption, l'imbécillité, la lâcheté des gouvernants et des gouvernés, les déchirements de la Convention, le mépris où elle était tombée, l'émeute en permanence, la ruine des particuliers, la banqueroute de l'État, la République agonisant dans une fin d'orgie, la monarchie paralysée et grabataire, en un mot la décadence certaine et l'écroulement irrémédiable de la France. Thugut en concluait, avec Mallet, « qu'avant six mois, avec de la patience, une contenance ferme, de la dextérité, les puissances coalisées verraient la Convention crouler d'elle-même, la République disparaître, sans qu'il en coûtât un bataillon, et la Révolution finir par le rétablissement du gouvernement monarchique limité [1] ».

Un gouvernement limité au dehors par des « barrières » que placeraient les alliés, au dedans par les Français mêmes et leur constitution, voilà le vœu de Thugut et l'objet de l'Autriche depuis le commencement de la guerre [2]. Mais Thugut ne tenait nullement à ce que ce gouvernement fût monarchique. Il n'avait point de préjugés sur cet article : le meilleur gouver-

---

[1] Thugut à Colloredo. VIVENOT, *Thugut*, t. I, p. 189, 239. — Mallet à Degelmann, 20 novembre 1794. FLAMMERMONT, *Étude sur Mallet du Pan*, *Revue critique*, 1884, p. 320.
[2] Cf. t. II, p. 225.

nement français était, à ses yeux, celui qui donnerait à l'Autriche les plus durables garanties de faiblesse et lui céderait les plus larges portions de terrain. C'est pourquoi on le voyait refuser avec obstination, aussi bien aux Russes qu'aux Anglais, de reconnaître Louis XVII pour roi et le comte de Provence pour régent [1]. En recherchant une garantie de paix dans le démembrement de la France, l'Autriche obligeait les Français à la vaincre; en cherchant cette garantie dans la restauration des Bourbons, les Anglais poursuivaient un objet non moins chimérique et se méprenaient aussi gravement sur les dispositions de la nation française.

VI

Il s'opérait en France un mouvement très vif de réaction contre les excès des révolutionnaires et le despotisme des Jacobins. La nation réclamait confusément du Comité de salut public ce qu'elle réclama avec impatience du Directoire et ce qu'elle n'obtint qu'un moment du gouvernement consulaire : la paix, la « fin de la Révolution », c'est-à-dire l'égalité organisée et appliquée dans ses conséquences pratiques, la liberté civile garantie, la liberté de conscience, des lois stables, de bons administrateurs. Ce n'était point la monarchie, encore moins l'ancien régime. « Il est aussi impossible, écrivait Mallet, de refaire l'ancien régime que de bâtir Saint-Pierre de Rome avec la poussière des chemins. » L'étiquette du gouvernement importait peu d'ailleurs à la grande masse des citoyens, pourvu que cette étiquette ne rappelât ni les émigrés, plus que jamais haïs, ni les princes, chefs et complices des émigrés. Rien ne les pouvait moins rappeler que la République : la République avait la possession de fait

---

[1] Trevor à Wickham, de Turin, 26 mai; Grenville à Wickham, 5 mai 1795. — ANDRÉ LEBON, *L'Angleterre et l'émigration*. — ZEISSBERG, t. V. Correspondances d'avril et mai 1795.

et le prestige de la défense nationale ; elle demeurait le gouvernement le plus populaire et le plus aisé à constituer. Les royalistes sensés, les anciens constitutionnels, le sentaient si bien que tout leur espoir se plaçait dans une régence qui leur serait confiée, à l'exclusion des oncles de Louis XVII, et qui préparerait une restauration. C'était l'infirmité fondamentale du parti monarchique d'être obligé de rompre, sinon avec la dynastie même, au moins avec ses représentants et ses serviteurs attitrés.

La dispute entre la France et le parti monarchique ne portait pas directement sur la liberté politique. Cette liberté n'était plus, en 1795, le premier objet des Français. Tous, les républicains pour s'y retrancher, les royalistes pour s'y refaire, voulaient également un pouvoir exécutif très fort et très indépendant. La masse des habitants n'avait connu de la liberté politique que l'orgie et la débauche. Elle en était dégoûtée et en faisait bon marché. La liberté qu'une restauration de la monarchie et, par suite, la rentrée des émigrés auraient remise en question, c'était la liberté primordiale et élémentaire, la liberté des personnes et des biens, conquête essentielle de 1789, réalité des *droits de l'homme,* qui, pour l'immense majorité des Français, résumait toute la Révolution. Tous ceux qui avaient profité de la suppression du régime seigneurial, et c'était presque toute la France ; tous ceux, et c'étaient pour la plupart des bourgeois économes, des paysans laborieux, qui avaient placé leurs épargnes en bien nationaux ; tous ceux qui possédaient et travaillaient, c'est-à-dire l'élément nécessaire d'un parti conservateur, considéraient une restauration comme incompatible avec la sécurité de leurs personnes et de leurs biens. Quant aux constitutionnels, qui rêvaient de former un parti royaliste national, ils ne voyaient dans les émigrés qu'une faction de l'étranger et des « intrigants de discorde ». « Leur inexpérience, écrivait Royer-Collard, l'imprudence de leur conduite, l'extravagance de leurs plans, le mépris des intérêts nationaux qui s'y fait remarquer, la préférence donnée aux moyens d'intrigue, d'espionnage, de brigandage, la dénomination ineffaçable de *comité anglais*, élèveraient une barrière insurmontable entre les serviteurs du roi et ces personnes. » « On craint les émigrés presque autant que les terroristes », écrit Wickham à propos des provinces de l'Est et des sections de Paris, sur lesquelles il compte. Mallet dans ses lettres à Vienne, Wickham dans ses rapports, lord Grenville, désormais convaincu, dans ses dépêches, reviennent incessamment sur ces deux idées, qu'il faut rassurer les Français contre le retour de l'ancien régime et le démembrement des anciennes frontières. « Sinon, dit Wickham, il faut absolument renoncer à tout espoir de coopération avec l'intérieur de la France. »

Ils en concluent que l'impulsion doit partir des royalistes de l'intérieur, et ils essayent de les agiter. Ils s'abusent encore: Le seul soupçon d'une connivence avec les agents anglais éveille en France le soupçon d'une complicité avec les émigrés, et les complots avortent. Il entre d'ailleurs, dans tous ces complots, autant de police et plus de parasites que de conjurés. La conjuration même ne transpire dans le peuple que pour en faire honnir les auteurs. Les agents de Wickham cabalent partout et échouent partout misérablement. Les agents des princes les contrecarrent souvent, les dénoncent au besoin, les paralysent par leurs rodomontades, qualifiant, avec d'Entraigues[1], de régicides tous les députés qui ont prêté le serment du Jeu de paume, et menaçant de traiter en traîtres au roi tous les gens qui ne feront pas acte et profession de traîtres à la République. Enfin, les agents de l'Angleterre et ceux des princes se vantent d'avoir la main dans les émeutes de Paris, de disposer des anarchistes, de mener les Montagnards, d'organiser les « journées » et d'en retirer le profit. Ils font plus que de se vanter : ils fournissent les preuves. On les voit en prairial, comme on les avait vus en germinal, célébrer à Bâle la victoire qu'ils annoncent avant même de savoir si l'insurrection conjurée, d'accord avec eux, a réellement éclaté.

---

[1] Sur cet aventurier, voir FORNERON, *Histoire des émigrés*, t. II, p. 76.

Les constitutionnels en sont offusqués, tous les bons Français s'en indignent, et le gouvernement républicain en profite [1].

Les Anglais, cependant, ne se découragent point. Wickham fournit à Condé les subsides et prépare une invasion de l'Alsace et de la Franche-Comté par ce petit corps de mercenaires royalistes. Mais il faut, pour que l'opération réussisse, que les Autrichiens appuient le mouvement et que les royalistes de l'intérieur le secondent. Les Autrichiens refusent de bouger, ce qui arrête les émigrés; ils refusent de déclarer qu'ils ne garderont pas les provinces occupées, ce qui déconcerte les royalistes demeurés dans ces provinces. La guerre civile se rallume dans l'Ouest. Les conventionnels en mission avaient fait de pompeuses promesses aux populations vendéennes, le gouvernement les avait mal tenues. Les chefs vendéens n'avaient signé la trêve que pour se refaire; ils voient les populations agitées, ils se croient en mesure et ils recommencent la guerre. Puisaye se prépare à débarquer un corps auxiliaire formé en Angleterre. Ce sont des émigrés, et ils arriveront sur des vaisseaux anglais. Ils sembleront doublement traîtres.

Cette reprise d'armes des royalistes va remettre tous les esprits en feu dans la République. Les passions initiales de la Révolution se réveillent dès que la Révolution semble menacée. Par haine des terroristes, une partie du peuple s'était éloignée des républicains; par haine des émigrés, le même peuple reviendra aux Jacobins. Par lassitude du gouvernement conventionnel, l'opinion inclinait à la paix dans les anciennes

---

[1] *Revue historique*, t. XVII, p. 276, note 3, les témoignages de Fain et la lettre de Bacher. Verninac écrit de Constantinople, le 1er prairial-20 mai 1795 : « La paix avec la Prusse a consterné les ministres d'Angleterre et d'Autriche. Le premier a parlé du roi de Prusse en termes très peu mesurés. Il lui est échappé de dire : Comment Frédéric-Guillaume a-t-il pu se retirer de la coalition à l'instant où elle est près de dissoudre la Convention nationale! Ces paroles ont cela de remarquable qu'elles ont été proférées au moment où il éclatait réellement une émeute dans Paris. » Et le 22 messidor-10 juillet : « Les troubles qui se manifestent de temps à autre dans la République sont toujours annoncés ici avec des détails qui leur sont propres, presque en même temps qu'ils éclatent... »

limites; par antipathie de l'Angleterre et de l'Autriche, par révolte contre leurs ingérences, par mépris de leur politique, l'opinion se rejettera sur la conquête; elle ne croira la paix assurée que si les alliés sont humiliés et que si la République est couverte par la barrière du Rhin.

CHAPITRE III

LA PAIX AVEC L'ESPAGNE

1795

I

Les conférences entre Barthélemy et Yriarte avaient commencé le 15 mai[1]. Yriarte demanda un armistice, qu'il n'obtint pas, et se lamenta sur les cessions de territoire qu'exigeait le Comité. « Est-il possible, dit-il à Barthélemy, que ce soit la France qui veuille soumettre l'Espagne à de pareils sacrifices? Que ferait de plus l'Angleterre? » Il s'était bercé de l'espoir que l'on traiterait sur le pied du *statu quo ante,* que l'on scellerait une réconciliation sincère et que la paix amènerait une alliance contre l'ennemie commune. Barthélemy disputa et céda sur le Guipuzcoa et sur Saint-Domingue; mais il déclara que le Comité ne fléchirait point sur la Louisiane. Yriarte insinua que sa Cour désirait se faire médiatrice de la paix de l'Italie; puis il en vint au point délicat : les enfants détenus au Temple. Barthélemy, après de longs raisonnements, reconnut que si la paix ne tenait qu'à cet article, on parviendrait à s'entendre, et il accepta la conversation sur une pension qui pourrait être servie au fils de Louis XVI.

Le Comité de salut public, dans son empressement à négocier, avait laissé d'abord à Barthélemy une grande latitude pour traiter. La négociation engagée, les opinions se modifièrent à Paris. Le Comité avait déjà réclamé la vallée d'Aran; il écarta

---

[1] *Revue historique,* t. XIII, p. 51-63, et ci-dessus, p. 321-322.

bientôt toute idée de concession au sujet des enfants de Louis XVI. C'était le contre-coup des agitations de l'Ouest et des complots de l'Est. Les royalistes conspiraient à Paris le renversement de la République et cherchaient à envahir la frontière ; ce n'était point le moment de rendre un chef à un parti très divisé et de créer, en Espagne, un nouveau foyer de conjurations.

Le Comité, d'ailleurs, avait lieu de croire qu'avant la conclusion de la paix, si vite que Barthélemy allât en besogne, la mort aurait rendu les négociations vaines et les promesses inutiles. Une captivité qui avait été une persécution et un martyre achevait de ronger la santé toujours faible et précaire de Louis XVII[1]. Ce fils de roi périssait de l'horrible maladie qui dévore, dans le pire dénuement, les enfants des misérables. Le rachitisme avait usé son corps ; la torture morale, l'isolement, l'humiliation, la peur avaient paralysé les ressorts de son âme. Depuis le 9 thermidor, il était tenu proprement, nourri, traité avec douceur. Ces soins étaient venus trop tard. Le 6 mai, un médecin humain et éclairé qui le visita ne trouva plus en lui que « cette image de misère et de douleur » qu'offre l'enfance vouée à la mort. — « C'est un enfant perdu », dit le 11 prairial-30 mai le commissaire de service au Temple. Quelques jours après, Louis XVII avait succombé.

Le Comité expédia, le 21 prairial-9 juin, un courrier à Barthélemy ; il envoyait à cet ambassadeur les ratifications de la convention conclue, le 28 floréal, avec la Prusse, et il ajoutait en post-scriptum : « On a annoncé ce matin à la Convention la mort de Capet, qui a été reçue avec indifférence, et la prise de Luxembourg, qui a été entendue avec les plus vifs transports. Capet était malade depuis longtemps. » Comme la pacification ne devait plus désormais trouver d'obstacle, le Comité mit l'Espagne en demeure et avertit Barthélemy, le 28 prairial-16 juin, que le mois prescrit dans ses instructions pour la conclusion de la paix s'étant écoulé, les généraux français allaient faire raser Rosas, Figuières et Saint-Sébastien[2]. Cet

---

[1] CHANTELAUZE, *Louis XVII*, Paris, 1884.
[2] Cf. ci-dessus, p. 321.

ultimatum annonçait que le Comité avait repris du ton, et que Sieyès y avait recouvré son influence.

Le 15 prairial-3 juin, Merlin de Douai était sorti du conseil [1]. Sieyès, Reubell et Treilhard composèrent la section diplomatique. Treilhard était rallié aux vues de ses deux collègues. Le système du Rhin n'avait plus d'opposants ni même de dissidents dans la section. Gillet, Doulcet et le président, Cambacérès, qui y avaient toujours incliné, y revenaient. Les incertains se groupèrent autour d'Aubry ; ce représentant siégeait dans la section militaire ; il passait pour le chef de la « faction des anciennes limites ». Il retardait par une contradiction sourde et des lenteurs calculées les mesures belliqueuses du Comité. Il s'opposait au passage du Rhin. Il voulait la paix prompte et générale. Croyant que le renouvellement du Comité y déplacerait la majorité, il exposa son système « avec une chaleur plus qu'ordinaire ». Gillet, Sieyès et Reubell « l'éconduisirent vertement », et il se tut [2]. La prise de Luxembourg (8 juin 1795) rendit toute leur énergie aux partisans de l'action. Pichegru et Jourdan reçurent l'ordre d'accélérer autant que possible le passage du Rhin. Merlin de Thionville, revenu à ses passions conquérantes, fut invité à animer les généraux de tout son zèle.

Pour réussir, c'est-à-dire pour réduire l'Autriche à composition, le concours actif de la Prusse était nécessaire. En le recherchant, le Comité de salut public n'agissait point par prévention : il suivait un calcul, et la crainte que l'on avait à Vienne de cette alliance suffisait à expliquer la persistance que le Comité mettait à la poursuivre [3]. Mais les conditions en

---

[1] Le Comité au 15 prairial : Cambacérès, Sieyès, Reubell, Treilhard, Aubry, Tallien, Marec, Gillet, Roux, Vernier, Defermon, Rabaut, Doulcet, Blad, Gamon, Larivière.

[2] Lettre de Gillet, REYNAUD, t. II, p. 222. — FAIN, p. 283. — *Revue historique*, t. XVIII, p. 275-279.

[3] Thugut écrivait le 27 mai : Le roi de Prusse pourrait avec soixante-dix ou quatre-vingt mille hommes se jeter en Bohême, et occuper ce royaume sans trouver de résistance sérieuse. « Nous chercherions en vain à nous dissimuler qu'en pressant vigoureusement une pareille opération, le roi réussirait probablement à réduire sous peu l'Autriche aux dernières extrémités et la forcerait de souscrire à

devenaient chaque jour plus difficiles. Le Comité s'inquiétait de voir la Prusse se dérober devant lui et s'en impatientait. On voit se développer ici, au lendemain même de la paix de Bâle et de la convention de neutralité de l'Allemagne du Nord, les contradictions que renfermait le système de la limite du Rhin et de l'alliance prussienne : elles devaient par la plus singulière, mais la plus logique des évolutions, conduire la France à conjurer l'anéantissement de la Prusse, après avoir poursuivi son alliance, excité ses convoitises et comblé ses ambitions. Placé en 1795 dans une situation analogue à celle où se trouvèrent le Directoire en 1796 et Napoléon en 1805, le Comité de salut public fut amené par la nature même des choses à dégager dans ses termes essentiels le problème qui s'imposa à ses continuateurs, problème insoluble, puisque ni les victoires réitérées de 1796 et de 1797, ni Marengo, ni Hohenlinden, ni Austerlitz, ni Iéna ne purent le résoudre.

« Il est temps, écrivait le Comité à Barthélemy[1], nous ne dirons pas d'ouvrir les yeux, mais de faire sentir que nous les avons constamment ouverts sur les véritables intérêts de la République, et qu'autant nous persistons à vouloir que le premier allié de la plus puissante république du monde soit le plus puissant monarque de l'Europe, autant nous sommes décidés à exiger l'exécution des engagements pris avec nous et à ne pas nous laisser jouer. » Le Comité demandait, en conséquence, que la Prusse occupât le Hanovre et fît évacuer Cuxhaven que les troupes ennemies avaient occupé ; que la Prusse cessât d'offrir ses bons offices à la Diète en vue de conserver à l'Empire la rive gauche du Rhin ; que les agents prussiens à Stockholm, à Copenhague, à Constantinople, secon-

---

toutes les lois qu'il lui imposerait, tant relativement aux points litigieux en Pologne qu'aux conditions de paix avec la France. Une telle attaque imprévue, exécutée avec vigueur et célérité, ne permettrait guère à Sa Majesté de tirer de ses armées considérables sur le Rhin aucun moyen de résistance ; notre perte serait consommée avant qu'on fût instruit à Pétersbourg de l'événement. » ZEISSBERG, t. V, p. 227.

[1] Dépêches des 12 et 28 prairial, 3, 10 et 12 messidor ; — 31 mai, 16, 21 et 28 juin 17.. *...e historique*, t. XVIII, p. 278-279.

dassent les démarches des envoyés de la République ; que le ministre de Prusse à Pétersbourg s'abstînt de « clabauder contre la France ». « Quant au roi de Prusse, concluait le Comité, son intérêt n'est pas équivoque. Il faut qu'il se montre fidèle à ses engagements avec nous et ferme contre ses ennemis. Malheur à ceux qui lui tiendront un autre langage[1] ! »

Mais si la Prusse se refusait à sa propre grandeur, si Frédéric-Guillaume, successeur aveugle et débile du grand Frédéric, perdait l'occasion de fortune que lui offrait la France, la République ne devait point s'entêter dans une alliance stérile. Pourquoi ne pas chercher à contenter l'Autriche? Plusieurs y avaient pensé. Carletti, le ci-devant marquis de Poterat et quelques autres officieux ou intrigants ne cessaient de le souffler à l'oreille des membres du Comité. Sieyès y avait toujours incliné. Son grand dessein de paix continentale et de républiques intermédiaires le travaillait toujours. « Ceux qui m'ont accusé d'être l'ami de l'Autriche ont menti, disait-il ; ceux qui me représenteraient comme ami des Prussiens mentent également ; je ne suis que Français[2]. » Sans doute l'Autriche n'avait ni reçu ni adressé aucune insinuation[3] ; mais il n'y avait aucun inconvénient à la sonder, et ne fût-ce qu'à titre de

---

[1] Talleyrand, ministre des relations extérieures du Directoire, écrit à Sieyès, envoyé à Berlin, le 13 fructidor an VI-30 août 1798 : « Si le roi de Prusse veut être le protecteur de l'Empire, l'arbitre de la paix, il n'a point un quart d'heure à perdre. S'il refuse d'agir, on agira sans lui, et qu'il prenne garde au dénouement. » PALLAIN, *op. cit.*, p. 362. — Napoléon écrit à Talleyrand, 4 fructidor an XII-22 août 1805 : « J'entends que je donnerai le Hanovre à la Prusse et que je lui garantirai l'intégrité de ses États ; mais j'entends aussi que la Prusse me garantira mes États actuels... » — « Qu'elle reste donc dans sa petitesse, puisqu'elle n'a pas voulu profiter de l'occasion qui lui était offerte de s'élever à la grandeur. » Talleyrand à Napoléon, 17 octobre 1805. BERTRAND, *Lettres inédites de Talleyrand à Napoléon*, Paris, 1889, p. 159. — « Qu'ils (les Prussiens) apprennent que s'il est facile d'acquérir un accroissement de domaines et de puissance avec l'amitié du grand peuple, son inimitié, qu'on ne peut provoquer que par l'abandon de tout esprit de sagesse et de raison, est plus terrible que les tempêtes de l'Océan ! » Proclamation du 6 octobre 1806. *Correspondance*, t. XI, p. 107 ; t. XII, p. 312.

[2] *Revue historique*, t. XVIII, p. 275-6.

[3] *Revue historique : L'Autriche et le Comité de salut public, la Neutralité de l'Allemagne du Nord*; notamment, t. XVII, p. 53, 57, 61, 62, 273, 283, 285-6, 297 ; t. XVIII, p. 279-283, 285.

« spéculation », le Comité s'en ouvrit à Barthélemy[1]. Cette « spéculation », mélange singulier de paradoxe dans les desseins, de subtilité dans les conjectures, de témérité dans les hypothèses, d'imprudence politique et de prescience de l'avenir, trahit à toutes ses lignes le génie de Sieyès[2].

Nous voulons, écrivait le Comité, une paix honorable, et nous entendons par là « que nous voulons fixer une démarcation des frontières, telle que nous trouvions l'indemnité de la guerre, et dans la garantie de notre sûreté future, et dans les sources nouvelles ouvertes à notre commerce et à notre industrie ». Cette frontière, c'est le Rhin; la Prusse le sait, ce n'est pas à elle qu'il appartient désormais de nous détourner de ce projet; si nous y renonçons, ce doit être de notre plein gré; si nous n'y renonçons pas et que l'Autriche nous offre la paix à cette condition, nous n'avons point de motif de refuser. Qu'elle nous abandonne la Belgique et ses possessions de Souabe, qu'elle y joigne le Milanais dont nous « exigerions très probablement la cession en faveur du Piémont », et nous consentirions à la réunion de la Bavière à l'Autriche. L'Autriche, ainsi concentrée en Allemagne, s'éloignerait de nous. Si elle est encore agitée d'ambitions, sa politique se tournerait « vers l'Orient où elle rencontrerait la Russie dont nous aimerions à la voir devenir l'ennemie naturelle[3] ». La Prusse n'aurait point à se plaindre; on lui procurerait « des accroissements plus que proportionnés », des évêchés, le Hanovre, une nouvelle ligue germanique; elle lierait, par des canaux, son commerce de la Baltique à celui de la mer du Nord; elle deviendrait puissance maritime et, unie au Danemark et à la

---

[1] Dépêche du 8 messidor-26 juin 1795. *Revue historique*, t. XVIII, p. 280-284.
[2] Cf. p. 221 le *Plan* de Dubois-Crancé, et p. 298 le *Projet* de Sieyès.
[3] « Tant que l'Autriche ne sera point en rivalité avec la Russie, il sera facile à l'Angleterre de les unir dans une alliance commune... Il faut que l'Autriche cesse d'être en contact immédiat avec la France et les États qu'elle a fondés... Qu'en échange des États vénitiens, du Tyrol, de ses possessions de Souabe... on lui donne la Valachie, la Moldavie, la Bessarabie et la partie la plus septentrionale de la Bulgarie... » Talleyrand à Napoléon, 17 octobre 1805, BERTRAND, *op. cit.*, p. 158-160. — Cf. Metternich à Stadion, 26 février 1811. *Mémoires de Metternich*, t. II, p. 160 et suiv.

Suède, balancerait la Russie dans la Baltique. Elle contribuerait enfin à relever la Pologne, où l'on placerait un de ses princes. Le reste de l'Allemagne « formant une fédération nouvelle, constituée plus sainement et plus vigoureusement que celle que le hasard a formée dans des siècles gothiques, et garantie par la République, tiendrait la balance entre la Prusse et l'Autriche ». Un État intermédiaire séparerait ainsi la République de ces deux puissances. Nos frontières seraient à l'abri de toute invasion, défendues par ces États glacis, républiques, confédérations ou monarchies, protégées ou vassales : la Hollande, la Confédération germanique, le Piémont [1]. La Russie s'opposerait à ce dessein, mais « c'est pour l'arrêter que ce plan est formé ». L'Angleterre n'y consentirait jamais ; mais ce plan a pour objet de la contraindre et de l'humilier. La République formerait une ligue maritime. « Que l'Angleterre et la Russie s'allient ! elles seront signalées comme ennemies du droit des nations ; une résistance commune triomphera de leurs projets [2]. »

Il s'agissait de traduire ces « spéculations » en actes diplomatiques. Pour commencer, le Comité adressa au gouvernement suédois, par le ministre de la République à Stockholm, Rivalz, deux traites de deux millions chacune sur le trésor de la République batave. La première serait remise aussitôt après les ratifications du traité d'alliance, et la seconde, dès que la Suède aurait annoncé son entrée en campagne [3]. Le Comité ne doutait pas de l'adhésion de la Suède à cet arrangement, et il l'annonça à Verninac [4]. « La République ne tardera pas à

[1] République batave, alliée, 1795 ; royaume de Hollande, allié, 1806 ; Piémont, allié, 1797, réuni, 1802 ; Confédération du Rhin, protégée, 1806 ; République Helvétique, réorganisée, 1803 ; République Cisalpine, royaume d'Italie, 1797-1804.
[2] Alliance entre la France et la Prusse, 24 février 1812 ; la France et l'Autriche, 14 mars 1812. — Alliance de l'Angleterre et de la Russie, 18 juillet 1812. — « La guerre de Russie devenait une conséquence nécessaire du système continental du jour où l'empereur Alexandre violait les conventions de Tilsitt et d'Erfurt... En 1812, l'Autriche, la Prusse, l'Allemagne, la Suisse, l'Italie, marchaient sous les aigles françaises ; Napoléon ne devait-il pas croire le moment arrivé de consolider cet immense édifice qu'il avait élevé ?... » Napoléon à Sainte-Hélène. — DAMAS-HINARD, *Dictionnaire Napoléon*, article Russie.
[3] Le Comité à Staël, 22 prairial-10 juin 1795.
[4] Le Comité à Verninac, 3 messidor-21 juin 1795.

devenir le centre d'union de toutes les puissances amies du Nord. » La Pologne était naguère l'un des principaux rouages de la combinaison. Le Comité ne pouvait pas se dissimuler qu'à mesure qu'il s'avançait dans les réalités européennes, la reconstitution de cette république s'éloignait de plus en plus et tournait à la chimère. Parandier, envoyé en éclaireur, avait dû s'arrêter aux frontières et se rabattre sur Altona. Il envoyait plus de conjectures que de renseignements. Stamaty avait refusé de se rendre en Moldavie et en Valachie, ne voulant point, disait-il, jouer en son propre pays le rôle d'agent secret d'une puissance étrangère, et convaincu que toute agitation nationale fomentée en ces principautés tournerait au profit de la Russie. Le Comité en prit son parti. Les intérêts de la Porte, écrivit-il à Verninac, n'exigent pas que la Pologne soit séparée de la Prusse, mais qu'elle le soit de la Russie et de l'Autriche. « Il consentait même à voir l'Autriche garantir avec la Prusse l'indépendance » de la Pologne sous un prince prussien. Le point était que les Polonais réfugiés ne s'en mêlassent point. « La Pologne, en ce moment, écrivait le Comité, ne peut ni ne doit rien faire par elle-même... Au reste, comme il nous importe surtout que la Pologne obtienne le rétablissement de son indépendance, nous serions bien éloignés de nous opposer à ce qu'elle la reconquit par le secours même de l'Autriche [1]. »

II

L'Autriche fut instruite des ouvertures que le Comité de salut public lui ménageait. Après la prise de Luxembourg, Merlin de Thionville eut l'occasion de s'entretenir avec le général Bender, qui venait de rendre la place. Il lui dit du mal des Prussiens, c'était le meilleur moyen de gagner sa

---

[1] Le Comité à Verninac, 3 messidor-21 juin 1795; à Barthélemy, 8 messidor-26 juin; à Parandier, 3 messidor-21 juin.

confiance; cette insinuation mit le général autrichien en aussi belle humeur que naguère, à Paris, les propos menaçants de Sieyès contre l'Autriche y avaient mis le Prussien Gervinus. Bender donna largement la réplique à Merlin. Ce conventionnel lui dit alors : « Il serait facile de conclure avec l'Empereur; si ce prince voulait abandonner l'Empire et se retirer en Bavière, nous le laisserions faire. » Bender et son adjudant général, Kroch, saisirent « avec avidité » cette proposition et promirent de s'employer pour la faire goûter à leur maître. Mais le maître ne la goûta point, et encore moins peut-être le premier ministre. La capitulation de Luxembourg avait jeté Thugut hors de lui-même. « Oh! si notre Marie-Thérèse, qui cependant n'était qu'une femme, pouvait lever sa bonne tête de sa tombe, et voir tout cela! » Bender lui fit l'effet d'un sot et Kroch d'un *faccendone*. « Je ne suis pas étonné, dit-il, si Merlin s'est réjoui de la rencontre d'un tel pigeonneau. » Si l'Autriche avait « l'impardonnable faiblesse de donner la moindre suite à de pareilles rêveries », elle tombait dans le piège, jouait le jeu des républicains, se brouillait avec l'Angleterre et la Russie. Il démentit et fit démentir partout les bruits de négociation. « Nous n'avons, écrivait-il le 25 juin, aucune raison de nous donner l'air de complaisance et de ménagement envers les brigands de France[1]. » Le Comité cependant fit une nouvelle invite, celle-là fort politique, à la maison d'Autriche. L'Espagne lui en fournit l'occasion.

Godoy n'était pas moins impatient de traiter que ne l'était le Comité de salut public; mais il se sentait surveillé par les coalisés, et il tremblait devant lord Bute, l'ambassadeur britannique. Craignant qu'Yriarte ne fût trop en évidence à Bâle et jugeant d'ailleurs cette ville trop éloignée pour qu'il y pût suivre les négociations, il proposa au Comité de les reprendre sur la frontière des Pyrénées. Il y envoya Yranda dans le plus grand secret et offrit à la France de choisir entre les deux plénipotentiaires. Il eut soin, toutefois, de déclarer à lord Bute

---

[1] Lettres de Thugut à Colloredo. — Rapports de l'agent sarde à Vienne. *Revue historique*, t. XVII, p. 296-297.

que l'Espagne n'ayant rien de plus à cœur que de continuer la guerre, l'Angleterre ne devait point se laisser prendre à de vains bruits de négociations : ils n'étaient qu'une feinte pour occuper l'opinion. Si l'Espagne, ajouta-t-il, se voyait contrainte de modifier ses vues, son premier soin serait d'en instruire la cour de Londres, conformément à l'esprit de franchise et de loyauté qui dirige sa conduite. Lord Bute se tint pour satisfait, et Godoy attendit avec plus de tranquillité une réponse de Paris.

Le Comité connut le 18 juin l'arrivée d'Yranda à Bayonne. Sûr désormais que la négociation ne lui échapperait point, il trouva bon d'inquiéter les Espagnols en les faisant attendre, puis de les réduire à composition par une brusque attaque. Moncey reçut le commandement en chef de l'armée des Pyrénées occidentales, moins épuisée que celle des Pyrénées orientales, et fut chargé de l'opération. Le Comité s'occupa ensuite de prévenir de nouvelles démarches au sujet de la fille de Louis XVI, Marie-Thérèse-Charlotte, qui restait détenue au Temple. Le Comité commençait à s'en trouver embarrassé, et, comme il n'avait aucun motif de la tenir captive, il coupa court aux difficultés par un expédient digne des fins procéduriers qui menaient alors les affaires de la République. Yriarte et Yranda allaient certainement réclamer cette princesse; Carletti la réclama, le 24 juin, au nom de son maître le grand-duc de Toscane. Le 30 juin, Treilhard déclara à la tribune que la République était assez fermement assise pour n'avoir plus besoin de détenir la fille du dernier roi. Il proposa de « faire servir un acte d'humanité à la réparation d'une grande injustice », et la Convention décréta que Marie-Thérèse-Charlotte pourrait être échangée contre les représentants du peuple, le ministre Beurnonville et les deux ambassadeurs prisonniers en Autriche [1].

Ce décret fut communiqué aux généraux pour qu'ils le fissent parvenir aux Autrichiens au moyen de parlementaires.

---

[1] *Revue historique*, t. XIII, p. 61-65. — *L'Europe et la Révolution*, t. III, p. 369.

Barthélemy reçut, en même temps, l'ordre d'en informer les ministres des puissances amies ou neutres. « Il faut, écrivait le Comité, que tout le monde sache si l'Autriche préférera le plaisir de perpétuer les actes de violence que rien ne justifie, à celui de procurer la liberté à ses parents et à ses amis[1]. » Barthélemy était d'ailleurs autorisé à entrer en pourparlers sur cet échange, dans le cas où le ministre d'Autriche à Bâle l'y inviterait.

Barthélemy croyait l'Autriche disposée à traiter aux conditions indiquées par le Comité dans sa dépêche du 8 messidor, c'est-à-dire à condition qu'elle faciliterait la cession de la rive gauche du Rhin à la France, et que la Bavière lui serait livrée en échange des Pays-Bas, qui passeraient à la République. Cette combinaison lui semblait dangereuse pour l'avenir de la France. Elle bouleversait cet équilibre germanique, chef-d'œuvre des anciens diplomates français, qui, en paralysant l'Empire, assurait à la France du côté de l'est la plus avantageuse des frontières politiques : des voisins impuissants, des clients tim , un État divisé par sa constitution même et entravé par s   )-pres lois. Barthélemy le représenta nettement au Com   on rapport, rapproché de la dépêche du 8 messidor, met   face l'une de l'autre les deux politiques entre lesquelles le Comité avait alors à choisir et entre lesquelles la France s'est incessamment débattue depuis lors. Le Comité, dans ses vues, devance d'une dizaine d'années les événements, et dessine les combinaisons que se proposeront, de 1805 à 1810, l'Empereur et ses ministres. Sieyès songe, comme Talleyrand le fera plus tard, à diviser l'Allemagne en trois empires, à pousser l'Autriche vers l'Orient, à l'opposer à la Russie. Il taille dans le grand, agglomère les peuples, supprime les petits États faibles, fortifie les États puissants. C'est un précurseur de Napoléon.

Barthélemy est un disciple de Vergennes ; il est tout inspiré des mémoires que ce sage conseiller adressait à Louis XVI, lorsque Joseph II cherchait à le tenter et l'incitait à lui faciliter

---

[1] Le Comité à Barthélemy, 14 messidor-2 juillet 1795.

ce même troc de la Bavière[1]. C'est un représentant de la tradition classique. L'acquisition de la rive gauche du Rhin lui paraît d'un intérêt contestable. Il n'en discute point le principe, il en fait ressortir les conséquences. — L'Autriche, dit-il, prend la Bavière; la voilà concentrée en Allemagne, et c'est pour dominer l'Allemagne qu'elle tient à s'y concentrer; elle n'abandonnera pas cette domination pour courir les aventures en Orient, elle s'avancera dans l'Empire, et après en Italie. Cependant, pour gagner la Prusse à cette combinaison qu'elle redoute, pour faire contrepoids à la puissance autrichienne ainsi accrue, « il faudra augmenter prodigieusement celle du roi de Prusse » ; la Prusse envahira à son tour ses voisins. L'Autriche, pour garder la prééminence, « se livrera tout de suite à son goût pour le brigandage ». Les petits États disparaîtront. Venise tremble déjà. Il n'y aura qu'un cri en Allemagne contre nous. La France perdra ses clients; elle verra disparaître, sous ses propres coups, les États secondaires, son ouvrage et sa sauvegarde. « Alors, le système qui menace l'Europe des plus grands dangers se réalisera promptement, savoir : la destruction et l'envahissement de tous les petits États. L'Europe sera plus asservie que jamais, les guerres plus terribles, tout sentiment de liberté plus comprimé[2]. »

Il y avait dans ces remontrances au moins autant d'avenir que dans les spéculations de Sieyès[3]. Lorsque le rapport de Barthélemy arriva au Comité, ce conseil, à la suite d'événements nouveaux et d'un changement dans sa composition, semblait mieux en mesure d'en apprécier la sagesse.

[1] Cf. t. I, p. 308, 313.
[2] Barthélemy au Comité, 18 messidor-6 juillet 1795. *Revue historique*, t. XVIII, p. 285-289.
[3] Sans s'arrêter aux degrés intermédiaires et pour arriver tout de suite aux extrémités, comparer à cette discussion de Sieyès et de Barthélemy en 1795 les discours opposés de Rouher et de Thiers de 1865 à 1867. Ce sont les mêmes arguments. La discussion de 1795 les a tous résumés.

III

Les hostilités étaient reprises en Vendée. La Normandie s'agitait[1]. On annonçait une insurrection en Bretagne. Tout l'Ouest était en feu. Le 23 juin, une flotte anglaise rencontra et battit la flotte de Villaret-Joyeuse; le 25, elle s'embossa devant Quiberon; le 27, elle débarqua sur les grèves de cette presqu'île une troupe de 3,600 hommes, composée d'émigrés et de prisonniers français enrôlés de force. Les Anglais apportaient des munitions, des armes et des équipements pour 60,000 hommes. Il vint environ 4 à 5,000 chouans que l'on arma. Les Bretons détestaient les Anglais; ils ne se prêtaient point à marcher avec eux, et ils réclamaient un prince français. Le comte d'Artois avait été invité à se rendre à Portsmouth; mais il ne devait passer en France qu'avec des troupes anglaises, et les Anglais ne voulaient exposer et sacrifier leurs soldats que quand ils seraient sûrs que leur expédition serait suffisamment soutenue par les insurrections du pays[2]. La discorde se mit entre les chefs royalistes. Les républicains eurent le temps de prendre leurs mesures pour les écraser avant qu'ils fussent tous rassemblés. Informé du débarquement le 12 messidor-30 juin, le Comité fit aussitôt partir deux commissaires, Tallien et Blad, avec des pouvoirs extraordinaires. Le lendemain, Doulcet demanda à la Convention de ratifier les dispositions arrêtées par le Comité. Il était un des membres les plus modérés de ce gouvernement; son langage n'en est que plus significatif : « Jusqu'ici les républicains ont combattu pour la gloire; aujourd'hui tous les Français com-

---

[1] LA SICOTIÈRE, *Louis de Frotté et les insurrections normandes*, t. I, liv. II et III.
[2] ZEISSBERG, t. V. Rapports de Starhemberg, 23 juin, 10 juillet 1795, p. 259, 288.

battront pour leurs intérêts. Républicains, anglomanes de 89, constitutionnels de 91, le même sort vous est réservé, le même drapeau doit vous réunir... La Convention répète avec toutes les armées : « *La République ou la mort, la victoire ou la mort!* » Hoche s'occupa de décider la victoire en anéantissant l'insurrection ; le gouvernement délibéra sur les moyens de la faciliter en procurant la paix à la République et des renforts à l'armée de l'intérieur.

L'élection du 15 messidor-3 juillet remplaça, dans le Comité de salut public, Sieyès, Reubell, Gillet et Roux, par Boissy, Louvet, Lesage, de Bry[1]. Cambacérès garda la présidence. La section diplomatique se composa de Treilhard, Boissy, Louvet et Jean de Bry. Les hommes qui dirigeaient les affaires extérieures de la République depuis quatre mois, Reubell, Sieyès, Merlin, s'en trouvèrent momentanément éloignés. Il ne resta plus de l'ancien sous-comité diplomatique que Treilhard. Ce conventionnel y avait siégé deux mois ; il se prononçait fortement pour les desseins de ses collègues sortants, mais il n'avait pas, pour les faire prévaloir, la même autorité. Louvet n'apportait dans la section que les connaissances d'un journaliste, les inquiétudes et les soupçons d'un Girondin échappé à la mort. De Bry était entièrement sous la coupe de Sieyès et demeurait, dans la section, son oreille et sa parole. Boissy avait fait partie du Comité, s'était occupé des négociations et n'avait plus cessé de s'y intéresser. Il était répandu dans le beau monde ; il se montrait accessible aux confidences des diplomates étrangers et aux suggestions des conseillers d'aventure, des informateurs officieux, des négociateurs occultes, courtiers et agents toujours nombreux à Paris. La Terreur ne les avait pas tous expulsés, et ils pullulaient alors autour du Comité.

Ainsi composé, le Comité restait favorable au système du Rhin ; mais ce système avait perdu ses inspirateurs les plus

---

[1] Le Comité au 15 messidor-3 juillet : Cambacérès, Treilhard, Boissy d'Anglas, Aubry, Tallien, Vernier, Defermon, Rabaut, Doulcet, Marec, Blad, Gamon, Larivière, de Bry, Lesage, Louvet.

convaincus. Aubry essaya d'en profiter; il avait encore un mois à siéger au Comité; mais Doulcet, que l'on venait de lui adjoindre dans la section de la guerre, appartenait au parti de la conquête. Il fit une nouvelle tentative pour amener le Comité à ses vues. Le 16 messidor-4 juillet, il proposa de se renfermer dans la défensive sur toutes les frontières. En présence du péril dont l'insurrection de l'Ouest menaçait la République, les observations d'Aubry émurent ses collègues. Lesage et Louvet se rallièrent à son avis, et les autres réservèrent leur opinion. Les partisans de la conquête appelèrent Gillet à la rescousse. Bien que sorti du Comité le 15 messidor, ce représentant y reparut pour lire un mémoire qui concluait à passer le Rhin. Aubry fit ajourner la décision et fit décider que le Comité consulterait les généraux. Combattu comme dangereux en politique, par Barthélemy, comme impraticable sous le rapport militaire, par Aubry, jamais le système du Rhin n'avait été si compromis qu'à ce moment-là. Le Comité hésita même à ordonner la reprise des hostilités, qui, dans tous les cas, était nécessaire pour obliger l'Autriche à accepter la paix. « En vérité, écrivait Merlin de Douai, je suis quelquefois tenté de croire que le Comité de salut public a dans son sein un homme qui a médité et juré la contre-révolution[1]. »

L'influence de ce courant pacifique se fit aussitôt sentir dans les négociations d'Espagne. Sollicité par deux ambassadeurs, le Comité n'en voulut choisir aucun; il voulut les écouter tous les deux et se réserva d'accorder la faveur à celui qui offrirait les meilleures conditions. Laissant donc Barthélemy discuter avec Yriarte, il aboucha avec Yranda le général Servan, l'ancien ministre de 1792, emprisonné pour cause de « modérantisme » et élargi au mois de janvier 1795. Le Comité désirait remettre en honneur cet excellent serviteur de la République. Cette mission en offrait le moyen. Servan reçut, avec des pleins pouvoirs, les instructions données déjà à Bar-

---

[1] *Revue historique*, t. XVIII, p. 289-290, 297.

thélemy ; mais le Comité y ajouta ce « supplément » qui en modifiait singulièrement l'esprit : « Si, contre toute attente, l'Espagne se refusait invinciblement à toute cession de territoire, comme l'état de guerre de la République française avec l'Espagne est, en quelque manière, un état contre nature... et attendu que la paix avec cette puissance doit accélérer la paix générale par les moyens qu'elle fournira de presser plus vivement les ennemis sur d'autres points, le citoyen Servan est autorisé à se relâcher de toutes demandes de cession de territoires [1]. »

Tandis que le Comité se résignait à cette concession, une offensive hardie de Moncey la rendait inutile. Le 8 juillet, les Français entraient à Vittoria et menaçaient Pampelune. La Castille leur était ouverte. Godoy envoya, le 2 et le 8 juillet, à Yriarte l'ordre de traiter immédiatement. Pendant que son courrier s'en allait à Bâle, une autre victoire des armées françaises doublait le prix de la paix qui s'offrait ainsi à la République. Le 20 juillet, Hoche écrasa les royalistes à Quiberon. Leur défaite, due « à l'ineptie, à la mésintelligence », à l'égoïsme de leurs chefs [2], tourna en déroute et fut suivie de répressions terribles. Les républicains avaient fait 6,000 prisonniers. Les Chouans, au nombre de 3,600, furent renvoyés chez eux ; les soldats enrôlés, au nombre de 1,600, furent licenciés. Il restait 1,000 émigrés ; ils furent traduits devant une commission militaire, et 690 furent passés par les armes. Le 9 thermidor-27 juillet, Tallien parut à la tribune : « Je te salue, s'écria-t-il, époque auguste où le peuple écrasa la tyrannie décemvirale. Heureux, trois fois heureux, anniversaire où les défenseurs de la patrie ont terrassé la coalition de l'étranger et des parricides ! » Deux jours après, le Comité apprit que le descendant de Louis XIV avait consommé sa défection à la cause des Bourbons.

Les dernières instructions de Godoy à Yriarte trouvèrent ce

---

[1] Pouvoirs et instructions à Servan, 22 et 23 messidor-10 et 11 juillet 1795. — *Revue historique*, t. XIII, p. 65-68.
[2] CONTADES, *Mémoires*, p. 207, 231.

diplomate tout prêt à traiter. Il avait poursuivi ses conférences avec Barthélemy, et, dès le 11 juillet, ils s'étaient accordés sur la plupart des articles. Pour Marie-Thérèse, Yriarte se contenta de la promesse que cette princesse serait remise à l'Espagne si l'Autriche refusait l'échange qui lui était offert. Il demanda que le traité stipulât le rétablissement de la religion catholique en France. Barthélemy vit dans cette prétention un témoignage « de l'ignorance et de la faiblesse » de la cour de Madrid; il l'écarta avec dédain. Yriarte, malgré l'inquiétude assez motivée que lui causait la censure du Saint-Office, finit par convenir que la « raison d'État » l'emporterait vraisemblablement sur les « capucinades ». Il n'y eut de difficultés que sur la médiation de l'Espagne en Italie et sur les cessions de territoire. Yriarte avait l'ordre de faire mentionner le Pape parmi les princes dont l'Espagne prendrait en main les intérêts. Barthélemy n'y voyait que des avantages, mais il n'osait nommer le pontife dans un traité de la République. Il imagina de dire : « La République accepte la médiation de Sa Majesté Catholique en faveur du roi de Portugal [1], du roi de Naples, du roi de Sardaigne, de l'infant duc de Parme et *autres États de l'Italie*... » Quant aux cessions, Yriarte se débattit tant qu'il put. Le 4 thermidor-22 juillet, après une journée de discussion, il proposa brusquement de signer, séance tenante, si Barthélemy se contentait de Saint-Domingue. Barthélemy avait l'option. Il accepta, et le traité fut conclu dans la soirée [2].

Le Comité en reçut l'expédition le 11 thermidor-29 juillet. Il était résigné à faire la paix sans conquête. Le traité de Bâle lui donnait Saint-Domingue. Treilhard porta aussitôt la nouvelle à la Convention : « La République, dit-il, compte un ennemi de moins et un allié de plus. » Barthélemy reçut les félicitations du Comité, et le *Moniteur* lui porta, quelques jours après, le témoignage des applaudissements de l'Assemblée. Quelques critiques se produisirent. Delacroix, le futur

---

[1] Il aurait fallu dire de la reine Maria Ire; mais Yriarte n'y songea point, et Barthélemy encore moins.
[2] De Clercq, t. I, p. 245.

ministre des relations extérieures du Directoire, exprima la crainte que le principe du *versant des eaux,* posé pour la délimitation des frontières, ne fût préjudiciable à la République. Mailhe répondit que la République devait se montrer généreuse : « Pourquoi parler d'augmentation de territoire? Ce n'est pas là notre mission. Notre mission est d'assurer la liberté. » Cambacérès mit fin au débat en invoquant la loi suprême, au-dessus de laquelle il n'y a pas de loi : « Dans l'ordre de la nature, tels peuples sont faits pour être amis et alliés ; cette vérité reçoit une parfaite application à l'Espagne et à la France. Le Comité a tout fait pour réaliser le vœu de la nature en maintenant la dignité du peuple français. » La Convention ratifia le traité au milieu d'acclamations à peu près unanimes [1].

IV

Ce traité rompait définitivement la ligue des rois. La mort de Louis XVII brisait le parti monarchique. En passant sur la tête du comte de Provence, la couronne émigrait. Le gouvernement républicain se sentit plus fort, mais les gouvernants se sentirent en même temps plus directement menacés par les royalistes : ce que l'on recommençait à nommer à demi-mot la faction d'Orléans n'était qu'une intrigue et une cabale ; la monarchie constitutionnelle n'avait plus de prête-nom ; une restauration ne pouvait donc être tentée désormais que par les émigrés ou avec eux ; elle était peu probable, mais, accomplie dans ces conditions, elle eût entraîné la ruine et la proscription, sinon la mort pour tous les régicides. Ils se resserrèrent et firent front. Il s'ensuivit une évolution nouvelle de la République et un nouveau classement des partis.

Les anciens monarchistes de 1791, les politiques modérés que la Révolution avait plus persécutés qu'elle ne les avait com-

---

[1] 14 thermidor-1er août 1795. — *Revue historique,* t. XIII, p. 69-80.

promis, désabusés de l'espoir d'une régence, exercée par eux au nom de Louis XVII, plus détestés et plus honnis des princes et des émigrés que les régicides mêmes, ne songèrent plus qu'à se réfugier dans la République, à l'organiser selon leurs vues et à la pacifier entre leurs mains. Ils reportèrent aux principes l'attachement qu'ils ne pouvaient plus vouer aux personnes, et ils ne se préoccupèrent plus que d'assurer des garanties à la liberté. Ils cherchèrent dans le rétablissement de l'ordre, de la sécurité publique, de la paix surtout, les moyens de regagner à leur parti l'affection du peuple. Ils avaient toujours incliné vers le système des anciennes frontières; ce système procurait une paix plus rapide et plus sûre avec l'Europe; cette paix était la préface nécessaire du régime qu'ils rêvaient d'établir en France; il écartait de la République la menace de l'invasion militaire à l'intérieur et de l'usurpation d'un général d'armée.

Le salon de l'ambassade de Suède était un terrain neutre où les constitutionnels de 1791 pouvaient se rencontrer avec les républicains modérés, leurs émules de 1795. Mme de Staël, revenue à Paris au mois de mai et signalée partout comme l'auteur des *Réflexions sur la paix adressées à M. Pitt et aux Français,* se fit l'âme de ce nouveau parti[1]. Ses amis et elle projetaient d'organiser la République française sur le modèle des États-Unis, comme ils avaient essayé autrefois de transformer la vieille monarchie selon le modèle anglais[2]. C'était au fond le même système de gouvernement qu'ils avaient en vue, avec deux Chambres et une aristocratie intellectuelle qui se substituerait à l'aristocratie de naissance : une république dont La Fayette, délivré, aurait pu être le président, et Talleyrand, affranchi du bannissement, le premier ministre[3]. Les monarchistes convertis ou résignés seraient ren-

---

[1] Voir la notice de Rœderer sur la brochure de Mme de Staël, prairial-juin 1795. Rœderer, *OEuvres,* t. V, p. 81. — Annonce du même ouvrage dans le *Moniteur* du 8 floréal-27 avril, t. XXIV, p. 297.

[2] Voir Mme de Staël, *Considérations,* 3ᵉ partie, et dans la Collection des grands écrivains, l'étude intitulée : *Madame de Staël,* Paris, 1890, p. 57-62.

[3] Le décret de bannissement de Talleyrand fut rapporté le 15 fructidor-4 septembre, sur le rapport de Chénier. *Moniteur,* t. XXV, p. 663.

trés aux affaires par ce détour. Pour rassurer les républicains sur les intentions de ces nouveaux constitutionnels, pour attirer dans leurs intérêts les scrupuleux et les timorés de l'ancienne droite de l'Assemblée législative, Mme de Staël composa un second écrit politique : *Réflexions sur la paix intérieure.* Il parut dans l'été de 1795. — La République, disait l'auteur, est le seul gouvernement possible ; il faut s'y rallier et la gouverner pour y introduire la liberté que tout le monde désire. C'est le courant de l'opinion, on suit ces courants-là, on ne les décide pas. « Les hommes de génie paraissent créer la nature des choses ; mais ils ont seulement l'art de s'en emparer les premiers. » Rien ne sépare, en réalité, les républicains amis de l'ordre, des monarchistes amis de la liberté. Si les monarchistes persistent à vouloir restaurer la monarchie, les émigrés seuls en profiteront ; d'ailleurs, une restauration ne se fera que par un coup d'État et par la force. « La France peut s'arrêter dans la République ; mais, pour arriver à la monarchie mixte, il faut passer par le pouvoir militaire. »

Malheureusement pour les nouveaux constitutionnels, leurs personnes étaient peu faites pour inspirer confiance aux populations démocratiques ; leurs combinaisons étaient trop subtiles et trop complexes pour séduire les esprits populaires ; enfin, l'article de leur programme sur lequel ils comptaient le plus pour rallier l'opinion, la paix, les rendait suspects à tous ceux qui mettaient la gloire nationale et la puissance de la République au-dessus même de la liberté.

En 1791, Barnave et ses amis avaient, malgré eux, servi, par leur dessein de monarchie limitée, la politique autrichienne d'alors[1]. Les modérés de 1795, qu'ils proposent de renoncer simplement aux conquêtes ou que, reprenant, comme Rœderer, les projets de Dumouriez, ils songent à constituer en Belgique et en Hollande des républiques indépendantes, paraissent servir les desseins de l'Angleterre et ceux du comte de Provence. Ce prince ne consentait à rien céder de

---

[1] Cf. t. II, p. 322. — Rœderer, *OEuvres*, t. VI, p. 107-110, article du 7 fructidor.

l'ancien territoire français, mais il ne prétendait y rien ajouter. L'Angleterre ne voyait de paix durable que par le rétablissement de la monarchie, avec une constitution et le retour aux limites de 1792. Il s'établit ainsi une sorte de confusion entre ces deux partis, d'ailleurs très divisés, mais qui se rencontraient sur ce point : la « faction royaliste » se mêla, dans l'esprit de beaucoup de Français, avec la « faction des anciennes limites ».

Il en devait advenir, de la république sans républicains des constitutionnels de 1795, ce qui était advenu de la royauté sans royalistes de 1791. La grande majorité de ceux qui y étaient conviés ne l'acceptaient qu'à titre d'étape ; ils y entraient comme au cabaret ou à l'auberge : ils n'en faisaient point leur demeure d'élection. Ceux qu'ils en prétendaient exclure, au contraire, estimaient que la maison leur appartenait, et refusaient d'en sortir : c'étaient les hommes qui luttaient depuis trois ans pour la République et qui s'étaient donnés eux-mêmes en gage à la Révolution. Les constitutionnels coalisèrent naturellement contre eux, et l'aristocratie des émigrés, qui ne songeait qu'à restaurer, pour son compte exclusif, l'ancien régime, et ce qu'ils appelaient l' « aristocratie des régicides », qui ne pensait qu'à conserver le pouvoir et à s'y retrancher. « Quelles garanties vous faut-il? » demandait un jour à Treilhard un ancien royaliste constitutionnel devenu républicain conservateur, Mathieu Dumas. « Montez à la tribune, lui répondit Treilhard, et déclarez que si vous aviez été membre de la Convention, vous auriez, comme nous, voté la mort de Louis XVI. — Vous exigez l'impossible. — Non. La partie n'est pas égale ; nos têtes sont en jeu. » Les nécessités de l'existence restent ainsi pour les républicains ce qu'elles avaient été depuis le commencement de la République. Il leur faut constituer un pouvoir fort dans la République, et il faut que ce pouvoir demeure en leurs mains. Une paix trop prochaine rendrait leur gouvernement inutile et leurs personnes incommodes : elle entraînerait une réaction qui pourrait mettre la Révolution même en question, elle ouvrirait enfin les voies à la restauration qu'ils redoutent. Il leur importe que la guerre continue, pour qu'ils conservent le gouvernement ; que cette guerre soit brillante, pour qu'ils conservent la faveur de l'armée ; enfin que la cause de la Révolution s'identifie indéfiniment dans les imaginations populaires avec leur propre cause. Cette nécessité triomphe des dernières incertitudes sur l'article des limites. L'idée de la conquête se confond avec l'idée de la République, et l'établissement de la constitution républicaine s'associe à l'acquisition des frontières naturelles. Qui se résigne aux anciennes limites devient suspect de royalisme. C'est un brevet de « patriotisme » que de se prononcer pour la barrière du Rhin ; ce brevet tient presque lieu du certificat de régicide. Doulcet, qui n'avait point « voté », fut dénoncé parce que son nom se trouvait dans les papiers d'un agent des princes. Il invoqua, pour se justifier, son zèle conquérant. « Je n'ajoute qu'un mot, s'écria un ancien membre du Comité : je déclare que Doulcet n'est point de la faction des anciennes limites[1] ! »

Les élections pour le renouvellement du Comité se firent dans cet esprit le 15 thermidor-2 août. Cambacérès, Treilhard, Tallien et Aubry sortaient. Merlin de Douai, Sieyès, Reubell et Letourneur prirent leurs places. Letourneur avait voté la mort et fortifiait le parti de la guerre. La « faction des anciennes limites » perdait son chef, Aubry. Merlin occupa la présidence. Sieyès et Reubell reprirent leurs sièges dans la section diplomatique ; ils y trouvèrent Boissy, qui leur était acquis, et Louvet, qu'ils gagnèrent. La majorité leur était assurée[2].

C'est sous ce gouvernement et dans ces conjonctures que fut votée la constitution de l'an III. La discussion s'acheva le 5 fructidor-22 août 1795. Cette constitution marquait un grand progrès sur celle de 1791, qui était un instrument de guerre civile, et sur celle de 1793, qui était un instrument d'anarchie. Elle plaçait à côté de la déclaration des *Droits*

---

[1] Séance du 4 brumaire-25 octobre 1795.
[2] Le Comité au 15 thermidor-2 août : Merlin de Douai, Sieyès, Reubell, Boissy, Louvet, Doulcet, Vernier, Defermon, Rabaut, Marec, Blad, Gamon, Larivière, Lesage, Letourneur, de Bry.

de l'homme une déclaration des *Devoirs du citoyen*. Elle divisait la représentation nationale en deux Chambres, le conseil des Cinq-Cents, qui proposait et discutait les lois, et le conseil des Anciens, qui les discutait et les sanctionnait. Ces combinaisons procédaient moins du progrès des idées que des nécessités de la politique. Il est probable que dans le Comité les législateurs dissertèrent subtilement sur les principes, que Sieyès montra de la profondeur, Boissy de la surface, Cambacérès du jugement; mais qu'ils en aient eu conscience ou qu'ils se soient abusés eux-mêmes par leurs raisonnements, tous les grands motifs de droit public que ces législateurs proposèrent à l'Assemblée ne furent que des arguments réunis pour justifier, en la décorant, une composition tout empirique. La constitution de l'an III, œuvre suprême de la Convention, porte au plus haut degré le caractère des actes politiques de cette assemblée : la théorie fit les discours, les circonstances firent les décrets, et la raison d'État gouverna tout l'ouvrage.

La Constitution devait pourvoir à trois objets : un Corps législatif souverain, mais bridé; un pouvoir exécutif émanant du législatif, mais indépendant de ce législatif et très puissant, en soi; des places de sûreté pour les régicides et la permanence non seulement de la politique conventionnelle, mais de la majorité même de la Convention. Si délié que fût Sieyès, il est difficile de croire qu'il eût pu, d'un coup de craie, résoudre ces problèmes par une « élégante » formule de tableau. Réduit à délibérer dans les abstractions, le Comité de Constitution serait accouché de quelque combinaison paradoxale, comme celle que Sieyès présenta en l'an VIII à Bonaparte. Mais la force des choses qui avait posé tous les éléments contradictoires du problème en imposa la solution. Le moule du gouvernement existait, la Révolution l'avait formé : c'était le Comité de salut public [1]. En fait, ce Comité décida la Constitution. Il s'agissait pour lui d'assurer, en l'ordonnant, l'existence

---

[1] Cf. t. III, p. 248, 380, et ci-dessus, p. 167 et suiv.

de son gouvernement. Il parut que la combinaison la plus simple était de faire du Comité une institution fondamentale, d'en concentrer les forces et d'en développer les organes.

D'où un Directoire composé de cinq membres nommés pour cinq ans, renouvelable par cinquième chaque année, élu par les conseils, choisissant, sans contrôle de ces conseils, des ministres qui ne communiquent point avec les conseils; menant toutes les affaires par ces ministres; proposant la guerre aux conseils qui la déclarent, négociant les traités que les conseils ratifient[1]. C'est le Comité de salut public porté à l'état de gouvernement définitif avec l'indépendance et la plénitude d'action qu'il a toujours ambitionnées. Instruit par les épreuves qu'il a traversées depuis un an, il se perfectionne en se perpétuant. Son principal empêchement provenait de l'omnipotence de l'Assemblée unique et souveraine dont il émanait. Cette gêne disparaît : la souveraineté se disperse entre le Directoire et les deux conseils ; les deux conseils délibèrent séparément, n'agissent jamais, ne contrôlent même pas l'action. La Constitution peut attribuer impunément à ces législateurs cloîtrés l'honneur de nommer l'exécutif. La permanence de la Convention dans les conseils fut assurée par deux décrets des 5 et 13 fructidor-22 et 30 août, portant que dans ces conseils, renouvelables par tiers, deux tiers seraient d'abord formés par des membres de la Convention. Des articles, les uns interdisant les sociétés populaires, associations et affiliations de sociétés contraires à l'ordre public; les autres plaçant les émigrés hors du droit commun, déclarant leurs biens acquis à la République et garantissant la possession de ces biens confisqués aux acquéreurs, complétèrent ces dispositions[2].

La Convention, le Comité de salut public et le gouvernement de l'an III vont ainsi se perpétuer et devenir, de par le pacte constitutionnel, le fond même de la République. Mais ils vont perpétuer aussi leurs passions et leurs conflits, tels

---

[1] Art. II à VI du titre II. Voir la discussion de ces articles. Séance du 12 thermidor-30 juillet. *Moniteur*, t. XXV, p. 381.

[2] Art. 360-363, 373 et 374 de la Constitution.

que la Révolution les a engendrés et que l'année qui vient de s'écouler les a incessamment irrités. Ces passions mêmes vont devenir d'autant plus despotiques et ces conflits d'autant plus violents, que la Constitution, en donnant libre cours aux passions, n'ouvre aucune issue aux conflits. Que, par le jeu compliqué des renouvellements du Directoire et des Conseils, la majorité du Directoire, émanant encore de la majorité conventionnelle, se trouve, après l'élection d'un nouveau tiers des représentants, en présence d'une majorité émanant de la nation et nommée dans d'autres circonstances, avec d'autres idées et un autre mandat; le Corps législatif ne pouvant influer sur le choix des ministres, le Directoire ne voulant point se rendre au vœu de la majorité des Conseils, il n'y aura, pour sortir de la crise, que le seul expédient d'une « journée », un appel à la force et un retour aux précédents de la Convention, du 31 mai et du 9 thermidor : un coup d'État. Ce sera en effet ce que l'on verra en 1797, le 18 fructidor. Les causes qui provoquèrent cet événement procédèrent de la politique de l'an III; elles devinrent comme inhérentes à la Constitution.

Les républicains n'ayant pour se perpétuer au pouvoir d'autres moyens que ceux qu'ils avaient eus pour s'y élever : la guerre, la gloire, la conquête, il s'ensuivit naturellement que tous les partis hostiles soit à leur gouvernement, soit à l'existence même de la République, cherchèrent leurs moyens d'action dans une politique contraire et se firent les champions de la paix. Les partisans des frontières naturelles et la « faction des anciennes limites » continuèrent la lutte commencée en 1795. A mesure que la guerre s'étendit en Europe, les conflits sur la politique extérieure de la République se mêlèrent de plus en plus aux conflits des citoyens. Il y eut un retentissement continuel et funeste des affaires étrangères sur celles de l'intérieur. Le Directoire fut conduit à gouverner de plus en plus la République par le dehors, c'est-à-dire par la guerre et par les armées. Ces conséquences se développèrent très rapidement. Le public ne les aperçut que quand elles furent inéluctables. En 1795, elles ne l'étaient pas encore, mais les hommes qui gouvernaient alors la France les discernèrent parfaitement, et c'est en pleine conscience des mesures qu'ils prenaient, qu'ils imprimèrent aux affaires de la République la direction qu'elles ont suivie.

V

Le fait principal, celui qui domine tous les autres et qui emporte toutes les conséquences, c'est l'invasion de la République par les militaires, et la transformation de l'esprit comme du rôle des armées de la République. Reubell, porté par son tempérament vers la dictature et la conquête, mais légiste dans l'âme et très jaloux du pouvoir, en fut frappé dès l'été de 1795. Il n'y vit de remède que dans la cause même du mal, et la crise militaire qu'il prévoyait dans la République lui parut une raison de plus pour perpétuer la politique de guerre. Il entendait non seulement que les armées nourrissent l'État et se nourrissent elles-mêmes, mais il prétendait empêcher ainsi qu'elles ne refluassent sur l'État, dévorant et absorbant la République. « Il faut, écrivait-il à ses collègues du Comité, être bien peu éclairé sur les véritables intérêts de la République, ou être vendu entièrement à l'Autriche et à l'Angleterre, pour oser proposer de rentrer dans nos anciennes limites pour avoir la paix. Une paix pareille non seulement nous couvrirait de honte, mais amènerait infailliblement la destruction de la République... Nos armées rentrant dans un pays sans moyens pour récompenser les défenseurs de la patrie..., le mécontentement deviendrait bientôt universel. Elles prendraient nécessairement part dans nos dissensions politiques et religieuses, surtout religieuses... Il en résulterait inévitablement la guerre civile la plus cruelle; les puissances étrangères ne manqueraient pas de s'en mêler, et la France subirait le sort de la Pologne... » D'autre part, les armées font vivre l'État, qui ne peut vivre autrement : « Ces pacifiques à tout prix devraient au moins calculer qu'il y a pour le moins pour trois milliards espèces, dans la Belgique seule, de biens nationaux, qu'il y en a davantage dans les autres pays conquis réunis, et que cette ressource sera l'unique pour retirer nos assignats[1]... »

Ces armées, à la fois lucratives et dangereuses pour la République, ne pouvaient ignorer longtemps l'emploi qu'elles remplissaient dans l'État. Elles sont ensemble nécessaires et inquiétantes ; elles seront bientôt prépondérantes, et cela sans se corrompre le moins du monde, mais par leur caractère même et par l'impulsion des événements.

L'hiver de l'an III, 1794-1795, les montre à leur plus haut degré de vertu, de travail et de valeur[2]. Elles sont désormais organisées définitivement, elles forment un corps et elles en prennent l'esprit. Les chefs sont des héros : pour cet héroïsme, les soldats les admirent et s'attachent à leur personne ; ces chefs eux-mêmes s'attachent à leur propre gloire. L'esprit militaire remplace peu à peu l'esprit civique dans ces troupes plus disciplinées. C'est une conséquence non seulement de la discipline, mais de la guerre que l'on fait.

En franchissant la frontière, les troupes revêtent un caractère nouveau : elles envahissent le territoire ennemi afin d'affranchir le territoire de leur patrie ; elles ont le sentiment qu'elles accomplissent un devoir et font un acte juste ; elles portent dans leurs conquêtes quelque chose d'humain qui est supérieur à la conquête ; elles sont un instrument, si coupant et sanglant qu'il soit, de civilisation et de progrès ; elles en ont l'instinct, et cet instinct, encore que supérieur, emporte en soi moins d'abnégation et beaucoup plus de fierté que ne faisait auparavant le patriotisme primitif et simple, tout abnégation et

---

[1] Reubell au Comité, 2 fructidor-19 août 1795. *Revue historique*, t. XVIII, p. 306-309.

[2] Gouvion Saint-Cyr, t. IV, p. 218 et suiv. — Soult, t. I, p. 199. — *Journal de Fricasse*, p. 59. — Extraits des *Mémoires de Jourdan*, dans Louis Blanc, t. XI, p. 308; t. XII, p. 468.

tout dévouement, de la grande levée populaire de la défense nationale. Le soldat républicain ne peut conquérir la Hollande et enlever d'assaut les vaisseaux sur la glace, du même élan de cœur qu'il chassait les Allemands des lignes de Wissembourg.

Les généraux demeurent républicains ; mais l'ambition les porte à s'élever aux premiers rangs dans cette République qu'ils ont défendue, qu'ils ont grandie et qu'ils font vivre. La politique s'insinue dans leur âme par les négociations avec les généraux ennemis, par l'administration des pays occupés ou soumis. Il n'est pas indifférent qu'un homme comme Hoche tâte du gouvernement des provinces et du maniement des peuples ; en se révélant à lui-même politique et homme d'État, il voit de nouveaux champs s'ouvrir à son génie. Justement parce qu'elle est très noble, très sincère et très patriotique, cette ambition n'en vise que plus haut, et c'est la République même qu'elle vise parce qu'elle se sent de taille à l'embrasser. Voilà pour les héros du premier rang. Il y en a d'autres qui ne cherchent que la gloire, mais qui la poursuivent passionnément et travaillent à entretenir la guerre afin d'entretenir les occasions. Puis arrive la légion des aventuriers qui ne considèrent que l'éclat ou la fortune, et, dans les intervalles des batailles, se poussent par des cabales. Quelques-uns de ceux-là peuvent être en même temps des militaires hors ligne : Pichegru l'a fait voir au temps même de Saint-Just.

Sans doute, en 1795, la plupart des chefs sont encore animés du grand souffle civique qui les a portés aux frontières et soutenus dans les épreuves de la Terreur. Ils signeraient tous l'admirable lettre que Jourdan adresse, après le 1ᵉʳ prairial, aux troupes placées sous ses ordres : « Il faut que l'armée agisse dans cette circonstance comme elle a agi toutes les fois que de pareils événements ont eu lieu ; c'est-à-dire qu'étant placée sur la frontière pour combattre les ennemis du dehors, elle ne s'occupe point de ce qui se passe dans l'intérieur, et qu'elle ait toujours la confiance de croire que les bons citoyens qui y sont parviendront à faire taire les royalistes et les anarchistes¹... » Mais, à côté de ces sentiments de l'âge héroïque, on voit percer çà et là, dans les rangs aussi bien que dans les états-majors, les instincts qui annoncent l'âge politique des armées. Les officiers et les soldats de la 127ᵉ demi-brigade écrivent à la Convention, après ces mêmes journées de prairial : « Législateurs !... Si l'audace des uns croissait avec leur criminel espoir, et si le courage des autres s'amollissait par la crainte ; s'il fallait enfin que des colonnes s'ébranlassent des armées victorieuses pour aller défendre la Convention nationale, parlez, législateurs ! nous volons autour de vous ; les factieux ne parviendront jusqu'à vous qu'en marchant sur nos cadavres ²... »

Comment les armées ne s'attacheraient-elles point à la République, et dans la République au parti de la guerre ? C'est leur raison d'être, c'est leur gloire, c'est leur avenir. Elles y sont liées par le patriotisme, par l'honneur, par l'intérêt³. Voudraient-elles se désintéresser de la politique, elles ne le pourraient pas. La paix, c'est la déception, la médiocrité, la gêne pour les officiers ; pour le soldat, la misère ou un labeur dont il a perdu l'habitude, au lieu de la vie aventureuse, précaire parfois et affamée, mais large par moments, toujours entraînante et ouverte sur de grands horizons. Les républicains les plus ardents sont les premiers à attirer les armées dans les affaires et à commander leur intervention. La Convention les appelle à sa défense. Elle les convie à voter la Constitution. Elle les incite à signer des adresses républicaines. Elle oppose leurs vœux républicains et belliqueux aux démonstrations des modérés, en attendant qu'elle les lance contre les gardes nationales suspectes de royalisme. « Les armées sont aussi une portion du peuple », déclare Chénier. Un royaliste, Lacretelle jeune, apporte à la Convention une adresse où il dénonce le péril prétorien : « Songez combien le despotisme militaire est à

---

¹ Soult, t. I, p. 233. 7 prairial an III.
² *Journal de Fricasse*, p. 64.
³ Cf. Tocqueville, chapitres inédits de l'*Ancien Régime et la Révolution*.
  ondance, t. I, p. 291-293.

craindre dans les républiques. Rome y trouva le tombeau de sa liberté. » Tallien réplique avec véhémence : « Il faut que la Convention fasse connaître aux armées ceux qui les calomnient !... Vous accusez nos armées, ce sont elles qui nous ont sauvés. C'est à elles que vous devez l'existence. Vous voulez juger nos armées, eh bien! il faut qu'elles vous jugent aussi et qu'elles connaissent l'esprit qui vous anime [1]... »

Sur ces entrefaites, Napoléon Bonaparte vint à Paris et entra dans les bureaux du Comité de salut public.

Robespierre le jeune l'avait rencontré dans sa mission à l'armée d'Italie, en 1794. Bonaparte était alors un républicain exalté, méprisant la Gironde parce que cette faction rompait l'unité de la République. Il se forgeait, avec les pressentiments de son génie, un Robespierre idéal, et plus grand que nature, qui devait achever la Révolution. Ses opinions, jointes aux talents dont il faisait preuve, séduisirent Robespierre le jeune ; il offrit à Napoléon Bonaparte de devenir le lieutenant de son frère et d'occuper la place d'Henriot. Lucien Bonaparte, plus pressé de parvenir que Napoléon, plus jacobin aussi de tempérament et infiniment moins politique, l'engageait à accepter. Napoléon réfléchit et refusa : « Il n'y a, dit-il, de place honorable pour moi qu'à l'armée. Patience. Plus tard, je commanderai Paris [2]. » Chargé d'une mission à Gênes, il fut emprisonné à son retour comme suspect de terrorisme et complice de Robespierre. On ne trouva rien contre lui et on le relâcha. Il vit l'autorité, la force, et ce qu'il appelait le « génie de la République », passer aux Thermidoriens [3]. Décidé à suivre toujours ce « génie de la République », il s'en alla faire campagne contre le Piémont. Il préparait une expédition destinée à reprendre la Corse aux Anglais, lorsqu'il reçut l'ordre de se rendre à l'armée de l'Ouest en sa qualité de général d'artillerie.

---

[1] Séance du 11 fructidor-29 août 1795.
[2] PHILIPPE DE SÉGUR, *Histoire et Mémoires*, t. I, p. 123. — *Le Souper de Beaucaire*, 1792. — IUNG, *Bonaparte*, t. II, p. 354. — MARMONT, *Mémoires*, t. I, p. 53. Cf. ci-dessus, p. 70.
[3] Expression du *Souper de Beaucaire*.

En arrivant à Paris, à la fin de floréal, il y éprouva une cruelle déception. Aubry, qui disposait alors, et assez arbitrairement, des choses militaires, était « un ancien officier d'artillerie, d'un esprit court et passionné, qui n'avait jamais entendu le feu qu'au polygone [1] ». Il détestait en Bonaparte le vainqueur de Toulon et le jacobin : il lui enjoignit de partir immédiatement pour l'Ouest, et d'y commander, non plus l'artillerie de l'armée, mais une brigade d'infanterie. Bonaparte refusa d'obéir.

L'important pour lui était de demeurer à Paris, parce que là seulement il pourrait se faire valoir et obtenir un emploi selon ses goûts. Il n'avait point de relations, il tâcha de s'en procurer. Il avait connu Barras à Toulon, il se rapprocha de lui; Barras jouait alors un rôle, et qui voulait parvenir devait absolument s'attacher à quelqu'un des conventionnels. Désœuvré, tourmenté de son inaction, réduit pour vivre aux expédients, inquiet de son avenir, anxieux de l'avenir des siens, Bonaparte usait son temps en démarches, en projets, en lectures, en observations. Il vit l'émeute de prairial, qui compléta pour lui les enseignements du 20 juin 1792. Inconnu et oisif, il put à son aise étudier les hommes et les factions. Il commença un « recueil sur l'histoire depuis le 9 thermidor, les causes des troubles et des discordes », composa des plans de campagne, et chercha, en attendant que son ennemi Aubry sortît du Comité, à s'insinuer près des autres membres de ce conseil. Boissy lui montra de l'intérêt et le recommanda à Doulcet, que l'on venait de placer à la section de la guerre. Doulcet cherchait un homme à idées, un « faiseur », comme on disait à la fin de l'ancien régime. Bonaparte ne lui plut d'abord qu'à demi. Il vit « un petit Italien pâle, frêle, maladif, mais singulier par la hardiesse de ses vues et l'énergique fermeté de son langage ». A la seconde entrevue, Doulcet commença de discerner ce que l'on pouvait tirer du « petit Italien ». Il l'employa dans son service. Bonaparte lui fournit le

[1] Ségur, *Histoire et Mémoires*, t. I, p. 140.

plan qui assura les succès de Moncey aux Pyrénées et décida la paix avec l'Espagne. Il lui fournit surtout le fameux dessein que cette paix rendait possible : celui de la campagne d'Italie [1].

C'est le premier coup de Bonaparte; c'est un coup de génie. Bonaparte domine déjà toute la guerre et toute la politique. Il a la conception et l'exécution, les données d'ensemble et la science du détail. Il dispose tout dans ce merveilleux projet : instructions aux généraux, aux administrateurs, aux diplomates [2]. Les plans furent portés au Comité. Ce conseil en fut très vivement frappé, et il les mit en délibération. « Tout est tranquille, écrivait Bonaparte à son frère Joseph, le 12 thermidor-30 juillet. La paix conclue avec l'Espagne... nous a comblés de joie... » Elle « rend la guerre offensive en Piémont infaillible. L'on discute le plan que j'ai proposé, qui sera infailliblement adopté [3]... »

Ce plan, qu'il exécuta avec un éclat incomparable en 1796 et 1797, posait toutes les questions que l'histoire allait débattre pendant vingt ans. Chasser les Autrichiens de la Péninsule; agrandir le Piémont par la conquête de la Lombardie et faire de cet État l'avant-garde de la République en Italie ; s'emparer des gorges de Trente, pénétrer dans l'intérieur du Tyrol, se réunir à l'armée du Rhin, et obliger l'Empereur, attaqué dans l'intérieur de ses États héréditaires, à conclure une paix « qui réponde à l'attente de l'Europe et aux sacrifices de tout genre que nous avons faits [4] », voilà la première partie du dessein. Elle ne s'accomplira que pour préparer la seconde, qui est la partie maîtresse, l'objet suprême de la guerre, pour lequel tout se fait et sans lequel rien ne sera fondé : « Diviser l'oligarchie européenne... saisir l'Angleterre corps à corps en Irlande, au

---

[1] Ségur, t. I, p. 149-153. — Barante, *Histoire de la Convention*, t. V, p. 572. — *Revue historique*, t. XIII, p. 64-68.

[2] *Mémoire sur l'armée d'Italie*. — *Mémoire militaire sur l'armée d'Italie*. — Instructions pour le général en chef de l'armée d'Italie et pour les représentants du peuple près de cette armée : fin de juillet 1795. *Correspondance*, Paris, 1858, in-8°, t. I, nos 49-53.

[3] *Correspondance*, t. I, p. 79.

[4] *Id.*, t. I, p. 69.

Canada, aux Indes [1]... » Bonaparte n'aura pas encore atteint l'Adriatique, que son imagination l'emportera déjà vers l'Orient : il concevra, comme en un rêve, ce prodigieux mouvement tournant qui sera l'obsession de sa vie et qui devra consommer l'anéantissement de l'Angleterre prise à revers par l'Asie. Raynal, dont il est imprégné, lui montre dans l'Égypte le pays dont Alexandre voulait faire « le siège de sa puissance et le centre de l'univers ». Volney, qu'il admire, nourrit en lui ces spéculations colossales [2].

Cependant l'homme contre lequel tous ces projets sont préparés, et en qui s'incarne le génie de l'éternelle rivale de la France, Pitt songe aussi, depuis plusieurs mois, à porter la guerre en Italie, afin d'y « reprendre les Pays-Bas ». Il jette ses vues sur l'Amérique, et il songe à y concentrer les efforts de l'Angleterre dans le temps même où Bonaparte médite précisément de l'attaquer dans ses colonies. « Je suis porté à croire, écrivait Pitt à son frère, en août 1795, qu'il va falloir modifier nos projets, et que notre grand rôle est désormais aux Indes occidentales, où j'espère que nous pouvons encore remporter assez de succès pour contre-balancer les conquêtes françaises en Europe [3]. »

Entre temps et à défaut d'un commandement en Italie, Bonaparte pensait à chercher du service en Turquie, à régénérer les forces de l'Empire ottoman, à y recommencer en grand l'œuvre esquissée par le baron de Tott et à accomplir ainsi, pour le compte du Turc, une partie des entreprises que la République aurait laissées échapper. Doulcet, devenu quasi indépendant dans sa section par le départ d'Aubry, ne voulut point priver le Comité d'un si précieux collaborateur. — « Je suis attaché au bureau topographique du Comité pour la direction des armées, à la place de Carnot », écrivait Bonaparte à son frère Joseph,

---

[1] *Correspondance*, t. XXIX : Campagne d'Italie, ch. xviii, § VI.

[2] *Histoire philosophique des deux Indes*, liv. I, ch. xiv. — Comparez Napoléon, *Campagne d'Egypte*, ch. ix, § I. *Correspondance*, t. XXX, p. 12. — Sainte-Beuve, *Causeries du lundi*, t. VII, article Volney.

[3] Stanhope, t. II, p. 345. — Projets sur l'Italie : rapport de Starhemberg, 28 novembre 1794. Zeissberg, t. V, p. 39.

le 3 fructidor-20 août. « La commission et l'arrêté du Comité de salut public qui m'emploie pour être chargé de la direction des armées et des plans de campagne, étant très flatteurs pour moi, je crains qu'ils ne veuillent plus me laisser aller en Turquie. » C'est ce qui advint en effet. De Bry constata que l'on devait à Bonaparte « la plus grande partie des mesures utiles proposées pour l'armée des Alpes ou d'Italie » ; il émit l'avis qu'on l'employât soit à cette armée, soit dans la diplomatie [1]. Bonaparte resta dans les bureaux ; mais sa fortune y fut de courte durée. Doulcet sortit le 15 fructidor-1er septembre ; Letourneur, qui avait servi dans le corps des ingénieurs, prit la haute main dans la section militaire et y rapporta les préventions d'Aubry. Par un arrêté du 29 fructidor-15 septembre, Bonaparte fut destitué pour avoir refusé de se rendre au poste qui lui avait été assigné à l'armée de l'Ouest. Il en prit son parti. Il était connu désormais, il avait des amis et des protecteurs. Il attendit les événements, et il n'eut pas longtemps à les attendre. Le Comité de salut public, en effet, suivait au dedans et au dehors une politique qui allait promptement le rendre nécessaire et l'élever brusquement à un rôle supérieur à celui même qu'il se destinait alors.

[1] Jung, t. III, p. 65.

CHAPITRE IV

LES CONDITIONS DE LA PAIX GÉNÉRALE

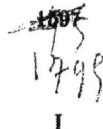

I

Le Comité de salut public voulait donner à la République ses « limites naturelles ». Il sut comprendre et vouloir les seuls moyens qui lui permissent d'obtenir cette frontière et, l'ayant obtenue, de la défendre. Les hommes qui menaient alors les affaires avaient eu le temps d'étudier les conditions nécessaires de leur système et de les déterminer. Ces conditions procédaient de la nature des choses et dépendaient de l'état général de l'Europe : elles ne changèrent pas et elles s'imposèrent à tous les gouvernements issus de la Révolution comme elles s'imposaient au Comité de l'an III. Les obstacles qui provenaient de l'Europe demeurant les mêmes, il n'y eut, dans l'entreprise commune que le Directoire, le Consulat et l'Empire poursuivirent successivement, d'autres différences que celle des ressources mises en œuvre par la France et celle du génie des chefs de l'État français.

La République occupe la Belgique, le Luxembourg, les pays allemands de la rive gauche du Rhin, c'est-à-dire les pays qu'elle veut s'incorporer ; mais elle n'en a encore opéré que la conquête. Pour que ces pays servent de barrière utile à la République, il faut qu'ils lui soient légitimement cédés ; il faut que cette frontière, destinée à garantir la paix à la France, soit acceptée et respectée par tous les États de l'Europe. Si la France ne peut compter sur l'attachement de la Prusse au système français, elle peut spéculer sur la cupidité de cette cour : en la payant, elle aura sa signature : il suffira d'y mettre le prix. Les autres princes de l'Allemagne imiteront Frédéric-Guillaume, aux mêmes conditions. La République essayera de gagner l'Autriche par la convoitise; si elle n'y parvient pas, elle la réduira à traiter par une double attaque, en Allemagne et en Italie; puis, en la payant largement, elle achètera son consentement à la paix [1]. Cela fait, la République n'aura encore accompli que la moitié de l'ouvrage; il reste pour l'achever la partie la plus difficile : contraindre l'Angleterre à ratifier cette paix conclue contre elle et à subir cette réunion de la Belgique à la France que, déjà du temps de Louis XIV, les Anglais étaient décidés à empêcher, dussent-ils pour soutenir la lutte « vendre jusqu'à leurs chemises [2] ». L'Angleterre ne détestant cette réunion que par l'intérêt de son commerce, le seul moyen de la lui imposer, c'est de l'attaquer dans son commerce, de sorte que la paix qu'elle refuse par intérêt lui devienne une nécessité d'intérêt. L'Angleterre étant une île, il n'y a que deux procédés pour la forcer : une descente renouvelée de César et de Guillaume le Conquérant, c'est une aventure, et il y faut laisser une très large part au hasard ; un blocus qui isolera les Anglais du continent : mesure formidable et hyperbolique, hors de toute proportion avec l'objet qui la nécessite, mais la seule qu'on puisse tenter, cependant. Elle exige, comme condition préalable, la soumission du continent à la suprématie de la France et la coalition de l'Europe contre l'Angleterre.

Ces propositions sont inhérentes au dessein des limites naturelles. Elles s'enchaînent avec une conséquence fatale. La simple logique oratoire y avait conduit le rhéteur Barère, comme sa dialectique y conduisit le philosophe Sieyès. Le premier Comité de salut public, lors de la première poussée de la conquête, les avait entrevues : elles s'étaient délayées dans la phraséologie des « carmagnoles » et dissipées dans le

---

[1] Campagnes de 1796 et 1797 en Italie et en Allemagne : Traité de Campo-Formio. — Campagne de 1800 en Italie et en Allemagne : Traité de Lunéville.
[2] Cf. t. I, p. 338.

vide de la Terreur[1]. La conquête accomplie, le Comité de salut public de l'an III les reprend, les raisonne, les coordonne et les applique.

« L'alliance de la Hollande, écrit ce Comité, offre un résultat peut-être le plus intéressant de tous, c'est celui d'exclure les Anglais du continent et de le leur fermer en temps de guerre depuis Bayonne jusqu'au-dessus de la Frise, ainsi que l'entrée de la mer Germanique et des mers du Nord. Le commerce de l'intérieur de l'Allemagne rentre alors dans ses canaux naturels... Privée de ces immenses débouchés, travaillée de révoltes et de mouvements intérieurs qui en seraient la suite, l'Angleterre devient fort embarrassée de ses denrées coloniales et asiatiques. Ces denrées, invendues, tombent à bas prix, et les Anglais se trouvent vaincus par l'abondance, comme ils ont voulu vaincre les Français par la disette[2]. » — « Nous désirons fort que M. d'Yriarte sente comme nous l'importance d'un traité qui, suivi bientôt de l'accession du Portugal, pourrait fermer à notre ennemi commun les portes du continent européen, depuis Gibraltar jusqu'au Texel... » « Nous recevrons avec le plus vif intérêt les ouvertures que M. d'Yriarte voudra nous faire sur les moyens de former avec l'Espagne une Confédération en Italie, pour affranchir ce pays de la domination de l'Empereur. » La France, l'Espagne et l'Italie ont le même intérêt à mettre fin aux violences de l'Angleterre et à chasser les Anglais de la Méditerranée[3].

Le plan ainsi formé, le Comité en poursuit l'exécution partout à la fois. L'Italie n'aime ni la République, ni la France. — Il était évident, écrit un agent[4], « que tant que nous ne dominerions pas en Italie par la force des armes, nous n'y aurions

---

[1] Cf. t. III, p. 243, 471, 476, et ci-dessus, p. 62.
[2] Instructions de Noël, ministre à la Haye, 6 et 7 fructidor-23 et 24 août 1795.
[3] Le Comité à Barthélemy, 10 fructidor-27 août 1795, minute de Sieyès ; 18 fructidor-4 septembre, minute revue par Sieyès.
[4] Miot, ministre en Toscane depuis le 28 mai 1795. *Mémoires*, t. I, p. 68. — Cf. Franchetti, t. I, p. 97. — Botta, *Trad. française*, t. I, p. 318. — Maresca, *op. cit.*, ch. i. — Zeissberg, t. V. Lettres de Ferdinand IV et de Marie-Caroline ; Rapports d'Esterhazy, de Rosenberg et de Gherardini : Naples, Florence, Turin.

ni la sécurité de la neutralité, ni les avantages de la conquête. Tous les préjugés y étaient soulevés contre nous... Le peuple, échauffé par les prêtres et par les déclamations les plus odieuses des émigrés, était prêt, au premier mouvement, à se porter aux plus grands excès contre les Français. » Le Bourbon de Naples ajourne, puis écarte la paix dont il s'était rapproché un instant. Il désavoue et repousse la médiation de l'Espagne[1]. La France, à vrai dire, n'a dans la Péninsule qu'un ami, Manfredini; mais le crédit de ce ministre est ébranlé. Dans cette même Florence, Alfieri, réfugié, travaille à réveiller l'esprit national de ses compatriotes, et c'est en soufflant la haine de la France qu'il tâche de ranimer l'amour de l'indépendance en Italie. Il compose sa fameuse satire : le *Misogallo*. Le Piémont, malgré sa détresse, est tout à la guerre. Pour atteindre et soumettre les autres États de l'Italie, il faut s'assurer le passage par le Piémont et tenir cet État à discrétion. La République l'envahira, le battra, le réduira à la paix, et, moyennant la Lombardie qu'elle lui cédera, elle s'en fera, bon gré, mal gré, un auxiliaire, sinon un allié[2]. Elle aura des rois pour mercenaires. Elle les recrutera par la force, elle les gagnera par l'avarice, elle les retiendra par la peur.

Après le Savoyard, le Bourbon d'Espagne. Le rôle que la République lui réserve est celui de grand amiral. Les Espagnols haïssent les Français et exècrent leur révolution. Charles IV est un prince sans ressort, il a pour conseil un favori sans caractère. Tout est faiblesse, intrigue, duplicité dans cette Cour; tout est antipathie de traditions, de passions, d'intérêts dans cette nation. Le gouvernement régicide de l'an III exigera de l'Espagne monarchique les mêmes engagements, les mêmes sacrifices, la même fidélité qu'en attendaient les rois bourbons. Le fameux *pacte de famille* que les liens du sang avaient formé et qu'ils maintenaient avec peine contre

---

[1] Marie-Caroline à l'Empereur, 15 août 1795. ZEISSBERG, t. V, p. 327.
[2] BIANCHI, t. II, p. 217 et suiv. — COSTA DE BEAUREGARD, p. 394 et suiv. — Kellermann à Sieyès, 1ᵉʳ thermidor-19 juillet 1795. — Note pour le Comité du 14 thermidor-1ᵉʳ août. — Plans de campagne de Bonaparte, adoptés le 22 août.

les impatiences du peuple espagnol, le Comité prétend en faire un *pacte national,* lorsque la famille est décapitée et que les nations sont hostiles. Il n'y a entre ces nations qu'un intérêt commun : la lutte contre l'Angleterre ; mais c'est attendre de l'Espagne un étrange aveuglement que, pour préserver ses colonies d'une révolution et son commerce d'une concurrence, elle commence par s'unir à la République qui propage cette révolution redoutée, et qu'elle ruine son commerce en déclarant la guerre à ces Anglais dont elle craint la contrebande. Voilà cependant ce que le Comité lui demande : un traité de commerce, une alliance générale, offensive et défensive, la politique espagnole subordonnée partout à la française ; 15 vaisseaux, 6 frégates, 4 corvettes, 18,000 fantassins, 6,000 cavaliers : le *pacte de famille* confirmé dans ses obligations et anéanti dans son objet. Tel est le traité que Barthélemy doit négocier à Bâle ou plutôt dicter à Yriarte [1].

C'est aussi le traité que Noël, nommé ministre à la Haye, devra dicter aux Bataves. Pour que l'union des deux Républiques fût durable et féconde, il aurait fallu que la Hollande y trouvât, avec la paix, l'extension de son commerce et la protection de ses colonies. Elle y trouve l'agitation intestine des factions, la guerre à l'Angleterre, la perte de ses colonies, la destruction de son commerce. Elle doit entretenir 25,000 hommes de troupes françaises d'occupation : ces troupes arrivent affamées et déguenillées : elles se rhabillent, se ravitaillent, se refont, partent et cèdent la place à d'autres qui défileront à leur tour. L'alliance devient ainsi constamment plus onéreuse et dommageable à la Hollande, et il faut qu'elle le devienne de plus en plus pour que la République en tire les avantages qu'elle en attend. L'obéissance de la Hollande sera le gage de son indépendance : mais cette obéissance est de telle nature que l'indépendance en est ruinée. « C'est, écrit le Comité, un État indépendant dont l'existence, garantie par les armes de la

---

[1] Instructions à Barthélemy, 4 et 6 fructidor-21 et 23 août 1795. Minutes de Sieyès. — *Revue historique, La diplomatie française et l'Espagne,* 1795-1796, t. XIII, p. 241-254. — Cf. t. Ier, p. 379.

France, déjà reconnue par *un traité solennel qui servira de modèle, à cet égard, pour tous les traités à venir*, va être subordonnée à la sagesse de la conduite et à la nature de son organisation[1]. »

Cependant les conséquences du système portent infiniment plus loin, et il faut que le Comité les suive jusqu'au bout, sans quoi le système avortera. C'est une chaîne : toute maille qui se brise entraîne la rupture de l'ensemble. Ce sera peu d'avoir fermé la Méditerranée aux Anglais, de leur avoir interdit le continent, de Gibraltar au Texel, si la Baltique leur reste ouverte, et si le commerce russe se fait l'associé du commerce britannique. Il est donc nécessaire que la Russie soit, sinon bloquée, au moins refoulée et primée. Ce sera la tâche des neutres : le Danemark et la Suède[2]. Le Comité ne cesse de les y inciter. Ils s'y refusent, parce qu'ils y voient pour première conséquence la confiscation de leurs convois, l'incendie de leurs ports, leur propre ruine enfin, par la coalition des Anglais et des Russes. Bernstorff non seulement n'adhère pas aux combinaisons proposées par la Suède, mais il ajourne la reconnaissance de la République jusqu'au moment où cette reconnaissance sera sans inconvénients pour le Danemark, c'est-à-dire jusqu'à la paix générale[3]. Ce refus du Danemark décourage le régent de Suède, et ce gouvernement ne veut plus entendre parler que de neutralité. Encore, pour soutenir cette neutralité, qui est son intérêt propre, réclame-t-il un subside de la France. Le Comité lui accorde dix millions à titre de dédommagement, et lui promet quatre cent mille livres par vaisseau, deux cent mille livres par frégate qu'il armera, pour se défendre lui-même, en cas de guerre. La Suède se résigne à cet arrangement, et le traité est signé le 28 fructidor-14 septembre 1795. Mais l'alliance est indéfiniment reculée ; avec elle s'évanouissent le grand projet de

---

[1] Instructions à Noël, fructidor an III. — RÉVILLE, *op. cit.* — FAIN, p. 257 et suiv.
[2] Instructions à Noël, fructidor an III.
[3] Bernstorff à Grouvelle, 3 juillet 1795.

ligue des neutres et toutes les diversions en Turquie et en Pologne[1].

Verninac remet un beau mémoire aux ministres du Sultan. Les Turcs atermoient, avec leur politesse accoutumée, convaincus que les neutres ne marcheront pas; que la République négocie secrètement la paix avec l'Autriche ; que, celle paix faite, elle ne soutiendrait pas la Porte dans la guerre où elle l'aurait entraînée; enfin que l'entente avec la Prusse est le fondement de toutes les combinaisons du Comité, et que la Prusse ne consentira jamais au rétablissement de la Pologne. Le roi de Prusse, d'ailleurs, prend soin de les en avertir. Instruit des ouvertures faites par Verninac, Frédéric-Guillaume écrit à Knobelsdorf, son ministre à Constantinople : « Rien de plus faux ou de plus absurde que le plan débité par le sieur Verninac. Le ridicule en est si palpable que le mensonge doit frapper les yeux les moins clairvoyants en politique[2]. » C'est ainsi que le roi de Prusse secondait la politique orientale du Comité; mais comme cette politique impliquait que la Prusse affranchirait la Pologne, au lieu de la démembrer, le Comité n'en pouvait guère raisonnablement espérer autre chose. Il n'en éprouva pas moins une déception, qui, s'ajoutant à celles qu'il essuyait du côté de l'Allemagne, lui donna à la fois beaucoup d'impatience sur la conduite présente de la Prusse et quelque inquiétude sur l'efficacité future de l'alliance entre cette Cour et la République. C'est que le Comité et le roi de Prusse ne pouvaient arriver à s'accorder sur l'objet même de cette alliance.

---

[1] Voir le texte du traité dans l'an, p. 426. — Staël au Comité, 22 juillet 1795. — Le Comité à Grouvelle, 23 messidor-10 juillet. = Staël au Comité, 12 fructidor-29 août. — Le grand chancelier à Staël, 10 juillet. = Staël au Comité, 13 fructidor-30 août.

[2] ZINKEISEN, t. VI, p. 881. — Rapports de Verninac, 6 prairial-25 mai; 4 et 24 prairial-22 juin; 22 messidor-10 juillet; 24 thermidor-11 août; 13 fructidor-31 août; 24 fructidor-10 septembre; 4 et 25 vendémiaire an IV-26 septembre et 17 octobre.

II

L'Allemagne ne cessait de réclamer la paix. La Diète, pressée par les instances du public et les alarmes des princes, vota, le 9 juillet, un *conclusum* invitant l'Empereur à engager des négociations et le roi de Prusse à y prêter ses bons offices ; mais la Diète vota en même temps que la paix aurait pour principe l'intégrité de l'Empire, ce qui rendait les négociations vaines et frappait de stérilité les bons offices de la Prusse. François II et Frédéric-Guillaume se disputaient la suprématie d'un empire que chacun d'eux visait à exploiter selon son ambition, et qu'ils étaient tous les deux également prêts à trahir selon leurs intérêts. Personne, d'ailleurs, ne se souciait de cet empire, ni les princes secondaires, plus neutres que jamais en leur propre cause ; ni les Allemands, qui, refusant à la fois de se défendre et de capituler, prétendaient faire la guerre sans se battre et signer la paix sans céder de territoire ; ni la Prusse, qui avait compromis son prestige en essayant de leur donner la paix qu'ils souhaitaient ; ni l'Autriche, qui tâchait de relever son crédit en les engageant dans une guerre qu'ils refusaient de soutenir. Les publicistes et les gazetiers soudoyés de Vienne et de Berlin entretenaient une polémique grossière et acharnée. Les petites cours s'applaudissaient de voir l'Empereur et le roi de Prusse s'injurier et se déchirer de la sorte : elles y gagnaient la sécurité.

Le roi de Prusse était revenu de Pologne, harassé, malade, déprimé de toutes façons. Sa paix avec les régicides l'humiliait, car, au fond du cœur, « il détestait toujours les principes français et pensait à cet égard comme quand il faisait la guerre [1] ». Le sentiment d'avoir joué ses alliés, devenus ses rivaux, excusait à ses yeux sa défection, mais ne le consolait point du

---

[1] Rapport de Cobenzl d'après Alopéus, envoyé russe à Berlin. 14 août 1795. Zeissberg, t. V, p. 326.

mépris que ces anciens alliés lui montraient[1]. Il aurait voulu paraître assez redoutable pour être admiré, même en trahissant. Frédéric avait eu de ces audaces et de ces bonnes fortunes ; son successeur n'était pas de taille, et il éprouvait cette espèce de gêne honteuse de l'homme qui s'est jeté dans la mauvaise compagnie pour s'y procurer de gros gains, et qui n'a ni le cynisme de braver le blâme de son monde, ni la force de le dédaigner. Il s'entourait d'émigrés et de baladins français : les cabales des uns, les bouffonneries des autres distrayaient son ennui. Il expiait, en réprimant férocement la liberté d'esprit allemande, le pacte qu'il avait dû conclure avec les impies de Paris, et il tâchait d'oublier, en déblatérant avec les émigrés, les concessions qu'il avait faites aux Jacobins.

Ce n'était pas le moment de lui en demander de nouvelles. Il ne voulait écouter aucune insinuation. Hardenberg étant venu à Berlin prendre ses ordres, il lui prescrivit, le 9 juillet, de n'admettre de négociations pour la paix générale que sur le pied du *statu quo ante bellum*. Hardenberg était fort ému des visées de l'Autriche sur la Bavière et des facilités que la République pourrait prêter à ce troc. Le roi de Prusse et ses ministres mirent une sourdine au zèle germanique de leur ambassadeur et lui recommandèrent de ne point ébruiter ce troc bavarois, surtout de n'en point faire de scandale. Ils avaient de bonnes raisons pour commander cette réserve. Le traité du 23 janvier 1793, conclu entre la Prusse et la Russie, avait prévu et même préparé l'acquisition de la Bavière par l'Autriche[2]. La Prusse négociait à Pétersbourg l'accession de l'Autriche à ce traité. Il ne convenait point, dans ces conjonctures, de s'exalter sur les principes, de s'enflammer pour la constitution de l'Empire, ni de s'indigner des projets de la cour de Vienne[3].

Hardenberg reparut à Bâle, fort décontenancé. Il déclina

[1] Voir, par exemple, la conversation entre Ostermann et Tauenzien. Rapport de Cobenzl, 3 mai 1795. — ZEISSBERG, t. V, p. 199.
[2] Cf. t. III, p. 316, et ci-dessus, p. 193.
[3] *Revue historique*, t. XVII, p. 294-296.

toute idée d'alliance et répéta sur tous les tons que la paix ne se pourrait jamais conclure que si la France renonçait à la rive gauche du Rhin. Puis, comme les trois mois de suspension d'armes accordés par l'article VI du traité du 16 germinal aux États du Sud, protégés par le roi de Prusse, étaient expirés, Hardenberg demanda pour eux un armistice. Le Comité le refusa. Reubell vint, sur ces entrefaites, visiter l'armée de l'Est et l'ambassade de Bâle. Il reçut la visite de Hardenberg. L'entrevue fut tout officielle, et l'entretien se passa en compliments. Hardenberg était réduit aux doléances. Ignorant les collusions secrètes de son maître avec la Russie, il se lamentait sincèrement sur les révolutions que le Comité préparait dans l'Allemagne, et il le faisait en un style qui sentait plus son Allemand de Hanovre que son diplomate de Prusse. Il rappelait la France à ses traditions : « Comment, disait-il à Barthélemy, ne seriez-vous pas effrayés chez vous de l'ordre de choses qui s'établirait en Empire? Tous les petits princes seraient détruits, il ne resterait plus que de grandes masses : auriez-vous beaucoup à gagner à cela? » Le fait est que la médiation échappait à la Prusse. Cassel, Darmstadt, le Wurtemberg, Bade, menacés d'une reprise des hostilités, venaient directement solliciter la paix et plaider leur cause au « parloir » de Barthélemy. C'était tout avantage pour la République. Hardenberg, réduit au rôle d'auditeur, annonça qu'il allait s'éloigner jusqu'au jour où la République et l'Empire réclameraient ses soins pour leur pacification [1].

Le Comité de salut public comprit qu'il n'avait plus rien à attendre des Prussiens. Il essaya de se passer d'eux. La guerre avec l'Autriche était sur le point de recommencer; le Comité tenta de mener de même front les négociations et les hostilités, et de préparer la paix pendant que les armées contraindraient l'Autriche à la subir [2]. Il écrivit à Grouvelle, le 25 thermidor-12 août, de faire en ce sens des ouvertures à Copenhague. Grouvelle pouvait recevoir et transmettre toutes

[1] Correspondance de Barthélemy, août 1795.
[2] *Revue historique*, Le Comité de salut public en 1795, t. XVIII, p. 297-311.

les propositions que la cour de Vienne ferait passer par Bernstorff. « Vous pouvez, ajoutait le Comité, faire savoir par ce ministre à l'envoyé de l'Empereur, M. de Ludolph, que nos intentions sont aussi pacifiques que celles de sa Cour, et nullement passionnées ; que nous sommes très éloignés de considérer qui que ce soit comme un ennemi naturel..... » Le Comité donna en même temps des pouvoirs à Bacher pour traiter de l'échange de Marie-Thérèse-Charlotte. Cette négociation pouvait amener indirectement des pourparlers de paix. Mais toutes ces voies étaient trop lentes et trop détournées. Le Comité décida de faire, au moyen d'un agent secret, une tentative directe à Vienne. Il s'adressa, pour cet office, à un aventurier qui s'était autrefois offert à l'ancien Comité de salut public, se faisant fort de pénétrer jusqu'à Thugut et prétendant posséder la clef des escaliers dérobés de la chancellerie de Vienne : le ci-devant marquis de Poterat[1].

Ce gentilhomme déclassé avait toutes les ressources d'un diplomate occulte de Frédéric ou de Louis XV ; la rigueur des temps l'avait réduit aux offices d'entremetteur politique. Emprisonné durant la Terreur, il assiégeait, depuis son élargissement, le Comité de notes et de projets. Il y en avait de tous les genres, pour tous les goûts, mais surtout de diplomatiques, dans le genre cynique et dans le goût de la conquête. Il connut Boissy et l'endoctrina. — « Il ne s'agit pas, lui dit-il, d'examiner si les mesures que je vais vous proposer... sont justes et bien régulières ou non, mais seulement si elles sont bonnes et suffisantes... » Observez la conduite que tiennent les princes depuis cinquante ans, notammment Frédéric II, Catherine II, Joseph II, « vous y trouverez de quoi faire un cours complet d'intrigues bien filées et de noirceurs dans tous les genres... Faites comme les deux cours impériales et le roi de Prusse lors du partage de la Pologne : laissez dire et mettez-vous en situation de soutenir votre opération... Il faut négocier ensemble et avec toutes... Promettez-leur tout ce qu'elles vous demandent,

---

[1] Cf. t. III, p. 327, 393.

sauf à ne leur tenir que ce qu'il vous plaira... Répandez avec profusion l'argent dans les cabinets, ou du moins annoncez-en la volonté... Trompez-les, s'il convient à vos intérêts... Surtout, déclarez à l'Angleterre une guerre éternelle... » Proclamez hautement votre système et les limites que vous entendez garder. « Soutenez cette déclaration par un grand appareil de force militaire. Aussitôt toutes les puissances intéressées s'arrangeront en conséquence ; les grandes dépouilleront les petites pour s'assurer des compensations... Vous tiendrez la balance entre elles toutes. »

Ce n'était point le code de l'honneur, mais c'était celui de la politique au dix-huitième siècle, et c'est sur ce ton qu'il convenait de régler ses pensées si l'on voulait être compris des chancelleries européennes. Le langage que tenait Poterat était bien dans le style des cours [1]. Le Comité avait eu l'occasion de s'y faire. Il n'en fut point offusqué. Il accepta les propositions de Poterat, décida, le 5 fructidor-22 août, que cet agent partirait pour Vienne, et chargea Boissy de suivre cette correspondance [2].

Poterat demanda comme condition préalable que la République déclarât publiquement sa politique et fixât ses limites. C'était prononcer la réunion des pays de la rive gauche du Rhin. Le Comité y préparait déjà les populations. La grande majorité des habitants de ces pays la désirait, ou s'y était résignée. C'était pour eux la rentrée dans l'ordre et la fin du pire des états, celui de la conquête. Ils venaient à la réunion sans illusions ; la République y procédait sans enthousiasme. La Révo-

---

[1] Voir : *La question d'Orient au dix-huitième siècle.* Cf. t. I, ch. I, les règles de conduite, p. 20 ; la diplomatie, p. 71. — Le 10 mai 1795, après une conversation avec le prince de Hohenlohe — le Prussien — un diplomate autrichien, Dietrichstein, écrivait à Thugut : « ... Laissons-les croire, trompons-les à leur tour, employons les mêmes moyens avec eux ; qu'ils me croient toujours jeune et trompé, et qu'ils le soient à leur tour ; que Votre Excellence m'indique de fausses confidences à leur faire, qu'Elle m'écrive de fausses lettres que je pourrai montrer, quoiqu'Elle aura soin, dans ces mêmes lettres, de me recommander le secret... » ZEISSBERG, t. V, p. 204. Cf. id., p. 48-49, 406-409, les propos de Markof en décembre 1794 et en septembre 1795.

[2] *Revue historique*, t. XVIII, p. 293-295, 311-314.

lution, en se réalisant, s'était dépouillée de son idéal de 1789 et de 1792. Les Français ne pensaient plus à affranchir les peuples conquis, ni ces peuples à se rendre indépendants. Les uns et les autres ne songeaient qu'à vivre, à échapper à une restauration de l'ancien régime, à profiter des droits civils si chèrement achetés. Leurs vœux s'accordaient ici avec les raisons d'État et les vœux des Français. « Je ne puis concevoir, écrivait Reubell, comment on peut proposer d'abandonner la Belgique et le Palatinat. D'abord, ce serait faire honteusement le malheur de la grande majorité des habitants de ces contrées, qui tremblent de retomber sous la domination de leurs despotes... En second lieu, il n'y aurait que des traîtres qui pourraient se résoudre à céder une province aussi fertile... On a parlé de faire de la Flandre une république, comme si les républiques étaient si faciles à fonder[1]!... » — Les plus opposants mêmes se soumettent à la réunion, rapportait le représentant Richard. Ils nous disent : « Vous nous avez rendus tellement malheureux ; l'état d'incertitude, d'anxiété, de peine où vous nous retenez est tellement insupportable, que nous aimons encore mieux être à la France que de rester comme nous sommes[2]. » Les partisans de la République provoquèrent un grand mouvement d'adresses, et la masse des habitants y adhéra, au moins tacitement. Ces adresses commencèrent à affluer à la Convention dans la seconde quinzaine d'août.

Dans les pays entre la Meuse et le Rhin, les représentants avaient organisé une administration provisoire qui, percevant plus intelligemment, augmentait les revenus du fisc, tout en soulageant les populations[3]. La République trouvait un foyer spontané de propagande dans les protestants descendants de proscrits français, et aspirant à recouvrer leur nationalité. Il n'y avait

[1] Reubell à ses collègues, 2 fructidor-19 août 1795. — *Revue historique*, t. XVIII, p. 308. Cf. ROEDERER, *OEuvres*, t. VI, p. 106-110. Voir ci-dessus, p. 329.
[2] Rapport de Haussmann sur sa mission, 6 ventôse-24 février 1795. — Discours de Richard, 8 vendémiaire an IV-30 septembre. — Cf. BORGNET, t. II, p. 379 et suiv., ch. XXII.
[3] Arrêté de Rivaud et Merlin de Thionville, 22 thermidor-9 août 1795. Titre I : Agence générale des domaines et des contributions. Titre II : Administration, municipalités, police, réquisitions. Titre III : Tribunaux.

d'ailleurs parmi ces peuples ni traditions nationales ni attaches dynastiques. — « Froissés depuis plusieurs années par les mouvements révolutionnaires, écrit un conventionnel[1], abâtardis par les revers, flétris par le despotisme, ils sont tombés dans une sorte de marasme; trompés souvent, ils sont devenus soupçonneux, mais ils sont probes et amis de la liberté. Ils semblent étourdis par les événements. » C'est le moment de les gagner en les attachant à la République par la Révolution. Tous admirent la République et craignent les armes de la France. Tous fléchiront devant « la majesté du peuple ». « Tous se soumettraient sans murmure aux lois d'une grande nation, d'une nation victorieuse, devant laquelle s'est humilié l'orgueil des rois coalisés. »

La question de la réunion était discutée à Paris, dans la presse. Un député à la Convention rhénane, Hofmann, proposa deux prix, l'un de quatre mille francs, l'autre de deux mille francs, avec ce programme : « Est-il de l'intérêt de la République française de reculer ses limites jusqu'au Rhin? » L'opinion ainsi préparée, Boissy porta le 6 fructidor-23 août, à la tribune la déclaration des vues du Comité. Sa harangue, très chargée de rhétorique, était destinée à rassurer les timides, à attirer les hésitants, à effrayer les gouvernements hostiles. Boissy semblait surtout préoccupé d'établir que le Comité connaissait le dessous de l'Europe, et que l'on perdrait son temps, si l'on tentait de l'abuser. Les dispositions des puissances étaient exposées en un style ampoulé, mais avec exactitude. Le rôle de la Russie ressortait avec un relief particulier : « Nous sommes placés, elle à un bout de l'Europe, nous à l'autre; nous n'avons directement aucun sujet de difficultés et de discordes : *nous devrions donc être amis »* ; mais Catherine ne l'a point voulu, et elle a profité de la confusion générale « pour exécuter ses vastes projets, constante dans son désir de renverser le Croissant et d'étendre sa domination sur son empire ». Boissy ménageait la nation anglaise et flétrissait le gouvernement de Pitt. Il concluait par un appel général à la

---

[1] PORTIEZ DE L'OISE, *Vues sur la Belgique et autres pays conquis*, an III.

paix. « La République... force ses ennemis à admirer son courage et à se louer de sa modération... » Elle... « doit successivement rallier tous les gouvernements qui veulent en Europe le rétablissement de l'équilibre et le maintien de la tranquillité publique... » C'étaient les dehors pompeux et le noble décor de la politique dont Poterat avait très cyniquement découvert les réalités.

« Je te réponds que la rive gauche du Rhin nous restera », écrivit Merlin de Douai, deux jours après que Boissy avait fait son rapport. « Il faut passer le Rhin bien vite. Alors il sera facile de traiter avec l'Autriche, et s'il faut sacrifier la Bavière, ma foi, nous sauterons le bâton ! » Un conventionnel, ami du Comité, Roberjot, vint, le 16 fructidor-2 septembre, lire à l'Assemblée un rapport sur sa mission dans les pays conquis. Il examina et discuta la question du Rhin. Il allégua le vœu des peuples et la raison d'État. Il conclut à la réunion de la rive gauche entière. La limite de la Meuse lui semblait insuffisante, laissant trop peu de latitude à la France et trop de facilités à l'ennemi. « La nation, dit-il, se dégraderait elle-même aux yeux de l'Europe, si elle consentait à abandonner aussi légèrement le fruit de ses conquêtes... Notre dernier but en terminant la guerre, en pacifiant avec les puissances, est d'affermir la République... Avec la paix, un accroissement de territoire, un plus grand nombre d'hommes armés, avec plus de richesses, la Révolution est affermie, la République est assurée pour toujours, la prospérité publique est certaine [1]... » La Convention était endoctrinée et l'Europe avertie; mais il n'était pas si aisé de gagner l'Autriche que l'imaginait Merlin, sur la mauvaise réputation de la Cour de Vienne et sur les allégations de Poterat.

Ce n'était point que cette Cour s'inquiétât de l'Empire, de ses frontières et de ses libertés. Les adversaires de la Prusse, en Allemagne, adjuraient l'Empereur de se faire le restaurateur de la grandeur de l'Allemagne. Un publiciste composa, sous

---

[1] *Revue historique*, t. XVIII, p. 314-319.

le titre d'*Allemagne et Pologne,* un écrit qui signalait les catastrophes prédites par les prophètes à toute maison divisée contre soi-même. A la Prusse, puissance toute récente et menaçant déjà ruine, œuvre artificielle et précaire du génie de Frédéric et de l'intrigue des Bourbons, à peine allemande, traîtresse à l'Allemagne, il opposait l'antique, glorieuse, inébranlable et fidèle maison de Habsbourg. Il conspuait la Diète, théâtre des cabales des principicules, congrès d'intrigants, toute-puissante pour servir les jalousies des États, impuissante à défendre la patrie. — « Debout, Allemands, à l'Empereur! s'écriait un autre patriote. Prions-le qu'il nous donne une Chambre des communes où nous nommerons nous-mêmes nos représentants, et nous verrons si l'honneur allemand sera mieux défendu dans la Chambre basse des bourgeois allemands ou dans la Chambre haute des princes d'Allemagne[1]. » Ceux qui parlaient ainsi étaient des précurseurs, et leurs discours donnaient un étrange écho de la Révolution française en Allemagne. Mais la Cour de Vienne était l'endroit du monde où cet écho retentissait le moins. Cette Cour exhortait la Diète à défendre les droits de l'Empire, et elle en négociait la violation à Pétersbourg; elle animait les États secondaires à se protéger contre les envahissements de la République, et elle se faisait attribuer à elle-même par la Russie l'expropriation du principal de ces États, la Bavière.

Thugut était inépuisable en artifices de chancellerie. C'était un jeu pour lui de se mouvoir au milieu du labyrinthe allemand. La Diète avait ordonné, le 3 juillet, des négociations de paix, avec les bons offices de la Prusse. L'Empereur ratifia ce *conclusum* le 29 juillet, en ajoutant que, la paix n'étant pas mûre, les bons offices semblaient peu opportuns : toutefois, il ne s'y opposerait point, le cas échéant, pourvu que la paix, procurée par ces offices prussiens, fût conforme au vœu de la Diète, c'est-à-dire garantît l'intégrité de l'Empire. Thugut savait bien que cette seule réserve suffirait à paralyser la

---

[1] Hæusser, t. II, liv. III, ch. I.

diplomatie prussienne. Il écrivit à l'envoyé impérial en Danemark de demander pour l'Empereur la médiation de cette Cour en vue de la paix avec la France. C'était une satisfaction platonique donnée aux Allemands et le moyen d'amener les Français à déclarer officiellement leurs vues sur le Rhin. Thugut comptait que cette déclaration rendrait tout accommodement impossible. Il voulait la guerre, il se préparait à la recommencer, et, pour y imprimer plus d'activité, il avait fait enlever à celui qu'il appelait « le trembleur de l'armée du Rhin », Clerfayt, le principal rôle. Ce rôle fut attribué à Wurmser [1].

Les motifs qui décidaient l'Empereur à pousser les hostilités contre la République étaient les mêmes que ceux qui déterminaient le roi de Prusse à suspendre ses négociations : le partage de la Pologne allait s'accomplir. Thugut s'était alarmé quelques semaines après le traité de Bâle : il voyait la Prusse prête à envahir la Bohême, et il fatiguait la Russie de ses sollicitations incessantes de secours. Il se rassura peu à peu ; il se rendit compte que Frédéric-Guillaume n'était ni en situation ni en goût d'abandonner l'Allemagne à la République pour s'en aller combattre l'Autriche. Mais, comptant sur le mépris que Catherine témoignait en toute occasion au roi de Prusse, il essaya d'entraîner cette impératrice à des mesures belliqueuses contre ce prince. Engager la Russie, amener peut-être, en cas de rupture, un écrasement des Prussiens par les Russes, c'eût été un maître coup de partie, et Thugut n'épargna pour y décider la tsarine ni les doléances, ni les cris de détresse, ni les dénonciations, ni même la menace, si la Russie ne le rassurait point, de pactiser avec la République.

Les diplomates russes ne prirent jamais au sérieux aucune de ces insinuations. Ils apportèrent à éconduire les Autrichiens autant de persévérance que les Autrichiens en mettaient à les solliciter. Pressée d'accomplir les promesses qu'elle prodiguait depuis le début de la guerre et de remplir le grand rôle

---

[1] Fin juillet, commencement d'août 1795. — *Revue historique*, t. XVII, p. 300-302.

qu'elle s'était attribué dans la lutte contre la Révolution, Catherine différait sans cesse, alléguant tantôt la Turquie, tantôt la Pologne, tantôt la Prusse même, et mettant à l'envoi de Cosaques sur le Rhin des conditions préalables qu'elle savait d'avance inacceptables ou irréalisables, entre autres, des subsides anglais [1].

De guerre lasse, et rassuré d'ailleurs par l'inaction du roi de Prusse, Thugut consentit à notifier à Berlin, sans autres conditions, le traité du 3 janvier. La communication fut faite, le 3 août, par les envoyés d'Autriche et de Russie. Frédéric-Guillaume s'attendait à ce coup; mais il se montra ému de la révélation comme s'il ne s'y fût point préparé. Ses ministres l'apaisèrent en lui démontrant que, tout compte fait, l'opération était profitable à la Prusse et qu'il convenait de faire bon visage à la fortune, lors même qu'elle apportait quelques réserves à ses largesses. Il écrivit à Catherine qu'il renonçait à Sandomir; mais il insista encore pour garder une partie du palatinat de Cracovie. Les pourparlers se rouvrirent à Pétersbourg sur ces propositions, et l'Autriche en profita pour réclamer un corps auxiliaire de 40,000 Russes, qui opérerait contre les Français.

Le ton de fermeté avec lequel les Autrichiens parlaient alors de recommencer la guerre était fait pour plaire à la tsarine. Mais il fallait autre chose que des discours pour la décider à envoyer des Russes batailler contre les Français. Il subsistait entre elle et l'Empereur, sur la conduite de la guerre, un dissentiment sérieux. Catherine, toujours en quête de prétextes pour ne point intervenir efficacement en France, ne se prêtait nullement à résoudre ce malentendu dont profitait sa politique. La disparition de Louis XVII n'avait fait qu'embrouiller les choses. Cet événement troublait les rapports des coalisés, et l'on ne s'était jamais en Europe autant occupé de ce malheureux enfant que depuis sa mort.

[1] Voir les dépêches de Thugut et les rapports de Cobenzl, mai-août 1795. ZEISSBERG, t. V, notamment, pour les réclamations autrichiennes, p. 164-167, 197-198, 243-246, 319; pour les échappatoires russes, p. 238-239, 279-282, 287, 295-296, 298-299, 301.

III

Le comte de Provence s'était réfugié à Vérone sur les terres de la république de Venise, hospitalière de tout temps aux puissances déchues. Dès que les émigrés connurent la mort de Louis XVII, ils proclamèrent son oncle roi de France. Cette proclamation eut lieu le 24 juin, à l'armée de Condé. De prétendant à la régence, *Monsieur* devenait prétendant à la couronne; mais il n'en devint ni plus éclairé dans ses vues sur le gouvernement de son pays, ni moins impopulaire en France, ni plus considéré par les Cours de l'Europe. Ses agents multiplièrent les démarches pour obtenir que ces Cours le reconnussent. Ils n'en usaient pas seulement ainsi par cérémonial monarchique ou calcul de parti; il s'y mêlait une pensée plus élevée et plus politique : celle que les puissances qui reconnaîtraient Louis XVIII et qui contracteraient une alliance avec lui ne pourraient pas le dépouiller de la même main qui lui rendrait son trône. Ce prince s'assurerait ainsi une sorte de garantie contre les desseins de démembrement que tout le monde attribuait à ces Cours [1].

Il les redoutait même de la part de son beau-père, le roi de Sardaigne [2]; il les redoutait surtout de la part de l'Autriche. Il écrivit à l'Empereur le 14 juin : « J'ai souvent manifesté à

---

[1] Rapprocher les motifs qui, en 1815, décidèrent Talleyrand à signer la déclaration du 13 mars, mettant Napoléon hors la loi de l'Europe, et à accéder au traité du 25 mars, renouvelant l'alliance de Chaumont. « Si l'on veut, lui écrivit Louis XVIII le 22 avril 1815, que la déclaration des souverains produise tout l'effet qu'on en doit désirer, il faut que, conformément à la déclaration du 13 mars et à l'article III du traité du 25, l'Europe s'y déclare l'alliée du roi et de la nation française, contre l'invasion de Napoléon Bonaparte; l'amie de tout ce qui se déclarera pour les premiers, et l'ennemie de tout ce qui s'armera en faveur du second; *ce qui exclut* à la fois *toute idée de conquête* et tout parti mitoyen dont on ne doit pas même supposer la possibilité. » *Mémoires du prince de Talleyrand*, t. III, p. 166.

[2] Rapports de Gherardini, 14 mars et 4 juillet 1795. Zeissberg, t. V, p. 130, 273.

Votre Majesté mon juste désir de sortir d'une inaction aussi pénible pour moi que contraire au succès de la cause que Votre Majesté défend avec tant d'énergie... C'est en persuadant au peuple français que Sa Majesté et ses alliés veulent envahir la France, qu'ils [les chefs du parti dominant en France] trouvent des soldats, et ils en trouveront tant que cette opinion subsistera. J'avais prévu cet effet, il y a deux ans... il est encore temps de détruire cette fatale opinion, mais elle ne peut l'être que par de grands moyens. » Il suppliait l'Empereur de l'autoriser à prendre le commandement de l'armée de Condé : « Ma présence, mon entrée en France à la tête de ce respectable corps, ma réunion avec son digne chef, seront, j'ose l'affirmer, le garant le plus certain de la pureté des intentions tant calomniées de Votre Majesté... » Une reconnaissance officielle de l'avènement de Louis XVIII aurait produit, avec plus d'éclat encore, le même effet. C'est dans cette pensée que ce prince la sollicita [1]. C'est aussi pourquoi l'Autriche refusa d'y consentir [2].

Une seule Cour parut s'y prêter et prit même en main, non sans retentissement, la cause de Louis XVIII : la Russie. Elle ne convoitait, pour son propre compte, aucune parcelle du territoire français : elle pouvait impunément déclarer qu'elle n'en voulait rien prendre. La tsarine n'ajoutait point qu'elle en avait fait d'ailleurs bon et large marché aux Autrichiens [3].

Les Anglais ne songeaient à conquérir qu'aux colonies; ils auraient pu se renfermer dans la même équivoque que Catherine. Ils y mirent moins d'artifice. Lord Grenville déclina la reconnaissance officielle : toutefois il ajouta, dans une conversation avec le duc d'Harcourt : « L'Angleterre ne peut s'immiscer officiellement dans les affaires de la France; mais elle désire la restauration, elle y prêtera ses bons offices auprès de ses alliés. » Il restait à s'entendre avec le prétendant, au moins à s'expliquer avec lui. Pitt et ses collègues lui envoyèrent une

---

[1] Zeissberg, t. V, p. 241, 289-292.
[2] Zeissberg, t. V, p. 296-297.
[3] Cf. t. III, p. 449, et t. IV, p. 44, 189, 418.

sorte d'ambassadeur, lord Macartney, homme du monde
poli, bon observateur, royaliste de sentiment, mais sans fanfa-
rerie politique ni superstition sur les principes. Ses instructions, datées du 10 juillet, lui prescrivaient avant tout de
prendre « la direction de la conduite » du prince. Il devait lui
conseiller de lancer un manifeste aux Français, proclamer
une amnistie, sauf pour quelques régicides, s'engager sur
la constitution future du royaume et de rassurer les acquéreurs
de biens nationaux. Il importait d'ailleurs qu'il fût tout d'abord
reconnu pour roi de France, le prince se groupât alors autour de lui
parti consistant et respectable parmi les émigrés et obtînt
ensuite qu'il acceptât la conversation avec ses alliés aussi bien que
des indemnités : des îles à l'Angleterre, une rectification de
la frontière des Pays-Bas pour l'Autriche[2].

Rien n'était plus éloigné des vues du comte de Provence.
Il entendait demeurer très maître, très libre de ses résolutions, au dedans comme au dehors. Il cachait de garder
ses intentions, avant que personne osât les sonder, donnerait
des conseils ou de lui demander des engagements. Avant
qu'il rendît la déclaration de Vérone il n'avait pas été question
de pacte avec la nation. Il tenait pour nulle et non avenue
l'œuvre même civile de la Révolution. Il offrirait à la France
pour don de joyeux avènement, après qu'il serait monté
dans la plénitude de la souveraineté royale, l'abolition
de quelques abus et le dépôt dans le salon du roi de la gerbe
de ces fameuses lois fondamentales que les parlements cherchaient depuis si longtemps, dont personne n'avait jamais vu le
texte, dont chacun interprétait l'esprit selon son intérêt, et
que l'on baptisait pompeusement du titre fameux de constitution du royaume. Cette constitution affermirait la liberté et
la souveraineté du roi, et ne permettrait pas qu'on abusât des
vertus politiques du prince et l'intelligence du ministre.
Macartney n'eut pas besoin d'un long séjour....

---

[1] ANDRÉ LEBON, *L'Angleterre et l'émigration...*
Les Bourbons et la Russie, Paris 1898, ch. 1.
[2] Cf. t. I, p. 187-189.

constater que le prétendant et ses conseillers n'offriraient aux Français ni l'une ni l'autre de ces garanties.

Le conseil, le maréchal de Castries, le baron de Flachslanden, le duc de la Vauguyon, le marquis de Jaucourt, le comte d'Avaray, était le plus puéril et le plus aveugle du monde. Quant au prétendant, lord Macartney lui trouva cette dignité calme, ce coup d'œil caressant, cette manière de causer de haut que tous les contemporains louaient en lui. Il lui parut intelligent, instruit, d'un tour d'esprit affable, aisé, communicatif, avec un jugement sain, lorsque son esprit n'était point prévenu par les préjugés de son éducation et par ceux de son entourage. Il se montrait très régulier dans ses pratiques religieuses, et non moins méthodique dans ses visites à Mme de Balbi. Personne n'y voyait de scandale. « On affirme, rapporte Macartney, que le Roi n'a jamais montré de dispositions pour la galanterie pratique. » La Cour était sombre et triste. C'était le dénuement : c'est le cadre de l'exil, et il a sa grandeur. Mais il y a une misère pire, la misère sans remède, et elle sévissait à Vérone : c'est la misère morale, l'inintelligence des affaires, des hommes et du temps, l'entêtement contre la force des choses, l'incapacité d'apprendre, l'impossibilité d'oublier, paralysie politique qui avait envahi la vieille France et qu'aucun changement d'air n'avait pu guérir, surtout l'air de l'étranger. C'étaient les causes de la Révolution qui continuaient de se développer à côté de la Révolution, comme pour l'expliquer à ceux qui, dégoûtés de ses excès et trompés par ses égarements, ne la comprenaient plus ou en méconnaissaient la raison d'être et la puissance.

Les émigrés s'étaient montrés impitoyables envers Louis XVI. Tout le mal, selon eux, était venu de l'incapacité de ce prince et de sa faiblesse; l'erreur primordiale avait été la réunion des États généraux : il ne s'agissait pas alors de prévenir ou de diriger une révolution, mais de réprimer des factieux et d'étouffer des séditions par la force. En 1795, ils en demeurent au même point. Ils ne consentent point à transiger avec la Révolution accomplie, ils ne veulent que l'anéantir. A cette

France victorieuse dont les armées débordent en Europe, ils n'ont qu'une proposition à faire : capituler entre leurs mains, se livrer à merci à une faction qui lui fait tant d'horreur que, pour en éviter la domination, elle a lutté contre toute l'Europe et supporté la tyrannie dégradante de la Terreur. Toute leur politique consiste à restaurer l'ancien régime, c'est-à-dire à rétablir toutes les causes de la Révolution. « Il n'est pas peu divertissant, écrit Macartney, de les entendre discourir sur le bonheur passé de toutes les classes sociales en France. Ils ne conçoivent pas que les classes inférieures aient pu aspirer à s'élever, ni que des talents quelconques, sans d'autres avantages fortuits, puissent donner à un homme le droit de prétendre aux distinctions... » C'est ce qui creuse un abîme chaque jour plus large entre l'émigration et les royalistes de l'intérieur. La méfiance de ces royalistes irrite les émigrés. Leur colère, comme naguère celle des terroristes, s'exaspère par l'effet de leur impuissance. C'est un déluge d'invectives et de menaces. Il leur faudrait la force, et, depuis le début de la guerre, ils sont réduits à la quêter chez les étrangers [1]. Les étrangers les éconduisent, et l'on voit se continuer entre la royauté exilée et ses alliés de l'Europe des conflits tout aussi insolubles que ceux qui se déclarent entre la Cour absolutiste de Vérone et les monarchistes constitutionnels de la France.

De tous les alliés de la monarchie émigrée un seul ne pose ni conditions ni réserves : c'est la Russie, mais elle ne fait rien ; un seul fait quelque chose : c'est l'Angleterre, mais elle s'ingère dans les affaires de la monarchie et elle manifeste des prétentions de tutelle que le « Roi » ne supporte point. D'ailleurs, tout en sollicitant les secours de cette alliée, il les redoute. Au fond de l'âme, il conserve une jalousie sourde, une méfiance invétérée contre cette Cour. La haine classique des Anglais demeure aussi intense dans l'émigration que parmi les révolutionnaires. C'est par ce côté-là que les émigrés se relèvent et restent Français. La haute idée que le « Roi » se fait de son

---

[1] Cf. t. III, p. 3.

droit et qui l'empêche de transiger avec la nation, au moment où il prétend se faire rappeler par elle, l'empêche aussi de transiger avec les étrangers dans le temps même où il reçoit leurs subsides et réclame leur aide. Le grand différend entre les Anglais et lui, c'est que les Anglais veulent se servir de lui pour obtenir une paix conforme à leur intérêt, tandis qu'il veut se servir de l'Angleterre pour restaurer, dans son antique grandeur, la monarchie française. Il est convaincu que, toujours rivale de la France, l'Angleterre a pour unique dessein d'empêcher que la monarchie n'hérite des forces de la République. S'il se livre aux Anglais, ils abuseront de leur protection pour paralyser la France et en arrêter le relèvement. Cependant ils ne convoitent que les colonies. Que sera-ce de l'Autriche qui convoite l'Alsace, la Lorraine et les Flandres?

L'exil n'a rien changé à l'hostilité que professait le comte de Provence contre Vienne et le traité de 1756. On parle, à Vérone, de la « faction autrichienne » avec autant d'animosité qu'au Comité de salut public. Vérone préfère encore la Prusse et l'Espagne, malgré leurs défections. C'est que ces deux puissances cèdent à la France des territoires et ne lui réclament rien. Il ne faut pas parler des « limites » dans l'entourage du « Roi », encore moins dans son Cabinet. C'est un *noli me tangere* absolu. « Rien, dit le prince à Macartney, n'aurait un plus fatal effet sur mes affaires qu'un engagement ou la moindre trace d'un engagement de céder des villes ou du territoire, parce que cela révolterait également tous les Français, royalistes ou républicains. » Le prétendant ne méconnaît point cependant la nécessité de faire quelques concessions à l'Autriche; mais il ne les fera point aux dépens du territoire du royaume, et il entend, dans tous les cas, qu'elles seront très restreintes. Il réprouve le système « copartageant ». Il n'ambitionne que le rétablissement de la monarchie dans ses anciennes frontières, et cette loi de justice et de modération, il voudrait en faire la règle du droit public dans toute l'Europe. Il cherchera la grandeur de sa couronne dans la garantie de la paix, par la garantie des droits de chacun. Il a déjà formé dans sa pensée la conception politique qu'il essayera de faire prévaloir à Vienne, en 1814; c'est l'honneur de sa carrière de l'avoir formée avec cette netteté au milieu des brouillards de l'exil, de l'avoir appliquée avec tant de dignité quand il devint roi de France [1].

Dans sa Cour même, il y a des royalistes qui se révoltent à l'idée de restituer aux ennemis les territoires conquis par les armées républicaines : ils voudraient décorer la monarchie des conquêtes de la Révolution [2]. Telle est la force des traditions que les émigrés et les républicains, si divisés ailleurs, se rencontrent ici. Dans les affaires intérieures, la séparation est trop profonde et creusée depuis trop longtemps ; ils ne peuvent plus se comprendre : les problèmes d'ailleurs sont trop complexes et les passions trop exaltées pour qu'ils puissent, à la distance où ils sont les uns des autres, concevoir même un rapprochement. Mais lorsqu'ils regardent l'Europe, les questions se simplifient. Ils se retrouvent tous Français, parce que ni la France, ni l'Europe n'ont changé de place ; les intérêts, les caractères et les passions sont demeurés ce qu'ils étaient, étant tous nationaux, et comme sortis du sol même de la France. Toutefois ces échappées de sentiment patriotique ne sont chez les émigrés que de nobles inconséquences. Leurs soupçons, leur hauteur, leurs scrupules, leurs répugnances les rendent suspects à leurs alliés sans les rendre pour cela moins odieux aux Français. L'alliance des étrangers, malgré les réserves qu'ils y apportent, leur aliène la France ; l'hostilité de la France leur aliénera les étrangers. La restauration de la monarchie est le seul objet de l'alliance de l'émigration avec l'Europe, et cette alliance européenne rend la restauration impossible. D'où l'inévitable échec des négociations de Macartney, aussi bien que des conspirations de Wickham.

Ce diplomate continuait de faire la joie et la fortune de tous

---

[1] Voir dans mes *Essais de critique et d'histoire* : Talleyrand au Congrès de Vienne, p. 64 et suiv. Cf. t. 1ᵉʳ, p. 294-297 ; t. II, p. 282 et suiv., 502-503.

[2] Rapports de Macartney, août-septembre 1795. — ANDRÉ LEBON, *op. cit.*

les entremetteurs politiques de Suisse et de Paris. Il acceptait sans contrôle tous les marchés, il payait à caisse ouverte tous les billets. Il n'était pas un républicain de marque, y compris les membres du Comité, qu'il ne crût avoir acheté deux ou trois fois et pour lequel il n'eût payé largement commission. Il fut bien forcé de reconnaître au bout de peu de temps que ces prétendus gagistes ne faisaient jamais, à l'échéance, honneur à leurs engagements. Alors il se retourna vers le prince de Condé, et, faute de pouvoir provoquer un soulèvement dans l'Est, il chercha, d'accord avec ce prince, à combiner la défection d'une des armées républicaines.

Les correspondants des émigrés leur signalaient l'évolution qui s'accomplissait dans les armées françaises et le rôle qui se préparait aux généraux dans la République. Wickham les crut d'autant plus aisément que l'événement était dans les habitudes du vieux monde et dans l'ordre des révolutions. Mais en quoi il se trompa, et nombre de contemporains avec lui, c'est quand il imagina qu'un général, parvenu par la Révolution, pourrait usurper la République autrement qu'en absorbant et en magnifiant la Révolution dans sa personne. L'exemple de Dumouriez aurait dû faire comprendre aux étrangers et aux royalistes que tout soldat, même victorieux et populaire, qui pactiserait avec les étrangers et avec les émigrés, perdrait, par cela même, son prestige et sa popularité. On pouvait trouver un aventurier pour tenter la partie : on ne trouverait ni de troupes pour le suivre, ni de foules pour l'acclamer. « En 1795, dit Gouvion Saint-Cyr, les choses en étaient au point qu'un nouveau Cromwell aurait eu des chances de réussite; mais il n'y en avait point encore pour un Monk. » Pichegru n'avait l'étoffe ni de l'un ni de l'autre. C'est à lui cependant que pensèrent les agents de Wickham. Sa campagne de Hollande et son commandement à Paris l'avaient mis au premier rang. En lui confiant l'armée du Rhin, le Comité lui avait donné le plus important des commandements de la République. Il passait pour ambitieux et corruptible. On crut qu'en y mettant les formes et surtout le prix, on pourrait l'acquérir[1].

La vérité est que Pichegru, alors âgé de trente-quatre ans, était libertin, prodigue, endetté. Il était revenu de Hollande avec des goûts de luxe qu'il était hors d'état de satisfaire. Il en souffrait et ne le cachait pas. Suffisant d'ailleurs, avantageux, sans élévation ni consistance de caractère; mobile avec brusquerie; de la chaleur avec un fond de rouerie et de scepticisme; plus heureux qu'habile, plus habile à saisir l'occasion qu'à la faire naître; homme à succès dans la guerre comme dans le monde; bon soldat, inventif en campagne; adroit à se pousser par les discours et les délations, au besoin, il était resté, au fond, officier de fortune et parvenu d'ancien régime. La Révolution avait été pour lui un moyen de s'élever, mais il n'imaginait point que la République pût durer. A l'inverse de beaucoup de ses compagnons d'armes, ses vœux secrets se portaient vers une restauration qui lui conserverait ses grades et lui assurerait la richesse. Il ne se croirait réellement arrivé que quand il en serait arrivé là. Le château de Chambord, le maréchalat et les pensions de Maurice de Saxe sollicitaient infiniment plus son imagination que la présidence de Washington ou même le Protectorat de Cromwell. Il avait observé à Paris le désarroi de la Convention. Il avait vu de près à quoi tenait le prestige des assemblées; il avait été assiégé par tous les intrigants; il s'était laissé circonvenir : il se croyait l'étoffe d'un politique. Il se trouva signalé à Condé. Ce prince crut faire un grand coup en s'accordant avec lui afin de s'emparer ainsi d'une province française à la barbe des Autrichiens.

Un maître intrigant, Roques de Montgaillard, qui avait déjà travaillé à Bruxelles du temps de la Terreur, se chargea de

---

[1] *Compte rendu à Sa Majesté l'Empereur des Français sur la trahison de Pichegru et Moreau*, par Roques de Montgaillard. — *Mémoire concernant la trahison de Pichegru*, par Roques de Montgaillard. Paris, 1804. — *Précis historique*, par Fauche-Borel. — *Mémoires de Gouvion Saint-Cyr et de Soult*. — Sainte-Beuve, *Causeries du lundi*, article Fauche-Borel. — Fauriel, *Les derniers jours du Consulat*. — Louis Blanc, t. XII, liv. XVI. — Michel, *Mallet du Pan*. — André Lebon, *L'Angleterre et l'émigration*.

machiner le complot[1]. Il dépêcha vers Pichegru un libraire suisse, Fauche-Borel, royaliste ardent, qui avait trouvé le moyen de circuler impunément sur les frontières. Il parvint à s'aboucher avec le général français à son quartier, près d'Huningue. Pichegru l'écouta sans se révolter et demanda des éclaircissements. Il les reçut sous la forme d'une lettre de Montgaillard, datée du 16 août ; ils ne laissaient rien à désirer sous le rapport de la précision : Pichegru serait nommé maréchal de France, grand-croix de Saint-Louis, gouverneur de l'Alsace ; il aurait le château de Chambord avec un hôtel à Paris, un million comptant, et 200,000 livres de rente. Son armée deviendrait armée royale ; elle proclamerait Louis XVIII, prendrait la cocarde blanche, arborerait le drapeau blanc à Strasbourg et à Huningue. Condé en serait aussitôt averti ; il opérerait sa jonction ; Pichegru lui remettrait Huningue et Strasbourg, à titre de places de sûreté. « On prendra de part et d'autre, écrivait Montgaillard, les mesures nécessaires pour que les troupes coalisées ne passent pas le Rhin. »

Pichegru ne considéra point Montgaillard comme une caution suffisante, et il exigea, avant de pousser plus loin, que le prince de Condé confirmât les pouvoirs de son émissaire. Le prince voulait bien faire de Pichegru un maréchal de France, après que Pichegru aurait trahi la République, mais il eut toutes les peines du monde à qualifier de général un homme qui n'avait encore fait que battre les ennemis de la France. Il s'y résigna cependant : sa lettre était claire, signée et scellée de ses armes. Fauche la remit à Pichegru le 19 août. Pichegru s'en montra satisfait, consentit à examiner le plan de Condé, et le jugea inexécutable. — « Je ne veux pas, dit-il, être le troisième tome de Lafayette et de Dumouriez. Le prince serait chassé d'Huningue en quatre jours, et je me perdrais en quinze. Je connais le soldat ; il ne faut pas lui donner le temps d'un premier mouvement. Il faut l'entraîner et non le décider. » D'ailleurs, les représentants me pressent de passer le Rhin. Je

[1] Cf. ci-dessus, p. 80.

ne puis m'y refuser. Je le passerai avec des troupes sûres.
« Une fois sur la rive droite, je réponds de tout... Pour le soldat français, la royauté est au fond du gosier. Il faut, en criant : « *Vive le Roi!* » lui donner du vin et un écu dans la main. » Alors les républicains et les émigrés se mêleront ; on rentrera ensemble en Alsace, toutes les places s'ouvriront, et en quinze jours on sera à Paris. « Mais il faut que le prince s'entende avec les Autrichiens pour qu'ils restent sur nos derrières. » — Pichegru s'abusait-il lui-même par ces propos cyniques ? Voulait-il payer de contenance ? Le fait est que l'aventure le tenta, qu'il écouta les propositions, qu'il accepta les pourparlers, sinon encore le marché, et que, faute de pouvoir entraîner ses troupes, il subordonna leurs mouvements à ses intrigues. Il s'engagea ainsi dans cette série de compromis, puis de complots, puis de trahisons, dont son suicide en 1804 ne fut que le dernier épisode.

Les émissaires continuèrent à courir d'un camp dans l'autre à travers le Rhin, et le temps passa sans que l'on pût convenir de rien. Pichegru ne voulait point livrer de places, Condé en réclamait. Pichegru voulait être sûr au préalable de l'inaction des Autrichiens, et Condé ne pouvait l'en assurer. Ce n'était point qu'il ne la désirât lui-même : il détestait ces alliés, il répugnait à les voir entrer en France ; il redoutait leurs convoitises ; enfin, il n'entendait pas partager avec Wurmser la gloire de restaurer la monarchie. Il menait sa conspiration à leur insu. Il sentait cependant qu'il devrait un jour ou l'autre la leur découvrir, et que ce jour-là les difficultés commenceraient. Il ne pouvait exécuter aucun mouvement sans les Autrichiens, et il était sûr d'avance qu'ils ne le laisseraient rien faire si on ne leur donnait point de garanties, c'est-à-dire des forteresses. Pichegru refusait de recommencer Dumouriez. Wurmser refuserait certainement de recommencer Cobourg. Il suffirait, de part et d'autre, de risquer une insinuation pour constater que l'on ne s'entendrait jamais.

Thugut n'aimait point Vérone ; il savait qu'il y était connu et qu'on ne l'y estimait point. Il avait été d'avis que la Cour d'Autriche prit le deuil du Dauphin et le portât aussi long que possible, afin d'éviter « l'air d'une complaisance envers les brigands de France », et afin d' « avilir » le roi de Prusse devant l'Europe. Mais c'était un deuil de famille, celui d'un cousin, du fils de Marie-Antoinette, non le deuil de Louis XVII, roi de France, que l'Empereur devait prescrire[1]. Cette distinction, fort diplomatique, permettrait d'éviter la reconnaissance de Louis XVIII et de se donner le temps d'y aviser selon les circonstances[2]. La proposition d'échange de Marie-Thérèse-Charlotte le gêna fort. Il songea à s'en tirer par une échappatoire. « Il y aurait, écrivait-il à Colloredo, une grande indécence dans cette espèce d'échange entre une cousine germaine de Sa Majesté, fille de Louis XVI, contre des scélérats coupables, et s'en faisant gloire, d'avoir voté la mort de son père. » Thugut se rendit compte que le public et les chancelleries mêmes auraient de la peine à prendre au sérieux ces raffinements de délicatesse. L'Europe crierait à l'inhumanité : le scandale et l'avilissement passeraient de Berlin à Vienne. L'Empereur annonça en conséquence que Clerfayt avait l'ordre d'accepter des pourparlers en vue de l'échange; mais il demanda que l'échange fût général et embrassât tous les prisonniers de guerre. C'était encore un artifice pour traîner en longueur[3].

Tandis que la Cour de Vienne s'épuisait en expédients subtils pour laisser le plus longtemps possible Marie-Thérèse au Temple, la Cour de Vérone l'accusait des machinations les plus insidieuses pour capter cette malheureuse princesse, la marier à un archiduc et usurper ainsi la Navarre, où, paraît-il, on pouvait démontrer que la loi salique ne s'appliquait point. Les soupçons s'affermirent d'autant plus que l'Autriche refusa de remettre Marie-Thérèse à son oncle[4], et qu'elle ne se con-

---

[1] Il affecta même un moment de croire que le Dauphin n'était pas mort et en prit prétexte pour ajourner la reconnaissance. — ZEISSBERG, t. V, p. 289.

[2] Lettres de Thugut à Colloredo, juin et juillet 1795. — *Revue historique*, t. XVII, p. 298-299.

[3] ZEISSBERG, t. V, p. 304, note. Cf. t. III, p. 369.

[4] Voir les lettres de Louis XVIII à l'Empereur, 21 juillet et 21 août 1795. ZEISSBERG t V, p. 303, 333-335.

tenta point d'ajourner la reconnaissance de Louis XVIII : elle empêcha ce prince de se rendre à l'armée de Condé. Il envoya le bailli de Crussol en ambassade à Vienne. Ce gentilhomme y reçut, dans toutes ses démarches, un accueil mortifiant.

Le gouvernement anglais, découragé par les rapports de son envoyé à Vérone, désillusionné sur Wickham, ennuyé de payer tant de gens pour en être si mal servi, et de nourrir tant de conspirateurs parasites dont les complots ne réussissaient jamais, déconcerté d'ailleurs par la paix de l'Espagne, commença lui-même à douter de l'efficacité de sa politique. Le zèle de Pitt pour le prétendant se ralentit infiniment.

La Russie resta seule à presser l'Autriche de le reconnaître. Mais elle l'en pressa si fort que Thugut, à bout d'expédients, finit par confesser crûment la vérité : « La reconnaissance du comte de Provence avant qu'il n'ait un parti en France, dit-il à Razoumovsky, serait une mesure inutile, car en le proclamant roi, les alliés seraient obligés de lui restituer les territoires qu'ils viendraient à conquérir sur la France [1]. » Les princes, disait-on à Vienne, considéraient « comme un trait de la plus profonde politique de prévenir d'avance, au moyen d'un concert secret entre l'Espagne et la Prusse, tout démembrement des possessions françaises lorsque les efforts des puissances coalisées auraient rétabli Monsieur sur le trône ». Thugut, qui leur prêtait ce dessein, n'en voulait point être dupe. Il reconnaissait volontiers que rien ne serait plus utile à la restauration de la monarchie qu'une déclaration de la tsarine attestant « sa ferme résolution d'employer toutes ses forces au soutien de la cause du nouveau roi »; mais il n'y croyait pas d'ailleurs, et, dans tous les cas, il entendait garder, ne fût-ce que pour faciliter des échanges, les provinces qui seraient conquises en France. Il signala au juste mépris des Russes « les prétentions indiscrètes des émigrés et les écarts de leur imagination déréglée ». « Il est impossible,

---

[1] Rapport de Razoumovsky, août 1795. Martens, t. IV, p. 251. — Rapports de Cobenzl, 23 juillet 1795. Zeissberg, t. V, p. 301, 320-321.

déclara-t-il, que Sa Majesté subordonne, sans égard pour les circonstances et pour l'avenir, tous les principes de sa politique aux caprices des émigrés, et les opérations de ses armées aux désirs de leur égoïsme mal entendu[1]. »

La grande Catherine gronda, traita Thugut d'avocat, ce qui dans sa bouche était la pire des injures et pour un diplomate la pire des avanies ; mais elle comprit la portée de l'argument et cessa, pour un temps, de parler de Monsieur, de son avènement, et de l'intégrité de la France. Markof, dans un moment de belle humeur, profita de l'occasion pour donner à Cobenzl une leçon de droit public, et enseigner à cet Autrichien embrouillé dans les subtilités et les chicanes d'Allemagne l'art d'accommoder les principes avec les intérêts. Il lui expliqua comment on enguirlande avec grâce les dupes et les victimes. — « C'est, lui dit-il, l'époque où il est plus important que jamais de maintenir intact le principe incontestable que, les souverains ne tenant leur couronne que de Dieu, leurs droits sont imprescriptibles, et que rien au monde ne peut les en dépouiller... C'est parce qu'on a vacillé sur les principes et qu'on n'a pas agi systématiquement dans cette guerre, que peut-être les choses ont si mal tourné ; on s'est obstiné à vouloir la considérer comme une guerre de puissance à puissance ; il aurait fallu, au contraire, prouver et soutenir en toute occasion que l'Autriche ne faisait pas la guerre à la France, mais pour la France, et pour la délivrer du joug que lui imposait une horde de scélérats... » C'était fort bien dit, et Cobenzl n'y contredit point ; mais, fit-il observer, la guerre se fait avec des soldats et avec de l'argent ; on y perd des provinces, et les puissances ont le droit de se payer de leurs dépenses, le devoir de prendre leurs sûretés pour l'avenir. C'est ici que Markof montra le fin des choses et découvrit le fond de la politique russe : — « Rien, dit-il, n'est plus juste que de se dédommager aux dépens de la France des frais énormes de cette guerre ; l'impératrice, loin de vous rien

---

[1] Thugut à Cobenzl, 15 août-6 septembre 1795. — ZEISSBERG, t. V, p. 328, 348, 352-353.

contester à cet égard, vous a même promis de contribuer aux acquisitions que vous méditez... Il est, sans doute, de votre intérêt, de celui de l'Angleterre, et même de la Russie, qu'en même temps que la monarchie française serait rétablie, son ancienne puissance fût diminuée ; mais ce n'est pas en affichant vos projets à cet égard que vous en avez assuré la réussite ; tout au contraire, en entrant en France au nom du roi, en prenant les places et les provinces au nom du roi, en ne parlant et n'agissant qu'au nom du roi, en défendant à vos généraux toute correspondance avec les généraux rebelles, en oubliant même le sort de vos prisonniers et traitant moins bien les révoltés qui tombaient entre vos mains, vous seriez entrés plus aisément en possession de tout ce que vous vouliez avoir ; une fois vous y trouvant bien établis, vous auriez eu tous les droits possibles d'exiger conjointement avec les autres puissances de la coalition, du roi que vous auriez mis sur le trône, tous les dédommagements qui pouvaient être à votre convenance, et de lui prescrire irrévocablement en quoi ces dédommagements devaient consister... » — « Ce plan, répondit Cobenzl, aurait été aussi glorieux qu'utile ;... mais pour l'adopter... il faudrait à la coalition l'appui de quarante mille Russes... » — « L'impératrice, répliqua Markof, s'est prononcée de la manière la plus décidée... mais elle n'a pu annoncer son intention de faire marcher ses troupes contre la France, puisque cette résolution est dépendante de la fin des affaires de Pologne et des arrangements à prendre avec l'Angleterre [1]... »

C'était ramener les affaires sur leur véritable terrain. Les conférences en vue du partage recommencèrent le 28 août, et elles absorbèrent l'attention des trois chancelleries. L'antagonisme des convoitises de la Prusse et de l'Autriche, concentré sur le palatinat de Cracovie, éclata plus acharné que jamais. Le 31 août, le plénipotentiaire autrichien se retira, à la suite d'une scène violente. Il fallut en référer à Vienne et à Berlin. Thugut pressa les Russes de mettre les Prussiens à la

---

[1] Rapport de Cobenzl, 30 septembre 1795. Zeissberg, t. V, p. 405 et suiv. Cf. ci-dessus, p. 44, 189, 318, note.

raison et renouvela ses insinuations menaçantes : « Si, mandait-il à Cobenzl, nous n'avions pas de certitude que la Russie remplirait à cet égard toute notre attente, il ne nous resterait, dans le cas de la nécessité prochaine d'une guerre avec la cour de Berlin, d'autre parti à prendre que de finir celle si désastreuse contre la France, à quelque prix que ce soit, pour tourner tous nos moyens contre la Prusse [1]. »

La tsarine et ses ministres étaient persuadés que Frédéric-Guillaume n'en viendrait point à cette extrémité, et qu'en parlant à ce monarque du ton qui convenait, on l'amènerait à composition. Ils étaient convaincus d'autre part que l'Empereur était plus éloigné que jamais de toute collusion avec la République. Se sentant, en effet, soutenu en Pologne par la Russie, jugeant que la Prusse n'était pas en mesure de l'attaquer désormais dans l'Empire et ne songeait plus qu'à démembrer la Pologne, décidé à s'indemniser lui-même aux dépens de la Bavière et de Venise, s'il ne pouvait pas chasser les Français de l'Allemagne et des Pays-Bas et conquérir l'Alsace et la Lorraine, François II avait ordonné à ses généraux de recommencer les hostilités. La République y était également résolue ; mais elle s'assura le bénéfice de l'offensive, et, le 7 septembre, l'armée de Jourdan passa le Rhin.

[1] Thugut à Cobenzl, 30 septembre 1795. — Rapports de Cobenzl, septembre 1795. ZEISSBERG, t. V, p. 360-366, 399, 401, 407-410. — Protocoles des conférences, p. 367.

La guerre recommença [illisible]
proche des élections [illisible] réblique. Le Comité [illisible]
voir, voyait se concentrer [illisible]
ses mains, les arrêts [illisible]
les factions dans l'État [illisible]
prestige, des journées [illisible]
ment, partout le côté [illisible]
républicaine. Le [illisible]
1ᵉʳ septembre², [illisible]
Le Comité recevait [illisible]
la fin de goût pour [illisible]
qui le caractérise [illisible]
Douai, Berlier, Sièyes [illisible]
républicains décidés, [illisible]
Lépeaux, avaient [illisible]
que la décision, [illisible]
parti conventionnel [illisible]
ressort nouveau, [illisible]
souffle de l'an passé [illisible]

semblée. Il y avait de la lassitude et du découragement dans les âmes. La scission était complète, depuis Prairial, entre les derniers Montagnards et les « réacteurs » qui menaient la Convention. Plusieurs Montagnards, les plus exaltés, avaient été condamnés à mort : Soubrany et ses amis; d'autres, ennemis de Marat, aussi bien que de Robespierre, mais toujours brûlants de l'esprit de 1793, étaient proscrits, comme Baudot; ils erraient, en proie au dégoût, obsédés par leur mépris des hommes [1]. Les vainqueurs de Prairial eux-mêmes étaient sombres : ils sentaient la dictature militaire peser sur eux et les étreindre, quoi qu'ils fissent. Ils auraient dû s'y arracher; ils ne le pouvaient pas, parce qu'ils ne voulaient ni ne savaient changer les conditions qui rendaient cette dictature menaçante. La résistance des choses, les refus de l'opinion publique, l'impopularité croissante de l'Assemblée, jetaient dans un trouble insupportable pour eux ces hommes qui avaient tout espéré d'eux-mêmes et de leur foi. Ils cherchaient à s'aveugler sur les conséquences, désormais inévitables, de leur politique; ils n'y parvenaient pas. Ils se trouvaient, dans les heures où les affaires ne les emportaient point, comme excédés d'eux-mêmes et de leur œuvre. Il leur échappait des aveux amers dans leurs propos et dans leurs lettres. « Je sortais des séances, dit l'un d'eux et l'un des plus résolus, l'âme abreuvée d'amertume. » « J'ai si peu d'envie de conserver de la puissance que je vais devenir, je l'espère, tout à fait paysan, déclarait Merlin de Thionville; je viens de vendre ma maison pour payer mes dettes. Il est bien temps que nous quittions la place. » Et l'autre Merlin : « Je fais des vœux pour être relégué dans quelque coin obscur où j'ensevelirai la misanthropie qui me prend malgré moi chaque jour..... Le plus grand de tous les maux, parce qu'il exclut tous les remèdes, serait que les armées, venant à manquer de tout, se tournassent contre la République ou se débandassent. »

---

[1] Voir Quinet, *La Révolution*, t. II, liv. XX. La réaction.

Cette humeur atrabilaire avait envahi jusqu'aux membres du Comité. Ils avaient perdu non seulement l'esprit d'entreprise et la confiance des premiers mois, mais le zèle même et l'ardeur au travail qui leur avaient permis de soutenir avec cette vigueur cavalière le plus pesant labeur d'État et de débrouiller le plus enchevêtré réseau d'affaires qui fut jamais. En même temps qu'ils prenaient l'habitude du pouvoir, ils en subissaient l'usure. Ils cessaient d'improviser dans la fièvre, mais aussi dans l'exaltation ; ils remplissaient leur tâche, non plus en chef de corps, toujours en alerte et toujours l'arme en main, mais comme les intendants las d'un gouvernement vieilli. Le Comité se réunissait difficilement et ne délibérait presque plus. Les membres des sections agissaient à leur guise, chacun dans son domaine, et obtenaient à grand'peine les deux signatures exigées pour la validité de leurs actes [1].

La diplomatie se ressentit de cette dépression morale. Il sembla qu'avec la reprise des hostilités toute la politique fût remise en question. Les négociations avec la Prusse demeuraient suspendues. Le Comité se plaignait, non sans motifs, de la mauvaise volonté, sinon de l'hostilité, des agents prussiens envers la République ; il se plaignait, avec plus de motifs encore, de la faiblesse avec laquelle la Prusse faisait rsepecter la neutralité des États de l'Allemagne du Nord. Il envoya Caillard à Berlin pour rétablir les affaires ; mais sur le fond des choses, c'est-à-dire sur la question du Rhin, il prescrivit à ce ministre d'écouter seulement et de se taire [2]. C'est que les membres du Comité se sentaient repris de doutes non seulement sur les dispositions de la Prusse, mais sur leur propre système. « Ce serait, écrivaient-ils à l'un des agents de la République, une grande question à discuter s'il convient à nos intérêts d'accroître et d'affermir la puissance de la Prusse pour

---

[1] *Mémoires de Revellière-Lépeaux*, t. I, p. 246 et suiv. — *Correspondance de Merlin de Thionville*, Reynaud, t. II, p. 246, 253. — Thibaudeau, *Mémoires sur la Convention*, ch. XVIII. — *Revue historique*, Les frontières constitutionnelles, t. XVIII, p. 21-23.

[2] Instructions de Caillard, 24 fructidor-10 septembre 1795. — Bailleu, t. I, p. 20.

opposer à l'Autriche un voisin plus redoutable... Est-il utile que le système fédératif de l'Allemagne soit conservé dans son intégrité? Avons-nous intérêt de détruire les États subalternes, les électorats cléricaux, pour en agrandir ou en composer d'autres États de premier rang? Ces propositions tiennent en grande partie à la conservation de la rive gauche du Rhin ou à notre renonciation à nos conquêtes [1]. » Questions redoutables, dont la solution, quelle qu'elle fût, devait engager tout l'avenir de la France. Le Comité, qui les avait discutées avec Barthélemy, les agitait encore; et, dans l'incertitude où il était sur le lendemain, il faisait composer dans ses bureaux de grandes dépêches académiques où il s'exposait en quelque sorte à lui-même ses desseins et ses doutes [2].

Le landgrave de Cassel avait traité, le 28 août, sur le même pied que la Prusse [3]. Les États du midi de l'Allemagne tremblaient devant l'invasion et les réquisitions. Ils accablaient Hardenberg et Barthélemy de leurs doléances. Entre l'Autriche qui refusait de reconnaître leur neutralité, et la France qui ne pouvait l'accepter que si l'Autriche la respectait, leur situation était vraiment digne de pitié. Ils désiraient la paix, ils portaient le faix de la guerre, leurs territoires menaçaient de servir successivement de champ de bataille et de champ de partage. Barthélemy peignait leur désespoir et traduisait leurs lamentations. « Mais, ajoutait-il, cette considération, qui est très juste, n'attaque nullement notre droit... Il paraît qu'il est dans l'ordre inévitable des choses que tous les États faibles périssent au détriment de l'intérêt de plusieurs grandes puissances et particulièrement du nôtre... Dans la détresse dans laquelle l'Empire se trouve, la France pourrait espérer d'inspirer aux États qui le composent quelque énergie pour en sortir, en se montrant leur soutien. S'ils sont destinés à périr et

---

[1] Instructions de Le Hoc, ministre en Suède, fin de fructidor-milieu de septembre 1795.
[2] Instructions de Le Hoc. — Dépêche à Verninac, 1er vendémiaire an IV-23 septembre 1795.
[3] De Clercq, t. I, p. 264.

à être envahis par de grandes puissances, il faudra laisser au temps à prononcer si ce nouvel ordre de choses sera plus favorable aux intérêts de la France que ne l'était l'ancien [1]. »

C'étaient les desseins de l'Autriche sur la Bavière qui préoccupaient surtout les États secondaires. La France prenant la rive gauche du Rhin, la Prusse, pour s'indemniser, envahissant les principautés ecclésiastiques, l'Autriche usurpant la Bavière, l'une s'arrondissant au nord, l'autre au midi, il resterait peu de chose de l'équilibre des traités de Westphalie. Le Comité de salut public ne le pouvait méconnaître; mais il était pressé de conclure la paix, et, dans le temps même où les hésitations sur les conditions de cette paix l'assiégeaient avec le plus de force, il dépêcha un nouvel émissaire secret vers l'Autriche. Poterat était parti et ne donnait point signe de vie. Le Comité fit écrire à Thugut par Gérard de Rayneval, qui connaissait le secret des anciennes relations d'argent et d'affaires de ce ministre avec la France [2]. Puis il envoya, pour s'aboucher avec les agents de l'Empereur, à Francfort ou à Bâle, un ancien employé de la diplomatie prussienne, descendant de réfugiés français, Theremin. Ses opinions démocratiques avaient attiré Theremin à Paris; il était entré au service de la République, et une dissertation composée par lui venait d'obtenir le prix dans le concours ouvert par Hofmann sur la question de la rive gauche du Rhin. Theremin devait insinuer « que le Comité de salut public ne serait pas éloigné de traiter avec l'Autriche sur la base que l'Empereur aurait la Bavière et que la France garderait ses conquêtes jusqu'au Rhin ». « Rien, ajouta-t-il, ne pourrait faire changer le Comité sur ce dernier point, et il avait des forces pour le maintenir [3]. »

Au fond, et dans cette affaire, la plus importante de toutes celles qu'ils aient engagées, les membres du Comité de salut public manifestaient jusqu'à la fin le caractère qui avait marqué les actes de la Convention : une suite surprenante

---

[1] Rapports de Barthélemy, 9 et 14 vendémiaire an IV-1ᵉʳ et 16 octobre 1795
[2] Voir t. III, p. 326.
[3] *Revue historique*, t. XVIII, p. 24-32.

dans des entreprises incessamment rompues, de la constance dans l'exécution de desseins incessamment contestés; des crises d'irrésolution, des accès d'audace, des revirements brusques, des actes contradictoires, mais toujours énergiques; des discours péremptoires ramenant à des principes que l'on déclarait immuables; une politique en réalité toujours décidée par les circonstances. C'est que, l'instinct d'État dirigeant toutes leurs pensées, et la seule raison d'État réglant tous leurs actes, ils étaient amenés à pratiquer par des expédients une politique de nécessité. La nécessité ici ne changeait point : c'était le triomphe de la Révolution par leur parti et avec leur parti; les expédients, c'étaient les négociations; elles vacillaient selon les conjonctures du dehors. L'instinct d'État suggérait le système des frontières naturelles; la raison d'État conseillait de l'abandonner ou de le reprendre selon que la fortune de la guerre en rapprochait ou en éloignait le succès. Le Comité ne cessa jamais de présenter publiquement ce système comme immuable; il eut jusqu'à la dernière heure des doutes secrets sur l'opportunité, la possibilité même de l'application; il trancha brusquement la question, puis il justifia, après coup, ses décisions; il les rapporta à des principes éternels et leur imprima rétrospectivement le caractère de l'absolu.

II

Jourdan avait passé le Rhin à Düsseldorf et avait repoussé les Autrichiens de Clerfayt jusque sur le Mein. Mais, serré entre le Rhin et la frontière neutre de la Hesse, manquant d'argent, de chevaux et de vivres, il était contraint d'attendre, pour continuer ses opérations, que Pichegru les appuyât. Le 20 septembre, Pichegru se décida à se mettre en mouvement. Il bombarda Manheim qui capitula, et il passa le Rhin à Huningue. Son armée était en mesure de couper les communications entre Clerfayt et Wurmser qui occupaient le Rhin supérieur. Clerfayt vit le danger et se replia sur Heidelberg. La panique se répandit dans les États allemands : le landgrave de Darmstadt s'enfuit à Weimar et le margrave de Bade à Ulm ; le prince évêque de Spire, réfugié à Bruchsal, partit pour Passau, où il mourut [1].

Ces nouvelles ranimèrent le Comité. Il recouvra sa confiance, et comme s'il eût craint de la perdre encore une fois, comme surtout la Convention n'avait plus que quelques semaines à siéger, il prit la grande résolution qu'il différait depuis plus d'un an, et il provoqua la délibération publique sur les limites. Il fallait que la Convention en délibérât ; la politique du Comité voulait que l'Assemblée, en même temps qu'elle assurait la permanence des républicains au pouvoir, assurât la permanence de leur politique. L'occasion qui s'offrait ne se présenterait peut-être plus. Reubell, alors en mission dans l'Est, pressa ses collègues de la saisir [2]. Ils s'y décidèrent, jugeant l'opinion des conventionnels suffisamment préparée par les différents rapports du Comité et tout récemment par le concours de Hofmann, qui avait popularisé en quelque sorte tous les arguments du débat [3]. « Indépendamment qu'une paix perpétuelle et, par conséquent, le bonheur du genre humain sera le résultat de ce système, écrivait Reubell, ce n'est qu'à l'aide des pays conquis que nous pouvons espérer de rétablir nos finances... » Ce mélange d'illusions théoriques et de considérations positives avait toujours formé le fond des idées du Comité sur cet objet. On le retrouve dans le rapport que fit Merlin, le 8 vendémiaire-30 septembre 1795.

---

[1] JOMINI, liv. IX. — SOULT, t. I, p. 250 et suiv. — GOUVION SAINT-CYR, *Campagne de 1795*. — REMLING, t. II, p. 193 et suiv.

[2] Deuxième jour complémentaire de l'an III-18 septembre 1795.

[3] *La rive gauche du Rhin, limite de la République française*, recueil de dissertations jugées dignes des prix proposés par un négociant de la rive gauche du Rhin, publiées par G. BOEHMER, ex-député de la Convention rhino-germanique, Paris, an IV. *Rapport sur le concours* auquel ont pris part cinquante-six concurrents, *Moniteur* du 1er vendémiaire an IV-23 septembre 1795, t. XXVI, p. 2. — Article du *Moniteur* sur la dissertation de Derché, t. XXVII, p. 418. — *Revue historique*, t. XVIII, p. 32-40. — Article de ROEDERER, *OEuvres*, t. VI, p. 107.

Le débat, tel qu'il le posa, ne porta formellement que sur la Belgique, le Limbourg, le Luxembourg et le pays de Liège. Le Comité invita l'Assemblée à prononcer la réunion de ces pays par un décret solennel. Quant aux pays allemands de la rive gauche du Rhin, il ne demanda à l'Assemblée qu'une décision implicite, le sort de ces pays étant, de par les traités avec la Prusse et avec la Hesse, réservé jusqu'à la paix générale avec l'Empire; mais la déclaration faite par le Comité et approuvée par l'Assemblée devait avoir la même portée et la même solennité que le décret : « Assurément, dit Merlin, il n'est personne parmi nous qui ne tienne invariablement à cette grande vérité, souvent proclamée à cette tribune, et toujours couverte de l'approbation la plus générale, que l'affermissement de la République et le repos de l'Europe sont essentiellement attachés au reculement de notre territoire jusqu'au Rhin. Et certes, ce n'est pas pour rentrer honteusement dans nos anciennes limites que les armées républicaines vont aujourd'hui, avec tant d'audace et de bravoure, chercher et anéantir au delà de ce fleuve redoutable les derniers ennemis de notre liberté[1]. Mais nous respectons les traités... » Le Comité n'avait point les mêmes motifs d'ajourner la réunion des Pays-Bas autrichiens et de Liège. Il estimait que cette réunion faciliterait les négociations en coupant court aux chicanes diplomatiques et en mettant l'Autriche, aussi bien que l'évêque de Liège, en demeure de reconnaître un fait accompli. Quant aux principes qui légitimaient la réunion et aux raisons d'État qui la commandaient, ils s'appliquaient également aux Pays-Bas et aux pays du Rhin. Merlin les résuma avec une remarquable précision et les mêla en des termes singulièrement significatifs dans deux phrases : « Les Belges ont acquis par un contrat formel le droit de devenir Français; ce droit ne peut leur être ôté ni par les combinaisons du cabinet de Londres,

---

[1] Titus Largius, dans le sénat, répondit aux Volsques qui demandaient des restitutions : « Ce serait vraiment une grande honte que de perdre par faiblesse ou stupeur des avantages conquis par la force et le courage. » DENYS D'HALICARNASSE, liv. VII.

ni par les regrets du cabinet de Vienne. Leur droit est d'être Français, et notre intérêt est qu'ils le soient. » En les réunissant à la République selon le vœu qu'ils ont émis, la République accomplit un devoir; en éloignant l'Autriche de ses frontières, en enlevant à l'Angleterre plusieurs branches de son commerce, en se procurant « d'incalculables profits », en travaillant ainsi à la restauration de ses finances, la République obéit à ses intérêts. L'indépendance des Pays-Bas est une idée qui plaît beaucoup aux amis de l'Angleterre; mais elle ne garantirait point suffisamment les intérêts de la France. « Il importe à la République que les Belges et les Liégeois ne soient libres et indépendants qu'autant qu'ils seront Français. » Formant une République à part, ils seraient trop faibles pour se défendre et pour nous servir de barrière; confédérés avec la Hollande, ils seraient trop forts; ils seraient exposés à devenir ingrats, hostiles et menaçants. Quant au Limbourg et au Luxembourg qui n'ont point prononcé de vœux, la réunion n'en doit pas moins être décrétée. « Quel Français serait assez lâche pour consentir à remettre à l'ennemi une forteresse construite par Vauban? » La Convention, d'ailleurs, a posé ses précédents : elle a réuni, sans les consulter, les Hollandais des pays cédés par le traité de la Haye et les Espagnols établis à Saint-Domingue. « Vous avez senti que pour s'indemniser des maux et des dépenses de la plus injuste de toutes les guerres, ainsi que pour se mettre en état d'en prévenir une nouvelle par de nouveaux moyens de défense, la République française pouvait et devait soit retenir à titre de conquête, soit acquérir par des traités les pays qui seraient à sa convenance, sans en consulter les habitants. » Le mot était dit, et ce mot était celui de toute la vieille Europe : les convenances de l'État sont la règle de son droit. C'est dans cette mesure, et dans cette mesure seulement, que le Comité de salut public croyait devoir compter avec les vœux des peuples.

Personne ne songeait à restituer ces pays à leurs anciens maîtres. La discussion s'engagea entre les partisans de la constitution de républiques indépendantes ou protégées, et les partisans de la réunion. Harmand objecta à la réunion la différence des mœurs et l'opinion de l'Europe. — Cette question, répondit dédaigneusement Eschasseriaux, n'eût pas occupé longtemps le Sénat de Rome. Il ajouta : Ce n'est pas conquérir, que de se procurer des moyens de défense ; quant aux mœurs et aux institutions, « tout cela change au gré du gouvernement et des lois ». — Lesage, d'Eure-et-Loir, essaya, au milieu des murmures, de traiter la question de droit et de montrer les conséquences de la politique d'extension : Rome, dit-il, s'est perdue par l'abus de ses victoires. La conquête, œuvre de la force, ne se soutient que par la force. « N'est-il pas ridicule de décréter que la France sera toujours plus forte que la maison d'Autriche? » — Louvet répliqua. Portiez, invoquant l'expérience de sa mission en Belgique, montra que livrer ce pays à lui-même, c'était le livrer à la guerre civile, puis à l'Autriche. Les Belges ne sont d'accord que dans l'admiration et la crainte de la République : ils désirent la réunion et la liberté. La guerre n'a pas été entreprise dans la vue de faire des conquêtes, et si la France, en se défendant, a conquis un territoire utile à la protection de son indépendance, elle a le droit et le devoir de le garder. « Le salut du peuple français est la loi suprême. » « Le vœu des peuples, c'est leur intérêt », et leur intérêt ici est d'être réunis à la République. — Defermon le contesta. Boissy, Roberjot et Lefebvre de Nantes soutinrent, dans la séance suivante, la proposition du Comité. Enfin Carnot parut et invoqua en faveur de la « barrière de la Meuse » des considérations stratégiques. — « En gardant Luxembourg », dit-il, empruntant cet argument à Vauban [1], « vous privez votre ennemi de la place d'armes la plus forte de l'Europe après Gibraltar, et la plus dangereuse pour vous... Mais ce boulevard inexpugnable vous donne, de plus, la facilité de porter vous-mêmes la guerre en avant, sans être arrêtés par rien, et devient ainsi le gage assuré d'une paix solide et durable... » « Vous devez à nos armées de

---

[1] Cf. t. I, p. 312; t. II, p. 100, 200 et suiv.; t. III, p. 309; t. IV, p. 88.

conserver à la France le prix glorieux de leur sang. » Où serait, sans cela, pour la nation, le profit de tant de sacrifices? « On ne verrait plus que les maux de la Révolution, et rien qui puisse entrer en compensation avec eux pour faire taire la malveillance, puisque la liberté n'est à ses yeux qu'un bien imaginaire. » « Il faut baser la paix sur la nature même des choses, non sur la fidélité et la bonne foi d'un ennemi astucieux, dont l'intérêt constant et par conséquent les éternels efforts seront de nous anéantir. »

Le décret fut voté par acclamation, le 9 vendémiaire-1er octobre. Il emprunta aux circonstances dans lesquelles il était rendu un caractère solennel et irrévocable. Il fut un corollaire de la Constitution. Il impliqua la réunion éventuelle des pays allemands de la rive gauche. Frontière déclarée et frontière décrétée se confondirent sous le nom de frontière du Rhin. L'Assemblée souveraine, traduisant en décrets les lois éternelles de la nature, fixait à jamais les limites de la République comme elle en fixait à jamais les lois. Le principe des frontières naturelles entra dans le droit public de la France ; il devint comme un des principes de la Révolution. L'idée s'établit dans les esprits que l'on ne pouvait les laisser entamer sans porter atteinte à la dignité de la République et en ébranler le fondement.

III

Le Comité de salut public calculait que ce décret de la Convention, soutenu par les progrès des armées républicaines, imposerait à la cour de Vienne et l'engagerait à écouter les offres, très avantageuses, qu'il lui faisait porter par ses émissaires. Il ne se doutait point que dans le temps où il offrait la Bavière à l'Autriche pour la détacher de la coalition, l'Autriche était en train de se faire attribuer cette même Bavière par la Prusse et par la Russie comme prix de son alliance ; ces deux cours y ajoutaient encore, à titre d'indemnité, un lot magnifique de Polonais.

L'Empereur n'avait aucun goût à faire défection à la cause des rois qui restait celle des plus grands profits. La Russie adhéra, en ce temps même, au traité que l'Autriche avait conclu, le 20 mai, avec l'Angleterre, et les trois cours réunirent leurs engagements respectifs « en un système de triple alliance [1] ».

Cependant les premiers succès des armées françaises, le dénuement et le désarroi de l'armée autrichienne, l'impéritie et la confusion des chefs, surtout les lenteurs qu'éprouvait la négociation de Pologne, préoccupaient encore Thugut. « Comment, écrivait-il à Colloredo[2], nous flatterons-nous d'en imposer à la Prusse pour achever le peu qu'il nous reste à faire, dans l'embarras où nous sommes rejetés, quand on voit nos armées fuir sans oser seulement regarder l'ennemi en face[3] ? » Cet état d'esprit explique comment Thugut reçut Poterat, bien qu'il le considérât comme un « archidrôle ». Peut-être craignait-il d'ailleurs, en lui fermant trop brutalement sa porte, de l'induire en tentation de tapage. Il est très vraisemblable que Thugut avait confessé à son maître ses anciens péchés avec la France : l'Empereur, qui n'y avait point vu de dommage pour sa maison, avait absous le ministre ; mais le secret n'était point sorti du cabinet impérial, et si Poterat, qui se donnait les airs d'en être informé, l'avait révélé au public, l'affaire n'eût point été sans un scandale, au moins fâcheux, pour la chancellerie de Vienne. Thugut avait intérêt à gagner du temps, à découvrir le jeu des républicains et à se ménager, le cas échéant, quelque point d'attache de leur côté. Il écouta donc Poterat, mais il ne l'écouta que pour l'éconduire. Il refusa de négocier secrètement et de négocier sans l'Angleterre, ce qui suffisait à renverser toute la combinaison[4].

---

[1] Déclaration du 28 septembre 1795. Martens, t. II, p. 252. — Rapport de Cobenzl, 30 septembre. Zeissberg, t. V, p. 412.

[2] 23 septembre 1795. Vivenot, *Thugut*, t. I, p. 260.

[3] C'était faute de commandement et aussi de moyens. Les armées vivaient au jour le jour, ce qui paralysait les mouvements. Elles vivaient sur le pays, qui se révoltait contre les réquisitions. Les chevaux crevaient par le mauvais fourrage. Il n'y avait pas eu de bateaux pour passer le Rhin. — Rapport de Dietrichstein, 16 septembre. Zeissberg, t. VI, p. 375.

[4] Poterat vit Thugut les 1er, 8, 10, 11 octobre. *Revue historique*, t. XIX, p. 46-50.

Cependant l'autre émissaire du Comité, Theremin, s'était présenté à Bâle chez le ministre d'Autriche, Degelmann. Ce diplomate, voyant les armées de sa cour battre en retraite, n'osa point congédier sans l'entendre un agent qui venait de Paris. Theremin lui parla de la Bavière, il lui parut intéressant. Il alla même jusqu'à offrir un armistice. Degelmann parut goûter très fort cette dernière proposition et la transmit à Vienne; mais le Comité ne l'approuva point, et l'affaire en resta là [1].

Les tentatives de négociation avec Vienne échouaient donc sur deux points à la fois; les négociations avec la Prusse s'arrêtaient dans le même temps. Écarté par les Autrichiens qui ne reconnaissaient point la neutralité des États du Nord, abandonné par sa propre cour qui refusait de soutenir la garantie qu'elle avait donnée du traité de floréal, harcelé par les Allemands qui réclamaient une protection dont on avait fait si grand état, et par les Français qui, n'ayant plus les avantages de la neutralité, revendiquaient ceux de la guerre, Hardenberg prit le parti de se retirer de Bâle, où il n'avait plus que des avanies à subir, et il partit pour Berne [2].

La négociation d'Espagne périclitait comme les autres et pour des motifs analogues. Le Comité avait proposé aux Espagnols, par l'entremise d'Yriarte et de Barthélemy, deux traités, l'un d'alliance, l'autre de commerce [3]; il les déclarait inséparables et solidaires l'un de l'autre. Cette confusion, qui était une des combinaisons de Sieyès, était parfaitement impolitique : la République avait besoin de l'alliance espagnole, et le Comité prétendait obtenir de l'Espagne non seulement le concours de ses flottes, mais l'abandon de son commerce, la traitant comme aurait pu le faire la France si les rôles avaient été renversés, c'est-à-dire si l'Espagne avait été dans le cas d'acheter par de larges concessions de commerce l'appui des flottes françaises.

[1] Rapports de Theremin, 25 septembre-9 octobre 1795. *Revue historique,* t. XIX, p. 41-46, 53-54.
[2] Rapport de Barthélemy, 9 octobre 1795. *Revue historique,* t. XIX, p. 51-52.
[3] Dépêches des 4 et 6 fructidor-21 et 23 août 1795. — Cf. ci-dessus, p. 390.

L'erreur était d'autant plus fâcheuse que Godoy inclinait à l'alliance, et qu'il n'était point dans le caractère de ce favori de se montrer difficile lorsque sa fortune était intéressée. Le traité de Bâle lui avait rendu la popularité, et le roi n'avait fait, cette fois, que répondre au sentiment public lorsqu'il lui avait, par un acte du 4 septembre, décerné le titre de *Prince de la paix*. Mais le succès de la paix tenait à la modération des clauses du traité : ni l'honneur ni la richesse de l'Espagne n'avaient à en souffrir. Pour que ce succès durât, il fallait que la paix parût avantageuse, surtout honorable aux Espagnols. Godoy avait dans l'imagination quelque chose de la boursouflure d'Alberoni ; il conçut un grand dessein d'alliance avec la France, la Prusse et la Hollande. Il aurait formé autour de la République régicide, pour contenir l'Angleterre et arrêter la Russie, une sorte d'union des dissidents de la cause des rois. L'œuvre principale de cette ligue eût été d'établir en Italie, sous la suprématie espagnole, une Confédération qui aurait chassé les Autrichiens de la Péninsule. Il fallut promptement en rabattre.

Le Comité de salut public entendait mener lui-même ses affaires ; s'il parlait de confédérer les Italiens et les Allemands, c'était à sa façon et dans ses mains. La Prusse déclina les avances de l'Espagne, et les Anglais, devenus très ironiques depuis le traité de Bâle, passèrent à la menace. Déçu dans ses ambitions, isolé dans sa politique, Godoy se voyait rejeté dans la seule alliance de la République. Il contracta un emprunt de 240 millions, fit mettre quatorze vaisseaux en armement et proposa, le 11 septembre, à Yriarte de conclure l'alliance. La conclusion eût été très rapide si les prétentions du Comité sur le commerce espagnol n'avaient tout arrêté.

Parmi ces prétentions, il y en avait deux que Yriarte repoussait avec une énergie particulière, car elles compromettaient l'honneur et l'indépendance de l'Espagne. « Sa cour, disait-il ne consentirait jamais à y souscrire. » Le Comité réclamait pour les Français établis en Espagne le droit de former, sous les auspices de leurs consuls, un corps de nation, c'est-à-dire

« Le roi, écrivait Barthélemy, enchaîné par l'Angleterre, par l'Autriche et par ses propres scrupules, ne peut se résoudre, à l'exemple de quelques-uns de ses prédécesseurs, à se réunir à nous pour nous aider à chasser les Autrichiens de l'Italie, d'où il résulterait qu'il acquerrait le Milanais en échange de la Savoie et de Nice. Toutes les lettres annoncent qu'il se meurt presque de chagrin : il périra dans son irrésolution, à moins que les progrès rapides des armées françaises ne le forcent bientôt d'en sortir [1]. » Le règne de la Convention s'achevait ainsi, au dehors, dans les incertitudes.

IV

Ce règne devait finir à Paris comme il avait commencé, par une « journée ». Les émigrés auraient voulu prévenir les élections par un coup de force; les modérés auraient voulu contraindre la Convention à rapporter ses décrets d'août sur la composition des conseils. Les émigrés annonçaient des insurrections dans l'Est et une invasion. Leurs fanfaronnades produisirent encore une fois l'effet qu'elles avaient toujours produit depuis le commencement de la Révolution [2]. Elles réunirent les républicains et déconcertèrent les modérés. Ce parti avait repris quelque consistance ; il se sentait soutenu par l'opinion publique; il se préparait à lutter, non contre la République, dont il ne contestait point la raison d'être, ni contre la Révolution, dont il invoquait lui-même les principes, mais contre les conventionnels et leur gouvernement. Il dominait dans les sections du centre de Paris, il avait pour lui la plus solide partie de la garde nationale, et toute cette bourgeoisie pari-

---

[1] Barthélemy à Schérer, commandant de l'armée d'Italie, 28 vendémiaire an IV, 20 octobre 1795. — Sur une négociation tentée à cette époque par l'abbé Lazzari, voir BIANCHI, t. II, p. 219, 256.

[2] Voir la lettre de Mallet du Pan du 23 septembre 1795. SAYOUS, *Mallet du Pan*, t. II, p. 183. — Cf. ANDRÉ MICHEL, *Mallet du Pan*, t. I, p. 280.

sienne qui avait été, par excellence, le ferment de 1789. Ces modérés se disaient constitutionnels; ils l'étaient devenus, en réalité, quelques-uns par goût et par tempérament, la plupart par l'impossibilité d'organiser un autre gouvernement que le républicain. Mais ils prétendaient gouverner la République et y faire triompher leurs idées pacifiques au dehors, libérales au dedans, beaucoup plus réactionnaires, au fond, contre les personnes que contre les choses [1]. C'était la grande séparation entre eux et les conventionnels, qui entendaient se perpétuer par la guerre et faisaient bon marché de la liberté politique.

Les modérés entreprirent une campagne en règle contre le nouveau « Long parlement », ainsi qu'ils le qualifiaient. Ils y employèrent tous les moyens de conspiration, toutes les habitudes de calomnie, d'invectives, de délation dont les révolutionnaires avaient fait les mœurs de la République. Invoquant, comme eux, la souveraineté du peuple, ils dénonçaient dans les décrets sur les deux tiers un attentat à cette souveraineté. Instruits comme les Jacobins à la pratique des « journées », estimant, comme eux, que qui tient Paris tient la France, ils concluaient, comme eux, qu'on y obtient tout par la peur et par la force. Ils se préparaient à intimider la Convention, au besoin à la violenter. Ils ourdissaient donc une insurrection; mais les modérés, de tout temps, ont été de chauds souffleurs d'émeute et de piètres batailleurs de rues. Au commencement de la Révolution, les agents du Palais-Royal, les orateurs et les gazetiers constitutionnels appelaient le peuple à défendre ses droits; c'était la populace anarchiste, entraînée par les démagogues, qui formait tout le fond de l'armée active. En 1795, les agents de l'émigration, les conspirateurs royalistes, les chouans, gens de poigne, qui n'attendaient rien que du désordre et travaillaient pour les « principes » en travaillant pour l'anarchie, s'insinuaient dans les conciliabules : ils y

---

[1] « Que la Constitution soit entre les mains des honnêtes gens, et cette Constitution sera reconnue ce qu'elle est, la plus raisonnable de l'univers. » Madame de Staël à Rœderer, 20 août 1796. ROEDERER, OEuvres, t. VIII, p. 647.

étaient d'autant plus complaisamment admis qu'ils se montraient plus résolus à faire le coup de feu. En 1789, les modérés avaient donné le signal : les violents avaient accompli la besogne et profité de la victoire. Il en eût été très vraisemblablement de même en 1795 pour les royalistes [1].

Le Comité de salut public en jugea justement. Informé de toutes ces machinations par sa police, il fit dénoncer partout l'alliance des modérés et des royalistes. Cette complicité avec les émigrés ne fut pas pour peu de chose dans le discrédit politique qui précéda l'écrasement du parti modéré. Les masses populaires restèrent indifférentes, même hostiles, et ne donnèrent point. Les comités qui n'avaient pas hésité à opposer l'armée de ligne à la démagogie parisienne, hésitèrent encore moins à l'opposer à la bourgeoisie insurgée. Ils avaient des troupes sous la main, ils les rassemblèrent, et Menou, ancien officier général, qui les commandait, eut ordre de repousser les séditieux par le canon.

Le 1er vendémiaire de l'an IV-23 septembre 1795, l'Assemblée enregistra l'acceptation des lois constitutionnelles par 914,000 citoyens sur 958,000 votants. Les décrets établissant la permanence des deux tiers, soumis également à la ratification du peuple, n'avaient réuni que 167,000 voix sur 263,000 votants. Ces chiffres étaient significatifs. Les meneurs du parti modéré se crurent assurés de la victoire. Le 12 vendémiaire-4 octobre, la section Lepelletier, la plus ardente des sections opposantes, se mit en insurrection. Menou avait du courage personnel; il n'avait aucune décision dans les affaires. Il était gêné d'ailleurs de combattre des gens qui avaient aidé, en prairial, à vaincre les Montagnards. Il parlementa, se laissa déborder, et la Convention, qui se jugea trahie, le mit en accusation. Les gardes nationaux se crurent victorieux : ils invitèrent toutes les sections à marcher le lendemain contre l'Assemblée.

---

[1] « Le royalisme ne fit pas le 13 vendémiaire, mais il y contribua et eût probablement hérité du succès si l'insurrection l'avait obtenu. » HYDE DE NEUVILLE, *Mémoires*, Paris, 1888, t. I, p. 130.

La Convention disposait de 5,000 hommes solides, de troupes de ligne avec quarante canons. Elle en confia le commandement à Barras. Ce conventionnel avait fait ses preuves. Il avait de l'entreprise et ne craignait point les responsabilités ; mais il lui fallait un homme du métier et un homme d'exécution. Bonaparte assistait à la séance, dans une tribune. Barras l'avait reçu souvent, il le tenait pour ambitieux, inventif, attaché à la République par ses passions autant que par ses intérêts. Il l'appela. Bonaparte délibéra quelques instants avec lui-même s'il accepterait. Il se trouvait à un des tournants de l'histoire. Les motifs qui l'entraînèrent furent précisément ceux qui entraînaient alors la Révolution. Dès le premier jour où il entra dans la République, son ambition particulière se confondit avec la volonté générale. C'est par là qu'il saisit la France dès qu'il eut prise sur elle, et que, l'ayant saisie, il la posséda aussi longtemps que leurs passions demeurèrent identiques. Les réflexions qu'il fit en ces quelques minutes, avec sa merveilleuse lucidité d'esprit, étaient celles-là mêmes que se faisait confusément l'immense majorité des Français. L'opinion nationale se précisa immédiatement dans sa pensée. « Si la Convention succombe, se dit-il, que deviennent les grandes vérités de notre révolution ? Nos nombreuses victoires, notre sang si souvent versé ne sont plus que des actions honteuses. L'étranger, que nous avons tant vaincu, triomphe et nous accable de son mépris ; une race incapable, un entourage insolent et dénaturé reparaissent triomphants, nous reprochent nos crimes, exercent leur vengeance et nous gouvernent en ilotes par la main de l'étranger. Ainsi la défaite de la Convention ceindrait le front de l'étranger et scellerait la honte et l'esclavage de la patrie. » « Ses sentiments, vingt-cinq ans, la confiance en sa force, sa destinée le décidèrent [1]. »

Il accepta, fut nommé général en second de l'armée de l'intérieur, prit ses mesures dans la nuit, et, le lendemain, 13 vendémiaire - 5 octobre 1795, il dispersa avec sa petite

---

[1] *Mémorial de Sainte-Hélène.*

troupe et ses canons les 40,000 gardes nationaux ameutés contre la Convention. Le 4 brumaire, Barras résigna le commandement en chef. Le Comité l'attribua à Bonaparte[1]. C'était le premier poste militaire de la République. Sans avoir remporté les victoires de Hoche, de Pichegru, de Jourdan, Bonaparte se trouvait d'emblée leur rival de réputation, sinon de gloire ; et il approchait de plus près les hommes qui disposaient des grands commandements et des grandes occasions.

Le 13 vendémiaire avait réuni, dans l'attaque, les royalistes et les républicains modérés ; il réunit, dans la défense, les Thermidoriens et les débris du parti jacobin. L'esprit de proscription et de terreur se réveilla avec la vengeance. Tallien proposa de suspendre la Constitution, d'ajourner les élections et de continuer à gouverner révolutionnairement. Il fallut du courage à Thibaudeau pour combattre ces mesures ; il lui fallut encore plus de bon sens pour les faire écarter par la Convention. Elle se borna à voter une loi[2] qui déclarait exclus de toutes fonctions publiques les émigrés et parents d'émigré, et à renouveler les anciennes rigueurs contre les prêtres réfractaires. Conforme, en ces derniers jours, au caractère qu'elle avait marqué dès ses débuts, et comme pour résumer son œuvre entière dans ses séances finales, on la vit, au milieu de mesures violentes, improvisées dans la colère, délibérées dans le tumulte, adopter sans discussion de grandes mesures d'utilité générale, élaborées depuis des mois dans le recueillement des comités. Ainsi, pour compléter ses décrets antérieurs sur les écoles centrales et les écoles normales : les décrets sur l'École polytechnique, sur le Bureau des longitudes, sur le Conservatoire des arts et métiers ; le décret, préparé par Prieur, de la Côte-d'Or, sur l'uniformité des poids et mesures ; les premiers articles du Code des délits et des peines, préparé par Merlin ; et dans une seule séance, celle du 3 brumaire an IV-25 octobre : la loi sur l'organisation de l'instruc-

---

[1] Confirmé dans le commandement en second par la Convention, décret du 18 vendémiaire-10 octobre.
[2] 3 brumaire an IV-25 octobre 1795.

tion publique préparée par Daunou, les décrets relatifs à l'Institut, aux Écoles spéciales, aux Écoles centrales, préparés par Lakanal.

Les collèges électoraux ne désignèrent pour les conseils que 396 conventionnels. Il y eut de nombreuses élections multiples : Lanjuinais dans 73 collèges, Boissy dans 72, Pelet dans 71, Doulcet dans 33, Thibaudeau dans 32, Daunou dans 27, Carnot dans 14. La Convention compléta, par cooptations, les 500 membres qui devaient figurer dans les conseils et en composer les deux tiers. Les 250 nouveaux représentants, répartis entre le conseil des Anciens et le conseil des Cinq-Cents, étaient hostiles au parti conventionnel. Comme il fallait l'attendre et comme la Constitution en avait assuré le moyen, ce parti prit ses mesures pour se perpétuer dans le Directoire.

Le 4 brumaire an IV-26 octobre, la Convention déclara sa carrière terminée, et ceux de ses membres qui faisaient partie du nouveau Corps législatif se rendirent aussitôt dans les conseils. Ils se constituèrent sans attendre l'arrivée de tous les membres du nouveau tiers, c'est-à-dire de la minorité. Suivant les prescriptions de la loi, les Cinq-Cents dressèrent, le 8 brumaire-30 octobre, une liste de cinquante noms sur laquelle les Anciens devaient choisir les cinq membres du Directoire. Les cinq premiers noms portés sur la liste s'imposaient aux Anciens. Ils étaient caractéristiques de l'état des esprits et de la portée réelle de la Constitution : c'étaient les noms de cinq régicides, tous membres du Comité de salut public et partisans déclarés de la limite du Rhin : Revellière-Lépeaux, 317 voix; Reubell, 246; Sieyès, 339; Letourneur, 214; Barras, 206. Les Anciens les nommèrent dans l'ordre suivant : Revellière, 216 voix; Letourneur, 189; Reubell, 176; Sieyès, 156; Barras, 129. Sieyès refusa. Les Cinq-Cents présentèrent dix nouveaux noms : en tête Carnot, avec 181 voix; Cambacérès en obtint 157. Les Anciens choisirent Carnot par 117 voix, et le Directoire exécutif se trouva ainsi constitué le 13 brumaire an IV-4 novembre 1795.

V

L'échec des royalistes à Quiberon, l'inaction forcée de Condé dans l'Est, l'avortement des insurrections provinciales, l'écrasement de l'insurrection à Paris étaient autant de coups pour le Cabinet de Pitt. L'établissement d'un gouvernement constitutionnel à Paris apportait un argument très puissant à ses adversaires. Pitt ne pouvait plus opposer aux partisans de la paix une fin de non-recevoir tirée du caractère révolutionnaire et provisoire du gouvernement français. Les mécomptes de la guerre étaient profonds; les charges étaient lourdes, la misère cruelle, les impôts écrasants. L'Angleterre était lasse. Le peuple souffrait de la disette presque autant qu'en France. La populace criait à Londres : Point de guerre! point de famine! point de Pitt! On réclamait la reconnaissance de la « brave République française » comme le seul remède aux maux de la nation. Lorsque le Parlement se réunit, au mois d'octobre, le roi, entouré par une foule menaçante, fut accueilli par des huées. Le Parlement vota néanmoins des crédits pour continuer la guerre; mais le roi dut déclarer son désir de conclure la paix dès qu'il le pourrait à des conditions « justes et raisonnables ». Cela s'entendait de la renonciation de la France aux Pays-Bas. En ce moment-là même, la République subissait des échecs qui devaient, semblait-il, la rendre plus accommodante sur cet article.

Pichegru, qui avait pour tâche de couper Wurmser et Clerfayt, les laissa se rejoindre, et se fit battre le 23 septembre; puis, refusant de se concerter avec Jourdan, il s'éparpilla, usa son temps, fatigua ses troupes en mouvements inutiles et laissa l'offensive à l'ennemi. Jourdan respectait la neutralité de l'Allemagne; Clerfayt la viola, et l'événement justifia le mépris qu'il montrait des Prussiens et de leurs garanties. Jourdan fut contraint de repasser, le 23 octobre, sur la rive gauche ; Pichegru se replia sous Manheim, et s'y fit encore battre.

Il n'était point dans son intérêt d'être battu, car le succès de sa conspiration exigeait du prestige ; mais il était dans son plan de conserver ses troupes intactes, de ne les point exposer, de les impatienter dans leurs cantonnements mêmes, de les irriter par les privations et de les préparer ainsi à la défection où il voulait les entraîner. Les émissaires royalistes travaillaient ces soldats, leur montraient dans le gouvernement républicain l'auteur de leurs maux, accusaient les fournisseurs de dilapidation, et insinuaient qu'en revenant au roi l'armée trouverait gloire, abondance et richesse. Les calculs avaient conduit Pichegru aux faux mouvements, et les faux mouvements avaient amené la défaite qui ruina les calculs. Pichegru se trouvait dans la situation de Dumouriez en 1793 ; mais l'exemple de son prédécesseur l'avait instruit du danger de pactiser avec les Autrichiens, et il se contenta d'attendre les événements [1].

Il avait compté cependant que les Autrichiens le ménageraient et que Condé les préviendrait ; mais ce prince n'en avait rien fait [2]. Connaissant les difficultés qui s'élèveraient au sujet de la remise des places fortes, et instruit aussi par l'expérience de 1793, il ajournait. Les succès des Autrichiens n'étaient pas faits pour les rendre accommodants. En se rapprochant du Rhin, ils recouvraient l'espoir de conquérir l'Alsace. Leurs généraux reprenaient avec Condé le ton de dédain et de hauteur qui leur était habituel. Leurs agents diplomatiques se posaient, dans les petites cours d'Allemagne, en maîtres de l'Empire. La violation de la ligue de neutralité fut un désastre pour l'influence prussienne, et il ne resta plus rien des grandes combinaisons de Confédération du Nord rêvées en floréal. Frédéric-Guillaume écrivit à son nouvel agent à Paris, Sandoz-Rollin, qu'à moins « d'événements imprévus et invraisemblables », la Prusse ne saurait devenir l'alliée de la République.

---

[1] GOUVION SAINT-CYR, *Campagne de 1795.* — SOULT, t. I, ch. VIII. — *Mémoires de Montgaillard.*

[2] VIVENOT, *Thugut, Clerfayt.* Lettres des 5 et 6 octobre, p. 271, 277, 341.

Toutefois, ajoutait ce roi, qui avait des scrupules sur les associés, mais non sur les bénéfices, « si, contre meilleure attente, la France parvenait à étendre ses frontières jusqu'au Rhin, il ne resterait qu'à insister sur le dédommagement promis et à tâcher de l'obtenir aussi avantageux que possible [1] ». Hardenberg, déçu dans ses propres combinaisons, en était venu à se féliciter, par dépit contre la République et contre l'Empire même, du succès de l'Autriche. Il voyait avec l'élection des « cinq vizirs » de Paris arriver l'ère des conquêtes et celle du bouleversement de l'Europe; mais, en diplomate de la vieille école, il s'en consolait. Le désordre qu'il déplorait, pour les principes, ouvrait à sa politique de riantes perspectives : « Le roi, disait-il à un Autrichien, est mécontent des Français; il ne voit plus le prince Henri...; rien ne serait plus avantageux aux deux puissances prussienne et autrichienne qu'une alliance entre elles : alors on donnerait des lois à l'Empire et à l'Europe [2]. »

Ces propos signifiaient que la grande Bourse du Nord s'était rouverte à la Prusse et que la balance du grand commerce des cours penchait du côté de la coalition. Les diplomates prussiens avaient fort captieusement exploité, dans ce trafic, leurs relations avec la France. Les inquiétudes qu'ils avaient conçues au sujet de leurs « justes indemnités » les avaient, disaient-ils, forcés à conclure la paix avec la France. Si les cours alliées ne faisaient pas droit à leurs réclamations, elles les pousseraient, malgré eux, dans l'alliance de « ces abominables Français [3] ». Les enchères se tenaient toujours à Pétersbourg, et par lassitude des litiges, aussi bien que par impatience de possession, elles tiraient à leur fin.

Enchères d'État, où les monarchies se mettaient à l'encan et se cotaient elles-mêmes et leurs prétendus principes à leur réelle valeur. Elles précédaient une curée sociale où l'an-

---

[1] Instructions à Sandoz-Rollin, 21 octobre 1795. BAILLEU, t. I, p. 27.
[2] *Revue historique*, t. XIX, p. 52.
[3] Rapport d'Alopéus, Berlin, septembre 1795. MARTENS, t. VII, p. 169. — Rapports de Cobenzl, septembre 1795. ZEISSBERG, t. V.

cienne Europe, après avoir montré son mépris de la propriété publique, allait étaler plus grossièrement encore son mépris de la propriété des particuliers. Il convenait pour que la leçon de l'avenir fût complète et le jugement de l'histoire équitable, que le même temps rapprochât les proscriptions et les confiscations de l'ancien régime de celles de la Révolution.

Catherine procède en Pologne comme les souverains d'Europe ont toujours procédé dans les pays insoumis. Elle exile, déporte, emprisonne, séquestre[1]. Ce sont les procédés éternels de la force : les émigrés français les ont éprouvés pour avoir combattu leur pays et prétendu le gouverner avec les armes des étrangers ; les nobles polonais les éprouvent pour avoir voulu défendre leur patrie et l'affranchir de la domination étrangère. Kosciusko est condamné à une prison perpétuelle et subit le sort de La Fayette. Les gentilshommes qui ont combattu avec lui sont traduits devant des commissions prévôtales. Ceux mêmes qui ne sont point poursuivis voient leurs biens séquestrés. Pour en obtenir la restitution, il faut qu'ils se courbent devant la tsarine, qu'ils paraissent à sa cour, qu'ils sollicitent la faveur de l'amant impérial, qu'ils donnent des gages en prenant du service d'antichambre ou fournissent des otages en engageant leurs fils à la cour ou dans l'armée[2]. Ainsi en usera Bonaparte envers les émigrés français qui réclameront la radiation de leurs noms de la liste et la restitution de leurs biens non vendus : il ne fera que leur appliquer une règle régalienne consacrée par l'usage des grandes Cours.

Par un ukase du 8 août 1795, les biens de tous les Polonais qui avaient pris part à la révolution, après avoir auparavant prêté serment à la tsarine, furent confisqués. Confisqués également les biens des propriétaires absents qui n'étaient pas rentrés avant le 1er janvier 1795 et qui sont déclarés coupables d'émigration ; les biens des Églises catholiques et ceux des

---

[1] Cf. t. I, p. 87, l. III, p. 313, 481, et ci-dessus, p. 186 et suiv.
[2] Voir les *Mémoires du prince Adam Czartoryski*, Paris, 1887, t. Ier, p. 50, 73 et suiv.

ecclésiastiques dans les districts insurgés ; enfin tous les biens de l'État polonais. Il se prépare de ces biens une distribution qui devient, dans l'automne, la première préoccupation de Pétersbourg. C'était, dit un témoin, « sur l'horizon moscovite un moment très intéressant, attendu avec anxiété », anxiété à double face : celle des spoliés qui sollicitent une restitution, celle des courtisans avides de spoliations. Les uns et les autres se rencontrent, se coudoient et se confondent dans une prosternation commune et un commun avilissement, chez le grand dispensateur des grâces, Platon Zoubof, le plus vorace lui-même et le plus avili de tous. Les principaux de l'empire y font assaut de servilité. Les clients encensent le maître et subornent ses secrétaires, qui singent son insolence et s'engraissent de leurs singeries. Un général glorieux, Koutousof, qui a été ambassadeur, tient à honneur d'arriver chez le favori une heure avant son lever, de préparer son café et de le lui porter au lit, devant la galerie, lorsque Zoubof daigne recevoir la tasse de sa main[1]. Enfin le jour tant attendu se leva sur Pétersbourg, et le 18 août vit la grande distribution des Polonais. On en répartit 109,000 entre 62 personnes, parmi lesquelles plusieurs émigrés français. Ces 109,000 âmes représentaient environ 2 millions de roubles de revenu. Zoubof, pour sa part, reçut 13,000 Polonais; Romantsof et Souvorof, chacun 7,000 ; Repnin, Ostermann, Bezborodko, 5,000 chacun ; Markof, 3,700 ; Toultoumine, 3,000[2]. Tous ces Russes se faisaient la plus haute idée d'eux-mêmes, de leur souveraine, de la puissance de leur empire, et méprisaient l'Occident en proportion de leurs succès, de leurs richesses et des humiliations imposées par la République aux coalisés. Ils raillaient les Autrichiens et ne parlaient de rien moins que d'écraser la Prusse.

Autriche et Prusse se résignèrent à finir une querelle qui faisait d'eux les clients de la Russie et les exposait à en deve-

---

[1] *Archives Woronzof*, t. VIII. *Papiers de Rostopchine*.
[2] Pour les distributions de terres polonaises en Prusse, en 1796, voir PHILIPPSON, t. II, p. 212-220, 284-292.

nir les dupes. Le traité de partage, tel que les ministres de Catherine l'avaient disposé, fut accepté par le roi de Prusse et signé le 24 octobre 1795. Stanislas-Auguste le ratifia et déposa la couronne entre les mains des copartageants. Ces monarques reconnurent ses services plutôt que ses malheurs en lui attribuant une pension qui ressemblait fort à celle dont Catherine gratifiait ses amants émérites. Ils se mirent de la sorte en règle avec leur conscience, avec le droit public et avec la coutume de l'ancienne Europe. C'est ainsi que l'ancienne Europe en avait toujours agi avec les principes, et c'est ainsi qu'ils les consacrèrent dans une époque où, selon la grande Catherine, « il était plus important que jamais de maintenir intact le principe incontestable que les souverains ne tenant leur couronne que de Dieu, leurs droits étaient imprescriptibles, et que rien au monde ne pouvait les en dépouiller ». La justice voulait que l'Europe achevât par la dépossession et le détrônement d'un prince une guerre entreprise sous le prétexte de délivrer un roi détrôné. C'est ainsi qu'en deux années, l'Autriche se procura 1,037,000; la Prusse, 2,076,000, et la Russie, 4,500,000 Polonais.

La Convention nationale disparaissait de la scène en même temps que s'achevait ce grand procès des monarchies contre la Pologne qui, depuis 1792, avait déplacé en Europe tous les desseins et toutes les forces; qui avait constamment absorbé la coalition, embarrassé tous ses mouvements, permis enfin aux Français de sauver leur patrie et de faire triompher leur révolution. Avant de se séparer, la Convention, en déclarant le principe des frontières naturelles, pose le programme politique du nouveau gouvernement français. Les cours du Nord prescrivent à ce gouvernement, par le partage de la Pologne, les seules conditions auxquelles ce programme pourra prévaloir en Europe[1]. Il n'y a entre les motifs qui poussent les alliés à anéantir la Pologne et ceux qui amènent les Français à conquérir la rive gauche du Rhin, aucun rapport; mais il y a

---

[1] Cf. ci-dessus, p. 194-195.

entre ces deux faits, la déclaration des puissances coalisées, le 2 octobre, et le traité du partage de [...] qui n'a rien de fortuit. L'Europe et la Révolution française résument l'histoire de leur lutte depuis [...] le cours de leurs luttes à venir. Au [...] salut public dicté à la Convention son [...] les souverains d'Autriche, de Russie et de Prusse [...] au testament de la vieille Europe [...] cille.

diose que soit le spectacle de la Révolution française, ce n'est plus qu'un spectacle qui se déroule : le théâtre étant construit, la scène disposée, les personnages à leur place, les rôles fixés, la marche de la pièce arrêtée et le dénouement inévitable, il n'y aura plus de surprises que dans la rapidité des événements, dans les proportions des crises et dans les péripéties qui amèneront la catastrophe fatale. Je ne ferme donc point ce livre, et lors même que je n'aurais pas les moyens de le conduire à son terme, il conviendrait de le laisser ouvert.

Les hommes n'ont pas l'illusion de croire que l'univers s'arrête à la portée de leur vue; mais ils se forgent encore des horizons dans l'histoire. L'obligation de rassembler les faits, de les grouper, de les classer si l'on veut les enchaîner et les comprendre; les règles de la méthode et celles de l'art d'écrire, qui se déduisent des lois mêmes de la pensée; le peu d'étendue et la faiblesse de nos prises intellectuelles, l'infirmité de notre mémoire, l'impossibilité d'apercevoir et de montrer avec précision des objets divergents, tout contraint à limiter les œuvres, selon des époques choisies, à les découper en livres et en chapitres et à déterminer dans ces époques des périodes et des crises.

La vie des nations ne se limite pas à ces cadres. Il ne faut point que l'amour-propre de l'historien lui fasse imaginer qu'il a fini dans les choses ce qu'il n'a fini que dans les mots. La nuit qui s'écoula entre la dernière journée de la Convention et la première du Directoire ne changea pas les rapports des nations et des États en Europe. L'Europe se réveilla le 27 octobre ce qu'elle était le 26. La France continua de suivre son histoire dans la Révolution, et la Révolution continua de suivre sa destinée dans l'Europe. Considérons donc, du point où la Convention s'arrête, les chemins qu'elle a parcourus et tâchons de discerner, aussi loin qu'ils se découvrent, les chemins qu'elle a disposés.

II

La Révolution française avait déçu tous les calculs et avait échappé à tous les hommes, en France et en Europe. Personne n'en avait prévu le cours; personne ne le régla. Mirabeau mort, la Révolution n'avait suscité aucun chef d'État. Danton, le seul qui semblât destiné, un moment, à ce rôle, n'avait, pour ainsi dire, que des accès de politique; il lui manquait ce qui est la condition même du génie dans les choses d'État : la suite et le caractère. La Révolution le dévora, avant qu'il eût donné sa mesure. Aucun de ceux qui essayèrent après lui de gouverner la République n'avait de ces vues pénétrantes et profondes qui trouvent les grandes lignes directes de l'histoire; tous se guidaient sur les récifs mêmes où la tempête les chassait, sur les remous du courant dont ils étaient entraînés. Les conflits acharnés des coryphées médiocres et leurs dissensions féroces empêchèrent constamment l'œuvre nationale. Cette œuvre ne s'en accomplit pas moins, et, pour procéder de l'impulsion générale, elle n'emportait avec soi qu'une plus puissante impulsion d'avenir. Il y a des batailles de combinaison, comme Austerlitz et Wagram, où le génie du général a tout dessiné d'avance; il y en a d'autres, comme Valmy, Jemappes, Eylau, la Moskova, où l'événement résulte d'une infinité d'actions isolées, incohérentes en apparence, où chacun ne cherche que sa gloire, n'obéit qu'à sa passion, et où cependant tous subissent une direction commune qui agit en eux et les meut à leur insu. Ainsi de la Convention. Les âmes des hommes qui composaient cette Assemblée étaient troublées toujours et passionnées, obscures, étroites souvent et possédées du plus aveugle des fanatismes, celui de la raison entêtée de soi-même. Et cependant leurs mouvements s'ordonnèrent selon une loi commune : cette Assemblée, où les rivalités rongeaient tant d'âmes subalternes, manifesta, dans la défense de la patrie, une grande âme collective toute de sacrifice, de constance, de foi. C'était une émanation de l'âme même de la France. Le peuple français si souvent méconnu, abusé ou opprimé par la Convention, vécut néanmoins en cette Assemblée et l'inspira.

La Convention a sauvé l'indépendance nationale et l'unité de la France, fait prévaloir les libertés civiles, conquête essentielle de la Révolution, l'égalité, chère aux Français, la souveraineté du peuple, fondement de la démocratie et loi de l'avenir. Elle associa les intérêts particuliers aux réformes de l'État, par la création de la dette publique, et aux réformes sociales, par la vente des biens nationaux. A l'imitation de tous les gouvernements antérieurs et des contemporains, elle confisqua les biens des adversaires de l'État vaincus ou proscrits; mais elle transforma cet acte violent de salut public en une opération politique qui en modifia singulièrement le caractère et la distingua des mesures analogues prises par Louis XIV contre les réformés, par les Anglais en Irlande et, tout récemment, par les Russes en Pologne. La Convention ne confisqua point pour enrichir l'État, doter des favoris ou substituer, par la force seule, des conquérants à des conquis. Les biens nationaux furent employés à la défense du pays et acquis par l'épargne française bourgeoise et paysanne; par cette translation des terres, la plus vaste qui se soit opérée dans les temps modernes, la terre devint plus populaire en France, le Français plus attaché à sa terre, parce qu'il l'avait achetée, et à son travail, parce qu'il avait servi à acheter la terre. La Convention consomma par cette immense diffusion de la propriété une révolution faite pour l'affranchissement des personnes et des biens. Elle associa ces réformes à l'idée de la patrie : elle réalisa cette grande idée dans la vie de chaque Français en y intéressant son orgueil, sa fortune, sa dignité, ses vertus. L'égalité, exaltation du moi, se confondit avec le patriotisme, exaltation de la France. Voilà les deux ferments de la République à l'intérieur et au dehors. La Convention fit cela par la nation et avec la nation; elle le fit, parce que les siècles avaient préparé la nation à cette œuvre et que la nation l'opérait par ses représentants.

C'était une grande œuvre. La France demandait à en jouir. C'est la tâche que la Convention léguait au Directoire : tâche énorme et que la Convention même avait terriblement embarrassée. Il restait à ordonner en lois durables les droits conquis par la Révolution et défendus contre l'Europe ; à concilier ces lois avec les habitudes d'une société très ancienne, avide de revenir à son labeur et à ses mœurs héréditaires, d'autant plus impatiente de se retrouver elle-même, qu'elle se croyait plus maîtresse de soi et devenait plus démocratique. Sous ce rapport, rien n'était accompli, et beaucoup de choses étaient compromises. La Révolution avait prévalu, mais le peuple n'en jouissait pas, et rien ne lui en garantissait la jouissance. Les particuliers étaient associés, par le grand-livre, à la fortune de l'État; mais la dette publique, écrasée par les assignats, s'écroulait vers la banqueroute, et cette banqueroute de l'État menaçait d'entraîner la ruine de tous les citoyens. Les propriétaires avaient acquis des biens, mais ils n'en pouvaient tirer profit dans l'incertitude générale des affaires : la guerre et les réquisitions, le manque de bras, la suspension du commerce, la destruction du crédit paralysaient tout travail et arrêtaient toutes transactions. Les personnes étaient libres, mais la plus rudimentaire des libertés, celle d'aller et de venir, était anéantie par le brigandage qui infestait les campagnes, par la destruction des chemins, par la tyrannie des administrations municipales. La démocratie était instituée, mais son premier instrument de culture, les écoles, lui faisait défaut. La liberté de conscience n'était plus contestée, mais la liberté des cultes n'était qu'une fiction légale. Enfin la garantie de toutes les libertés privées, la liberté politique, manquait dans les institutions, encore plus dans les mœurs. La Convention avait confondu la démocratie avec le règne des fanatiques et des violents; la liberté avec le conflit des factions; la République avec la dictature d'une faction. Il restait à en faire la chose et le bienfait de tous.

La France le voulait et s'y prêtait. Les émigrés étaient tellement exécrés que leur seule complicité supposée suffisait à décréditer les royalistes de l'intérieur; et les royalistes constitutionnels, désavoués par le prétendant, honnis par les émigrés, n'avaient plus d'autre ressource que de se rallier à la République. L'œuvre d'État était très complexe; mais les moyens d'État s'étaient prodigieusement étendus et simplifiés. Comme l'avait prévu Mirabeau, la Révolution avait tourné au profit du pouvoir. Tout était plus uni, mieux dressé, plus obéissant qu'en 1789. Le gouvernement devenait à la fois plus nécessaire et plus facile. Le vœu public était un vœu d'organisation de justice, d'ordre, de paix. En satisfaisant à ce besoin, le gouvernement pouvait à la fois se rendre très fort et très populaire.

La France attend ce gouvernement-là, et, l'attendant, elle y ouvre les voies par une de ces poussées sourdes et continues qui sont les causes profondes en politique. Celle qui se manifeste en 1795 n'est que la continuation de celle qui avait produit la Révolution et assuré le triomphe des républicains. Les républicains de 1795 ne le comprennent pas. Leur orgueil, érigé en doctrine, ne leur permet point de mesurer le néant de leurs personnes dans la Révolution, ni de peser le peu qu'ils ont été par eux-mêmes dans le rôle qu'ils y ont joué. Ils n'ont été que les traducteurs de la volonté générale : l'intérêt général s'est pour un temps identifié avec l'intérêt de leur parti, et leur parti a prévalu; ils veulent les mêler pour toujours, et la volonté générale s'écarte insensiblement d'eux, parce que les intérêts ne sont plus identiques. La France ne veut plus le règne d'un parti : unitaire, unifiée, unie, elle entend être désormais son propre parti à elle-même, et prétend qu'on la gouverne selon son vœu.

Les conventionnels prétendent conserver le pouvoir. Ils n'ont de raison d'être au pouvoir ni dans leur propre génie, ni dans le suffrage des Français. Ils cherchent donc leur force en dehors de la France, dans les entreprises extérieures, qui font diversion aux désirs de liberté, tiennent la France en haleine par la crainte d'une défaite et d'un retour des émigrés, perpétuent le danger public et, par suite, les mesures et les hommes du salut public. Ils maintiennent ainsi la guerre en Europe, l'oppression des dissidents et le despotisme d'une faction en France. L'antagonisme entre eux et la majorité des Français éclata dans les élections de 1795. La Constitution le rendait à peu près irrémédiable. La politique des conventionnels à l'intérieur entraînait inévitablement un conflit, et leur permanence au pouvoir, un coup d'État, c'est-à-dire la ruine de la Constitution. Leur politique extérieure emportait pour la République des périls plus graves et des conséquences plus étendues.

L'objet de cette politique, c'étaient les frontières naturelles. Cette politique était brillante dans ses effets et simple dans ses données. La générosité y trouvait son compte en même temps que l'orgueil, et ce grand mot de la nature semblait faire d'une paix éternelle assurée à la France une sorte de loi européenne. Le dessein était grand, les motifs en étaient nobles : il n'avait rien d'incompatible avec les principes de la Révolution.

La France pouvait s'assimiler les peuples conquis, et, se les assimilant, s'assurer de ce vœu libre et de ces suffrages qui, d'après le nouveau droit public, devaient désormais décider de la destinée des nations. L'état social de ces peuples était analogue à celui des Français. Le caractère de leur civilisation, leurs sentiments, leurs intérêts les inclinaient vers la France. L'assimilation était faite en Savoie, très avancée à Nice. Elle était possible en Belgique, parce que ce pays était dégoûté de ses anciens maîtres et surtout las de la guerre au delà de tout ce qu'on peut exprimer. Elle était facile dans les pays allemands de la rive gauche du Rhin[1]. Dans la plus grande partie de ces pays, il n'existait aucun lien dynastique entre les peuples et les gouvernements. Il n'y existait point d'esprit national. Ces peuples pouvaient devenir français, avant que,

---

[1] Cf. t. I, p. 432-433.

par le contre-coup de la Révolution française, le reste de l'Allemagne se sentit redevenir allemand. La France leur offrirait une patrie, qu'ils n'avaient pas, patrie flatteuse aux imaginations, bienfaisante aux intérêts. La République était en mesure d'accomplir en quelques années dans ces régions l'œuvre que la monarchie avait consommée en Alsace. Les *Droits de l'homme*, l'abolition du régime seigneurial et un bon gouvernement en auraient assuré le succès.

Le bon gouvernement, qui était la condition nécessaire de cet ouvrage, était aussi la condition nécessaire de l'établissement de la République en France. Les conquêtes étaient destinées à garantir la paix à la France; les peuples conquis ne pouvaient être assimilés que par les effets mêmes de cette paix.

S'il n'existait donc, à la fin de 1795, aucun antagonisme ni de principes ni d'intérêts entre la conquête des frontières naturelles et l'établissement de la République, les mêmes difficultés qui s'opposaient à l'affermissement de la République en France s'opposaient à l'assimilation des pays conquis. Mais ces obstacles, la France était maîtresse de les lever; il y en avait de plus forts et qui ne dépendaient point de la République. Alors même que le gouvernement directorial eût été à la hauteur de cette grande tâche politique, il fallait, pour que l'assimilation s'opérât, que la paix fût obtenue et que la paix fût durable. Ici la France avait à compter avec l'Europe, et c'est ici que commençaient les grandes difficultés du présent, les empêchements infinis et les conflits inextricables de l'avenir.

III

La Convention avait conquis à la France les « limites naturelles »; mais elle ne les avait point imposées à l'Europe. Cette conquête, purement militaire, demeurait soumise aux hasards de la guerre et aux surprises de la force. « Un seul échec pourrait nous faire perdre en un instant tout notre état antérieur », écrivait Merlin de Thionville au mois de mai 1795. Cet état précaire fut constamment celui de la domination française jusqu'en 1815. Napoléon, à l'apogée de sa puissance, ne se sentit jamais à l'épreuve d'une défaite. La vérité est que lorsque la défaite vint, en 1799, tout faillit s'écrouler ; lorsqu'elle menaça, en 1809, tout chancela ; lorsqu'elle fut consommée en 1814, tout s'écroula. La Convention avait formé le dessein d'ensemble et tracé toutes les lignes d'approche : sur plusieurs points même elle avait fait brèche, mais la place n'était point emportée. L'Autriche tenait toujours dans la citadelle, l'Angleterre ravitaillait toujours la garnison ; il restait à compléter l'investissement et à donner l'assaut : deux opérations dont la première coûta beaucoup de temps, la seconde beaucoup d'hommes ; l'une et l'autre voulaient beaucoup de génie, et encore Bonaparte, avec tout son génie, n'arrivera-t-il qu'à une trêve, en 1802, pour recommencer la lutte au bout de dix-huit mois.

Ce n'est pas que l'Europe fasse corps et fasse front. L'anarchie de l'ancien régime en a précédé la déroute, et la déroute a décuplé les effets de l'anarchie. Ni l'échafaud d'un roi, ni la proscription de toute une noblesse, ni la propagande d'une révolution subversive de l'ordre monarchique et de l'ordre seigneurial, rien n'a prévalu contre la jalousie, l'avidité et la perfidie des cours. Les peuples demandent la paix, parce que la guerre les décime, qu'elle les ruine, et que, sous prétexte de les préserver de la contagion, leurs gouvernements les écrasent, les dépouillent et les oppriment. Les États désirent la paix, parce qu'elle ouvre un marché de territoires plus profitable que la guerre, et qu'elle permet de refréner la turbulence des peuples. Une curée de nations plus insolente que celle de la succession d'Espagne et plus scandaleuse que celle du premier partage de la Pologne ; une réaction aveugle contre l'humanité, la civilisation, tout ce qu'on appelait les lumières et le gouvernement éclairé, tout ce qui avait fait l'honneur du dix-huitième siècle, marquent, en Europe, de 1793 à 1795, les contre-coups des victoires de la Révolution.

Les gouvernements du continent ne refusent point de traiter avec la France à cause du seul nom de la République. Ils pensent fort librement sur cet article. La Révolution leur importe, mais non l'étiquette républicaine. Ils admettent aisément deux sortes de républiques : celles qui donnent à gagner, comme l'a été la république de Cromwell et comme s'annonce la République de l'an IV ; celles aux dépens desquelles on gagne, comme l'était la République de Pologne et comme l'est encore la République de Venise. La Prusse a considéré la France sous le premier aspect et la Pologne sous le second. L'Autriche est disposée à reconnaître une République française qu'elle traiterait comme une Pologne ; elle se réserve, le cas échéant, de pactiser avec une République française qui en userait avec elle comme le Comité de salut public est disposé à en user avec la Prusse. L'Angleterre même, malgré le goût que professe son gouvernement pour les Bourbons et la conviction de Pitt qu'une paix durable ne pourrait être scellée que par une restauration de la monarchie, dans les anciennes limites de la France, est bien obligée, par égard pour la nation anglaise, d'admettre la nécessité d'une réconciliation avec les républicains français le jour où ces républicains accepteraient les conditions de l'Angleterre. La coalition est tellement précaire et disloquée que les ennemis de la Révolution la voient toujours menacée de se rompre [1]. L'intérêt seul l'a formée ; il la dénouera, si la France le sollicite ; il la renouera si la France le menace. En un mot, toutes les cours se règlent sur la seule raison d'État.

Cette même raison d'État, seule commune mesure qui subsiste entre la République et l'Europe, permet à la France

---

[1] Voir la dépêche de Thugut à Cobenzl, 6 septembre 1795 : la Russie inerte ; l'Angleterre gaspillant ses subsides, « soldant partout des troupes sans avoir des combattants effectifs » ; l'Allemagne en grande majorité inclinant vers la paix sous l'égide prussienne ; les souverains de l'Italie ébranlés par l'exemple de l'Espagne ; le roi de Sardaigne retenu uniquement par la crainte de l'armée autrichienne, prêt à traiter dès qu'il le pourra faire avec avantage ; Naples impuissante « restée fidèle par le mauvais succès seulement des négociations entamées ». « Tel est le tableau peu consolant de la situation actuelle des affaires de la coalition. » ZEISSBERG, t. V, p. 350.

de transiger avec les monarchies. Mais il faut, pour cette transaction, que la raison d'État républicaine ne soit point une raison inflexible, dogmatique et absolue ; il faut qu'elle se fasse politique et raisonnable, c'est-à-dire qu'entrant dans la coutume de l'Europe, elle entre du même coup dans le bon sens européen. Que la France soit monarchie ou république, il y a une certaine étendue de puissance que la France ne peut dépasser, parce que cette étendue de puissance ne serait proportionnée ni aux forces réelles, ni aux intérêts permanents de la France. C'est la vraie frontière naturelle : elle ne procède point d'une cause finale imaginaire ; elle provient non de la nature abstraite et arbitraire des publicistes et des spéculatifs, mais de la nature même des choses. Personne ne l'a dessinée d'un trait de plume et pour toujours ; elle est mouvante, parce qu'elle exprime des rapports très complexes de forces qui changent avec les temps. Si les conditions d'une bonne conquête, c'est-à-dire les dispositions des peuples et la possibilité d'assimiler les populations conquises, semblent assigner à l'extension de la France un terme naturel, la politique ne peut se rapprocher de ce terme qu'en imitant les œuvres de la nature, c'est-à-dire par progression et par nuances. Ainsi s'étaient opérés, non d'un coup et par système, mais avec suite et par degrés, les agrandissements de l'ancienne France. Ainsi il convient encore de procéder en 1795. Si la France dépasse cette ligne moyenne de convenance, elle n'obtient qu'une trêve et s'expose inévitablement au retour des coalitions[1]. Si, ayant atteint la limite des territoires qu'elle peut garder, elle fait de ses acquisitions le point de départ d'entreprises nouvelles et le principe d'une politique de suprématie universelle, les ligues se renouent aussitôt. Louis XIV en a fait l'expérience, et l'exemple de son histoire est d'autant plus significatif pour les républicains, que tout le monde en Europe les soupçonne de vouloir la renouveler.

A ne considérer que la balance des forces et ce qu'on nomme

---

[1] Cf. t. I, p. 283-288, 311-318, 321-322, 334-335. La politique intérieure ; le problème des frontières ; la France et l'Europe en 1789.

l'équilibre européen, l'acquisition de la barrière du Rhin et de la barrière des Alpes n'avait rien d'excessif : elle n'excédait pas les acquisitions faites par la Prusse, par la Russie et par l'Autriche en Pologne. La République ne prétendait pas être seule à conquérir; elle était disposée à faire au système de l'équilibre de larges concessions et à fournir d'amples dédommagements : la Bavière à l'Autriche, des évêchés et des abbayes, le Hanovre peut-être à la Prusse. Tout compte fait, la puissance relative de la France n'en aurait point été augmentée dans la même mesure que l'aurait été celle de la Prusse. En réclamant de l'Europe la cession définitive des territoires qu'elle avait conquis, la République ne sortait donc ni dans le fond, ni dans la forme, ni dans le droit, ni dans le fait, des habitudes de l'ancien régime. Louis XIV, ayant opéré les conquêtes de 1792-1795 dans une Europe qui avait opéré les partages de 1793-1795, n'aurait pas exigé moins.

Mais la conquête, en soi, est peu de chose pour la durée de la paix, c'est-à-dire pour la conservation de la conquête. L'essentiel, c'est l'esprit qu'on apporte soit à accomplir la conquête, soit à la consacrer. Or, c'était le point de dissentiment entre la République et l'Europe. Pour juger des desseins que l'une et l'autre poursuivront dans la paix, il faut avoir incessamment à l'esprit les desseins qu'elles s'étaient proposés dans la guerre. Ces desseins ne pouvaient pas être changés par quelques signatures apposées de guerre lasse sur une feuille de parchemin. Un compromis forcé et fortuit ne pouvait prévaloir contre les passions héréditaires et les intérêts permanents des peuples, loi fondamentale de leur histoire dans les rapports qu'ils ont les uns avec les autres.

L'objet réel et constant des coalisés est de tenir la France affaiblie, de la laisser languir dans une anarchie décente, mais énervante, d'y limiter le pouvoir du gouvernement et le ressort de l'État : c'était le dessein de l'empereur Léopold et de Pitt dès 1791. Plus tard, Anglais et Autrichiens ont bien moins pensé à sauver la France de la Terreur et de l'anarchie qu'à profiter de la Terreur et de l'anarchie pour l'anéantir, diminuer son territoire, lui enlever ses forteresses, entamer ses frontières, puis, à l'intérieur, la dissoudre par les factions et la guerre civile, détruire son commerce, tarir ses richesses ; c'est encore, en 1795, le dessein de la maison d'Autriche et celui de l'Angleterre. Lord Macartney expose les maximes d'État de son gouvernement, celles que Pitt a suivies depuis 1792, celles qu'il léguera à ses successeurs et que ceux-ci suivront jusqu'en 1815, lorsqu'il écrit, au mois de novembre 1795 : « La France s'est étendue ou agrandie peut-être au delà de ses véritables intérêts; l'une des nombreuses raisons qui nous font continuer la guerre à la Convention, c'est une résolution inébranlable de ne jamais tolérer la moindre mention du sauvage projet des Français de prendre le Rhin pour barrière; nous savons bien que la source de ce projet est dans l'acquisition accidentelle de l'Alsace et de la Lorraine...[1]. » Ce que l'Angleterre et l'Autriche redoutent dans la frontière du Rhin, c'est moins encore l'extension de territoire que l'extension de puissance qui s'ensuit, et le ressort d'État qu'elle implique. La France sort de la Révolution plus vaste, plus centralisée, plus unie, plus nationale que sous l'ancien régime. Qu'elle se donne un bon gouvernement, elle sera infiniment plus redoutable qu'elle ne l'était sous Louis XIV, car à l'étendue décuplée de ses ressources se joindront son élan populaire, la séduction de ses lois et la propagande plus dangereuse encore de son exemple. Ainsi plus le gouvernement de la République paraîtra stable, ordonné, vigilant, actif, bienfaisant, plus ces États rivaux en craindront l'affermissement, plus ils en désireront la chute, plus ils lui susciteront de difficultés et d'ennemis, plus avidement enfin ils guetteront le moindre signe de faiblesse pour se coaliser de nouveau, envahir, s'ils peuvent, et ramener la France au point

---

[1] Lord Liverpool écrivait, en juillet 1815, à lord Castlereagh : « L'idée dominante en Angleterre est que les alliés sont pleinement autorisés à profiter de l'occasion pour ôter à la France les principales conquêtes de Louis XIV... » — Laisser à la France la ligne de Vauban et même l'Artois serait le comble de l'imprévoyance, disait-on couramment dans les journaux anglais. DUVERGIER DE HAURANNE, t. III, p. 198-199. — Voir mon étude intitulée : *Le Traité du 20 novembre 1815*. Paris, 1872, p. 84 et suiv.

çaise est dans le plein épanouissement de ses forces expansives et conquérantes; l'extension continue de sa puissance est aussi nécessaire pour la conservation de cette puissance qu'elle l'a été pour la conquête. Imaginer que la République va tout à coup se restreindre et se contenir, c'est imaginer qu'elle changera de nature et qu'elle dépouillera ce qu'il y a de plus essentiellement français dans l'œuvre de la Révolution.

Elle ne s'arrêtera donc point d'elle-même. Elle sera arrêtée. La République a fait des choses extraordinaires; elle va se heurter à l'impossible. L'impossible, c'est de vaincre d'un coup toute l'Europe, de la réduire à subir les traités que la France lui dictera, et de la mettre pour des années dans l'incapacité de détruire ces traités. Napoléon, au comble de sa fortune, n'y parviendra jamais, et l'entreprise gigantesque où il sombrera aura justement cet objet paradoxal de contraindre toute l'Europe à la paix, en coalisant l'Occident tout entier contre la Russie, dernière alliée de l'Angleterre.

La guerre à l'Angleterre est la pensée dirigeante du Comité de l'an III, aussi bien des brutaux comme Tallien, que des raffinés comme Sieyès. Il n'y a point, en effet, de paix véritable si l'Angleterre ne la ratifie. Il faut donc soumettre l'Angleterre à la paix de la République. « Détruisons l'Angleterre, écrira Bonaparte en 1797. Cela fait, l'Europe est à nos pieds. » « Il est, dira-t-il en 1807, nécessaire de forcer l'Angleterre à la paix pour donner la tranquillité au monde [1]. » Voilà la donnée constante : elle ne se modifiera pas. Or, pour mettre l'Angleterre à ses pieds, il faut l'isoler; pour l'isoler, il faut décider ses alliés à lui faire défection; comme on ne peut les battre tous à la fois, il faut acheter ceux qui sont disposés à se vendre; comme on ne peut battre les autres au point de les réduire à merci ou de les anéantir, il faut encore les ménager, même après les avoir vaincus. D'où la concession de l'Allemagne du Nord à la Prusse, en 1795, pour la détacher de la

---

[1] Bonaparte à Talleyrand, 18 octobre 1797. — Napoléon à Charles IV, 12 octobre 1807.

coalition, et la promesse des sécularisations pour obtenir son consentement à la réunion de la rive gauche du Rhin ; d'où la Bavière offerte, en 1795, Salzbourg promis, Venise, l'Istrie et la Dalmatie cédées, en 1797, à l'Autriche, pour la décider à abandonner les Pays-Bas et à rompre avec les Anglais. C'est la destruction de l'Allemagne et la ruine de l'équilibre établi en Allemagne par les traités de Westphalie. Il n'y a qu'un moyen d'y remédier, et Sieyès le propose en 1795 : grandir d'autres États secondaires d'Allemagne, les confédérer et en faire un tampon entre la France, la Prusse et l'Autriche.

On peut dire que ces combinaisons sont la condition nécessaire de l'acquisition de la frontière du Rhin, car la France n'a obtenu et gardé cette frontière qu'à ces conditions-là de 1795 à 1814, et lorsque ses gouvernements ont rêvé de la lui rendre en tout ou en partie, en 1829 et en 1866, ils n'en ont jamais entrevu le moyen qu'en accroissant, selon le mot de Sieyès, « prodigieusement [1] » la Prusse en Allemagne, et en dédommageant l'Autriche soit en Italie, soit en Allemagne même, soit en Orient [2].

Mais, quoi que fasse la France, ces États demeureront constants dans leur politique, qui est d'augmenter leur propre puissance et de diminuer celle de la France. Dès qu'ils en auront l'occasion, ils se réuniront à l'Angleterre, et ils useront pour repousser la France vers ses anciennes limites des forces mêmes que la France leur aura attribuées pour qu'ils lui permissent d'acquérir ses « limites naturelles [2] ». Voilà le danger

---

[1] *Revue historique*, t. XVIII, p. 287. — En 1829, pour obtenir la Belgique et le Luxembourg, le gouvernement de Charles X offre à l'Autriche la Bosnie, l'Herzégovine, la Croatie, la Dalmatie turque ; à la Prusse, la Saxe et la Hollande. « La Prusse est le nœud de ce plan, et il faut la contenter. » Mémoire présenté au conseil par Polignac en 1829. En 1866 : projets d'acquisition soit de la Belgique et du Luxembourg, soit du pays entre Rhin et Moselle, en compensation de l'incorporation à la Prusse du Hanovre, de la Hesse-Cassel, du Nassau et de Francfort. Voir dans mes *Essais de critique et d'histoire* les études intitulées : L'alliance russe et la Restauration, La politique française en 1866.

[2] « Il importe à la République de multiplier ses moyens de défense contre des gouvernements qui, même après avoir posé les armes... resteront toujours ses ennemis secrets, et ne seront longtemps occupés qu'à épier le moment favorable pour lui déclarer une nouvelle guerre. » Merlin, 8 vendémiaire. Cf. Carnot, 9 vendémiaire, *Moniteur*, t. XXVI, p. 88 et 122.

qui menace incessamment la France. Pour y parer, il faut qu'elle tienne le continent soumis, qu'elle reste en armes, qu'elle demeure formidable, qu'elle s'assure les passages, qu'elle s'entoure de bastions. Le paradoxe de la paix dans les « limites naturelles », c'est l'impossibilité où est la République de s'arrêter jamais à ces limites.

Pour les défendre comme pour les conquérir, il faut les dépasser. Possédant les pays allemands de la rive gauche du Rhin, la République a besoin de s'assurer la navigation de ce fleuve : les bouches en demeurent à la Hollande, il faut que la Hollande soit une associée commerciale de la République. Possédant Anvers et la Belgique, la France ne peut tolérer en Hollande un gouvernement qui lui soit hostile ou qui demeure simplement suspect de complaisance pour l'Angleterre. Possédant la Savoie et Nice, elle ne peut tolérer un Piémont assujetti à l'Autriche. Voulant chasser les Anglais de la Méditerranée, elle ne peut tolérer une Italie qui puisse leur ouvrir ses ports et leur fournir des soldats. D'où la conception des États voisins subordonnés et des alliances secondaires du Piémont, de l'Espagne, de la Hollande, destinées à réduire l'Angleterre, à tenir l'Italie en obéissance, à balancer la Prusse, trop agrandie et toujours douteuse, l'Autriche toujours hostile, la Russie enfin, que l'Angleterre et l'Autriche peuvent entraîner un jour dans une coalition nouvelle.

Cette extension des alliances, qui est comme un prolongement de la conquête, est commandée par les conditions de la politique et par les nécessités de la guerre. Elle est imposée par le caractère de la Révolution. La République ne peut, sans déchoir, abandonner les peuples qu'elle convie à l'émancipation ; elle y perdrait son prestige, et avec son prestige la raison d'être de sa victoire. La France ne le pardonnerait point à ses gouvernants ; l'Europe en profiterait immédiatement contre la France pour la refouler et l'envahir. La République de Hollande devient ainsi une annexe forcée de la République française, et comme la République va, pour réduire l'Autriche à la paix, porter la guerre en Italie, comme elle y suscitera naturellement des républiques nouvelles, ces républiques lui demeureront liées par leur création même, et elle ne pourra pas plus les livrer à l'Autriche qu'elle ne peut livrer la Hollande à l'Angleterre.

Mais, pour atteindre leur objet, les alliances de la République dans la Méditerranée comme sur l'Océan, en Italie comme en Espagne et en Hollande, doivent subordonner entièrement les intérêts économiques et les intérêts politiques des États alliés à ceux de la République [1]. Si ces États alliés se montrent récalcitrants, la République sera amenée à les contraindre; si la contrainte ne suffit pas, la République sera forcée de les assujettir. L'existence des alliés de la République dépend, comme celle de la Hollande, de leur soumission : l'incorporation du Piémont, la domination de l'Italie et de l'Espagne, la réunion de la Hollande, sont en germe dans les projets de l'an III. Elles en sortiront nécessairement. L'expérience a démontré, en effet, que c'étaient les seuls moyens de réduire ces pays à l'emploi que la République attendait d'eux [2].

Tel est l'enchaînement des conséquences. On peut imaginer, en 1795, une France acquérant la partie allemande de la rive gauche du Rhin : l'Angleterre s'en désintéresse, et les Allemands indemnisés s'en accommodent. On peut imaginer la France se donnant la Meuse pour frontière : l'Autriche vaincue est forcée de céder les Pays-Bas; ne prenant rien aux Allemands, la France leur procure, sans être obligée de leur

---

[1] « Un traité solennel qui servira de modèle à cet égard pour tous les traités à venir », dit le Comité de salut public, à propos du traité de paix avec la Hollande. Instructions de Noël, fructidor an III. Cf. ci-dessus, p. 191-192.

[2] Comparez l'exposé des motifs du décret du 9 juillet 1810 sur la réunion de la Hollande à l'Empire : « La réunion de la Belgique à la France a détruit l'indépendance de la Hollande; son système est devenu nécessairement celui de la France; elle est obligée de prendre part à toutes les guerres maritimes qu'a la France, comme si elle était une de ses provinces... La Hollande est comme une émanation du territoire de la France, elle est le complément de l'Empire; pour posséder le Rhin entier, Votre Majesté doit aller jusqu'au Zuyderzée. La réunion de la Hollande à la France... complète l'empire de Votre Majesté et l'exécution de son système de guerre, de politique et de commerce... enfin c'est le coup le plus sensible que Votre Majesté puisse porter à l'Angleterre.» — Cf. t. III, p. 477.

fournir des dédommagements, une paix qu'ils sont trop heureux de signer, et le gouvernement anglais, réellement isolé par une coalition pacifique des intérêts du continent, peut être forcé, sous la clameur de l'opinion publique, à accepter cette paix. Mais ajouter à la conquête des pays entre la Meuse et le Rhin celle des pays entre la mer et la Meuse, c'était plus que l'Europe ne consentait à supporter et plus que la France n'était en mesure d'imposer : la France ne pouvait arriver à la paix qu'en divisant l'Angleterre et le continent; cette combinaison les réunissait inévitablement, et la Convention avait fait de cette combinaison une loi constitutionnelle de la République.

On s'est plu, pour échapper, au moins par la fiction, à cette fatalité de l'histoire, à concevoir la République renfermée officiellement dans les anciennes limites de l'État, et transformant en républiques subordonnées les pays qu'elle a conquis ou émancipés. On se la représente libre, pacifique, tutélaire, environnée d'une ceinture d'États libres et pacifiques, à son image. Ils la défendent, elle les protège : Républiques belge, batave, rhénane, helvétique, cisalpine, ligurienne. C'est un rêve : ni la République française n'était de caractère à le réaliser, ni l'Europe de caractère à permettre qu'elle le réalisât. Rien n'était plus contraire à l'esprit de la Révolution française que l'esprit fédératif. D'ailleurs, si la France n'avait pas dominé ces républiques, elles lui auraient échappé, ne fût-ce que par l'effet même de leur indépendance[1]. Il n'y avait pas de place dans l'Europe de 1795 pour une fédération de ce genre, tolérée plutôt que reconnue, toujours précaire, toujours exposée aux convoitises et aux envahissements des voisins. Il y avait encore moins de place dans cette Europe pour une république romaine destinée à régenter le monde et où les citoyens se croient faits pour gouverner les peuples d'alentour. Il était aussi impossible de transformer la République française de 1795, avec ses « limites naturelles », en une confédération

---

[1] Cf. Discours de Merlin, Portiez, Roberjot, Lefebvre, 8 et 9 vendémiaire, *Moniteur*, t. XXVI, p. 88, 100, 107, 109.

d'États unis à la façon américaine, que de charger les puissances copartageantes de la Pologne en États respectueux de l'indépendance des nations, et d'amener l'Angleterre à considérer avec autant d'indifférence le drapeau français à Anvers que le drapeau américain à New-York.

Ainsi, le concours des mêmes motifs amena en même temps l'Europe à confondre l'idée de la paix avec celle de l'établissement d'une monarchie tempérée dans une France réduite à ses anciennes frontières, et les Français à confondre leur indépendance nationale, la garantie de la Révolution et le triomphe de la République, avec la conquête de la rive gauche du Rhin. Il n'y avait guère, en 1795, de républicain qui ne fût prêt à tenir le langage que Napoléon tint en 1814[1] : « Les alliés veulent réduire la France à ses anciennes limites. Ce système est inséparable du retour des Bourbons, parce qu'eux seuls peuvent offrir une garantie du maintien de ce système... Jamais je ne signerai un tel traité... J'ai juré de maintenir l'intégrité de la République... Que serai-je pour les Français quand j'aurai signé leur humiliation? Que dirai-je aux républicains quand ils viendront me demander leur barrière du Rhin? » La nature des choses voulait que la Gaule césarienne ne pût subsister que dans une Europe ramenée aux temps de César. La seule paix compatible avec cette conception romaine de la Gaule était l'empire à la romaine, c'est-à-dire l'Angleterre soumise et la suprématie de la France dans l'Europe.

IV

La conclusion de tout ce qui précède, c'est le gouvernement d'un général d'armée. Une idée domine chez les Français : jouir de la Révolution dans une paix glorieuse, c'est-à-dire l'ordre, une administration intelligente, les garanties de la

---

[1] Fain, Manuscrit de 1814, p. 76.

sécurité et du travail, le Code civil et les frontières naturelles.
La France est à qui remplira ces vœux. Ce sera un général
victorieux, car la victoire est nécessaire pour imposer la paix
à l'Europe, et le double prestige des victoires et de la paix
permettra seul à un gouvernement de dominer les factions.
La Constitution de l'an III et le testament politique de la Convention ne firent que précipiter la marche des événements.
Il s'opéra du dehors au dedans une série de réactions continues. Le Directoire avec les deux Conseils n'étaient que l'anarchie organisée; la conquête des frontières naturelles n'était
que la guerre systématisée. Guerre et anarchie conduisaient
à la dictature militaire une nation qui voulait l'ordre et la
victoire.

Ce qui se passa de 1795 à 1799 n'est qu'un intermède après
lequel, par le jeu naturel des causes permanentes, les hommes
et les choses se retrouvèrent dans des conjonctures analogues
à celles de 1795 : au dehors, l'Espagne douteuse, la Hollande
agitée sous le joug, la Prusse comblée de promesses et toujours équivoque, l'Autriche, bien que payée par Venise, visant
à reprendre les Pays-Bas, menaçant le Rhin et les Alpes,
l'Angleterre irréconciliable et coalisant le continent, enfin la
redoutable irruption des Russes ; au dedans, les royalistes
conspirant, les Jacobins proscrivant, la masse ni jacobine ni
royaliste, républicaine, mais surtout démocrate et patriote,
plus impatiente encore de voir finir la Révolution qu'elle ne
l'était en 1795 parce qu'elle a attendu quatre ans de plus,
moins soucieuse de la liberté parce qu'elle en a vu pendant
quatre années de plus la parodie et l'abus; au pouvoir ou aux
alentours du pouvoir les mêmes hommes, impuissants à gouverner par eux-mêmes, et cependant toujours appelés au gouvernement parce qu'ils sont les seuls capables de gouverner,
Merlin prêt à légiférer pour un maître, Cambacérès, l'homme
de toutes les transactions; Sieyès toujours en mal de constitution. Ce qui se produisit alors fut la conséquence directe des
faits posés en 1795.

L'armée était devenue toute la patrie à l'époque héroïque

de la Convention ; elle était désormais toute la République. Le patriotisme, l'enthousiasme, la nécessité, y avaient poussé toute l'élite de la jeunesse. Tout le génie de la France s'était tourné vers la guerre ; par la permanence de la guerre, l'armée était devenue l'instrument par excellence de la politique de l'État. Elle était l'honneur du pays, sa protection, sa ressource. Elle défendait la République et la nourrissait. Elle constituait, sous ce gouvernement précaire et dans cette société encore en convulsions, la seule force organisée ; elle présentait une image magnifique et glorieuse de l'État, et cette image était justement une des faces, la plus populaire, de cette république romaine qui remplissait tous les esprits. L'armée était profondément nationale, et chacun de ceux qui y combattaient identifiait sa cause personnelle et ses ambitions de carrière avec l'indépendance de la République et l'affermissement de la Révolution. Nulle part on n'était à la fois et d'un instinct plus déterminé, moins jacobin et moins royaliste ; plus ennemi des royalistes qui, en rétablissant l'ancien régime, dépouilleraient les officiers de leurs grades et toute l'armée de son prestige ; plus hostile aux jacobins dont le règne aurait diminué la suprématie de l'armée en la subordonnant à l'autorité civile ; nulle part on n'était plus attaché à la grandeur de la France en Europe et à la conservation des conquêtes. L'armée, en même temps qu'elle formait le ressort principal de la République, en personnifiait l'esprit. Les républicains avaient fait d'elle l'arbitre du gouvernement. Il était naturel qu'elle cherchât à se saisir du pouvoir, alors même que les républicains ne l'y eussent pas appelée.

Son avènement était prévu. Dès 1790, Rivarol disait : « Ou le roi aura une armée, ou l'armée aura un roi... les révolutions finissent toujours par le sabre : Sylla, César, Cromwell. » En 1791, un secrétaire de Mirabeau qui avait gardé quelques-unes de ses vues : « Comme la dynastie actuelle n'aura inspiré que de la méfiance, on préférera le pouvoir de quelque soldat heureux ou d'un dictateur créé par le hasard. » — « César viendra, écrit la grande Catherine la même année. Il viendra, gardez-vous d'en douter. » Et en 1794 : « Si la France sort de ceci, elle aura plus de vigueur que jamais ; elle sera obéissante comme un agneau; mais il lui faut un homme supérieur, habile, courageux, au-dessus de ses contemporains, et peut-être du siècle même. Est-il né? Tout dépend de cela. » Enfin, au mois d'août 1795, le duc de Richelieu : « Par la force des choses, les Français auront un roi, mais ce roi ne sera pas de la maison de Bourbon[1]. »

Tous concluaient, et avec raison, de Rome ancienne à Rome renouvelée : « La guerre était nécessairement dans Rome, et par le génie de la guerre, le commandement venait naturellement entre les mains d'un seul chef. » Les Français avaient le choix du héros : « Qui peut mettre dans l'esprit des peuples la gloire, la patience dans les travaux, la grandeur de la nation et l'amour de la patrie, peut se vanter d'avoir trouvé la constitution d'État la plus propre à produire de grands hommes[2]... »

La force des choses portait au pouvoir un général d'armée, mais elle ne déterminait point quel général y serait porté. Or, suivant le caractère et le génie de cet homme, les événements, dont la direction était décidée, auraient pris une allure différente, un cours plus ou moins rapide et étendu. On peut, parmi les militaires que les services rendus à la République avaient placés au premier rang, imaginer des choix divers, et par suite des destinées diverses pour la République. Nul n'avait rendu plus de services que Carnot; mais s'il avait été l' « organisateur de la victoire », il n'était ni le victorieux ni le conquérant; il demeurait un commissaire de la Convention. Appelé au Directoire en dernière ligne en 1795, il fut proscrit par les républicains en 1797, principalement parce qu'il soutenait à l'intérieur une politique de liberté et au dehors une politique de modération. Avec Hoche, on aurait vu au pouvoir l'esprit d'entreprise, la fierté, la politique ; avec Moreau, l'in-

---

[1] Lescure, *Rivarol*, p. 418. — *Mémoire de Pellenc pour la Reine. Corr. de La Marck*, t. III, p. 205. — *Corr. de Catherine avec Grimm*, janvier 1791, février 1794. — *Corr. du duc de Richelieu, Lettre à Razoumovsky*, août 1795.

[2] Bossuet, *Histoire universelle*, 3ᵉ partie, ch. VI et VII.

quiétude et la raideur dans la faiblesse ; avec Bernadotte, la diplomatie ; avec Pichegru, l'intrigue. Il est permis de présumer que Hoche, avec moins de génie et plus de vertu civique, beaucoup de Scipion et rien de Dioclétien, aurait été cependant entraîné à suivre, en Europe, des voies analogues à celles de Bonaparte : il eût davantage affectionné les peuples et moins comblé les rois ; mais sa République militaire eût, par sa force, par sa liberté, par sa propagande et par son exemple, plus inquiété les rois que ne le fit l'Empire de Napoléon par son despotisme et ses conquêtes : distribuant moins de territoires, il eût soutenu moins longtemps l'illusion des alliances ; enfin, par le penchant de son génie autant que par nécessité, il eût poursuivi jusqu'aux catastrophes la même lutte chimérique contre l'Europe coalisée par l'Angleterre. Moreau eût peut-être rassuré les Anglais, mais les Anglais auraient aussitôt prétendu le faire reculer : humilié par eux, attaqué par l'Autriche, joué par les royalistes, il fût tombé du pouvoir en rouvrant la porte aux Jacobins. Bernadotte n'aurait songé qu'à lui-même et eût tout sacrifié à l'orgueil de ceindre la couronne et de faire souche de rois. Pichegru, pour recommencer le maréchal de Saxe, n'eût recommencé que Dumouriez.

Ces spéculations ne sont que des divertissements très vains et très arbitraires. L'histoire n'admet pas de fictions. Le fait est que Hoche mourut avant l'époque ; Pichegru se perdit dans les complots et y entraîna Moreau, qui passa à l'ennemi ; Bernadotte attendit une combinaison qui ne s'offrit qu'en 1814, et se contenta de rester prince de Suède. Le Comité même de salut public avait désigné le dictateur. Il avait dressé les avenues, il en ménagea l'entrée à Bonaparte. Ce n'est qu'une coïncidence ; mais Bonaparte voulait parvenir, et il se rendit à Paris pour chercher les occasions. La Révolution en était pleine. S'il n'avait pas rencontré Barras, Doulcet et le 13 vendémiaire, il eût trouvé d'autres hommes et d'autres circonstances dont il eût profité. Les causes qui le firent employer par le comité sont fortuites, celles qui le firent prévaloir dans la République ne le sont pas.

Il a vingt-cinq ans. Né Corse, il s'est attaché à la France par attachement à la Révolution. Il porte dans son sang les passions primitives qui ont opéré cette révolution. A la haine et à la jalousie de la petite noblesse pauvre contre l'aristocratie, il joint l'orgueil ambitieux du peuple souverain. Qu'est-il? Rien. Que doit-il être? Tout. Voilà, selon l'esprit de Sieyès, la maxime d'État de la démocratie. En détournant à son profit et en s'appropriant cette maxime d'État, Bonaparte en fait le mot d'ordre symbolique de sa vie. Il n'est pas de ceux qui ont fait la Révolution; il est de ceux pour qui elle est faite. Il l'incarnera en sa personne; il dira : « Je suis la Révolution! » Il éprouve pour son propre compte les passions populaires des Français : le mépris des étrangers, la haine de l'Angleterre, le désir de la conquête, l'amour de la gloire. « Il est intéressé à la splendeur de la République », disait Danton d'un général de son temps. Bonaparte en fera sa splendeur personnelle. Par là il pénètre le peuple et l'armée en France, étant, par ses instincts essentiels, tout peuple et tout armée.

Mais, les pénétrant, il les juge et les domine. Son origine corse l'y a préparé. Il a fait par lui-même, dans son île, l'expérience des républiques anciennes; il en a vécu la vie. Tout le monde essaye à Paris d'en parler le langage; ce langage est pour les Français une langue morte, une langue de collège; pour lui, c'est une langue vivante, la sienne. La Corse, écrivait un conventionnel[1], est un pays où « les chefs encensent et trompent tour à tour le peuple pour mieux le conduire; le peuple ne conçoit pas l'idée abstraite d'un principe; il faut qu'il l'applique à l'idée d'un être existant, et alors il l'idolâtre... Paoli a soutenu la liberté : dès cet instant, il confond Paoli avec la liberté. » Bonaparte apporte ces mœurs et ces instincts en France; ils s'y appliquent immédiatement, parce que les factions sont congénères dans ces peuples issus de Rome ou nourris de la moelle romaine. Il possède, à l'état natif et spontané, cet esprit romain qui est l'esprit de la République,

---

[1] Lacombe Saint-Michel, septembre 1793. Iung, *Bonaparte*, t. II, p. 270.

et il le répand tout vif, tout rajeuni, tout imprégné de l'air que les Français respirent. Il comprend les Français et il est compris d'eux aux premiers mots qu'il prononce. Sauf Mirabeau et Danton, tous les tribuns ont répété des leçons et parlé comme des livres. Bonaparte parle en homme et parle en maître. On l'entend, parce qu'il dit en une forme impérative et familière ce que veut confusément la masse des Français. On lui obéit, parce qu'il commande de faire ce que la masse entend accomplir.

Il est soutenu par d'immenses lectures; elles ont été faites sans méthode, au hasard de la vie, à travers les loisirs de garnison, dans des bibliothèques de rencontre; mais son esprit les coordonne, son intelligence les féconde, sa prodigieuse mémoire se les identifie. Il s'est porté spontanément vers les livres qui pouvaient le mieux l'aider à connaître son temps. Il s'est nourri de la sève du dix-huitième siècle. Rousseau lui a révélé l'âme de ses contemporains; Voltaire lui a enseigné l'histoire; il a pris dans Buffon ses données sur la nature; il a pris dans les *Institutes* la notion des lois; il a dépouillé Adam Smith, Filangieri, Necker, Mirabeau, Dubos, Boulainvilliers, Mably, Machiavel, où il affine sa politique; Raynal et Volney, qui ouvrent des horizons à son imagination; Montesquieu, enfin, qui lui aurait révélé l'esprit conquérant de la Révolution française s'il ne se l'était naturellement assimilé. Il a lu l'*Esprit des lois* à la lumière de son siècle, et il a achevé de s'y imprégner du génie romain tel que le siècle se le figurait et tel qu'il le fallait concevoir pour être compris du siècle [1].

Les circonstances et l'étude l'avaient formé; son génie, le plus extraordinaire que les hommes aient connu, dans la guerre, dans la diplomatie, dans l'État, se révéla à soi-même en même temps qu'au monde, à mesure des circonstances; mais Bonaparte eut cela de merveilleux, et dès l'abord, que, partout où il se montra, il parut prêt, à Toulon pour agir, au Comité pour concevoir, après vendémiaire pour diriger. Il est déjà

---

[1] Voir, dans la collection des grands écrivains, *Montesquieu*, p. 159-169.

TABLE DES MATIÈRES

LIVRE PREMIER

LES DISCORDES DE LA COALITION.

CHAPITRE PREMIER

LES PEUPLES ET LES COURS.

1793-1794.

I. Impuissance des coalisés. — Méprise fondamentale de l'Europe sur le caractère de la Révolution française, 1. — La propagande réelle, 2. — Méprise sur Robespierre; Cromwell, 2. — Aveuglement des coalisés sur les moyens de combattre la Révolution, 4. — Réaction générale en Europe, 5.

II. La Russie. — Mesures de répression, les francs-maçons, les philosophes, 6. — Diminution des ressources, 7. — Affaiblissement de Catherine, 7. — Platon Zoubof et ses courtisans, 8. — La Russie n'interviendra pas en France, 9.

III. L'Autriche. — Épuisement et agitation des peuples, 9. — La Hongrie, les démocrates, 10. — Les autres États, 11. — La Belgique, réaction aristocratique et monacale, refus de subsides, 11. — François II, son insuffisance; l'impératrice; la chancellerie; l'armée, 13. — Lamentations de Thugut, 14.

IV. La Prusse. — Crise économique et sociale, 14. — Mesures de répression; la censure générale, 15. — Embarras financiers, 16. — Nécessité d'opter entre la conquête en Pologne et la guerre en France, 16. — Les partisans de la paix avec la France; l'armée : Mœllendorf, 17. — Les partisans d'une médiation; Hardenberg; la *Confédération de l'Allemagne du Nord*, 19.

V. L'Allemagne. — Contre-coup de la Terreur, découragement ou reniement des partisans de la Révolution, 19. — Mayence; mort de Forster, 20. — Les poètes : Klopstock, Schiller, Gœthe, 20. — Kant et Fichte, 21. — Herder : l'avenir de l'Allemagne, 23. — Levain contre la France, signes de transformation nationale, 23. — Désir général de la paix, 24.

VI. L'Italie et l'Espagne. — Les révolutionnaires italiens; ce qu'ils attendent de la France, 25. — Détresse du Piémont; les partisans de la paix, 26. — La Toscane, Manfredini, vues de médiation pacifique, 28. — Naples; la junte d'État; les supplices, 28. — L'Espagne, faiblesse militaire, irritation contre l'Angleterre, mécomptes et découragement, 28.

VII. INSINUATIONS PACIFIQUES. — Le Danemark, Bernstorff, vues de médiation pour la paix générale, 30. — Ouvertures secrètes à Copenhague : l'Espagne, 31. — La Prusse, 32. — Offre de bons offices de Venise, 33.

VIII. L'ANGLETERRE. — Conquêtes aux colonies, déceptions en Europe; nouvelles protestations des libéraux; nouveaux votes d'armement, 34. — La guerre à outrance, 35. — Réaction et répression, 36. — Loi des suspects, 37. — L'Irlande et la Vendée, 38. — Nécessité des alliances continentales, causes d'infirmité, 40.

CHAPITRE II

INSURRECTION DE LA POLOGNE.

DÉCEMBRE 1793-AVRIL 1794.

I. NÉGOCIATIONS DE PARTAGE. — Essai de l'Angleterre pour s'assurer l'armée prussienne; Malmesbury à Berlin, 42. — Méfiance et irritation de l'Autriche contre la Prusse : refus de subsides aux Prussiens, demande de compensations à Pétersbourg, 43. — Vues sur la France : la ligne de la Somme et de la Meuse, 44. — Comment la Russie encourage ces prétentions, 44. — Négociation des subsides anglais à Berlin; conférences de la Haye, 46. — François II se rend en Belgique, 47.

II. KOSCIUSKO. — Tyrannie des Russes en Pologne; fin de la diète de Grodno, causes d'insurrection, 48. — Kosciusko, 49. — Il demande un secours à la France; refus du Comité, 50. — La révolte éclate; les Russes contraints à la retraite, 51.

III. SUITES DE LA DÉFAITE DES RUSSES. — Les insurgés polonais, 52. — Le gouvernement provisoire, 54. — Mesures de Catherine : elle traite avec les Turcs et fait des ouvertures de partage à Vienne, 56. — La Prusse décide de prendre les devants afin de dicter le partage; les partisans de la paix avec la France en profitent, 56. — Méfiance respective qui paralyse les mouvements en Belgique et sur le Rhin, 57. — Comment néanmoins la guerre va se perpétuer en se transformant, 58.

CHAPITRE III

FLEURUS.

JANVIER-JUILLET 1794.

I. TRIOMPHE DE ROBESPIERRE. — La Terreur sévit contre les républicains, 59. — Comment Robespierre détruit tour à tour les forcenés et les indulgents, Hébert et Danton, 60.

II. NÉANT DE LA DIPLOMATIE. — Refus d'instructions à Grouvelle, 64. — Refus de subsides à la Suède, 65. — Suppression des ministères; la commission des relations extérieures, 66. — Refus d'aider les Polonais, 67. — Dispersion, détresse et nullité des agents secrets, 68. — Un seul dessein : conquérir et exploiter l'Italie; Bonaparte à Gênes, 70.

III. L'ÊTRE SUPRÊME. — Inquiétudes et soupçons croissants de Robespierre; il se réfugie dans la théocratie, 71. — Mesures contre les militaires, 72. —

TABLE DES MATIÈRES.

Utopie de révolution sociale, 74. — L'Être suprême, l'immortalité de l'âme, la loi de police : le dogme et l'inquisition, 74. — Effet en Europe : illusions sur Robespierre et sur ses desseins, 74.

IV. Reprise de la Belgique. — François II en Belgique, 75. — Traité de Valenciennes entre l'Autriche et la Sardaigne, partage éventuel en France, 75. — Traité de subsides de la Haye entre la Prusse, l'Angleterre et la Hollande, 76. — Plan de Mack et plan de Carnot, 76. — Victoire des Français à Tourcoing, 78. — Inaction des Prussiens, 79. — Montgaillard à Bruxelles : prétendues négociations avec Robespierre, 80. — Comment la Prusse se détourne peu à peu de la guerre de France, 82. — Frédéric-Guillaume se rend en Pologne, 83. — Comment l'Autriche se détourne peu à peu de la Belgique et s'incline vers la Pologne, 84. — Départ de François II ; ses instructions pour la défense de la Belgique, 84. — Vains efforts pour y attirer les Prussiens ; conflits entre eux et les Anglais sur le traité, 85. — Victoire de Jourdan à Fleurus ; évacuation de la Belgique par les Autrichiens, 86. — Pourquoi l'armée française s'arrête en Belgique ; vues du Comité sur la paix ; la frontière de la Meuse, 88. — Retraite des Prussiens, 89. — Succès de la France aux Pyrénées ; échecs maritimes, 90.

V. Dispositions pacifiques en Europe. — Irritation des Anglais contre la Prusse ; ils se rapprochent de l'Autriche ; mission de Spencer à Vienne, 91. — Mission de Mercy à Londres : Thugut cherche à faire payer par les Anglais la défense de la Belgique, 92. — Ouvertures de partage à Pétersbourg, 93. — Conflit de prétentions entre la Prusse et l'Autriche, 94. — Le roi de Prusse en Pologne ; siège de Varsovie, 94. — La paix avec la France conséquence forcée de cette entreprise, 95. — Mœllendorf prend l'initiative d'ouvertures secrètes, 96. — Comment la paix est présentée au roi, 97. — Vœux pacifiques en Espagne et en Hollande, 98. — L'Italie disposée à se soumettre, 100.

CHAPITRE IV
LA RÉVOLUTION DE THERMIDOR.
JUIN-SEPTEMBRE 1794.

I. Pontificat de Robespierre. — Apogée de la Terreur ; comment la France s'y soumet, 101. — Abaissement de la Convention, 102. — La fête de l'Être suprême, 104. — Comment les Terroristes se tournent contre Robespierre, 105. — La loi de prairial, 106. — Impasse de la Terreur, 107.

II. Chute de Robespierre. — Premiers complots, 109. — Les modérés recherchés par Robespierre et par ses ennemis, 110. — Retraite et rentrée en scène de Robespierre, 112. — Les journées de Thermidor, rôle de la Plaine, 113. — Chute de Robespierre et fin de la Terreur, 121.

III. Les thermidoriens. — Reflux de la Révolution ; les Thermidoriens en sont emportés, 122. — Caractère des Thermidoriens ; les réacteurs, 123. — Rentrée en scène des modérés, 123. — Reprise des travaux utiles ; réorganisation des Comités, 124. — Le Comité de salut public, 125. — Les Terroristes abattus, 126. — Réaction de la vie et des sens, 127. — Constance de la nation, 128. — Les factions, 129. — Comment les Thermidoriens sont amenés à se soutenir par la guerre, 130. — Fin du cosmopolitisme, 130. — Intervention des armées dans la République, les adresses au Comité, 131. — Objet et fin de la guerre : retour à l'idée des limites naturelles, 131.

IV.   31

CHAPITRE V

OUVERTURES DE PAIX.
JUILLET-DÉCEMBRE 1794.

I. La coalition et le 9 thermidor. — Jugement des étrangers sur le 9 thermidor, 133. — L'émissaire de Mœllendorf en Suisse, 134. — Négociations de subsides entre l'Autriche et l'Angleterre, 135. — Levée du siège de Varsovie par les Prussiens, 136. — La nécessité de la paix s'impose à Berlin, 137. — Armistice de fait entre Français et Prussiens, 138. — Retraite des Prussiens sur le Rhin, 139.

II. Insinuations de la Prusse et de l'Espagne. — Les Russes en Pologne, Souvorof, défaite des Polonais, 139. — La Russie maîtresse du marché, 141. — Contre-coup à Berlin; la Prusse dénonce le traité de la Haye, 142. — L'Allemagne demande une médiation, 143. — L'Espagne se décide à demander la paix, 144.

III. Hésitations du Comité. — Réponse aux insinuations de Godoy, 145. — Conditions que propose ce ministre: Louis XVII roi de Navarre, 146. — Vues du Comité sur la Prusse: diviser la coalition, 147. — Agents prussiens à Bâle, 147. — Nouvelles ouvertures en Danemark, 149. — Ce qui détourne encore le Comité des négociations: soupçons sur la sincérité de la Prusse; nécessité d'organiser les pays conquis, 150.

IV. Les pays conquis. — Instructions sur la conduite à tenir, 150. — Esprit de ces instructions: la conquête d'ancien régime et la conquête révolutionnaire, 152. — Application des instructions: esprit final des agents, 153. — Exigences du Comité des finances, 154. — Détresse de la Belgique, 155. — Vues de la Convention: exploiter les pays conquis, 156. — Organisation de la Belgique, 156. — Comment la réunion est présentée aux Belges, 158. — Les décrets de 1792 et les instructions de l'an III, 158. — La Terreur dans les pays du Rhin; l'*évacuation* du Palatinat, 159. — Esprit des armées, leur misère, leur héroïsme, leurs vertus, 160. — Efforts du Comité pour régler les réquisitions dans ces pays, 161. — Organisation provisoire, 162. — État de la Hollande; excès des Anglais, 162. — La révolution se prépare, 163. — Entrée des Français en Hollande, promesse d'indépendance, appel d'alliance, 164. — La Terreur dans les pays conquis en Espagne, 165.

LIVRE II

LA PAIX DE BALE.

CHAPITRE PREMIER

LE COMITÉ DE L'AN III.
OCTOBRE 1794 — JANVIER 1795.

I. Composition et esprit du Comité. — Importance des négociations qu'il a suivies, comment il s'est formé dans ce Comité un fonds permanent d'hommes et d'idées, 167. — Les hommes, leur origine, 167. — Leur caractère politique, 169. — Leur destinée, 170. — Cambacérès et Merlin de Douai, 171. — Organisation du Comité ; la section diplomatique, 171. — Pensée fondamentale : l'ambition d'État, 172. — Organisation des bureaux ; les agents secrets, 173.

II. Premières vues politiques : le Rhin. — La tradition d'extension ; comment le Comité en est pénétré, 174. — Comment l'idée des limites naturelles surgit partout dans les esprits, 175. — Les pacifiques et les modérés : les anciennes limites ou la limite de la Meuse ; danger de la conquête : la guerre permanente, le pouvoir militaire, l'hostilité des peuples, 176. — Les *Réflexions sur la paix* de Mme de Staël, 178. — Impopularité de ces vues ; comment on identifie, de part et d'autre, la République et les limites naturelles, la monarchie et les anciennes limites, 178. — Hésitations du Comité à s'engager avec la Prusse : la question de Pologne, 179. — Exigences de la Convention, 182. — Difficultés pour négocier : absence de pouvoirs définis, 183. — Le Comité se décide à rédiger un programme : rapport de Merlin, 185. — Ce qui amène la Prusse à faire la paix, 186.

III. Le traité de Pétersbourg. — Soumission de la Pologne par les Russes, excès et pillages, 186. — Négociations secrètes entre l'Autriche et la Russie ; conseils des Russes à l'Autriche à l'égard de la France : le démembrement et la monarchie; duplicité envers les royalistes, 189. — La Prusse écartée des négociations, 190. — Traités de partage et d'alliance entre l'Autriche et la Russie, 3 janvier 1795 : partage de la Pologne et projets de partage en Europe : Venise, Turquie, Bavière, 193. — *L'Europe s'en va !* Comment elle se ruine elle-même et engage la France aux conquêtes, 194.

IV. Prusse, Espagne, Italie, Hollande. — Frédéric-Guillaume désigne un négociateur, le comte de Goltz ; ses instructions, 195. — La question de la rive gauche du Rhin réservée, 196. — *Conclusum* de la Diète tendant à la paix, 197. — Le stathouder de Hollande demande la paix, 197. — Conquête de la Hollande ; promesses d'indépendance, 199. — La Toscane demande la paix, mémoire de Carletti, 199. — Insinuations de la Sardaigne ; Barthélemy détourne le Comité de révolutionner l'Italie, 200. — Naples, ouvertures secrètes, 202. — Nouvelles ouvertures de l'Espagne, 202.

V. L'Angleterre et les royalistes. — Souffrances et mécontentement en Angleterre, 204. — Ouverture du parlement : le ministère décidé à poursuivre la guerre, 205. — Modifications dans les vues de Pitt sur la France ; conditions de paix : la Belgique, 205. — Comment Pitt est amené à faire cause commune avec les royalistes ; comment il considère une restauration, 206. — Divisions du parti royaliste, 207. — Préparatifs d'un débarquement dans l'Ouest, Puisaye, 208. — Les monarchistes constitutionnels, 208. — Mission de Wickham en Suisse, 209. — Détresse de l'armée de Condé, 210. — Les émigrés cherchent à rentrer, 211. — Répugnance des émigrés aux projets de l'Angleterre : la question de l'intégrité de la France, 212. — Antagonisme fondamental de la politique anglaise et de la politique française, 212.

CHAPITRE II

LA MISSION DE BARTHÉLEMY.

JANVIER-FÉVRIER 1795.

I. Vues du Comité sur la paix. — Opinions sur la paix dans la Convention, 214. — Situation du Comité dans l'Assemblée, 215. — Vide et brièveté des séances, 216.

— Nécessité de la paix, mais, en même temps, passions glorieuses; comment ces passions travaillent pour la République, 217. — Première esquisse des desseins du Comité : diviser la coalition, traités partiels, 218. — Contraste entre la faiblesse du gouvernement républicain au dedans et sa puissance au dehors, 219. — Le *Plan de conduite* de Dubois-Crancé, comment il dessine l'avenir de la République et de l'Empire en Europe, 220.

II. Premières conférences a Bale. — Le secrétaire d'ambassade prussien, Harnier, au Comité ; les conditions essentielles posées : la rive gauche du Rhin, les indemnités à la Prusse, le Hanovre, 223. — Instructions de Barthélemy ; contraste entre les manifestes de tribune et les dépêches diplomatiques du Comité ; caractère réaliste de celles-ci, 225. — La *Confédération de l'Allemagne du Nord*, 226. — Instructions à Grouvelle : Allemagne et Pologne, 227. — Arrivée de Goltz à Bâle, sa mort, suspension des conférences, 228.

III. Vues du Comité sur l'Espagne et l'Italie. — Le Comité fait une nouvelle déclaration de principes : rapport de Boissy-d'Anglas, 229. — Traité avec la Toscane ; questions soulevées dans la Convention sur les pouvoirs du Comité, 232. — Nécessité de la paix avec l'Espagne pour attaquer l'Autriche par l'Italie, 233. — Instructions à Grouvelle, mission de Bourgoing, 234. — Ouvertures à la Sardaigne : paix et alliance contre l'Autriche ; la Lombardie et le Milanais, 235. — Comment tous ces desseins se ramènent à la raison d'État ; ménagements envers les monarchies, rigueurs envers une République, 236.

IV. Hollande, Belgique, Rhin. — Révolution démocratique en Hollande ; ménagements conseillés par les représentants en mission, 237. — La capitulation de la Zélande, 238. — Désir des Hollandais de s'accorder avec la France ; détresse des armées françaises victorieuses, 239. — Comment le Comité est conduit à traiter la Hollande en pays conquis, 240. — Le système des limites naturelles appliqué en Hollande, 242. — Observations des représentants en mission, 243. — Comment toutes les négociations s'enchevêtrent et se soutiennent les unes les autres ; nécessité de grands coups de prestige, 244. — Danger d'une défaite en Hollande et d'une retraite en Belgique. Les *Vêpres siciliennes*, 245. — Détresse et demandes de réunion en Belgique et dans les pays du Rhin, 246.

V. Pologne, Suède, Orient. — Comment le Comité considère la Pologne, 247. — Forcé de la sacrifier dans ses négociations avec la Prusse, il essaye de la faire soutenir par la Suède et la Turquie, 248. — La Suède prend les devants : Staël à Paris, 248. — Mission de Verninac à Constantinople, 248. — Mission de Stamaty en Moldavie et en Valachie, 249.

CHAPITRE III

LE TRAITÉ DU 16 GERMINAL.

JANVIER-AVRIL 1795.

I. La politique prussienne. — Déclaration des Russes à Berlin au sujet de la Pologne, 251. — Craintes d'une entente entre l'Autriche et la France ; la prétendue mission de Carletti, 252. — La Prusse obligée d'opter entre la défense du Rhin et le partage de la Pologne, 252. — Elle opte pour le partage ; expédient de Haugwitz : cessions et indemnités éventuelles sur le Rhin ; conquêtes immédiates en Pologne, 253. — Divisions dans le cabinet prussien; arrière-pensées du roi, 254. — Hardenberg nommé à la place de Goltz; il flatte le roi d'amener les Français à renoncer au Rhin et de placer l'Allemagne pacifiée sous l'hégémonie prussienne, 256.

II. Les pouvoirs du Comité. — Mesures de réaction; misère générale, 257. — Soupçons à l'égard de la Prusse, 259. — Nécessité pour le Comité de faire approuver son système et déterminer ses pouvoirs par la Convention, 259. — Rapport de Cambacérès : les limites naturelles posées en principe et exposées en doctrine, 259. — Distribution des armées conforme au plan de négociations, 261. — Sieyès et Reubell au Comité, 261. — Discussion et règlement des pouvoirs diplomatiques du Comité, 262.

III. Conditions de paix avec l'Espagne et l'Italie. — Ultimatum à Bâle, 264. — Conception de la paix avec l'Espagne : le Guipuzcoa, Fontarabie, Saint-Domingue à la France; alliance contre l'Angleterre; le Portugal à l'Espagne; le système de 1807 posé en 1795, 266. — Nécessité pour le Comité de chasser les Anglais de la Méditerranée et les Autrichiens de l'Italie, 267. — Instructions pour la paix avec Naples, 268. — Instructions pour une alliance avec le Piémont : la Lombardie, 268.

IV. Conditions de paix avec la Hollande. — Les délégués bataves à Paris; refus du Comité de reconnaitre la nouvelle République, 269. — Il entend la traiter en pays conquis; exigences déclarées aux délégués : la limite du Rhin, alliance contre l'Angleterre, contributions; la politique de 1806 posée en 1795, 270. — Protestations des Bataves, 271. — Dissidence entre le Comité et les représentants en mission, 272. — Contre-projet des Bataves, 273. — Mission de Caillard à la Haye, 274. — Les principes pour l'école, l'intérêt pour l'Etat, 275. — Danger d'émeute anarchiste à Paris; la loi de grande police, 276. — Impatience du Comité d'en finir avec la Prusse, 277.

V. Hardenberg a Bale. — Hardenberg, ses vues sur la paix, 277. — Arrivée à Bâle, discussion avec Barthélemy : le Rhin et la neutralité de l'Allemagne du Nord, 279. — Première esquisse du traité, 280.

VI. Signature du traité. — Nouvel ultimatum à Bâle, 281. — Ce qui décide le Comité à transiger sur la neutralisation : les troubles de Paris, 282. — Ce qui décide le roi de Prusse à transiger sur la cession de la rive gauche du Rhin : le silence menaçant de la Russie, 283. — Signature du traité : articles patents, 284. — Articles secrets : la cession éventuelle du Rhin, les indemnités, la neutralisation de l'Allemagne du Nord, 285. — Cependant, émeutes des 12 et 13 germinal; entrée en scène de l'armée, Pichegru, 285. — Critiques de la diplomatie du Comité, 288. — Nouvelles de la paix de Bâle, satisfaction générale, 289. — Comment la paix est reçue à Berlin; démarches de la Russie pour l'empêcher, 289. — Caractère de la paix de Bâle : comment la Prusse en envisage les conséquences, quel avenir en attend le Comité, 291.

LIVRE III

LES DESSEINS DE LA RÉPUBLIQUE.

CHAPITRE PREMIER
LES ULTIMATUMS DU COMITÉ.
AVRIL 1795.

I. Sieyès et ses plans. — Les nouveaux membres de la section diplomatique : Reubell, 293. — Sieyès, son rôle dans la Révolution, 294. — Ses vues sur l'Allemagne : point d'alliance exclusive avec la Prusse; opposer la Prusse, l'Autriche et une troisième Allemagne, 296. — Les partisans d'une entente avec l'Autriche; les salons, bruits de négociation par Carletti, 297. — Émissaires divers, 298. — Première esquisse des vues de Sieyès : le *Projet de traité*; réorganisation de l'Allemagne, confédération du Rhin, la politique de 1803-1806 posée en 1795, 299.

II. Feintes avec l'Autriche, Carletti. — L'Allemagne se dispose à la paix; comment elle la conçoit, 300. — La Prusse se dérobe au rôle que le Comité lui destinait, 301. — Protestations en Allemagne contre la cession de la rive gauche; Hardenberg pousse la France à y renoncer; on insinue la Belgique, 301. — Pour ramener les Prussiens dans son jeu, le Comité feint une négociation avec l'Autriche par Carletti, 302. — Miot à Florence, 303. — Feinte avec l'Angleterre, 304. — Feinte avec la Russie pour inquiéter la Suède, 304.

III. Négociations avec la Suède. — Staël à Paris : son projet de traité d'alliance et de subsides, 304. — Le Comité exige la reconnaissance de la République avant d'accorder les subsides, 305. — Projet de ligue maritime contre l'Angleterre, 306. — Staël reçu à la Convention, 307. — Discussion des articles du traité, 307. — Mesures du Danemark et de la Suède, 308.

IV. Espagne : le Portugal et la Louisiane. — Fragilité de ces combinaisons, 308. — L'Espagne, mission d'Yriarte, 309. — Bourgoing conseille au Comité de renoncer à dépouiller le Portugal et à réunir le Guipuzcoa, 309. — Le Comité ajourne le projet sur le Portugal, mais maintient ses projets de réunion, 310. — Question de la Louisiane : nécessité des colonies après une révolution, 311.

V. Contrainte en Hollande. — Nécessité de conclure avec la Hollande : le besoin d'argent; le Comité exige les contributions avant de reconnaître la République, 313. — Projet de traité du Comité et mesures militaires à l'appui, 313. — Observations des représentants en mission : se borner à réunir la Belgique, 315. — Inquiétudes du Comité; déclarations comminatoires, 317. — Il renonce à la Zélande, mais exige Flessingue : Reubell et Sieyès partent pour la Haye; moyens de contrainte, 319.

VI. Ultimatum a l'Espagne. — La négociation avec l'Espagne, rompue aux Pyrénées, se renoue à Bâle, 320. — Instructions à Barthélemy : les Bourbons, l'alliance, la Louisiane, 321.

CHAPITRE II
LE TRAITÉ DE LA HAYE ET LA NEUTRALITÉ DE L'ALLEMAGNE DU NORD.
MAI 1795.

I. Crise des affaires intérieures. — Le Comité au 15 floréal, 323. — La paix boiteuse de la Vendée, 323. — Excès de la réaction dans le Midi, 324. — Complots royalistes en Suisse, 325. — Mesures contre les émigrés, 326. — Le Comité de Constitution, 326. — Détresse de l'État : disette et pénurie de numéraire, 327. — Hésitations du Comité sur la continuation et sur l'objet final de la guerre, 327.

II. Doutes sur le système du Rhin. — Objections de Barthélemy et de Cochon au système des limites naturelles, 328. — Projet de paix : la Belgique réunie; des républiques protégées sur le Rhin, 329. — Incertitude du Comité au sujet des pays rhénans; enquête auprès des représentants en mission et des généraux, 330. — Instructions à Barthélemy pour l'Allemagne du Nord, 331. — Nécessité de la paix d'Allemagne et de celle de Hollande, 332.

III. Le traité de la Haye et la convention de Bale. — Sieyès et Reubell à la Haye, 332. — Signature du traité : cessions, indemnités, alliance, 333. — Convention de Bâle pour la neutralité de l'Allemagne du Nord ; le Hanovre, 334.

IV. Les émeutes de prairial. — Les insurrections à Paris : appel à l'armée, 335. — Mesures contre les Montagnards, 337. — Délibération au Comité sur la limite du Rhin; avis des représentants et des généraux : se restreindre, 338. — Représentations de Hardenberg; contre-coup en Allemagne, de la réunion de la rive gauche; disparition des petits États, 339. — Le Comité incline à se limiter à la Belgique, avec Liège, le Luxembourg, Aix-la-Chapelle, Sarrebrück, 339. — Bruits de négociations avec l'Autriche, craintes de la Prusse; facilité de la paix si le Comité renonce à la rive gauche, 340. — Mission de Gervinus à Paris; retour de Sieyès, 341.

V. Hostilité de l'Autriche. — Comment la paix de Bâle est accueillie à Pétersbourg et à Vienne, 343. — Traités de l'Autriche avec l'Angleterre, 343. Léthargie militaire, 343. — Empressement des Allemands à la paix; la médiation du Danemark votée par la Diète, 344. — L'Autriche veut la guerre et cherche à temporiser, 344. — Répression en Hongrie, 344. — La Sardaigne détournée de la paix, 345. — Menaces à Venise, 346. — Correspondance de Mallet du Pan avec Thugut, 346. — Persistance dans les vues de 1792 : une France faible et démembrée; indifférence à la monarchie; refus de reconnaître Louis XVII, 347.

VI. Conspirations monarchiques. — Attachement des Français à la Révolution; comment on en conçoit et on en désire la fin, 348. — Discrédit de la monarchie, 348. — Indifférence à la liberté politique, 349. — Comment les intérêts et les passions concourent contre une restauration, 349. — Complots fomentés par l'Angleterre; les monarchistes de l'intérieur s'y refusent, 349. — Essai de diversion et d'invasion dans l'Est par les Condéens; Puisaye et la Vendée, 351. — Contre-coup de ces machinations : les républicains ne croiront la paix assurée que si la France est couverte par la barrière du Rhin, 351.

CHAPITRE III

LA PAIX AVEC L'ESPAGNE.

JUIN-AOUT 1795.

I. Le grand dessein de Sieyès. — Conférences à Bâle entre Barthélemy et Yriarte; la question des Bourbons, 353. — Mort de Louis XVII, 354. — Le Comité au 15 prairial; influence de Sieyès; les partisans du système du Rhin l'emportent, 355. — Conditions du succès de ce système : alliance avec la

Prusse; le Comité offre le Hanovre, 355. — Le Comité songe à un pacte avec l'Autriche, 357. — Comment Sieyès conçoit ce pacte et le rattache à la paix générale : remaniement de l'Allemagne : le Hanovre à la Prusse, la Bavière à l'Autriche; la Confédération prussienne du Nord; la troisième Allemagne; les républiques alliées ; coalition générale contre l'Angleterre et la Russie, 357. — Ouvertures en ce sens à la Suède; abandon de la Pologne, livrée à la Prusse, 358.

II. Vues sur l'Autriche. — L'Autriche instruite de ces desseins; Merlin à Luxembourg, 360. — L'Autriche se refuse, 361. — Le Comité lui fait offrir l'échange de Marie-Thérèse, 361. — Objections de Barthélemy au plan de Sieyès : danger de concentrer l'Allemagne, d'y augmenter l'Autriche et la Prusse, d'y anéantir les petits États, 362.

III. Le traité du 4 thermidor. Quiberon. — Débarquement des émigrés en Bretagne, 365. — Le Comité au 15 messidor; Sieyès et Reubell en sortent, 366. — Les partisans des anciennes limites provoquent une nouvelle délibération; la question du Rhin demeure en suspens, 367. — Double négociation avec l'Espagne; renonciation aux annexions, 367. — Les royalistes écrasés à Quiberon, 368. — Le traité avec l'Espagne signé à Bâle, 368. — Ratification immédiate par la Convention, 369.

IV. La Constitution. — Conséquences de la paix avec l'Espagne et de la mort de Louis XVII, 370. — Nouveau classement des partis : les monarchistes constitutionnels se résignent à la République; leurs vues sur la Constitution républicaine; madame de Staël et ses amis, 370. — Leurs efforts pour rallier l'opinion; pourquoi ils échouent, 372. — Comment les modérés, se confondant de plus en plus avec la « faction des anciennes limites », deviennent ainsi suspects de connivence avec les royalistes et l'Angleterre, 372. — Comment la République s'identifie de plus en plus avec le système des limites naturelles, 373. — Le Comité au 15 thermidor; la majorité assurée aux partisans du système du Rhin, 374. — La Constitution de l'an III : ses origines et son caractère empirique, 374. — Comment le Directoire procède du Comité de salut public, 375. Les décrets sur la permanence des deux tiers de la Convention, 376. — Conflits inévitables, 376. — Comment le Directoire sera conduit à gouverner de plus en plus par le dehors et comment la République versera dans la guerre de conquête, 377.

V. Les armées et la République. — Conséquences de cette politique : l'invasion de la République par les armées, 378. — Le Comité la prévoit et la redoute : il n'y voit d'autre remède que la guerre et la conquête, 378. — Transformation du rôle et du caractère des armées : comment l'esprit militaire y remplace peu à peu l'esprit civique, 379. — Sentiment qu'elles prennent de la grandeur et de l'importance de leur rôle dans la Révolution, 379. — Les généraux : l'ambition de gouverner la République; les cabales, 380. — Signes de cette transformation, 381. — Comment la Convention même et le Comité attirent les armées dans la politique, 381. — Arrivée de Napoléon Bonaparte à Paris : ses opinions républicaines, 382. — Il travaille pour Doulcet et dresse les plans politiques et militaires d'une expédition en Italie, 383. — Comment toute la politique du Directoire, du Consulat et de l'Empire paraît en germe dans ces plans, 384. — Bonaparte au bureau topographique du Comité, 385. — Letourneur l'en fait sortir. Il reste à Paris et attend les événements, 386.

CHAPITRE IV

LES CONDITIONS DE LA PAIX GÉNÉRALE.
AOUT-SEPTEMBRE 1795.

I. Le blocus de l'Angleterre. — La rive gauche du Rhin est conquise; conditions auxquelles ces territoires peuvent être cédés à la France et conservés par elle, 387. — Comment la Prusse et l'Allemagne seront gagnées à cette paix : les indemnités, 387. — L'Autriche acquise ou vaincue et payée, 388. — Nécessité pour contraindre l'Angleterre de coaliser le continent, 388. — Comment le Comité conçoit le blocus, de Gibraltar au Texel, et dans la Méditerranée, 389. — Hostilité des Italiens; nécessité de disposer du Piémont : la Lombardie payera son alliance, 390. — Proposition d'alliance intime à l'Espagne; mais haine des Espagnols pour la France, 390. — Antagonisme d'intérêts avec la Hollande; nécessité d'assujettir cette république, 391. — Les républiques vassales, 392. — Conséquences plus lointaines : la Baltique fermée aux Anglais; la Russie, 392. — Refus des neutres, 392. — Atermoiements des Turcs, 393. — Les Prussiens se dérobent, 393.

II. L'Allemagne et l'Autriche. — Vœux pour la paix en Allemagne, mais avec l'intégrité de l'Empire, 394. — Impuissance, discordes et confusion générales, 394. — Hostilité du roi de Prusse à l'alliance française, 394. — Son refus de concourir à la cession de la rive gauche du Rhin, 395. — Le Comité essaye de gagner l'Autriche, 396. — Envoi d'un agent secret à Vienne, Poterat; ses propositions : machiavélisme et corruption, 397. — Le Comité se prépare à imposer comme préliminaire un fait accompli, 398. — Comment les populations des pays conquis sont amenées à réclamer la réunion, 398. — La Belgique, 399. — Les pays allemands, 399. — La question des limites naturelles mise au concours à Paris, 400. — Discours de Boissy-d'Anglas, au nom du Comité, 400. — La Bavière payera le Rhin, 401. — Velléités d'agitation patriotique en Allemagne : l'intégrité de l'Empire, une Assemblée nationale, appel à l'Empereur, 401. — L'Autriche ne suit que ses intérêts : ses atermoiements à la Diète, 402. — L'Autriche décidée à continuer la guerre; appel au concours de la Russie, 403. — La Russie l'éconduit, 404. — Notification à Berlin du traité de partage de la Pologne, 404. — Dissentiments entre Vienne et Pétersbourg sur la reconnaissance de Louis XVIII, 404.

III. Les royalistes. — Proclamation de Louis XVIII; ses démarches pour obtenir sa reconnaissance, 405. — Sa crainte d'être dépouillé par ses alliés, Autriche et Sardaigne, 405. — La Russie seule le reconnait, 406. — L'Angleterre veut se renseigner; mission de Macartney à Vérone, 407. — Louis prévient les représentations de ses alliés; déclaration de Vérone; le *rey netto*, 407. — La cour et le conseil de Vérone; comment on y conçoit la Restauration, 408. — Nécessité d'un appel à la force des étrangers, 409. — Hostilité envers ces mêmes étrangers, 410. — Vues de Louis XVIII sur la paix : les anciennes limites et l'équilibre européen, 410. — Partisans des conquêtes à Vérone; la tradition, 411. — Échec de Macartney, 411. — Wickham machine une nouvelle diversion dans l'Est; essai de conspiration militaire, 412. — Pichegru; ses négociations secrètes avec les agents de Condé, 412. — Comment il s'achemine à la trahison; ce qui l'arrête : les Autrichiens et la remise des places, 415. — Conflits entre Vienne et Vérone au sujet de Marie-Thérèse, 416. — Explications entre l'Autriche et la Russie sur la reconnaissance de

Louis XVIII et l'intégrité de la France; promettre l'intégrité selon les principes et démembrer selon les convenances, 417. — Difficultés sur l'application de cette politique en Pologne, 419. — La guerre recommence sur le Rhin, 420.

CHAPITRE V

FIN DE LA CONVENTION.

SEPTEMBRE-OCTOBRE 1795.

I. REPRISE DES HOSTILITÉS. — État précaire des affaires dans la République; le dernier Comité, 421. — Trouble des gouvernants : ils redoutent la dictature militaire et la rendent inévitable, 422. — Inquiétude sur la conséquence du système du Rhin en Allemagne : ruine du système de la paix de Westphalie, 423. — Traités de paix avec Cassel, 424. — Inquiétude et détresse des États du sud de l'Allemagne, 424. — Question de la Bavière, 425. — Envoi d'un nouveau négociateur secret à l'Autriche, Theremin, 425. — Cause de ces continuelles vacillations; l'événement les arrête, 425.

II. VOTE DES LIMITES CONSTITUTIONNELLES. — Succès de l'armée du Rhin, 426. — Le Comité en profite pour faire trancher la question des limites par la Convention, 427. — Rapport de Merlin : décret de réunion des Pays-Bas; déclaration de réunion des pays allemands : la limite du Rhin posée en principe, 428. — Les vœux des Belges; les droits et les intérêts des peuples conquis, les devoirs et les convenances de la République, 428. — Débat à la Convention : Républiques indépendantes ou réunions; danger des conquêtes; nécessités de la défense; la raison d'État, 430. — Décret du 1er octobre : comment les limites constitutionnelles décrétées : les Pays-Bas et le Luxembourg, se confondent avec les limites naturelles déclarées : le Rhin, 431.

III. ÉCHEC DES DERNIÈRES NÉGOCIATIONS. — Pourquoi l'offre de la Bavière ne tente pas l'Autriche, 431. — Triple alliance entre Vienne, Pétersbourg et Londres, 432. — Poterat éconduit à Vienne, 432. — Theremin éconduit à Bâle, 432. — Suspension des négociations avec la Prusse, 433. — Échec des négociations d'Espagne, 433. — Prise de possession de Saint-Domingue, 435. — Échec des pourparlers avec le Portugal, Naples et la Sardaigne, 435. — La Convention laisse les affaires en suspens, 436.

IV. LE 13 VENDÉMIAIRE. — Les partis à la veille des élections, 436. — Coalition des modérés et des royalistes contre le Long Parlement, 437. — Comment le Comité en profite, 438. — Acceptation de la Constitution par le peuple, 438. — Insurrection à Paris; appel aux troupes de ligne : Bonaparte, général de l'armée de l'intérieur, 438. — Écrasement de l'insurrection; les républicains se rassemblent; répressions et mesures contre les royalistes, 440. — Derniers décrets d'intérêt général, 440. — Les élections; fin de la Convention; les Conseils : majorité de la Convention; le Directoire exécutif, quintessence du Comité de salut public, 441.

V. LE TROISIÈME PARTAGE DE LA POLOGNE. — Crise en Angleterre; vœux pour la paix, 442. — Échecs des armées républicaines : perfidie de Pichegru, 443. — Hauteur des Autrichiens; vues sur l'Alsace, 443. — Échec de la Prusse en Allemagne : la neutralité méprisée et violée par l'Autriche, 443. — Frédéric-Guillaume et la République : point d'alliance, mais une société en participation de bénéfices, 443. — Même politique envers la Russie, 444. — Les grandes enchères et la grande curée de la Pologne, 444. — Les confiscations d'ancien régime, 446. — Le traité du troisième partage signé à Pétersbourg entre Prusse, Autriche et Russie, 446. — Testament politique de la vieille Europe ; l'Europe prescrit à la République les conditions auxquelles le programme de la Convention pourra prévaloir : conquêtes et partages, 447.

CHAPITRE VI

LA FRANCE ET L'EUROPE EN OCTOBRE 1795.

I. CONDITIONS PERMANENTES DE LA POLITIQUE. — Comment, en se déclarant pour le système des limites naturelles, la Convention décida l'avenir de la République, 449. — Suite de l'histoire de France dans la Révolution, 449.

II. CONDITIONS DE LA POLITIQUE INTÉRIEURE. — Comment la Révolution échappant aux hommes, l'impulsion générale y mène tout, 451. — OEuvre nationale et sociale de la Convention, 452. — Différence entre les confiscations d'ancien régime et les confiscations opérées par la Convention, 452. — Tâche léguée par la Convention au Directoire : réaliser et accomplir la Révolution, 453. — Les vœux de la nation ; conflit entre ces vœux et les prétentions des gouvernants ; conséquence, les coups d'État, 454. — Nécessité pour le Directoire de gouverner par le dehors, la guerre et les conquêtes, 455. — Grands côtés de cette politique ; en quoi elle était alors compatible avec l'esprit de la Révolution française : le consentement des peuples et les *Droits de l'homme*, 456. — Que les mêmes obstacles s'opposent à l'assimilation des pays conquis et à l'affermissement de la République en France, 456. — Obstacles plus graves : l'Europe ; nécessité de compter avec elle pour obtenir la reconnaissance des conquêtes et pour les conserver, 456.

III. CONDITIONS DE LA POLITIQUE EXTÉRIEURE. — État précaire où la Convention laisse les conquêtes : elles sont un établissement de fait et tout militaire ; tout demeure à la merci d'un échec, 456. — Comment la paix peut être conclue avec l'Europe : la raison d'État seule commune mesure, 458. — La raison d'État de la France : les limites naturelles de la puissance française, 459. — Qu'en réclamant la limite du Rhin et en offrant des compensations et des récompenses à l'Autriche, à la Prusse et aux princes allemands, la France suivait, sans excéder, le système de l'équilibre, 459. — Conditions de conservation de la paix tirées de l'objet que l'Europe et la France ont poursuivi par la guerre et continueront de poursuivre par la paix, 460. — Objet de l'Europe : établir en France une République de Pologne ; affaiblir et démembrer l'État français, 461. — Objet de la France : ressusciter la république romaine, étendre le territoire et la suprématie de l'État français, 462. — Impossibilité de concilier ces tendances opposées, 462. — Impossibilité pour la République de s'arrêter, 464. — Ce qui l'arrêtera : l'impossibilité d'imposer à l'Europe la paix qu'elle a conçue, 464. — Nécessité de coaliser le continent contre l'Angleterre, 464. — Conditions de cette coalition : transformation de l'Europe ; nécessité d'accroître les grandes monarchies ; nécessité pour conserver les limites naturelles, de s'étendre au delà de ces limites, 465. — Que la France ne pourra abandonner les pays émancipés par elle, la Hollande et l'Italie, 466. — Contradictions entre les intérêts des alliés et ceux de la France à l'égard de l'Angleterre, 467. — Ce qui paraissait possible en 1795 : la limite de la Meuse, 467. — La République identifiée avec la limite du Rhin, 469.

IV. LA DICTATURE MILITAIRE. BONAPARTE. — Conclusion de tout ce qui précède :

492   TABLE DES MATIÈRES.

le gouvernement d'un général d'armée, 469. — Caractère intermédiaire du Directoire; similitude des conditions en 1799 et en 1795, 470. — Importance dominante des armées dans la République, 470. — Leur avènement prédit, 471. — En quoi le caractère du militaire qui assumera le gouvernement pourra modifier le cours des événements : Carnot, Hoche, Moreau, Bernadotte, Pichegru, 472. — Comment les conjonctures qui auraient pu amener au pouvoir un modérateur préparent l'avènement de l'homme le mieux fait pour faire prévaloir la politique de 1795, mais pour la pousser ensuite aux extrêmes : Bonaparte, 473. — Caractère tout romain de son génie : par où il pénètre la France et par où il s'en emparera, 475. — Ni Monck, ni Cromwell : César, 476.

ERRATA DU TOME III

Page 7, ligne 26, lire : En déclarant la suspension du Roi, l'Assemblée...
P. 32, ligne 19, lire : le procureur Manuel.
P. 49, ligne 19, lire : Dumouriez sut retirer tous les avantages de ce combat.
P. 100, ligne 15, lire : Bœhmer, fils d'un professeur de droit canon.
P. 100, note 1, lire : *Rheingelüste*.
P. 102, ligne 26, lire : Mathias Metternich, le médecin Wedekind.
P. 103, ligne 27, lire : Il avait trente-huit ans; il lui restait...
P. 104, ligne 36, lire : le 4 octobre.
P. 109, ligne 22, lire : La ville capitula. Neuwinger taxa les privilégiés...
P. 169, ligne 28, lire : Carra.
P. 267, ligne 5, lire : Vainement les conventionnels avaient prétendu faire rentrer le Roi dans le droit commun;
P. 289, ligne 4, lire : à la besogne. Les Prussiens...
P. 289, ligne 19, lire : ne conjura point l'orage. La confiance...
P. 289, ligne 22, lire : Deux commissaires du pouvoir exécutif...
P. 348, ligne 11, lire : ... accablée par l'archiduc Charles,...
P. 350, ligne 5, lire : 67 étaient présents...
P. 350, ligne 13, lire : l'unanimité des 90 membres présents...
P. 350, ligne 14, lire : Patocki.
P. 354, note 1, lire : Langeron.
P. 361, ligne 30, lire : Le Veneur.
P. 363, ligne 22, lire : du major prussien.
P. 373, ligne 8, lire : Custine, à la suite de la déroute de Bingen, s'était décidé...
Pages 405, 406 et 419, lire : Matthews.
P. 407, ligne 4, lire : Saliceti.
P. 421, ligne 18, lire : un collègue, Pétry, et décida...
P. 421, ligne 23, lire : ... avec la Prusse. Le ministre du duc...
P. 427, ligne 5, lire : Basire.
P. 430, ligne 22, lire : Desforgues avait fait ses preuves d'attachement à la Révolution.
P. 439, ligne 1, lire : un lieutenant-colonel de dragons.
P. 483, ligne 14, lire : archevêque.
P. 498, note, ligne 3, lire : 15 juillet 1890.
P. 507, ligne 12, lire : fasse taire.
P. 513, ligne 20, lire : ... ci-devant pasteur à Montauban...
P. 514, note, ligne 3, lire : 28 mai 1795.

www.ingramcontent.com/pod-product-compliance
Lightning Source LLC
Chambersburg PA
CBHW060224230426
43664CB00011B/1542